土耳其史话

History of Turkey

黄维民 慕怀琴 ◎ 著

中国书籍出版社
China Book Press

前　言

　　许多国人非常熟悉土耳其这个国家的名称，但多数人却并不了解这个国家的具体情况，甚至觉得它土里土气的。其实这与国名的翻译有很大关系，当许多国人见到土耳其国名中译文的第一个字是"土"字时，便会自然地联想到此国一定是个"土里土气""土头土脑""土里吧唧"的国家，再加上我国的新闻媒介对欧美等发达国家的社会状况报道较多，而对像土耳其这样的发展中国家社会发展现状介绍较少，所以，许多国人自然不大了解它的具体情况。

　　笔者对土耳其的兴趣和了解是从世界著名画家安格尔的一幅名画《土耳其浴女》开始的。此后，有缘师从我国著名中东问题专家彭树智教授，跟随他攻读硕士和博士学位。正是在先生的谆谆教诲和启迪下，使笔者在书山和学海的迷惘与困惑中，把土耳其这个国家作为自己科学研究的生长点，从此与这个东西合璧、充满着神秘感的文明古国结下了不解之缘，先后独立出版了《奥斯曼帝国》（三秦出版社2000年出版）、《中东国家通史：土耳其卷》（商务印书馆2002年出版）、《土耳其人》（三秦出版社2004年出版）和《世界古都伊斯坦布尔》（三秦出版社2006年出版）等四部个人专著，并在有关学术期刊上发表数十篇文章。

　　2001年12月至2003年3月，受国家留学基金委员会的派遣，笔者有幸赴土耳其安卡拉大学做高级访问学者，这使我能够由表及里、由远及近地去更好地考察和认识土耳其这个交织着东西方文化、汇集着古今文明的小亚细亚女神，并对土耳其的民族性与国民性特征以及社会发展状况，特别是对其文化精髓、人文理念和生活习俗又有了一些新的感觉和领悟。

古往今来，土耳其这块神奇的土地一直都是连接东西方世界的唯一纽带，一直都是人类文明发祥的中心地区之一，在商业贸易和文化交往的国际大舞台上，发挥着举足轻重的作用，保留着辉煌灿烂的历史文化遗产。我们大家都知道，地缘和环境是一个地区内人群的生活方式、文化传统、群体性格、体质形态等种族或民族异质性指数的重要根源。因此，不同文明与民族的差异性，同各自地缘和环境有着极为密切的关系。土耳其在地理上的特殊性使它成为了东西合璧、南北荟萃之地。在那里，从种族到语言和文化、从服饰到饮食和建筑、从生活习惯到思维观念和宗教信仰，无不体现出大融合与多元性的文化特征。

土耳其位于奥斯曼帝国解体前的中央地区，有着大约814578平方公里的领土面积和超过7600万的人口，但它仅有23000平方公里的领土位于欧洲，其余大部分领土位于亚洲的东地中海沿岸的整个小亚细亚。因为具有横跨欧、亚两大洲独一无二的地理位置，使得许多人类文明都曾把它列为理想的家园，成为东西方文明的交汇处，被称为"人类文明的摇篮"，具有独特的战略地位。

土耳其人的文明就是在这片古老、神奇、独特的土地上形成和发展起来的。土耳其的名称源于国内主要居民土耳其人。土耳其一词由突厥音转变而来，在鞑靼语中，突厥有"勇敢"的意思，土耳其意即"勇敢人的国家"。

土耳其近现代社会的历史变迁，具有巨大的、深刻的和急骤性的特征，是一个动态发展演变的过程。特别是自1923年10月29日土耳其共和国成以后，在国父凯末尔的民族、民主、世俗化思想的倡导下，土耳其人崇尚西方文明，走出了历史的歧途徘徊，逐渐地融入到了世界主流文明之中，实现了其历史宏愿，那就是采取了西方文明的政治制度，实行了宗教与国家政治分离的世俗化制度，既宣布土耳其是一个非宗教的现代国家，但同时又保留了土耳其的文化传统，允许伊斯兰教在私人生活领域中发挥其固有的作用，从而彻底摆脱了宗教神权对土耳其社会的束缚。

这一方面表明在土耳其共和国，每位公民都享有宗教信仰的自由，反对宗教干涉人们的世俗生活和国家政治事务，最终顺利地完成了如此艰巨的制度性社会转变；另一方面也表明土耳其将与历史上的大宗教主义时代彻底告别，开始进入了一个崭新的政治现代化的社会发展时期，

以便使伊斯兰教具有一个更加现代化、民族化和世俗化的形式，绝不让伊斯兰教的僧侣们参与现代民族国家的政治生活。

长期以来，土耳其一直是一个充满了对立与否定的矛盾统一体，是一个多样性与统一性相结合的世俗化国家。在土耳其的人文社会生活中，虽然开始形成了特有的私生活领域的行为规范及其交往准则，以不同程度的个性化行为抗衡着传统价值的评价，特别是在社会消费及其生活方式上，讲究独特的品位，唯西方社会的文化格调马首是瞻，张扬着不同的个性，但是怎样处理宗教与世俗，传统与现代的关系，却一直是件非常棘手的事情。因为在土耳其，虽然其社会经历了许多的陵谷变迁，世道人心也发生了许多的变化，但是传统的伊斯兰宗教观念仍然在一些民众内心中根深蒂固，从而使得其宗教世俗化的改革道路漫长而又艰辛。

今天的土耳其不仅仅是一个让人产生思古之情的神奇国家，而且土耳其人也并不满足于大自然的先祖造化赐予他们的值得骄傲的巨大遗产。在国父凯末尔的民族、民主和世俗化思想的指引下，土耳其正在向现代工业化国家迈进。据2011年世界银行发布的统计报告，目前土耳其的人均GDP已达1万多美元，其综合国力居世界第14位。

因此，交织着东西方文化、汇集着古今文明的土耳其，不仅在历史上促进了世界文明的交往，推动了世界各民族、种族和文化之间的大融合，而且这种文明的交往和大融合又造就了土耳其人兼容并蓄、博取众长的民族特点，使得土耳其在当今世界文化多样性的发展趋势中，更加光彩夺目、生机盎然，为东西方文化的大发展、大融合，起到了穿针引线、珠联璧合的积极作用。

总之，土耳其是一个具有深厚文化积淀、特殊地缘政治、创造了辉煌历史和现代神话的伟大民族，让笔者抚今追昔，感慨万千。为了使我国广大民众能够对土耳其这个小亚细亚神秘女神有一个全面而详细的了解，笔者穷多年之功撰写了《土耳其史话》这本书，试图以饱含理性激情的笔触，去描绘土耳其所具有的那种兼容并蓄、博采众长的民族性与国民性特征，以及其社会跌宕起伏的历史命运所产生的巨大变迁，旨在从历史文化、政治经济、地理位置、社会生活、宗教信仰、风俗习惯等不同的社会层面，展现土耳其的价值观念、思维方式、伦理道德、行为禁忌、性格特征和民族个性，让更多的中国人去全面了解土耳其民族

心理形成的文化背景与历史发展过程，从其兴衰荣辱史中获得许多有益的东西。因为土耳其的历史发展经历，特别是近代以来的社会发展，同中国社会的历史变迁有着许多相似之处，都面临着突如其来的文化、制度、观念、经济形态的巨大冲击，是一个在文化价值冲突背景下进行的充满矛盾的历史变迁过程。

何谓贤者？贤者乃是能向所有人学习的人。何谓可尊敬者？可尊敬者乃是能尊敬他人的人。描绘昨天是为了启迪今天，描绘他人是为了警醒自己，用他人贤达的精神去激励自己，是一种智慧，更是一种美德。在中国改革开放的今天，自觉地学习和借鉴世界主要国家社会发展的历史经验和各种先进的文化之长，探求民族国家的兴衰规律，对于中国人民实现跨越式发展，早日达到小康社会，实现中华民族的伟大复兴一定大有裨益。

中国人民曾经有过辉煌的历史，更属于灿烂的未来。然而，这一切又都完全依赖于世界对我们的理解，更依赖于人类社会的文明交往。因为在当今的全球化时代，世界变得越来越小，而人们相互接触、了解与对话的机会则越来越多，在文明交往的过程中，逐渐形成了你中有我、我中有你，相互依存、共同发展的趋势，所以人们现在已经完全认识到，过去那种与世隔绝的封闭状态，是不可能产生才智的，更不可能产生现代文明，这是人类用沉重的历史代价总结出来的一条颠扑不破的真理。

2013年9月7日，习近平主席访问中亚国家哈萨克斯坦并发表重要演讲，倡议用创新的合作模式，共同建设"丝绸之路经济带"，将其作为一项造福沿途人民的大事业。习近平主席提出建设"丝绸之路经济带"的战略，描绘出了一幅连接欧亚大陆、辐射40多个国家、覆盖30多亿人口，世界上最长、最具有发展潜力的经济大走廊蓝图，这犹如中国改革开放初期那样的大气魄，表达了中国进一步改革开放的决心和谋求与世界各国友好合作共同发展的理念，为丝绸之路沿途国家与地区带来了千载难逢的发展机遇，标志着丝绸之路的新时代即将到来。

因此，在这种时代背景下，作者撰写了《土耳其史话》这本书，让人们更多地了解丝绸之路另一端国家的政治、经济、文化与历史，对于早日实现习近平主席提出的建设"丝绸之路经济带"的宏伟战略，加强欧亚大陆沿途国家的全面合作与交流，造福于这些国家的人民，具有重

要的现实意义和巨大的政治价值。

  本书特点鲜明，它融合了作者多年来研究土耳其的最新成果，以及亲历土耳其考察后的体验，所以人们阅读此书，会感觉到真实、可信、可亲。从而为读者详细了解他国的历史、文化和民情，并知道如何去与不同文化背景的人进行交流与合作，提供了一条基于一定的文化差异而心意相通的有效途径。最后，祈愿《土耳其史话》一书所体现出来的学术价值，以及所具有的良好可读性，都将有助于广大读者从中获得许多有益的东西，得出历史智慧的启示。

  本书在写作过程中，参阅了大量的中外文献，正是那些参考文献中蕴含的真知灼见和非凡的智慧，为本书的写作最终能够顺利完成提供了重要的知识源泉，在这里笔者向他们表示衷心的感谢。此外，本书能够得以正式出版，还得感谢中国书籍出版社的大力支持；感谢本书的责任编辑安玉霞女士；感谢在本书出版过程中给予帮助的所有朋友们。另外，由于作者的水平有限，书中的不足和缺憾在所难免，恳请专家学者，特别是广大热心读者的批评指正。

作者

2014年2月28日

目 录

前言/1

绪论　土耳其的基本概况/1

　　一、小亚细亚文明的历史演变……………………………………3
　　二、复杂的地形与地貌……………………………………………9
　　三、奇特的河流湖泊与交通………………………………………10
　　四、过渡性的气候与现代农业……………………………………14
　　五、丰富的矿物资源与发达的工商业……………………………19
　　六、行政区域与教育………………………………………………23

第一章　奥斯曼人的武力崛起/31

　　一、突厥人的起源与大迁徙………………………………………33
　　二、伊斯兰教对突厥人的影响……………………………………34
　　三、突厥塞尔柱人与拜占庭帝国的争夺…………………………37
　　四、蒙古铁骑对小亚细亚的入侵…………………………………41
　　五、奥斯曼人的兴起………………………………………………44
　　　　奥斯曼突厥公国："信仰武士"之国/44
　　　　奥尔汗与穆拉德一世/47
　　　　"雷霆"巴耶济德一世/50
　　　　奥斯曼人与帖木儿王朝的冲突/53

六、奥斯曼帝国的黄金时代·················56
　　重振旗鼓/56
　　伟大的征服者穆罕默德二世/60
　　千年古城君士坦丁堡的陷落/64
　　巴耶济德二世与塞利姆一世/74
　　声名显赫的立法者苏莱曼大帝/79

第二章　奥斯曼帝国的社会与制度/91
　一、帝国的政治体制·················93
　二、帝国的军事建制·················102
　三、"分教而治"的米勒特制度·················112

第三章　奥斯曼帝国的社会改革/117
　一、奥斯曼帝国的衰败·················119
　　腐败与懦弱的皇权/119
　　社会制度的崩溃/122
　　科普鲁卢家族执政时期的复兴/125
　　对外战争的失败及其影响/128
　二、社会改革的兴起·················132
　　帝国早期的社会改革/132
　　年轻有为的塞利姆三世/135
　　马赫默德二世的改革/139
　　坦齐马特时代：新制度、新观念的播种时节/145

▶ 三、奥斯曼帝国的宪政运动 …………………………………150
▶ 四、波澜壮阔的民族解放战争 ……………………………156

第四章 凯末尔领导下的社会变革/163

▶ 一、共和国之父凯末尔 ……………………………………165
▶ 二、政治体制改革：废除素丹与哈里发 …………………172
▶ 三、世俗化的社会进步 ……………………………………178
▶ 四、宗教与法律制度的改革 ………………………………183

第五章 土耳其现代化的发展与问题/189

▶ 一、民主政治体制的确立 …………………………………191
▶ 二、社会经济体制的发展演变 ……………………………198
▶ 三、军队在国家中的作用与影响 …………………………206
▶ 四、土耳其未来的社会走向 ………………………………212

第六章 土耳其外交政策的历史演变/223

▶ 一、土耳其战前中立的外交政策 …………………………225
▶ 二、土耳其与苏联关系的发展演变 ………………………228
▶ 三、土耳其与美国的外交关系 ……………………………235

战后亲美的对外政策/235
后冷战时期土美关系的基本特征/237
近年来土美关系的发展变化/240

四、土耳其与欧盟关系的现状与未来 ……………………… 250

五、土耳其与中国关系的历史演变 ……………………… 257

　　中土早期的关系/257

　　新中国时期的土中关系/259

　　后冷战时期的中土战略合作伙伴关系的构建/263

第七章　传统文化与民族特征/269

一、东西合璧的文化 ……………………………………… 271

二、奇特的风土人情 ……………………………………… 277

三、宗教的世俗化 ………………………………………… 290

四、独特的民族性 ………………………………………… 294

第八章　传奇的三朝世界古都——伊斯坦布尔/301

一、古老厚重的文化之都 ………………………………… 303

二、独具特色的城市改革 ………………………………… 310

三、难以忘怀的人文魅力 ………………………………… 314

主要参考书目/328

土耳其的基本概况

打开世界地图，在东半球的中心，有一个横跨小亚细亚半岛和巴尔干半岛的国家，它北临黑海，西濒爱琴海，南靠地中海，飞架在博斯普鲁斯海峡的索桥将欧、亚两大洲紧密地连在一起，这个国家就是土耳其。土耳其古称小亚细亚，由于具有横跨欧亚大陆的特殊地理位置，这块神奇的土地一直都是连接东西方世界的唯一纽带，因而在历史上曾经辉煌一时，产生过重要的历史影响，有着深厚的文化积淀，是人类文明发祥的中心地区之一，是走进人类文明、宗教与神话的源头，一直被人们称为"人类文明的摇篮"，它的历史就是一部博大精深的世界史。特别是在商业贸易和文化交往的国际大舞台上，一直发挥着举足轻重的作用，保留着辉煌灿烂的历史与文化遗产。

由于土耳其在漫长的历史发展进程中留下了许多人类文明的印记，因而穿越土耳其这个如此独特而奇妙的国家，人们将会发现在这片世界文明史上最为重要的土地上，有着太多迷人的故事和传奇，承载着丰富的多元文化。

目前在土耳其，经由联合国指定的世界文化和自然遗产共有九处，它们分别是：1.特洛伊考古遗址，即爱琴海畔荷马的《伊利亚特》中"木马屠城记"的古战场遗址；2.番红花城，一处古丝绸之路上的重要驿站，以奥斯曼古建筑群而闻名；3.迪夫里伊大清真寺，它是一座始建于11世纪，小亚细亚地区伊斯兰建筑杰作的代表；4.赫梯城堡，是古赫梯王国首都完整的城市遗址,以其岩石艺术而闻名;5.伊斯坦布尔旧城区,在此集中了奥斯曼帝国时期的著名建筑,包括古代赛马场、圣索菲亚大教堂和蓝色清真寺;6.内姆鲁特山,它是在幼发拉底河流域成立的王国统治者安提奥卡斯一世的陵墓,是希腊与波斯通融时期最为雄伟的建筑之一,代表了王国文化的双重起源;7.汉瑟斯和莱顿遗址,该遗址在陪葬艺术方面的考证,说明了利西亚传统和希腊影响的重合,其碑文对于了解利西亚人的历史与语言极为重要,8.格莱梅国家公园和卡帕多奇亚石窟群,它完全是由大自然的侵蚀而造就的奇景,特别是格莱梅流域及其周围地区的岩凿避难所,为拜占庭艺术在反圣像崇拜后期提供了独特的证据;9.棉花堡,它是一个用充满碳酸钙物质的泉水,缔造了一个满是矿物森林、瀑布和一系列梯田盆地的虚幻景观,浴场、寺庙,以及其他希腊石碑共同存在于此。

在历史上,由于许多文明古国都在小亚细亚这片神奇的土地上演绎过无比的辉煌,向人们展示着不同时期各个文明的美妙韵味,以及最为动人的历史篇章,所以让人们不得不去沉思,不能不浮想联翩。

一、小亚细亚文明的历史演变

小亚细亚地区的历史丰富多彩、源远流长，其人类的痕迹在小亚细亚地区最早可以追溯到旧石器时代，大约在公元前10万年左右。土耳其一些主要的考古地区出土的文物，提供了非常重要的线索证明，从公元前8000年人类在小亚细亚地区居住的痕迹逐渐开始增加。查欧努（公元前7250～6750年）和哈吉拉地区（公元前7040年）的历史遗迹都可以追溯到陶器时代之前。以最能体现史前文化的查陶侯予克地区（公元前6500～5650年）为例，迄今为止在这里已经发现曾经有过十二个人类文明变革的痕迹。同时它也被证实，历史上第一座比较系统完备的城市曾经设立在这里，城市人口估计在5000～10000人之间。在这以后，从公元前5500年到公元前3000年，有许多人定居在特洛伊地区，小亚细亚整个地区一直被一种古老的乡村式社会文明统治着，使其进入了一个黯淡的历史发展阶段。这一时期小亚细亚地区一直都没有出现过什么显著的社会进步，直到早期青铜器时代的到来，才使得小亚细亚地区的历史与文明开始有了新的重大发展。

在公元前3000年的下半叶，人类社会发展中最为著名的赫梯文明在小亚细亚地区逐渐萌生了起来，它是赫梯人在美索不达米亚之外创造出的另外一个独特的社会文明。此时的赫梯人已经认识到了建立国家的重大意义，先后建立了一些城邦国家，而他们的社会发展则反映了当时青铜器时代人类文明的最高顶点，也代表着美索不达米亚文明已经扩展到

在土耳其安纳托利亚文明博物馆收藏的赫梯时代的加工品

· 3 ·

了小亚细亚地区，使得小亚细亚和美索不达米亚之间的商业和文化往来关系得到了很大的发展。此外，西方的特洛伊二代时期的社会文明与小亚细亚中部的社会文化，在不断发展过程中也相互影响。

随着赫梯文明的逐渐消失，取而代之的是希泰人的文明，这个时代的转折性标志是小亚细亚地区有书面记载的历史逐渐开始了。希泰人（公元前8～20世纪）是第一个采用中央集权制管理社会的古老王国。通过战争，通过结盟，他们最终建立了一个从西部马尔马拉海到东部幼发拉底河的庞大帝国，显示了他们中央集权管理制度的卓越性。特别是在公元前13世纪，为了获得对叙利亚的管辖权，国王然塞斯二世与埃及人在战争的末期签署了世界历史上第一个和平条约。在希泰人历史的末期，中央集权政府的权力逐渐分散削弱，此时大量的城邦随之出现了，这种局面一直持续到公元前7世纪。希泰人的文明，对小亚细亚地区历史的发展有着极大的影响，并且留下了许多真实宝贵的遗迹。从这些遗留下来的真实宝贵的遗迹中，人们可以了解到整个小亚细亚地区当时的艺术和建筑的发展状态，以及高超的手工技艺。从公元前10世纪开始，希泰人从历史的舞台上逐渐地消失，随之而来的是一个由乌拉尔图人创造的新人类文明在小亚细亚东部宛胡辽阔的高原上诞生了。乌拉尔图人被认为是胡瑞人的后裔，他们发明了先进的冶金制造技术，特别是炼制青铜器的技术，创造了高水平的人类文明，并反映在小亚细亚不同的地方。

赫梯时期的古代浮雕

在公元前13世纪之后，一个还没有被寻找到起源的民族佛里吉亚

绪 论　土耳其的基本概况

人，通过达达尼尔海峡和博斯普鲁斯海峡，也来到小亚细亚地区的中部和北部，建立了一个新的人类文明。在最早的古希腊文学记载中，曾经提到的起源于亚该亚人，此后在荷马史诗中被证实的佛里吉亚人，在著名的特洛伊战役中曾经是小亚细亚人忠实的结盟者。在人类历史社会发展过程中的这段文明，在小亚细亚不同的地区，给后人留下了上千件极具历史价值的艺术珍品。佛里吉亚人的社会文明最终在

珍藏在土耳其国家博物馆内的古代精美陶瓷

公元前6世纪随着波斯人的入侵而逐渐灭亡了。在同一个时期，位于小亚细亚中部和西部的吕底亚人、利克亚人和卡日亚人的文明也分别得到了巨大的发展。吕底亚人和利克亚人被历史学家认为是小亚细亚本地区成长起来的人群，而卡日亚人则被认为是在克里特文明时期迁移到小亚细亚地区莱莱格人的后裔。土耳其著名的考古遗址依克桑透斯曾经是利克亚人的首都，是这个独特社会文明遗留下来的最为珍贵、美丽的艺术作品。

坐落在土耳其帕克投露斯山谷中部的萨迪斯考古遗址，也曾经是吕底亚王国的首都和传说中的国王克热族斯的行政管理中心。它是小亚细亚地区最具吸引力的希腊式艺术风格和建筑的代表，代表着吕底亚人社会文明的最高峰。另外，在土耳其的历史上，还一直流传着一个不是十分确切的说法，那就是吕底亚人可能是人类历史上最早开始铸造钱币的人。世界上最迷人和最美丽的一些城

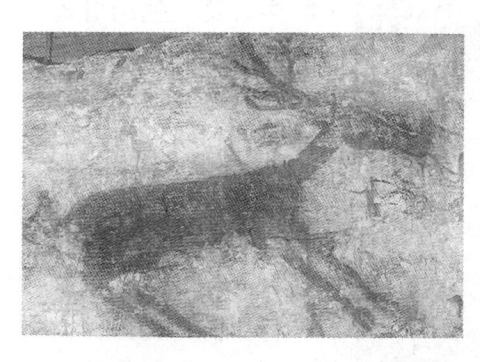

在土耳其境内发现的9000年前的恰塔勒霍俗克壁画

· 5 ·

市，如阿夫迪斯阿斯、米莱特和今天的伊兹密尔，以及爱琴海沿岸两处莱莱格人最早的居住区，都曾经是早期卡日亚人社会文明中最重要的代表城市。

从公元前12世纪开始，一些好战的海上部族不断入侵小亚细亚地区。特别是一支被称为"海上民族"的埃及人部族的入侵，造成了小亚细亚整个东部附近地区的局势一直处于一种极为不稳定的发展状态。亚该亚人、莱莱格人、爱奥尼亚人、伊奥利亚人、多里安人、克利特岛的克利特人，以及希腊大陆上的部族，也纷纷来到肥沃富饶的小亚细亚地区。为了能够到达黑海地区，他们要穿过达达尼尔海峡，而且向占据着重要地理位置的特洛伊人献上他们的贡品，以获得通行证。

土耳其著名的古代遗址——塞尔舍斯图书馆

这些生活在小亚细亚地区具有较高人类文明的海上部族，随着时间的推移，自身的文化渐渐地与当地融合，逐步融入到了小亚细亚地区的文明之中。例如，在小亚细亚地区有着上千年崇拜母亲女神的文化传统，而这一传统则深深地影响了不断迁徙到小亚细亚这片神奇土地的部族人民。他们对宙斯的崇拜已经被小亚细亚西岸的阿耳特弥斯女神（月神与狩猎女神）和阿芙罗狄蒂女神（爱与美德女神）逐渐替代。此后，基督教徒对圣母玛利亚的无比信仰，实际上也可以说就是小亚细亚地区崇拜母亲女神信仰的一种延续。

在这一历史时期，希腊式的社会文明已经在小亚细亚地区发展到了顶点。例如被称为希腊"七贤"之一的古希腊哲学家、数学家、天文学家泰利斯，希腊著名的哲学家戴奥真尼斯、斯查博等人都出现在这一历史时期，使得小亚细亚的哲学、数学、几何学、天文学、绘图、雕塑、镶嵌壁画、陶瓷制品等相继出现并得到了迅速发展，所有的科学与艺术领域都取得了极高水平的突破。当然，无论是哪一样科学与艺术的成功发展，都是小亚细亚地区广泛的文明交往与民族文化大融合的产物。因而，此时的小亚细亚社会已经完全具备了非常强的兼容性与综合性，它已经适应了迁徙人群带来的各种文化，同时也使得这些迁徙者融入到了这里早已存在的文化当中。

公元前7世纪末期，米堤亚人占领了美索不达米亚，从而结束了亚述人的王国在这一地区长期的统治。但相隔了很短的一段时间之后，有着阿柴迈尼德血统的波斯人战胜了米堤亚人，并且在公元前五世纪初开始入侵小亚细亚。此后，由国王奎如斯和薛西斯率领的波斯大军，跨过博斯普鲁斯海峡和达达尼尔海峡，一直征战到希腊。尽管波斯人在马拉松、萨拉帝密斯和帕拉塔阿的一系列战争之后被迫撤退，但他们还是统治着小亚细亚地区直到公元前4世纪的下半叶。

在土耳其考古中发现的新石器时代的母神体

公元前133年，根据帕尔甘玛王国最后一位国王阿塔娄斯三世留下的遗嘱，小亚细亚地区最终被罗马人统治。只有坡替克王国的国王密色达特在小亚细亚地区一直抵抗着罗马人，反对其暴虐血腥的统治，不过罗马人通过不断发动战争，最终还是把他们的帝国领土扩展到了整个小亚细亚地区。此后，罗马人在小亚细亚地区不断修复和重建过去已有的城市，并不断建立新的城市，从而标志着罗马人已经步入了他们的黄金统治时代。

自从历史上有了《圣经》，小亚细亚地区就一直被人们视为是一片神圣的土地，《圣经》中所描述的诺亚方舟就横卧在当今土耳其的阿拉拉塔山顶上，而伟大的先知亚伯拉罕就住在今日土耳其的乌法和哈然。而走遍了小亚细亚地区的每一个角落，执著地传播着那个刚刚诞生的基督教信仰的著名传教士圣·保罗，就出生在土耳其的塔苏斯。从此，耶稣的信徒们第一次在古代叙利亚首都安提俄克（今日土耳其南部的一座城市）附近那座修建在洞穴里的教堂中获得了"基督徒"这个名称，并且一直沿用至今。而撰写《圣经·新约》中福音篇的作者、最主要的福音传道者圣·约翰，就是在当今土耳其的艾费斯撰写的《圣经·新约·福音篇》。受人尊敬爱戴的圣母玛利亚，则在小亚细亚地区度过了她最后的余生。启示录中所描述的七座教堂，也是坐落在小亚细亚地区。

位于土耳其境内的特洛伊遗址

在中亚地区，由于长年的严重干旱和连年的战乱，使得人们赖以生存的家园被完全破坏了。此时，一些原居住在这片土地上的突厥游牧部落为了寻找新的生活定居地，开始从东部向西部大规模地迁徙，最终到达小亚细亚地区。在不断向小亚细亚地区迁徙的过程中，突厥游牧部落不仅融合到了当地的文化中，同时也带来了他们自己独特的文化，使得广阔富饶的小亚细亚地区呈现出了它在人类历史发展中文化大融合的灿烂阶段。迁徙到小亚细亚地区的突厥游牧部落曾经先后在这里建立了两个辉煌的帝国。一个是由突厥塞尔柱人建立的帝国，从11世纪下半叶到13世纪末期蒙古大军的入侵之前，一直统治着小亚细亚地区。而另外一个是由突厥奥斯曼人建立的奥斯曼帝国，从14世纪到第一次世界大战的末期，一直统治着小亚细亚地区。突厥人在吸取了小亚细亚传统文化的同时，也为小亚细亚社会的发展带来了更多活力，使其成为世界历史上最繁荣昌盛的地区之一。

二、复杂的地形与地貌

土耳其共和国位于亚洲的最西部，横跨欧、亚两大洲，处在地中海与黑海之间，是一片庞大的天然宝库。人们可以在这片神奇的土地上，一次次体验四季的不同，尽情欣赏大自然美妙的色彩，以及赋予土耳其的宝贵资源，深刻感受土耳其独有而奇特的味道，轻松享受这个与众不同国家的文化与风情，详细了解它所具有的独特性地形和多样性的地貌。

土耳其著名的博斯普鲁斯海峡

土耳其的国土总面积为814578平方公里，就其面积而言，它比意大利大一倍，大约两倍于英国。其亚洲部分坐落在小亚细亚半岛，面积占全国总面积的96.9%。欧洲部分则处在巴尔干半岛的东南角，面积仅占全国总面积的3.1%。土耳其境内绝大部分为高原、山地，仅沿海地区有狭窄的平原。土耳其三面环海，北为黑海，西及西南为马尔马拉海和爱琴海，南为地中海，连接小亚细亚半岛和巴尔干半岛的是世界著名的博斯普鲁斯海峡和达达尼尔海峡。土耳其海岸线长8333公里，陆地边境线长2875公里。

博斯普鲁斯海峡全长34公里，海峡最狭窄的地段只有700米；达达尼尔海峡全长72公里；两条海峡横贯土耳其西部，把黑海、爱琴海和地中

海连成了一片，成为沟通黑海、爱琴海与地中海的大动脉，通常人们也将它们合称为"黑海海峡"。因该海峡地形险要，直接沟通连接着欧亚大陆，历史上素为兵家必争之地，战略地位非常重要。

在地理上，作为欧洲和亚洲的桥梁和交汇处，土耳其东临伊朗，东北部与年轻的阿塞拜疆共和国为邻，在东南方向同叙利亚和伊拉克接壤，它的欧洲部分同保加利亚、希腊毗连。土耳其在地理上的这种特殊性，使其成为东西合璧、南北荟萃之地，在中东、巴尔干地区和国际事务中有着重大的影响，起着举足轻重的作用。

三、奇特的河流湖泊与交通

土耳其著名的爱琴海海滨——斐塞耶

由于土耳其被马尔马拉海、黑海、爱琴海和地中海所环抱，因而随处可以看到无与伦比的海岸与连绵的山脉平行，峻峰险岸和绿水松林同时点缀着土耳其。这种复杂多变的地形地貌，不仅使得土耳其拥有众多珍贵的自然物种，而且还拥有丰富的河流和湖泊资源。

受这种复杂多变的地形地貌的影响，土耳其境内众多的河流，不是直接流入地中海，便是经过黑海和马尔马拉海间接地注入地中海，而东部地区的河流大多又经过伊拉克直接注入波斯湾则当是一个例外。那些流入黑海和地中海的河流大多短小而流急，陡降的河流与沿岸的山脉构造线横交，而注入马尔马拉海和爱琴海的河流一般都河面宽阔，水流缓慢。

在土耳其众多的河流中，最为著名的当数非腊特河。众所周知，世界上著名的幼发拉底河就源自土耳其，但它在土耳其境内并不叫幼发拉底河，而名之曰"非腊特河"。非腊特河在突厥语中意为希望之河。

非腊特河的北部源头出自土耳其东部重镇埃尔祖鲁姆以北的洼地，被称之卡拉苏河；其东部的源头则穿行在凡湖和阿勒山之间的高山峻岭中，被称为木腊特河。两股源头在克班附近交汇后，穿山越岭，弯弯南下，在流经阿拉伯地谷时，则切入地面很深，堪称奇观。非腊特河的两岸景色奇特，变幻莫测。它时而像一把利剑劈开重峦叠嶂，奔腾在高山峻岭的峡谷之中；时而又徜徉在平原、洼地之间潺潺而流，低声吟唱。就地形而言，非腊特河的北端和东端有着广阔的盆地和深水湖泊，南端则与东托罗斯山纵横交错，河水切入地表，造就了许多峡谷。

土耳其著名的大阿勒山是一个大火山堆，既是土耳其境内的最高峰，又是非腊特河的东部源头。大阿勒山的峰顶终年披银盖雪，山腰间挂满冰川，大自然的神工让人们叹为观止。非腊特河流域是土耳其的主要高原地，空旷的山坡上长满了牧草，一直延伸到无限美丽的孔亚大平原。高原地带水草丰美，居民多以放牧马、牛、羊为生，并以此赢得了"山地土耳其人"的美称。他们过着春季居草原，夏季住山麓，冬季

土耳其奇特的自然风光

移山坳的逐水草而居的传统游牧生活。放牧时，个个身穿厚毡做成的长袍，袍长过膝，双肩向上高耸，远远望去，犹如身披战袍的侠客。非腊特河滋哺的山地土耳其人，男人不仅尚武善骑，而且也同妇女一样，能歌善舞，粗犷绚丽。每逢重大的节日，白天人们赛马或摔跤，夜晚身穿色彩绚丽的民族服装，男男女女手托点燃蜡烛的木盘，踏着萨兹琴和锁呐的节拍，欢快地跳起蜡烛舞蹈。

在非腊特河北源附近的埃尔祖鲁姆东北10公里处的托普山上，1877年10月曾发生过土耳其民众不畏强暴、英勇抵抗沙俄侵略者的动人故事。为缅怀纪念那些为国英勇献身的烈士们，如今在托普山上高高耸立着一座名为阿齐耶的烈士纪念碑。它由三根巨大的方形石柱组成，石柱下粗上细，犹如三柄长剑直入云端。纪念碑的底座上镶嵌着一块铜牌，底座上刻有一组浮雕，再现了当年土耳其人民抗击沙俄侵略者的英勇场面，纪念碑后，长眠着土耳其历史上的抗俄女英雄哈顿，她那精彩通俗的传闻轶事至今仍然在土耳其人中间广为流传。

除了著名的非腊特河之外，土耳其东部的凡湖另有一番景色。风景如画的凡湖面积为3760平方公里，湖深大约为25米，湖面海拔1720米，是土耳其境内最大的淡水湖泊，也是土耳其主要的水产养殖基地。

总体而言，受地形和气候的影响，土耳其境内的一部分地区，尤其是爱琴海和地中海地区，河流流量的季节变化很大，河流资源不利于航运的发展，却非常有益于水力发电。

在沼泽地里休闲狩猎的土耳其人

土耳其的河流湖

泊不仅受其复杂多变的地形与地貌的影响，而且交通运输也和其地形有着密不可分的联系。土耳其的爱琴海沿岸地区地形起伏，呈东西走向，给进入内地提供了通道，但南北向的交通却非常困难，只能靠海运发展交通运输业。在安纳托利亚的中部，虽然地形变化不大，但人口聚居的地方多在边缘地区，大多数贸易通道自古都是沿着南北边缘绕行，而极

土耳其著名的博斯普鲁斯海峡大桥

少穿过中部，使其中部交通运输受到限制。在庞延山脉的中部，耶库尔河相继穿过克泽尔河谷和杰克雷克，如同一条走廊，是迈向内地的极好通道。土耳其的东南部，地形以高原为主，自古就是美索不达米亚平原与地中海地区之间的黄金通道。安纳托利亚东部，东西走向的交通虽然在到达伊朗边境以前要经过很高的山口，但毕竟还能有路可走，南北间的交通则相对困难得多。

作为地处欧亚两大洲交汇点的土耳其，是世界海陆交通要冲，具有欧亚大陆桥的美称。从19世纪末开始，欧洲一些国家开辟的亚洲通道，都横贯土耳其，然后伸向波斯湾、高加索和巴基斯坦；在海上，土耳其扼守黑海海峡，此海峡是罗马尼亚和保加利亚两国的唯一出海口，也是独联体西部国家通达海外的重要通道。因此，土耳其历届政府都非常重视发展交通，把交通运输作为一个主要的投资部门。通过数十年来的努力，目前土耳其的交通已经形成相当完整的体系，建成了世界上最具规模的连接欧洲与中东地区之间的交通网。

土耳其在1973年建成的博斯普鲁斯海峡大吊桥，像一条巨蟒横贯海峡，把欧亚两大洲紧密地连接在了一起。大桥全长1560米，宽33米，高64米，桥面可同时并行六辆汽车，任何巨型轮船均可以从大桥底下安然通过，平均每天通过大桥的汽车为6万辆左右。从1988年以来，土耳其又投巨资，在黑海海峡上相继架起了三座大桥，使欧亚两大洲相互之间的

往来更加便利通畅。

土耳其铁路的发展最早可以追溯到奥斯曼帝国时期。1858年奥斯曼帝国政府在英、法等国的帮助下，通过贷款修建了第一条铁路。1923年土耳其共和国成立时，一条主要的国际铁路干线已经从西北到东南穿行于土耳其全境，并建有通往梅尔辛、安卡拉、伊兹密尔和班德尔马等多条铁路干线。通过70多年来的努力，土耳其已经形成了相当完整但还较稀疏的铁路网。近年来，由于土耳其政府大力发展高速公路，在公路运输的巨大冲击下，国内铁路运输的能力已经退居到了第二位。

土耳其的海洋运输在其国内远距离大宗货物运输和对外贸易中占有重要的位置。土耳其的主要港口有黑海海峡的伊斯坦布尔、爱琴海的伊兹密尔、地中海的梅尔辛、黑海的萨姆松和特拉布松等。目前，土耳其的外贸物质几乎全部都是通过海运，陆运只占2%。贸易口岸主要集中在少数几个地方，其中伊斯坦布尔的货物吞吐量占整个货物吞吐量的1/3。

除了公路、铁路和海洋运输外，土耳其的航空运输也比较完备发达，具有相当的规模。在土耳其，国内外航线的空运业务，主要由国营土耳其航空公司经营，据近年来土耳其政府发布的年鉴统计数字表明，每年的客运量大约为1100万人次，每年的货运量大约为125万吨。土耳其的各大城市之间，以及首都与部分边远省会之间都有定期的航班。目前，土耳其共有50多条国内航线，100多条国际航线，主要机场有伊斯坦布尔、安卡拉和伊兹密尔、安塔利亚等机场。

四、过渡性的气候与现代农业

土耳其大部分地区的气候，是被人们称作地中海气候型的一种干燥炎热的半大陆性的变型，兼有地中海型和温带大陆性气候的特征。土耳其气候的形成，受多种因素的影响。特别是土耳其恰处在北纬36°～40°之间，南北分别与地中海、黑海为界，在这两个大海的对面分别是西亚、北非的热带沙漠和东欧大平原，再加上内陆地区地形、地貌复杂多变，这些因素都给土耳其气候的形成埋下了伏笔。土耳其的夏季普遍干旱少雨，冬季大部分地区的气温又比真正的地中海气候要低，昼夜温差大，降雨量少且集中在初春时节。但土耳其部分地区冬季降雨多，具有地中海气候的特征。如果你在土耳其乘车旅行的话，那么在两三个小时的时间内，便可以体验到风貌不同、温度各异、标高不一、湿度与植物带完全相异的境地，看到汇总了欧洲、亚洲和非洲三个大陆所有特征的风貌。

在土耳其，1月份的内陆平均气候在冰点以下，越向东越冷，东部大部分地区在-10℃以下，极端最低气温的西部可达-20℃，东部更降至-40℃。而沿海的边缘地区，1月份的平均气温大多在5℃以上，冬季气温最高的地方是安纳托利亚低地和阿达纳低地。土耳其的夏季，除地势较高的山区外，普遍炎热。7月份的平均气温在20℃以上，安纳托利亚西部和中部的气温在25℃以上，其东南部更高达30℃以上。土耳其的安纳托利亚中部和东南部大陆性气候比较典型，年降雨量在300～400毫米之间。土耳其的沿海地区是最湿润的地区，其中黑海地区的年降雨量平均在2000毫米以上，庞延山和托罗斯山的大部分地区，年降雨量大多维持在1000～1500毫米之间。

土耳其气候的鲜明特征还表现在沿海地带和内陆高原气候的差异上。沿海地带深受海洋的直接影响，内陆高原则由于山脉的阻隔，挡住了来自海洋温湿的气流。难怪内陆高原呈现出夏季炎热、冬季严寒、春雨绵绵那种典型的干燥的大陆性气候。而广大的沿海地区，包括爱琴海的西部以及黑海的沿岸地区，则深受海洋的影响，表现为夏季无酷热、冬季较温暖、年降雨量普遍偏高的特征。但地中海沿岸地区，则夏季炎热少雨，冬季温和多雨，年降雨量为500～700毫米，地中海气候特征表现得特别明显。

土耳其辛勤劳作的渔民

土耳其的气候造就了土耳其土壤的基本类型，造就了土耳其生态系统的多样性，并且同气候一样，表现出内陆地区和沿海地区有着明显的差异，使得土耳其的动植物种类繁多。在土耳其比较湿润的地区，土壤主要是红色灰化土、棕色灰化土以及棕色森林土，它们的面积超过全国的1/3，主要见于山区，以南、西、北三个方向环抱安纳托利亚内陆区。这些地方土层薄且发育不成熟，不宜从事农耕，主要植被都是森林。在安纳托利亚内陆和东南部的干燥地区，棕色土壤和红色土壤分布较广，约占全国土地总面积的20%，虽然这里的农业发展潜力有限，但却是土耳其旱作谷物分布的主要生产区。就其土质而言，东西土质多为钙质土，有利于灌溉农业的发展。土耳其最为干燥的地区，多为灰钙土，它是一种半沙漠性质的土壤，主要分布在科尼亚盆地的南部和阿塞拜疆共和国边界的阿拉斯河谷地。冲积土是土耳其可以用作农业耕作的最佳土壤，虽然它仅占全国土地面积的5%，但却是土耳其农业发展潜力最大的地区。这种土壤多分布在爱琴海和马尔马拉海沿岸地区的河谷，以及塞汉河、杰汉河、克泽尔河和耶库尔河的三角洲平原上，也散布在安纳托利亚的东部和中部的盆地中。

一个国家农业的发展同它的地形、气候和土壤有着密切联系，而土耳其复杂的地形、地貌和过渡性气候类型，以及多样的土壤，给土耳其农业带来的影响是巨大的，尤其表现在沿海地区农业和内陆地区农业的差异上。沿海地区的气候和雨量比较适合发展农业，气温和光照能够满足多种农作物生长的需要，一些亚热带作物，甚至一些热带作物，如香蕉和茶叶也能在此生长。而内地多山，冬季冰雪覆盖，银妆素裹，夏季冰雪消融，为灌溉农业提供了充足的水源，但目前这一资源的利用率还有待于进一步开发。

在土耳其，地中海沿岸以及爱琴海沿岸深受地中海气候的影响，黑海沿岸地区则冬季温暖，夏季炎热，雨量充沛，但由于地形的原因，只有小面积平坦或缓倾的土地可供农业耕作。土耳其内陆的西半部，是全国降雨量最少的干旱地区，这里有大片平坦或缓倾的土地，并且大多属中等肥沃的土壤，这一地区的北部和南部边缘接近多雨的山地，可发展灌溉农业，但在安纳托利亚高原中心，河流大多深切入地表，灌溉变得极其困难。加之生长期短和冬季低温的影响，使得沿海地区的许多高产农作物不能在此生长。土耳其内陆的东部地区山地较多，水源奇缺，平坦或缓倾的土地只限于较小的山地围绕着的盆地中。土耳其的东南部，则分布着大面积的农业耕地，只是这里远离水源，夏季酷热，降雨量稀少，不便农田的灌溉。

农业在土耳其的社会经济中占有优势地位，绝大部分人以农业为主，土耳其不仅是中东地区的第一农业大国，就是在世界主要农业生产国中也占有一席之地。土耳其目前是世界上第七大小麦生产国，也是世界上最大的榛子、无核葡萄干和无花果出口国。在1923年土耳其共和国成立时，它的农业起点是很低的，不仅全国

在田间辛勤劳作的土耳其妇女

耕地面积仅有1000多万公顷，而且农业的经营方式还依旧是分散的家族式经营。为了尽快发展农业，土耳其共和国政府废除了"什一税"，确定了土地的私有制，调整了农业指导机构，并组建了农业教育系统。政府的新举措给土耳其农业带来了转机，到20世纪30年代初，耕地面积增加了1倍多，农业总产量增长了58%。

从30年代起到40年代末，土耳其在处理农业和工业的关系上，把发展重心主要放在工业上，在这一时期的前10年，对农业的发展影响不大，工农业比例还比较协调。在这一时期的后10年，一是受第二次世界大战的影响，二是由于1949年的大旱，使农业的发展出现了停滞的局面。到了20世纪50年代，土耳其政府对农业的投资比重不断增加，农业投资仅次于交通业的投资。与此同时，政府还调整了农业政策，表现为降低牲畜税，减免农民的交通税，提高农产品的收购价格，从而调动了农民的生产积极性。农业政策的导向和政府的重视，给50年代土耳其农业的发展注入了活力。这一时期土耳其的农业可耕地面积扩大了60%，农业总产量增长了86%。20世纪60年代后，土耳其政府在农业经营战略上实

· 17 ·

喜获丰收的土耳其农民

行改革，采取了一系列积极有效的措施，使农业生产向集约化转轨。集约化的经营方式，为土耳其农业持续的发展奠定了基础。从20世纪70年代开始，土耳其的农业产品开始大量销往其他中东国家和欧洲共同体市场。1973年，土耳其公布了土地法，计划在15年内将320万公顷的土地分配给无地或少地的农民，并大兴水利，推广机器的使用，增施化肥，选用优良品种，对农民进行科普教育等。

土地法给土耳其的农业带来了巨大的发展。1971～1978年，土耳其农业的平均增长率达到了3.3%，从1976年开始，土耳其由粮食进口国转变为粮食出口国。80年代以来，土耳其的农业稳步增长，1980年产谷物2,406.3万吨，1987年增至2,927.5万吨（不含薯类），增长率为21.7%，1988年仅土耳其的小麦产量就达到了2,050万吨。近年来，土耳其政府大力发展现代农业，使其产量不断增长，2011年的小麦产量达到3000万吨左右，占全国粮食总产量的70%，居世界第5位，既可完全满足国内消费的需要，且又可大量贸易出口，这在中东地区是唯一的一家粮食出口国。

目前，土耳其的农业耕地面积大约为3000万公顷左右，其中约有一半种植谷物。谷物种类主要有小麦、大麦、黑麦、玉米、大米、燕麦等。谷物生产尤以小麦为主。另外，棉花、烟草、甜菜、油料作物和水果也是土耳其的主要经济作物，也是这个国家出口的主要农产品。土耳其的棉花主要产区在伊斯梅尔和阿达那，近年来棉花每年的平均总产量大约为80万吨左右，大量出口到其他国家。土耳其的烟草在世界上闻名遐迩，以黑海沿岸萨姆松的烟草质量为最佳，多被美国的卷烟厂选用。

土耳其过渡性的气候类型也非常适宜各种水果的生长。如无核葡萄、香蕉、梨、杏、苹果、柠檬、橘子、橙子、无花果、橄榄油和榛子，产量和出口量均居世界前列，其中无核葡萄和榛子的产量居世界首位。土耳其水果的主要产区在黑海、爱琴海和地中海沿岸地区。

此外，土耳其的畜牧业也极为发达。安纳托利亚的大片草原为畜牧业的发展提供了便利。土耳其目前拥有的牲畜头数在中东国家中居第一位，在世界上也排名第八位，特别是安卡拉羊毛驰名世界，是纺织开司米的主要原料，每年的产量大约为10,000吨左右。土耳其畜产品主要销往海湾等阿拉伯石油国家，每年的出口值大约为10亿美元。

五、丰富的矿物资源与发达的工商业

土耳其独特的地质构造和复杂的地形、地貌，使其拥有世界上丰富的矿物资源。铬、汞、锑、重晶石、天然硼酸盐、锰、铜等矿产的储存量在世界上均居前列。特别是铬矿，现已探明的储存量为1亿吨，居世界第二位。硼酸盐为6～6.5亿吨，锰大约为1亿吨，铜为3亿吨，锑为12.5万吨，汞为8000吨。此外，土耳其的煤炭资源也极其丰富，现已探明的储存量为50亿吨，主要分布于黑海沿岸和安纳托利亚的东南部，是中东地区最大的煤田。除了煤炭外，土耳其的其他燃料和能源极其短缺，严重依赖进口，尤其是石油。

根据土耳其国内工业发展的需要，每年大约需要2500万吨的原油，但国内仅能够生产大约300万吨左右的原油，缺口很大，所以每年依赖从国外进口大约价值80亿美元左右的石油，基本上占当年出口总值的40%～50%。原油进口国主要是伊拉克和伊朗，现有好几条输油管道从伊拉克直接伸展到土耳其。为了弥补能源的短缺，土耳其历届政府一方面呼吁要以煤代油，另一方面则大力开发水力资源。土耳其的水力资源极其丰富，每年的水力发电量大约为300亿度，使能源不足的问题基本得到了一定的解决。除了开发水力资源外，土耳其政府还积极开发地热和天然气，以弥补燃料和能源的短缺。目前在土耳其境内，现已被查明的天然气大约为10万亿立方米左右。此外，土耳其也是一个森林资源极其丰富的国家，森林面积大约为3000公顷，森林覆盖率居中东国家首位。

土耳其是中东地区工业化比较发达的国家之一，在整个社会经济发展战略中,工业化一直是土耳其国民经济发展中最为优先考虑的问题。土耳其的早期工业开始于1933年政府推行的一项五年计划。土耳其在1923年建立共和国后,政治上虽然获得了独立,但经济上却极其落后。为了改变传统落后的农业在经济中一统天下的局面,土耳其政府采取了国家干预社会经济的政策,把外国人控制的公司、企业全部收归国有,并把同国计民生有直接关系的经济部门纳入国营机构,优先发展民族工业,实行国家资本主义。在国家干预下,20世纪30年代土耳其相继建立了水泥、钢铁、纺织、玻璃和陶瓷等工业部门,以求走工业内向发展的道路,用民族工业的产品来满足国内的需要。1932~1939年,土耳其工业品的产量增加了2.4倍,工业产值在国民生产中所占比重由10%增加到了16%。特别是第二次世界大战为土耳其工业的迅速发展提供了一个难得的契机,为民族工业创造了一个良好的国内市场条件。二战以后,土耳其的工业产量在全国生产总值中所占比重增至23%,一些新工业部门也相继建立了起来,使人均工业品占有量超过二战前的4~5倍。在第一个五年计划期间,土耳其政府主要采取了利用外资兴办重工业的方式,同时扶持私人资本发展轻工业。到了20世纪60年代中期,私人资本对轻工业的投资已达到国营企业投资总额的60%,一批私人资本和外资共同经营的企业如制糖、造纸、纺织、医药等工业迅速发展,给土耳其工业的快速发展带来了生机和希望。整个60年代,土耳其的工业化进程是循序渐进的。从1963年开始,土耳其实施了一个十五年的长期发展计划。这个计划又分为第一个五年计划(1963~1967年)、第二个五年计划(1968~1972年)和第三个五年计划(1973~1977年)三期来实施。在历史上,1967年开始实施的第二个五年计划,通常被人们认为是土耳其真正工业化的开端。

20世纪70年代的前期,土耳其的工业发展基本稳定,但到了70年代中后期,西方资本主义世界的大萧条也未能使土耳其幸免,许多企业处于半

土耳其的现代航空工业

停产状态，土耳其工业化的进程布满了阴影。80年代土耳其政府积极调整经济政策，推行稳定发展战略，把一大批长期亏损的国营企业转为私营企业，同时大力发展合营经济，并购入大量廉价石油，促进电力、褐煤和焦炭的生产。政策的积极引导对土耳其工业的发展起到了很大的促进作用。从1981～1986年，土耳其的工业产值年平均增长率为7%，1992年工业产值达到420.16亿美元，占国民生产总值的25.9%。近年来，土耳其的工业增长率年平均为5%，远远超过了农业及其他经济部门的增长速度。在土耳其现代工业发展的历史上，加工业一直居主导地位，目前加工业产值已占工业产值的80%还多。在众多的加工业部门中，以纺织、食品、烟草、建筑材料、钢铁和机械工业等部门为主。而纺织业一枝独秀，现已成为土耳其加工业中最大的部门，其产值占所有加工业产值的20%，从事纺织行业工作的工人占加工业工人总数的1/3。土耳其的钢铁工业是伴随着土耳其共和国的成长而发展起来的。20世纪50年代以后，土耳其的钢铁业进入了一个高速发展的历史阶段。1953年土耳其的钢铁产量仅为1.35万吨，经过30多年的建设和发展，1987年猛增至730万吨，1999年高达1,200万吨。至此，土耳其再也不依赖外国的钢材进口，并且还可以有小批量的出口。

近年来，土耳其的机械工业异军突起，成为加工业中发展最为迅速的工业部门。过去土耳其只有少数工厂能够生产数量有限的车床、织机等，大部分产品需要依赖进口。在国家鼓励国内外投资发展机械工业的政策引导下，土耳其的机械制造工业获得了长足的发展。特别是

土耳其繁忙的海上运输

汽车工业成为仅次于纺织业的第二大行业，产值大约占工业总产值的5%。目前，土耳其国内共有大型汽车制造厂40多家，其中有一部分是外国大型汽车跨国公司的子公司。除了汽车工业外，土耳其的锡瓦斯和伊兹米特已成为铁路车辆和铁路设备制造中心，开塞利成为飞机制造中心。此外，土耳其的电冰箱、洗衣机、电视机等家用电器工业也发展迅速，许多优秀产品已经打入国际市场。

土耳其的现代化工厂

土耳其的食品工业是其又一个重要的工业部门，主要是中小型企业加工农产品、畜产品和鱼类产品。农产品加工主要以甜菜制糖业为主。目前，土耳其的糖产量除了能满足国内的需要外，还大量出口到国外。土耳其的其他食品工业有水果、蔬菜罐头业和橄榄榨油业，主要分布在爱琴海沿岸地区。由土耳其政府实行专卖的啤酒、葡萄酒和烈性酒的酿造业，主要分布在首都安卡拉、安纳托利亚和爱琴海沿岸地区。土耳其的食品工业大多由政府直接控制，这是其社会经济生活中的一大特点。

土耳其的建材工业中，水泥工业和玻璃工业位居前列。土耳其的水泥工业主要是由公私合营的工厂组成，其次是由德国提供贷款资助建造的工厂。目前土耳其共有水泥厂50多家，水泥年产量为6000万吨左右。作为建材工业的又一大支柱的玻璃制造业，主要是依靠苏联的帮助发展起来的。在苏联的帮助下，土耳其在察依罗瓦建起了中东地区最大的玻璃厂，年产平板玻璃1000万平方米，既满足了本国市场的需要，还有部分可供出口。

在土耳其，造纸和纸板工业主要控制在政府办的塞卡公司手中。20世纪90年代以来，塞卡公司通过得到世界银行和欧洲银行提供的贷款，修建了一座集纸、纸浆和木材于一体的联合企业，随后不久又另建立了三家分厂，总投资达40亿美元，从而促进了土耳其造纸和纸板工业的迅速发展。

另外，土耳其的石化工业发展很快，规模较大，大型企业主要是国营企业或合资企业，外国投资比例较高。土耳其的第一家石油化工联合企业坐落在伊兹密尔。随着农业的迅速发展，土耳其国内对化肥的需求量大幅度增加，所以土耳其历届政府都很重视化肥的生产。1977年土耳其的化肥产量仅为279万吨，1987年达到763.8万吨，10年间增长了174%。目前，土耳其的化肥产量不仅能满足国内的需要，还可以有部分出口，成为中东地区最大的化工生产基地。

总之，就土耳其工业的发展趋势来看，它的前景是广阔的，未来充满了活力与希望。

六、行政区域与教育

土耳其现有八大行政区，即埃尔祖鲁姆、迪亚尔巴克尔、阿达纳、开塞利、安卡拉、利尼亚、伊斯坦布尔和伊兹密尔。有时为了统计之便，还以不同方式组成更大的区域，把土耳其分为欧洲部分、马尔马拉海区、爱琴海区、地中海区、安纳托利亚西部区、安纳托利亚中部、安纳托利亚东部区和东南部区，也是八大区。

土耳其自1923年10月29日成立共和国以来，边界只作过一次重大的调整。它涉及哈塔伊省，即伊斯旨德仑和安塔基亚周围的地区。1920年，哈塔伊省是叙利亚委托统治地的一部分，受治于法国，土耳其政府对此强烈反对。土耳其共和国成立后，遂于1936年宣布该地区独立，称亚历山大勒塔桑贾克，1938年改称哈塔伊共和国。1939年7月土耳其与法国签约，法国正式承认哈塔伊并入土耳其。

土耳其现有67个省，67个省大多以省会命名。就其面积而言，各省差异悬殊，最大的科尼亚省面积为47 721平方公里，最小的里津省面积仅为3920平方公里。根据土耳其的行政区域划分，各省以下设县或市，全国67个省共下辖580个县。县的规模亦大小不等，面积大的县可达到一

个省的面积，但一般人口稀少，大多数县的面积在500～2000平方公里之间，人口也大约在5～10万之间。村是土耳其最低的一级行政组织，目前全国共有36 030个村左右。村与村之间的界线大多未经划定。在人口密居的地区，往往几个村就可以构成一个市，因为根据有关法律的规定，在土耳其人口规模超过1万的居民点就是城市。此外，按照土耳其宪法的规定，各省的省长均由中央政府任命，县长由省长委派，但市长和村长则采取民主选举的办法产生，每五年改选一次，由村和市自行选举村民代表、村长，以及市民代表、市长，实行自治，自己管理自己，所以省长和县长对市和村只能起到行政监督的指导作用，而不能够进行干政。

土耳其主要有三个历史与文化悠久的著名城市，它们是伊斯坦布尔、安卡拉和伊兹密尔。土耳其的都市，一般都建立在历史上的贸易路线上，特别是都建立在运输丝绸、瓷器、调味品和香料等古丝绸之路途中，例如土耳其最大的城市伊斯坦布尔就位于古丝绸之路最西端的终点。

伊斯坦布尔是土耳其全国最大的城市和伊斯坦布尔省的省府，位于博斯普鲁斯海峡的两岸，扼黑海出入的门户，正当欧亚交通要冲，战略地位十分重要。它始建于公元前7世纪，当时的希腊人在今天"皇宫岬"的地方依山筑城，取名拜占庭。324年，罗马帝国的君

土耳其第一大城市
伊斯坦布尔的风貌

主君士坦丁从罗马迁都至此，将其重建，改名君士坦丁堡，别称新罗马。395年，罗马帝国分裂后，成为东罗马帝国（历史上也称拜占庭帝国）的首都。1453年4月6日，奥斯曼帝国的军队通过武力占领了它，改名为伊斯坦布尔（意思为伊斯兰的城市）。此后一直到土耳其共和国成立前，它一直是奥斯曼帝国的首都。

土耳其著名的阿克末克兹购物中心

伊斯坦布尔市区分为三个部分：一是欧化、现代的见约卢及相邻的希希利区；一是最古老的法特赫与埃米尔内尼旧城区，它位于金角湾和马尔马拉海之间的岬角上；一是于斯屈达尔和卡迪科伊区，它位于博斯普鲁斯海峡的亚洲一侧。伊斯坦布尔市区人口的4/5居住在欧洲一侧，而亚洲一侧的人口仅占市区总人口的1/5。此外，市内有举世闻名的云塔清真寺，又称为蓝色清真寺。它始建于17世纪，是全国最大的清真寺，可以容纳2000多人同时做礼拜。市内的阿亚索菲亚清真寺是由著名的圣索菲亚大教堂改建而成的，1935年后土耳其政府把它改建为博物馆，供人们参观游玩。在伊斯坦布尔众多古老的宫殿建筑物中，首推托普卡帕宫。此宫殿始建于1462年，是一座富丽堂皇、气势雄伟的皇宫。在这里人们可以欣赏到奥斯曼帝国的素丹及其妃嫔穿戴的配有金色图案、紫地黄花及各种花色图案的中国丝绸制品。如今的伊斯坦布尔人口大约为1000万，不仅居全国各大城市之首，而且也是全国最大的港口和工业、运输、贸易、金融、文化中心。工人人数占全国总数的50%左右，生产总值占全国的51.5%，全国50%的进口、15%的出口都是通过该市的港口进行的，这个古老美丽的城市拥有三所大学和各种类型的博物馆。

土耳其的第二大城市是安卡拉。自1923年10月29日土耳其共和国成立以来，安卡拉就成为这个国家的首都。它位于安纳托利亚高原中部，海拔978米，坐落在安卡拉河的南岸，靠近楚布克河及哈特普河与恩杰河的汇合处，是一个拥有3000多年城市文明史的古老都市。它一度是喜特王国时期的重要政治与经济中心，费里吉时代的一个巨大城堡，更

土耳其共和国首都——安卡拉

是加拉太的色尔特王国的首都，在罗马帝国时代成为加拉提亚省的首府。在土耳其历史上颇具影响的拜占庭帝国时代，以及突厥塞尔柱王朝和奥斯曼帝国的各个历史时期，安卡拉都是政治、经济、军事和商业中心。

如今的安卡拉，已是一个拥有大约370万人左右，仅次于伊斯坦布尔的现代化大都市。安卡拉的市区由留有古城墙的老市区和沿着阿塔图尔克大道向南延伸5公里的新市区构成。其老城部分以及城堡内外，房屋较为破旧矮小，而新城区则大厦林立，政府机构、大国民议会、总统府、总理府，以及中高级住宅区的新型建筑物均建于此。老城市场与店铺同新城以红新月广场20层建筑街区为代表的现代化商店之间形成了鲜明的对照。此外，在安卡拉的民族广场、胜利广场和红新广场上都建有国父凯末尔的塑像，庄严肃穆的凯末尔陵墓也位于安卡拉城市的西南面。如今的安卡拉既是土耳其共和国的政治、经济中心，也是文化中心，拥有著名的安卡拉大学、哈杰泰佩大学、中东技术大学、噶济大学等在国内外颇有影响力的高等学府。位于市区的喜特人古代考古学博物馆，具鲜明的民族风格与历史特色。安卡拉作为土耳其共和国的首都，交通非常发达，纵横交错的宽阔公路与密集的铁路网，将安卡拉和伊斯坦布尔、伊兹密尔、阿纳达等重要城市连成一片。

土耳其的第三大城市是伊兹密尔，它位于爱琴海东岸，古时称其为斯密日那，人口大约为130万左右，该城自古便是爱琴海沿岸农业区的中心，全国最为活跃和重要的出口港，也是土耳其一个非常重要的贸易中心，每年秋季这里都要举行盛大的国际商品贸易大会。这里交通发达便利，除了公路外，还有铁路干线通往国内各大城市。伊兹密尔市区清洁整齐，宽阔的大街两旁高楼林立，现代的市区至今还保留着众多的名胜古迹，如古钟楼、15世纪的希萨尔清真寺，以及世界古代七大奇迹之一的阿耳忒弥神庙遗址。世界历史上著名的历史学家荷马就出生并生活在这座古老的城市里，为这座城市增添了无限的人文光彩。在基督教传播的早期，首先在小亚细亚地区修建起来的七座教堂中的一座，就修建在伊兹密尔这座古老的城市当中。

土耳其共和国自1923年成立以来，一直积极发展教育，教育被历届政府视为国家发展的主要因素之一。早在民族解放战争时期，土耳其大国民议会就注意到了国民教育问题，认为土耳其国民受教育的程度偏低，使国家社会经济的发展没有足够的科技人才和管理人才，是造成土耳其社会发展缓慢的主要原因和最大障碍。从此，土耳其政府对学校教育和教育行政事务都给予了极大的关怀，多次在首都安卡拉召开国民教育会议。1922年3月1日，凯末尔在大国民议会的讲话，为发展土耳其国民教育的方针、政策与原则奠定了基础。他指出：第一，政府最大和最重要的任务之一，是国民教育工作。为了取得这方面的成绩，需要依据本国的情况，社会上的与生活的需要及各方面的条件和适应长期的需要，制定出规划来；第二，国民教育政策的基础和初步目标是使全国公民能读会写，进一步要求公民具备世界水平的知识。若能达到此项目标，将标志着在国民教育史上迈出了可贵的一步；第三，为了适应国家的需要，须培养各种专业技术人才，并为高等教育提供候选人，要办好中等教育；第四，在对儿童和青年进行教育时，不论受教育程度如何，首先应施以土耳其独立自由的思想教育和全力与来犯敌人奋战的精神教育。因此，土耳其现行教育体制

土耳其著名的齐切克商业大道

的总目标规定：把每一位土耳其人培养成为献身于凯末尔主义和土耳其民族主义改良运动的公民；做具有建设精神、改革精神和生产能力的人；通过发展人们的兴趣、才智和能力，使全体土耳其公民获得为寻求幸福和对社会做贡献所必需的知识、技能、观念、协作习惯和职业专长，从而为谋生铺平道路。

土耳其共和国成立之初，文盲的比率占全国人口的89%，为此，政府筹措大量资金，在全国各地设立了乡村学校，学校内除了有小学班外，还办有针对成人的扫盲班，扫盲班的学习期限为4～6个月，半文盲班学习的时间为4个月，全文盲班者学习的时间为6个月，课程以学会土耳其新字母为主，辅以语文、算术及农业常识等，学习者多利用晚间上课，以免影响白天的生产。两年多后，有一半人摘掉了文盲的帽子。乡村学校的小学则招收学龄儿童。因贫困落后等社会原因，当时土耳其的农村失学儿童甚多，所以小学班的学生们一般都年龄偏大，他们毕业后马上充任乡村小学教师，这既有利于补充乡村小学师资的不足，也便于农村小学教育的推广。

土耳其的教育体制主要受美国教育体制的影响。基础教育包括小学和初中，均为免费义务教育，小学学制为五年，初中学制为三年。规定各族男女儿童均可以入校学习，一律实行男女同校，由政府管理和监

土耳其著名的海滨城市——伊兹密尔

督。学校所开的课程必须经教育部门批准，每个学期开学和放假的日期，也均由教育行政部门决定。每学年在城市不能少于200天，在乡村不得少于170天，着重培养学生对社会的责任感，并为儿童接受较高等级的教育做准备。高中属非免费义务教育，学制也为三年。高中旨在培养国家的后备人才，起着承上启下的作用。按照土耳其教育体制的规定，在初、高中的教学大纲中，除必修的基础课程外，外语设英、法、德文三种，学习时学生可任选一种。技术课程有农业、商业知识，男生必修学会细木工和钳工，女生则必修学会家务和缝纫。体育课之外，还安排有短时间的军训。土耳其的中等职业教育主要包括技术学校和职业学校两大类，学制为三年。职业学校和技术学校一般被作为国家中等教育的补充，均由教育行政部门统一管理，主要为国家培养专业技术人才，以满足社会对不同人才的需求。

1924年3月，土耳其政府统一教育法，使土耳其的教育发展又迈出了坚实的步伐。统一教育法的理由既简单又有说服力，即一个现代国家只能实行一种教育体制，双重体制会培养出两种人，从而破坏思想情感的统一。根据统一教育法的原则，土耳其政府取消了原公立和私立学校中设立的宗教课程，在课程设置方面，加强了对本国语言和本国历史的教学，并取消了阿拉伯文和波斯文的课程，注意给学生提供各门学科的基础。于是，遍布全国的宗教小学（麦克泰卜）和宗教中学（麦德来赛）悉数停办。此后，国家的宗教教育完全由政府接管了下来，宗教不能再过问教育。新的伊玛目和讲道员的训练学校一律由政府教育部设立，实行统一管理。过去著名的素莱曼宗教学校被改组为伊斯坦布尔大学下的一个经学院，其培养目标是为世俗的共和国提供一个科学的、新型的宗教教育中心。特别是根据统一教育法的规定，外国人办的学校在教学计划上必须严格遵守土耳其教育部的统一要求，主要由土耳其的教师来讲授语文、地理和历史课，一律使用土耳其语教学，并拆除这些学校的宗教标识。

除了重视小学、中学和职业教育之外，土耳其政府也非常关注高等教育的发展，以为国家培养更多的高级管理人才。土耳其的大学主要由国家兴办，其财政拨款来源于中央政府。土耳其也有一些由私人投资兴建的私立大学，这些私立大学因资金雄厚，所以办学的硬件与软件均优于由国家投资筹建的公立大学，成为家庭富裕的学生心中向

往的学习殿堂。

　　在土耳其,所有希望升入大学深造的高中生,都必须参加全国统考,然后根据学生的考试成绩和他们的愿望,将其录取到不同的大学学习。大学的学制因专业不同而4～6年不等。土耳其现有大学50多所,其中著名的有伊斯坦布尔大学、安卡拉大学、爱琴海大学、中东技术大学、哈普泰普大学、噶济大学和博斯普鲁斯大学。

第一章

奥斯曼人的武力崛起

"突厥"是一个通用的专属名词，指的是很早以来就开始讲着突厥语的那些游牧部族。因为缺乏真实的历史资料，再加上历史上突厥民族几乎没有留下什么系统的文字记载，使得突厥民族起源的历史知识都是支离破碎的，因而史学家对突厥起源与归属的追溯只能来自于一些神话传说，必须通过外族人间接的一些历史记载，如汉文、波斯文和阿拉伯文的史料，这导致人们对古代突厥历史的认知根本无法形成一个完整清晰的体系。因此，在统称突厥人的时候，一些严肃的专家学者一般会使用"操突厥语的诸民族"这样的术语，认为突厥是一种民族专称，而非民族泛称，认为它是一个历史地产生，而又历史地消亡了的古代民族。

奥斯曼人的祖先，是从中亚迁徙到小亚细亚的突厥民族中乌古思部落的一支。作为小亚细亚游牧民族的突厥人，主要是作为奥斯曼帝国的一所人种储藏库而具有重要性，并随着小亚细亚地区社会与经济的不断发展，作为奥斯曼人武力崛起过程中赖以补充的后备军，突厥游牧部落顺利地完成了由突厥人成为奥斯曼帝国社会一分子的这种转变，为奥斯曼人的武力崛起奠定了基础。

第一章　奥斯曼人的武力崛起

一、突厥人的起源与大迁徙

"突厥"一词作为政治名词，最早是指"蓝突厥国"，泛指6～8世纪游牧于漠北的一个古代部族，操古代突厥语或若干方言的游牧部落联合体——突厥汗国。此后习久沿用，遂成定义。在中国的史书上，突厥民族被历史学家们认为是乌拉尔—阿尔泰语族中的一个分支，最早出现在贝加尔湖南面、戈壁沙滩以北的今日蒙古一带。土耳其人的祖先，是从中亚迁徙到小亚细亚地区的突厥民族中乌古思部落的一支。据史料记载，突厥这个名称最早出现在中国史书《周书》中的《宇文测传》。书中说西魏大统八年（542年）以前，突厥人每年在河水结冰后侵扰西魏的北部边界。到了6世纪，中国人对突厥各部落又有了更多的了解，如《隋书》中的《铁勒传》把突厥部落分做七组，说"铁勒……种类最多。自西海（里海）以东，依据山谷，往往不绝"。

据相关的史料记载，583年，突厥部落分裂为东西两汗国。东部的突厥部落政权以一条向北流入贝加尔湖的河流为中心，多从事放牧、经商和农业。由于被中原人征服，或是由于部落与部落之间经常为争夺牧场、牲畜、土地和水源等诉诸以残酷的武力而时起时落，时隐时现，如同走马灯似的交换着。而其他一些突厥部落则向南向西推进，到10世纪时，这些不屈不挠的游牧民族已聚居在中亚地区，过着逐水草而居的生活。有少数定居的部落则在沙漠绿洲中种植谷物，在商业集市上进行实物交换，以牲畜、兽皮、林产和战俘，换取来自南方和西方穆拉德边境的商品货物。这些昙花一现的突厥游牧部落政权，因坐落在中国通往西方的丝绸之路上而颇得地域之便，也曾经盛极一时。

这一地区幅员辽阔，但由于土地贫瘠，水源匮乏，气候恶劣，使得社会经济的发展异常缓慢，而且越来越不能保证不断增长的游牧民对起码生活品的需求，因为自古以来，这一地区一直经受着周期性牧场危机的冲击。这种牧场危机的不断冲击，不仅动摇着这一地区原始的经济基

础，而且随着社会政治、经济、军事以及气候条件的不断变化，引发出了一系列游牧民族连续不断地向居住在大草原边缘的农耕文明地区的大迁徙。11世纪中叶，讲突厥语的乌古思、土库曼各部族开始成批地大量涌入由东罗马帝国统治的小亚细亚地区。

通过征服而迁徙到小亚细亚地区的突厥人，有一个共同的显著特点，那就是他们有一种错综复杂而多样化的传统与文化。受东罗马帝国影响的小亚细亚式的传统与文化，便是其中之一。它的重要性表现为：统治小亚细亚地区的突厥人对待在他们来到之前，就已经定居在这片土地上的民众非常宽容，允许他们继续延续着他们的宗教信仰和生活方式，从不干涉他们的自由，并且结束了在东罗马帝国统治时期严格实行的领地许可制度，从而保障了统治地区内民族间的和睦相处，创建了一个丰富的新社会结构。所以，当地的居民们很容易被突厥人慢慢地同化，并且继续拥有他们的土地。因此，小亚细亚地区的当地居民们逐渐地不仅在宗教上改宗了伊斯兰教，而且还在语言和文化上也逐渐地把自己变成了突厥人，他们与突厥人并肩作战，充任骑兵和步兵，在突厥人不断对外征服和扩张的进程中，扮演着重要的角色。

二、伊斯兰教对突厥人的影响

在皈依伊斯兰教以前，突厥人的宗教处于极端混乱的状态。原始而又低下的社会生产力，以及愚昧无知的物质与精神状态，使得突厥人根本无法正确地、科学地解释自然现象及其规律，只能凭借贫乏的社会生活经验进行假想和幻想，认为周围的自然环境中充满着超人的力量。他们主要信奉原始宗教，相信万物有灵，灵魂不死，精神长存，流行对大自然、动植物、日月、祖先、偶像等各种现象的崇拜。在宗教信仰方面，除了原始宗教外，有些突厥人，特别是早已定居的突厥部落也接受了已经传入他们社会中的佛教、基督教和犹太教的影响。

7世纪，伊斯兰阿拉伯帝国在征服伊朗之后，便把伊斯兰教创始人穆罕默德宣讲的信条带到了中亚、西亚突厥人居住地的边缘。随后，一些突厥游牧部落进入了伊斯兰教统治的国土，接受了伊斯兰教的信仰，变成了穆斯林，为伊斯兰阿拉伯帝国的领土扩张而英勇作战。他们中的许多人，因为战功显赫，以及有卓越的政治才能而平步青云，担任了伊斯兰阿拉伯帝国的一些重要官职，成为举足轻重的社会新权贵。然而，此时的绝大多数突厥人，仍然居住在咸海以东的中亚、西亚，过着逐水草而居的游牧生活，并同往返于丝绸之路上的穆斯林商人进行着一些商贸活动，一直到10世纪才完全接受了伊斯兰教。伊斯兰教在突厥人中兴旺昌盛起来，使他们最终皈依伊斯兰教，主要是通过穆斯林与突厥人的广泛接触，是突厥人自觉自愿的选择，这与其他许多民族是通过武力征服而被迫皈依伊斯兰教有着本质上的不同。在早期突厥人的伊斯兰化过程中，他们的传布师是在他们统治地区到处漫游的托钵僧、到处流浪的苦行者和神秘主义者，以及往返于两地通商贸易的穆斯林商人。这些人传布的是与城市中的神学家和神学院极为不同的一种信仰。

对于突厥人来说，阿拉伯帝国统治集团那种隐晦莫测、自负为完善无缺的正统伊斯兰教是毫无用处的。因为他们所信仰的伊斯兰教不带有束缚和屈从的痕迹，自然保持着早期伊斯兰教的淳朴、好战和自由的特点。他们为真主和为荣誉，为夺取战利品，向那些不信仰伊斯兰教的异教徒们不断地挑起圣战。而这些素质和特点，却已经在阿拉伯民族中间，从古典伊斯兰教神权政体到一个东方封建帝国的这一历史变化过程中逐渐地消失了。突厥人把那种充满着早期伊斯兰教原有的火热、率直和战斗性的信仰，带到了小亚细亚地区并加以广泛传播。这种信仰是一种把信条当作战争的呐喊，把教义当作动员号令的武士宗教精神。在这种宗教精神的强大鼓舞下，突厥人通过武力征服了小亚细亚地区，他们让穆斯林的政客和文人，法学家和神学家，商人和工匠，都迁入到这块新取得的领土上，并把古典伊斯兰教旧有的高度都市文明也一起带了进来，使得小亚细亚这块土地逐渐地打上了伊斯兰教传统生活方式的烙印，变成了穆斯林生活与文化的中心。

突厥人的伊斯兰化过程十分顺利，因为对于这个在当时存在着各种各样宗教、信仰和迷信等大杂烩的游牧民族来说，伊斯兰教给他们带来了一种新的活力，使得突厥人的社会生活和文化生活都发生了翻天覆地的巨大变化。伊斯兰教只有一个万能真主的观念，人类平等和兄弟情谊

的教义，使突厥人过去那种愚昧落后的精神面貌完全革命化了。尤其是在那些正式入教的突厥人中，伊斯兰教信仰起到了一种新的纽带作用，使得过去庞大乱杂的突厥游牧部落，在他们的历史上，第一次在一个共同的信仰和理念之下联合在一起了，并迅速成为世界伊斯兰文化圈中最重要的组成部分和生力军。突厥人在接受伊斯兰教的同时，也把阿拉伯帝国的圣典、社会制度和统治方式一并接纳了过来，取得了伊斯兰教思想体系对突厥人旧有宗教观念和价值取向的决定性胜利，彻底改变了历史上突厥人社会发展的本来道路。总之，伊斯兰教这一因素，对日后突厥人以及他们的继承者奥斯曼人崛起和称霸的历史，产生了巨大的影响。

突厥人一旦改宗伊斯兰教以后，便在当时比较强大的突厥塞尔柱人的领导下，渡过了锡尔河不断向南扩张。起初他们只是阿拉伯帝国亲王的雇佣军，但不久就变成为省总督，最后竟成了阿拉伯帝国境内广大地区的自主统治者。此时伊斯兰阿拉伯帝国首领哈里发一统天下的局面已经开始分化瓦解，整个伊斯兰阿拉伯世界被帝国内部统治者的你争我夺、朝代间的交替更迭，推入到了一片混沌之中。突厥塞尔柱人或者受到邀请，被要求提供对哈里发政权的保护，或者凭借着武力，纷纷进入今日的伊朗地区。

1055年，在首领图格鲁尔的率领下，突厥塞尔柱人攻陷了伊斯兰阿拉伯帝国首领哈里发政权的都城巴格达，突入到正统伊斯兰教教徒定居的核心地区，并在伊斯兰教的腹地建立起一个新的帝国。虽然他们恢复了哈里发的尊严，表示要为哈里发服务，因为哈里发仍然是伊斯兰教世界的最高宗教领袖，但此时的实权，已经完全落入到突厥塞尔柱人首领图格鲁尔及其后嗣的手中，并被授予素丹的称号。

到这时，突厥人不仅完全接受了伊斯兰教，而且他们也成了古老伊斯兰教世界主要地区的统治者。他们建立的政权以伊斯兰法和伊斯兰教的征税原则为基石，以军人这个替国家服役、并以土地分封形式获得报偿的社会阶层为支柱，代表军官、官僚和宗教贵族行使各种权力与职能。从此，不管是由突厥塞尔柱人建立的帝国，还是由他们的继承者奥斯曼人建立的帝国，由奠定一直到灭亡，都始终是一个致力于促进或保卫伊斯兰教权力与信仰的国家。

三、突厥塞尔柱人与拜占庭帝国的争夺

早在6世纪，一部分突厥人一直在中亚四处迁移，寻找新的牧场。这一部分突厥人建立了自己的国家，其王公还曾与拜占庭帝国的王室通婚，虽然偶尔也兵戎相见，不过在多数情况下都是拜占庭帝国的盟友，以及重要的雇佣兵源。而这些突厥雇佣兵很多都在拜占庭帝国境内最为富饶的安纳托利亚永久性定居了下来，其中一部分甚至皈依了基督教。

突厥人的另一部，即乌古思人，则自波斯向阿拉伯帝国境内大量迁徙，他们同样为阿拉伯的哈里发充当雇佣兵。然而，随着阿拉伯哈里发势力的逐渐衰落，这些昔日的突厥部将则渐渐崛起。他们于963年建立了加兹尼王朝，都城在今日的阿富汗，当伟大的穆罕默德素丹在位时，国力最为鼎盛，其疆域包括今天的伊朗、阿富汗、巴基斯坦，以及北印度一部分地区。不过好景不长，穆罕默德素丹去世后，霸权逐渐转入了统领乌古思人的塞尔柱家族手中。此后，塞尔柱家族的后人们获得了整个伊斯兰世界突厥人的领导权。

突厥塞尔柱人是游牧于锡尔河北岸吉尔吉斯草原上的乌古思部落联盟中的一支。大约在10世纪中期，他们在其首领塞尔柱的统帅下，越过吉尔吉斯草原漂泊到了河外地区，不久他们皈依了伊斯兰教。在参与各种政治势力的角逐中，突厥塞尔柱人遭受到了失败，从此屈服于加兹尼王朝，被称为突厥塞尔柱人。突厥塞尔柱人骁勇彪悍，善于骑射，为加兹尼王朝的对外军事扩张屡立战功，从而获得大量的封地，政治与军事势力逐渐强大起来。1037年，突厥塞尔柱人反叛加兹尼王朝，并在1040年著名的丹丹纳干战役中，依靠强大的骑兵，打败了他们的宗主国加兹尼王朝，建立起突厥塞尔柱帝国。

1055年，突厥塞尔柱人伟大的领袖图格鲁尔依靠强大的军力征服了伊朗，不久又攻占了阿拉伯帝国阿拔斯王朝的首都巴格达，并迫使哈里发授予他东西方之王和素丹的称号，授予其正统伊斯兰保护者的身份。

此时塞尔柱人建立起了自己真正的王朝，其领土包括波斯及呼罗珊及若干附属国。位于巴格达的阿拔斯王朝哈里发，为了防备以埃及为中心的法蒂玛王朝的武力进攻，央求突厥塞尔柱人派兵保护自己。势力已经扩张至叙利亚的法蒂玛王朝与东罗马帝国的关系亲密，此时的突厥塞尔柱人深恐拜占庭帝国在其背后偷袭，使得塞尔柱素丹国与阿拔斯王朝腹背受敌。因而突厥塞尔柱人一直磨刀霍霍，不断派兵攻击，决心一劳永逸地剪除西面的东罗马帝国这一后患。

当大批的突厥游牧部落在突厥塞尔柱人的率领下，势如破竹，横扫拜占庭帝国的小亚细亚地区的时候，拜占庭帝国正处于王朝更迭的混乱之中。1068年，拜占庭帝国的军人们密谋杀害了君士坦丁·都卡皇帝，而把他们的亲信罗马纽斯推上了皇位。罗马纽斯登上皇位以后做的第一件事情，就是统率20万雇佣大军，在小亚细亚以东凡湖附近的小镇曼齐克特，与突厥塞尔柱人决一死战。

1071年8月19日，历史上著名的曼齐克特战役爆发了。拜占庭帝国的皇帝罗马纽斯统率军事实力远远强于突厥塞尔柱人的庞大军队在此等待，而突厥塞尔柱人的素丹阿尔普仅率1.5万人的军队前往迎战。拜占庭帝国的皇帝罗马纽斯虽然英勇，但智谋不足，加之他的雇佣军忠诚度很不可靠，战斗的结局已经不言而喻了。在双方激烈的交战中，突厥塞尔柱人充分利用他们的骑兵善于机动作战的优势，勇猛灵活地歼灭了拜占庭帝国军队的大量有生力量，再加上那些非常不可靠的外国雇佣军临阵倒戈哗变，使得拜占庭帝国大败，将士死伤无计，甚至连皇帝罗马纽

伊斯坦布尔城内拜占庭帝国时期的建筑物

第一章　奥斯曼人的武力崛起

斯最终也被俘获，成了阶下囚。

曼齐克特之战是突厥塞尔柱人与拜占庭帝国在小亚细亚地区长期争夺中具有决定性意义的历史转折点。从拜占庭帝国方面来看，这次战败加剧了拜占庭帝国内部的社会矛盾和各派系之间的斗争。拜占庭帝国的官吏和将军们竞相将许多城镇和战略要塞奉献给入侵的突厥塞尔柱人，以求在突厥塞尔柱人的行政部门中谋取一官半职。失去小亚细亚的东罗马帝国，像一具枯瘦的躯体，变得十分空虚，因为富庶的小亚细亚再也不能为拜占庭帝国提供粮食、原料、税收、人力和兵源了，从而注定了拜占庭帝国灭亡的命运。

从突厥塞尔柱人的方面来看，曼齐克特之战产生了三个结果。最重要的是打开了征服小亚细亚的大门，从根本上震撼了拜占庭帝国的统治基础。在曼齐克特之战前，突厥塞尔柱人对小亚细亚采取的是打了就跑的掠夺性远征战略。而此后，大批突厥人像蝗虫似的拥入到小亚细亚地区，并且开始在那里定居扎根。

曼齐克特之战以后，突厥塞尔柱人对当地居民或者进行屠杀，或者强迫他们集体皈依伊斯兰教，使得小亚细亚地区在人种、宗教和文化等方面都发生了巨大的裂变。从此，这一地区开始了一个漫长的突厥化与伊斯兰化的历史发展过程。

最后，曼齐克特之战之后，突厥塞尔柱人以小亚细亚的西部城镇尼西亚为其首都，建立了一个强大的罗姆素丹国。在多次打败拜占庭帝国的军队之后，趁机不断扩张领土，相继占领了博斯普鲁斯海峡，并陈兵马尔马拉海沿岸，对拜占庭帝国在欧洲的统治直接构成了严重威胁。

曼齐克特之战以后，拜占庭帝国的新皇帝米查尔七世曾于1074年2月，向罗马教皇乔治七世呼吁，愿意东正教与西方天主教联合，请求教皇召集欧洲诸国国王组成基督教十字军，共同对付侵占小亚细亚地区、直接威胁拜占庭帝国在欧洲统治的突厥塞尔柱人。1096年，大批的西方十字军云集在拜占庭帝国首都君士坦丁堡。不久，他们开始围攻突厥塞尔柱人的罗姆素丹国都城尼西亚。当时突厥塞尔柱人的罗姆素丹国王苏里曼之子开雷斯，正统帅着几十万大军在伊朗高原同波斯人作战，闻讯后，他匆忙率军赶回都城。但是，当他还未赶到时，都城的守军弹尽粮绝，已向十字军投降，放在都城国库里的金银财宝，以及开雷斯的家眷被押运回拜占庭帝国首都君士坦丁堡。满腔义愤的开雷斯联合小亚细

亚境内的突厥人，于1097年7月与十字军展开了生死激战。在战斗中，由于突厥塞尔柱人在人数与武器装备上都远不及十字军，终因双方力量相差悬殊而遭到惨败。

坐收渔人之利的拜占庭帝国，不费吹灰之力，乘机夺回了小亚细亚北部、西部和南部的沿海地区。这些地区的突厥人，或者被十字军与拜占庭帝国的军队屠杀，或者被迫大规模向东迁移，人员和财产损失严重。此时的突厥塞尔柱人仅占据着小亚细亚中部的科尼亚。

1155年2月，开雷斯在沮丧和绝望中病故，其长子继位，为开雷斯二世。开雷斯二世继位后，带着大量的金银财宝跑到拜占庭帝国首都君士坦丁堡，向拜占庭帝国求和。此时突厥塞尔柱人的罗姆素丹国，对拜占庭帝国已经完全不构成什么威胁，所以曼奴尔皇帝在接受了大量的贿赂之后，同开雷斯二世签订了和平协议，承认他为全权负责管理小亚细亚地区突厥人日常事务的领袖。

当突厥塞尔柱人的统治地区，再次从萨卡里亚扩展到了幼发拉底河地区时，忙于巴尔干事务的拜占庭帝国皇帝曼奴尔逐渐意识到，开雷斯二世在不久的将来，必定要严重威胁到拜占庭帝国的安全。于是，他借口突厥塞尔柱人违背了不能向小亚细亚西部扩展的协议，决定发兵攻打突厥塞尔柱人的罗姆素丹国。起初，开雷斯二世为了避免与杀气腾腾的拜占庭帝国军队正面冲突，提议双方重新缔结和平条约，但被自命不凡的曼奴尔皇帝断然拒绝。于是，1176年9月，决心背水一战的开雷斯二世，统帅突厥塞尔柱人的军队与拜占庭帝国的军队，在埃里迪尔湖北岸的迈里奥法克垄展开了决战。

在战斗中拜占庭帝国的军队根本无法抵挡，纷纷弃逃或投降。开雷斯二世完全可以乘胜追击已经溃不成军的拜占庭帝国军队，但是他没有这样做，而是马上接受了拜占庭帝国提出的和谈要求，主要是害怕引起西欧基督教十字军的武装干涉。此战之后，突厥塞尔柱人又重新获取了小亚细亚西部的许多重要城镇，尤其是在1182年占领了地中海沿岸安塔利亚，以及夺取锡诺普尔进入了黑海之后，使得突厥塞尔柱人的罗姆素丹国再次成为一个滨海国家。

迈里奥法克垄之战的重大历史意义，在于它从此结束了拜占庭帝国总是把小亚细亚地区看成是其重要领土的传统观念，彻底打消了把突厥人赶出小亚细亚的念头，完全接受了突厥人统治小亚细亚地区的现实。

因此，到了12世纪末，在西欧与拜占庭帝国往来的重要信函中，双方已经把小亚细亚称为突厥地区。

总之，突厥塞尔柱人与拜占庭帝国在经过100多年的反复较量和争夺之后，拜占庭帝国完全丧失了对小亚细亚地区的统治权。尤其是在突厥塞尔柱人的鼓励下，那些流离失所的突厥游牧部落开始大量涌入小亚细亚地区，并在那里安家落户，成为这一地区的永久性居民，从而加快了小亚细亚突厥化的历史进程，使得统治这一地区的突厥塞尔柱人政治势力达到了顶峰。

然而，不断涌入小亚细亚地区的突厥游牧部落，很快就因突厥人口过多造成了严重后果。特别因与拜占庭帝国讲和修好，突厥塞尔柱人停止派出劫掠队伍，这是对传统加齐突厥生活和社会经济的沉重打击。那些无教化的加齐突厥人根本无法理解塞尔柱人为什么要同拜占庭帝国皇帝签订和平条约，更不愿意接受同基督教的权贵们友善往来的事实。加齐突厥人的不满情绪，一方面造成突厥人之间开始相互攻击和掠夺，从而破坏了小亚细亚地区和平与安宁的生活，使得小亚细亚出现了一片混乱的状态；另一方面也使得突厥塞尔柱人永远丧失了小亚细亚的加齐突厥人对他们的忠诚和支持，所以当此后蒙古大军入侵小亚细亚地区时，突厥塞尔柱人完全处于一种孤立无援的困境，被蒙古铁骑击溃，最终成为蒙古人的藩属和傀儡。

四、蒙古铁骑对小亚细亚的入侵

1239年6月，因突厥塞尔柱人罗姆素丹国朝廷生活奢侈，以及对外政策软弱，小亚细亚地区爆发了以伊斯兰教什叶派苦行僧长老伊斯哈克为首的、具有宗教色彩的突厥民众起义。起义军屡败突厥塞尔柱人罗姆素丹国的军队，并相继攻占了小亚细亚的许多城镇。后因起义军内部人员的叛变出卖，伊斯哈克被捕身亡，使得起义军群龙无首，失去了凝聚力和斗争的方向，而此时的突厥塞尔柱人，在拜占庭帝国军

队的帮助下，使用极其残酷的屠杀手段镇压了这次民众起义。

但是，这次大规模具有宗教色彩的民众起义，沉重地打击了突厥塞尔柱人的上层统治集团，严重地削弱了罗姆素丹国的政治、经济和军事力量，尤其是随之而至的蒙古大军对小亚细亚的入侵，给显著衰弱、对其他突厥人再也没有什么尊敬可言的塞尔柱人，带来了灭顶之灾，加速了他们的罗姆素丹国的灭亡。

1206年，在建立蒙古族统一国家的斗争中脱颖而出的铁木真，被蒙古草原上各氏族部落的首领们立为大汗，尊号"成吉思汗"。成吉思汗在顺利地完成了蒙古氏族部落的统一大业之后，亲率蒙古大军开始了大规模的远征。只是由于成吉思汗于1227年不幸死亡，蒙古人的整个征服活动才暂告停止。在蒙哥大汗统治时期，蒙古人再次发动西侵。对于西南亚地区的征服，是由成吉思汗的孙子、蒙哥大汗的弟弟旭烈兀进行的。

旭烈兀于1256年1月亲率蒙古大军渡过马浒河，向波斯进军。面对蒙古大军，这一地区的诸小公国都不战而降。1257年，旭烈兀率领蒙古大军将进攻的矛头指向阿拉伯帝国阿拔斯王朝的都城巴格达，并于1258年2月10日攻破该城池。除极少数阿拉伯帝国阿拔斯王朝的王室成员逃到埃及外，哈里发与王室要人、大臣、法官等300余人全部被蒙古人处死。曾经在历史上辉煌一时的阿拉伯帝国就此结束。

在公元13世纪蒙古大军西征的过程中，以往的掠夺和袭击总是绕过小亚细亚，可是在1243年6月的柯塞达格战役中，蒙古大军击败了突厥塞尔柱人。不久，蒙古人在政治上肢解了突厥塞尔柱人统治下的小亚细亚，把小亚细亚划分为两部分。把克泽尔河以东的所有地区赐给阿尔斯兰四世，而把那条河以西的地区赐给了他的兄弟卡伊斯考二世，但都必须纳贡交赋，成为听命于蒙古人的傀儡。蒙古人在政治上对小亚细亚的肢解，使得每一个突厥王公都可以自行其是了，尤其是无数个加齐领袖建立了独立的领地，而这些强有力的首领则逐渐地把许多小的领地合并成为几个具有相当规模的加齐公国，即埃米尔国。这些埃米尔国同以后奥斯曼人的崛起和发展，有着极其重要的关系，因为奥斯曼人的崛起，就是建立在对这些埃米尔国的征服与吞并的基础上的。

人类历史的发展有时候实在令人不可思议。公元13世纪蒙古大军西征过程中横扫了小亚细亚地区，给予了突厥塞尔柱人毁灭性的沉重打击。然而这种沉重的打击，不但没有使大批突厥人逃离小亚细亚，反而导致了小亚细亚地区的进一步突厥化,这其中主要有两个方面的根本原因。首先,生活在中亚、西亚的突厥游牧民族,又开始大规模地向小亚细亚地区迁徙,出现了新的迁徙浪潮,他们或者受到蒙古大军的武力驱赶,或者是紧随着蒙古大军的西征洪流而来。其次,遭受到蒙古大军严重打击的突厥塞尔柱人的中央统治能力被削弱,引起整个小亚细亚地区突厥人社会的一片混乱,造成控制力量逐渐向外溢散,小亚细亚地区在一种新的狂乱状态下,许多突厥小公国和加齐领袖们,不愿意再受突厥塞尔柱人的约束和统治,而又开始自行其是闹起独立。尤其是那些紧靠在拜占庭帝国边境上的突厥小公国和加齐领袖们,又开始像以前那样,猛烈地袭击和掠夺非伊斯兰教信徒的财产,担负起向异教徒世界进攻作战的神圣义务。因此,在不多的几年中,拜占庭帝国在小亚细亚的整个统治地区,除了西北角的一小块地方之外,已经全部都被一些突厥小公国和"信仰武士们"靠武力掠夺而占领。其方式和速度与将近200年前的曼齐克特战役后,他们的突厥祖先占领小亚细亚东部和中部的情况差不多。

13世纪后期和14世纪,突厥人强迫非伊斯兰教信徒改宗的措施和倾斜于穆斯林的税收制度,加速了作为社会制度的东正基督教在拜占庭帝国一度最富有的小亚细亚地区的瓦解。此时皈依伊斯兰教的人数,似乎在整个小亚细亚地区骤然增多,不但普通老百姓,甚至有些基督教教士和犹太教教士,也纷纷改宗,信奉伊斯兰教。

另外,基督教与穆斯林交界处的边境地区民族间混杂相居,也势必促成了民族之间的通婚联姻。在14世纪,突厥人的许多公国后宫中收纳一些基督教妇女,乃至王子有一个信仰基督教的母亲,都是完全可以理解的。甚至此时,连拜占庭帝国的皇帝也开始招纳突厥人的王子做女婿,以扩大自己的政治势力。这种趋势最终的结果是伊斯兰教的势力在小亚细亚地区不断发展壮大,而基督东正教的影响则在不断地减小而萎缩,再加上大量外来突厥人的不断迁入,以及当地居民的同化,突厥人在小亚细亚地区的数目不断地增加。因而小亚细亚地区的伊斯兰化和突厥化,只不过是同一过程的两个方面。

13世纪蒙古大军对小亚细亚的入侵所造成的后果和影响是巨大的。它毁灭了一度强盛的突厥塞尔柱人的罗姆素丹国,彻底肢解了小亚细亚地区,特别是极度的混乱和无政府状态,也动摇了拜占庭帝国在小亚细

亚的统治。这样，此时的小亚细亚地区正在寻求一个新的领导，而调整均势以适应新的发展情况，也就成了不可避免的事情。此时有一个突厥小公国，自称是名存实亡的突厥塞尔柱人罗姆素丹国的继承人，它地处小亚细亚西北部，虽然绝非是当时最大最强盛的突厥公国，然而，在历史上雄霸欧亚非三大洲的奥斯曼帝国，就是由这样的一个小小的突厥公国，在突厥塞尔柱人和拜占庭帝国的废墟上发展起来的，在博斯普鲁斯海峡旁的遗址上开辟了一个新的历史时代。

五、奥斯曼人的兴起

奥斯曼突厥公国："信仰武士"之国

奥斯曼人起源于中亚的呼罗珊地区一个突厥游牧部落，后迁至里海附近、波斯的北部和东部，在阿拉伯帝国阿拔斯王朝时期皈依了伊斯兰教。13世纪时，为了躲避蒙古人西征大军铁蹄的蹂躏，辗转迁徙到黑海南岸的小亚细亚定居。当时奥斯曼人的数目很少，力量也很单薄，其首领埃尔托格鲁尔掌管部落时，总共只有430个帐（帐是突厥游牧部落以氏族组成的经济单位）。后在一次关键性战役中帮助了突厥塞尔柱人，于是，突厥塞尔柱人罗姆素丹国的国王阿拉丁二世将奥斯曼人安置在马尔马拉海峡北部，与拜占庭帝国紧邻的西北边境地区，封赐给他们一块既不富饶、也不值得羡慕的商业要道作为领地。此后，奥斯曼人长期在这里守卫边疆，抗击拜占庭帝国，成为突厥塞尔柱人的藩属附庸。

14世纪初，日渐衰落的突厥塞尔柱人罗姆素丹国分裂成10个突厥小公国，奥斯曼人就是这10个突厥小公国中的一个。他们同当时那些居住在拜占庭帝国边境地区的其他突厥人一样，在其首领埃尔托格鲁尔的率领下，打着向异教徒圣战的宗教旗帜，进入到拜占庭帝国的疆域进行疯狂的掠夺。1288年，年迈多病的埃尔托格鲁尔去世，其子奥斯曼接管部落，继任首领。当埃尔托格鲁尔去世时，他传给儿子奥斯曼的领地，并不比原先突厥塞尔柱人赐给他的封地大多少。奥斯曼人对周围地区的

第一章　奥斯曼人的武力崛起

大规模征服和兼并，大约是从13世纪80年代，在新的首领奥斯曼同伊斯兰教苏菲派长老艾德巴里的女儿结婚以后开始的。据有关历史资料记载，德高望重的苏菲教派长老艾德巴里曾在奥斯曼继位时，庄严地向他的女婿赠送了一把"胜利之剑"，并授予他伊斯兰教"圣战者"的光荣桂冠，从此把奥斯曼引进了加齐集团，使他具有了伊斯兰教苏菲派的道德和伦理观念。奥斯曼高举着"胜利之剑"，东征西掠，从而奠定了奥斯曼帝国600年的伟大基业。此后，举行隆重盛大的仪式颁发"胜利之剑"，也就成了历代奥斯曼帝国素丹继位时的传统仪式之一。

奥斯曼是一位具有独创才能的组织者，他把涣散的突厥部落成员训练成了一支组织严密、骁勇善战的武装力量。他将掠夺来的土地和大量的战利品，分封给他那些屡建奇功的将士们，鼓励他们去勇敢地战斗。他还以伊斯兰教古老的"圣战"思想武装他的那些战士，并吸收那些从小亚细亚各地纷纷赶来的圣战者、爱好冒险的勇士，以及其他突厥部落的成员，来迅速壮大自己的力量。在"圣战"思想的鼓舞下，那些以半宗教性质组织起来的商人、牧民和手工业者也纷纷响应，对奥斯曼的事业给予了热情的支持，帮助他传播宗教信仰，掠地劫财。因此，奥斯曼人的突厥小公国，在奥斯曼统治时期，变成了一个"信仰武士"之国。有一块被考古发现的早期碑文称奥斯曼为"信仰武士们的素丹"。有一位15世纪左右的奥斯曼帝国的编年史学家，在撰写王朝大事记时说，"信仰武士是传播伊斯兰教的工具，是涤净人世间多神论污秽的上帝仆人，是真主手中的利剑"。古老的"圣战"

奥斯曼帝国时期的皇宫

思想成为奥斯曼人发展、壮大、开拓基业的一股重要精神力量。此外，奥斯曼统治下的突厥公国，也从小亚细亚的腹地汲取其他各种力量：穆斯林艺人、商人、官吏、神学者、法学者、财政专家、教师，甚至是一些叛教者，都为这个"信仰武士"国家似乎无穷无尽的机会所吸引，这些人均有助于加强奥斯曼人的社会组织。

年轻气盛的奥斯曼继位以后，随即向外扩张势力，他首先攻掠的目标，一部分是与他同族的其他突厥公国。那些与之竞争的突厥公国在短期繁荣之后，便在内部长期不和，在奥斯曼人不断攻击的巨大压力下分崩离析。另一部分攻掠的目标，是拜占庭帝国在小亚细亚的领土。当时的拜占庭帝国也是由于内忧外患而极度虚弱，已经变成了一个外强中干的帝国，丧失了昔日的强盛，于是奥斯曼人乘虚而入。

奥斯曼人首先攻打邻近的一些突厥小公国，然后攻占了位于小亚细亚西北角由拜占庭帝国统治的美朗诺尔城，并把该城改名为卡加布沙尔，作为其首府。1300年，奥斯曼在上下一片的交口称誉中自封为"素丹"，并宣布其领地为独立的公国。此时的奥斯曼突厥公国名声大振，在与拜占庭帝国长期的争夺中，从其同类的突厥诸国中脱颖而出，逐渐取代了突厥塞尔柱人在小亚细亚的历史地位。此后，许多突厥游牧部落在他们首领的率领下慕名而来，投靠效忠奥斯曼，愿意在他的麾下去同基督教世界的拜占庭帝国交战，奥斯曼的这些突厥游牧部落追随者们一律取用他的名字，通称为奥斯曼人。

在1301年的巴法翁战役中，奥斯曼率领他的"信仰武士"们击败了拜占庭帝国的军队，侵占了小亚细亚最富庶的卑斯尼亚平原。1317年，奥斯曼又率领"信仰武士"们进攻布鲁沙城。布鲁沙城是拜占庭帝国在小亚细亚西北部重要的战略军事重镇，因此城垣坚固，防守森严，驻扎着大量的拜占庭帝国军队。双方对此城的争夺，前后持续了九年之久，各自都遭受到重大的伤亡，付出了沉重的代价。1326年，当布鲁沙城因弹尽粮绝开城投降时，奥斯曼已经因患重病生命垂危。去世后，他的遗体被安葬在该城的一座教堂里，这座教堂以后被改建为清真寺。布鲁沙城的陷落，标志着拜占庭帝国在小亚细亚统治的彻底崩溃。此后定都布鲁沙城的奥斯曼人，完全控制了通往欧洲的咽喉要道达达尼尔海峡。这不仅进一步巩固了这个新兴突厥公国的立国基础，而且为这个突厥公国跨海向欧洲的巴尔干地区扩张铺平了胜利前进的道路。奥斯曼去世后，这个不断发展壮大的突厥公国就以他的名字来命名，称为"奥斯曼帝国"。

奥尔汉与穆拉德一世

1326年，奥斯曼因病去世，年仅20岁的奥尔汉继位，其英武有为、远见卓识不在其父奥斯曼之下，是一位刚柔并济、绵里藏刀之人。

奥尔汉继位以后，便开始了奥斯曼帝国历史上大规模的对外征服。1313年，奥尔汉率领军队从拜占庭帝国手中夺取了尼西亚城；1337年攻占了与拜占庭帝国的首都君士坦丁堡近在咫尺的尼克米底亚城。在短短的10年里，拜占庭帝国在小亚细亚的领土，已经完全纳入了奥斯曼帝国的版图。1354年，奥尔汉统帅6000铁骑渡过达达尼尔海峡，攻占拜占庭帝国的军事重镇阿德里亚堡之后，便立即在欧洲的战略要地加利波利建立起牢固的据点。此后，奥斯曼人每年都要渡过海峡到色雷斯和黑海进行掠夺，以积聚大量的财富。值得注意的是，奥斯曼人在这一年才开始向东扩张，对小亚细亚整个地区作全面的渗透，并完全控制了军事重镇安卡拉。此时奥斯曼帝国的扩张走势，就像季风那样时而向西，时而向东，但向西发展始终在奥斯曼帝国的对外扩张过程中占据首位。这一方面是由于地理环境的优势，奥斯曼帝国位于小亚细亚的西北部，紧靠通往欧洲的达达尼尔海峡和博斯普鲁斯海峡，以及天赐的良机，使其面对一个摇摇欲坠、分崩离析的拜占庭帝国。另一方面也与这个帝国靠"信仰武士"打天下的传统有关。

奥尔汉在积极开疆拓土的同时，还特别留心政事，创立了一整套行之有效的行政机构。因为在奥斯曼帝国的发展实践中，奥尔汉逐渐认识到，虽然奥斯曼人越过伊斯兰国家的边境进行征掠，带回了丰富的掠夺品，使得奥斯曼人有了经济上的生存能力，但这种生活方式不是建立在一种可靠的国家经济基础之上，尤其是每当侵征不成功的时候，整个社会也就衰落瓦解了。奥斯曼人要想改变这种状况，就得建立起比加齐社会原有的组织更为有效的国家行政机构。

奥尔汉仿效突厥塞尔柱人的军事采邑制，对那些立下赫赫战功者，

一律赏赐给一定数量的土地作为分封,并把突厥塞尔柱人的圣典和统治方式一并接纳了过来,从而使得奥斯曼人的司法体系发生了很大的变化,开始由习惯法向成文法过渡,即把原有部落的习惯记录下来,在伊斯兰法与突厥塞尔柱人成文法典的基础上,根据新的需要而

奥斯曼帝国的素丹正在接见外来使节

酌加损益,编撰成为奥斯曼人自己的成文法典。奥尔汉还非常重视发展教育,注意为奥斯曼帝国培养人才。当他征服尼克米底城之后,立即在那边兴办了奥斯曼人的第一所设备完好的清真寺学校,并且还亲自为这所学校选择了一位德才兼备的首任校长。后来这座城市在相当长的时期内,一直是奥斯曼帝国非常重要的教育中心。

作为一个对外进行武装征服的封建军事帝国,军队的组织和招募是头等重要的大事。奥尔汉即位初期,全部用突厥人组成了一支步兵部队,按十人、百人和千人编队。然而,这种办法在战争实践中证明行不通,于是奥尔汉对军队进行了彻底的改编,建立了一支常备军。奥尔汉组建的常备军有两种:一种是由得到采邑的封建主提供的军队;另外一种是通过招募组建的正规新军。奥尔汉把获得的战利品的五分之一收归国库,作为新军的薪饷。奥尔汉组建的新军也称为加尼沙里军团(即童子军团),欧洲人称之为近卫军团,人数大约为5000左右。新军的人数虽然不多,但装备精良,训练有素,配备了当时最新式的大炮等火器,是奥斯曼帝国军队的核心。奥尔汉依靠这支能攻善战的军队,不仅夺取了拜占庭帝国在小亚细亚所有的领土,而且还把对外征服的矛头指向了东南欧。

1354年,巴尔干地区发生了一次严重的地震,毁坏了达达尼尔海峡欧洲海岸线上的格利博卢城墙,驻扎在附近的奥斯曼军队冲进了该城,并将大量的奥斯曼人迁徙到那里定居。这样加里波里半岛就成了奥斯曼

第一章 奥斯曼人的武力崛起

人进军欧洲的桥头堡，整个欧洲向奥斯曼人敞开了它的大门。

然而，常年的征战和繁忙的公务，严重地损害了奥尔汉的健康。1359年，奥尔汉不幸病逝，他的小儿子穆拉德一世继位。穆拉德一世像他的父亲一样，具有卓越的组织才能和驾驭局势的天分，他踏着父亲的足迹，率领着奥斯曼人，不断发起一个个战役，猛烈地向北方和西方进攻，直至巴尔干地区。在奥斯曼人凶猛的攻击下，拜占庭帝国境内的一些重要城池相继陷落。此时奥斯曼人对整个巴尔干地区的征服，已经是作为国家有组织的军事行动，而非早期"信仰武士"的任意出击。奥斯曼人通过武力首先兼并了保加利亚，随后进袭阿尔巴尼亚，并一直打到亚德里亚海岸。

长期以来，作为拜占庭帝国核心之地的巴尔干地区，现已完全被奥斯曼人控制，彻底切断了拜占庭帝国与巴尔干地区其余部分的联系，拜占庭帝国的首都君士坦丁堡几乎已是一座四面楚歌的孤城。1363年，拜占庭帝国的皇帝被迫向奥斯曼人求和，承认奥斯曼人在巴尔干地区的主权，且被贬为奥斯曼人的一个藩属国，按时向奥斯曼人交纳赋税。同时一批又一批的奥斯曼人，源源不断地渡过达达尼尔海峡，定居在巴尔干地区。特别是在1365～1366年间，穆拉德一世把奥斯曼人的首都，从亚洲的布鲁沙迁至欧洲的埃德尔纳。奥斯曼人的这一重大行动，开始了把他们的政治重心由亚洲向欧洲转移的历史发展过程。

奥斯曼帝国素丹穆拉德一世
(1332～1389年)

1389年6月15日，塞尔维亚的一位爱国者，贵族奥比里奇诈降奥斯曼人，乘穆拉德一世封赐他时，行刺了穆拉德一世。数日后，被刺中要害的穆拉德一世因伤势过重而亡，穆拉德一世的儿子，外号"雷霆"的巴耶济德一世接管了奥斯曼帝国的统治权。

此时的奥斯曼人，已由一个小亚细亚边疆信仰武士们组成的突厥小公国，在100年的时间里，逐渐演变成为了一个横跨欧、亚两大洲的帝国。但这一时期的奥斯曼帝国还是一个极为松散的帝国，它仅仅是由小

亚细亚和巴尔干两部分组成，是由信仰武士们的征服和封建附庸等方式拼凑起来的，其脆弱性在穆拉德一世被塞尔维亚贵族刺杀身亡以后的事态发展中完全暴露了出来。当穆拉德一世的死讯一传开，小亚细亚地区的一些臣服的突厥公国和巴尔干地区的一些封建附属们，便纷纷谋求摆脱奥斯曼人的统治。

穆拉德一世的继承人，外号"雷霆"的巴耶济德一世乘机发难，以反叛这种行为实属不忠为理由，统帅奥斯曼大军，在欧亚大陆之间杀气腾腾地来回穿梭，并通过一系列摧枯拉朽的军事战役，以实现他清剿那些反叛奥斯曼人的突厥公国和巴尔干地区统治者的计划和目标，把奥斯曼人对外征服的形式推进到了第二个历史发展阶段。

"雷霆"巴耶济德一世

巴耶济德一世，是穆拉德一世的大儿子。1389年6月，当他的父亲遇刺身亡，奥斯曼帝国人心惶惶之际，他挑起了千钧重任，统帅奥斯曼军队，为他死去的父亲报了仇。由于他在战斗中亲自披挂战袍，挥刀冲锋陷阵，因而威名远扬。他的朋友和敌人送他一个"雷霆"的绰号，成为奥斯曼帝国历史上的一位风云人物。1389年10月，当巴耶济德一世继承了奥斯曼帝国素丹的王位之后，为了铲除异己，冷酷无情的他下令绞死了他唯一的兄弟。为了使他的这一行为合法化，巴耶济德一世借用了《古兰经》中的一些话替自己辩解，以致这种上台弑弟、有悖伦理的行为，成了奥斯曼帝国新素丹继承王位时所采用的合法手段和传统，在奥斯曼帝国的历史上流行了200多年。

在巴耶济德一世统治的最初年代，拜占庭帝国和突厥塞尔柱人的罗姆素丹国几乎同时崩溃，巴尔干处于一种四分五裂的状态。在贵族的统治下，巴尔干的农民受着沉重的封建剥削，经济负担甚至比西欧的农民还重。他们除了对社会经济不满外，巴尔干地区宗教上的混乱，也时常困扰着他们。例如，巴尔干的农民，虽然信仰东正教，但是当他们了解到奥斯曼人对宗教信仰采取一种非常宽容的态度，并且实行一种负担较轻的税收制度时，宁愿接受奥斯曼人的统治，而反对巴尔干的封建贵族。而此时小亚细亚的突厥诸公国之间也是你争我夺，争执不休。这种动荡的社会局面，对巴耶济德一世率领奥斯曼人南征北战，不断进行对外扩张，是再有利不过的事情了。

把通过武力征服的地区，转变成为奥斯曼帝国直接控制的地区，巴尔干地区的农民并非是唯一的受益者，巴尔干地区诸国的封建贵族们也从中得利，受益匪浅。巴耶济德一世以对待穆斯林的同样原则，把"蒂玛"授予巴尔干地区诸国的封建贵族。在奥斯曼帝国，

奥斯曼帝国的素丹在托普卡帕皇宫举行登基典礼

军人社会阶层的主要成分是由奥斯曼人的骑兵构成的。他们服兵役的报酬，是帝国从各省所收的农业税入中拨给的。这种收益叫做"蒂玛"，享有这种收益的人叫做"蒂玛利奥"。在奥斯曼帝国的早期，大多数"蒂玛"的持有者，要么是穆斯林家庭出生的军人，要么就是素丹或高级军事首领的奴隶。到巴耶济德一世统治时期，"蒂玛"也授予许多基督教徒，这些基督教徒都是巴尔干地区领兵打仗的封建贵族成员。此时，他们已经与奥斯曼征服者共荣辱、同命运，成了利益的共同体。

巴耶济德一世在创建奥斯曼帝国的过程中，为了理顺各种社会经济关系，还废除了过去传统上奥斯曼人必须服兵役来履行各种封建义务，而改为易于政府机构管理的缴纳现金的新方式，有效地加强了中央政府对各地区的统治。此外，巴尔干许多地方的前任统治者们，为了顺从奥斯曼帝国的权威，尽力与奥斯曼帝国的社会制度保持一致，但是帝国中央政府为了进行有效的社会管理，除了使用高压铁腕的治理手段之外，在制度的安排方面还是坚持了一种十分谨慎、小心翼翼的态度，生怕帝国原有的制度在那些地区是否会产生不适应的问题，导致政府官员滥用职权的现象发生。为了克服此类问题，奥斯曼帝国的中央政府给予了这

些地区的农民极大的法律诉讼权利，以防止出现农民不能忍受的各种压迫。农民有了帝国中央政府的有效保护，能够安居乐业，从而避免了这些地区出现社会动荡。奥斯曼帝国这种使自己的统治利益同新被征服地区老百姓的利益相一致的做法，具有一种深远的社会意义，极大地促进了奥斯曼人从游牧民族向世界帝国的转变。

到了1394年巴耶济德一世通过一系列令奥斯曼人惊喜不已的征服胜利，几乎控制了整个巴尔干地区，已经使得巴尔干和小亚细亚反对奥斯曼帝国的地区缩小到两个主要的中心——科尼亚和锡瓦斯。此时欧洲的封建统治者们惊慌失措，恐惧绝望，到处盛传巴耶济德一世就要挥兵西征，就要在罗马圣·彼得大教堂的神坛上喂他的战马，并将使得整个东南欧变成奥斯曼人的兵营。到了14世纪末，除了拜占庭帝国的首都君士坦丁堡的一隅之地和伯罗奔尼撒半岛的部分地区外，奥斯曼人实际上已经完全占领了自多瑙河到雅典之间的广大地区，几乎控制了整个巴尔干地区。巴耶济德一世在欧洲获得的辉煌胜利，使得他在整个伊斯兰世界赢得了加齐素丹的威名，并从一直居住在埃及开罗的伊斯兰教世界最高政治和宗教领袖哈里发那里获得了罗姆素丹的称号。

作为一个具有伊斯兰教特征的国家，巴耶济德一世为了加强和巩固国家的宗教机构，从附近古老的伊斯兰国家，尤其是埃及，吸引了大批穆斯林学者、教师、神职人员和法官前来，因为巴耶济德一世想把新生的奥斯曼国家从他的父辈建立的那种单纯的突厥国家，转变成为一个传统的伊斯兰王国，而自己成为一位伟大的穆斯林君主。此时的巴耶济德一世，已经不再是一个信仰武士和突厥公国的首领了，而是一位伟大的伊斯兰国家的统治者。总之，巴耶济德一世卓有成效的治国方略，在以后的年代里，持久地影响着奥斯曼帝国社会的政治、经济、军事和文化，深得后人赞叹和怀念。

从1390年到1397年，巴耶济德一世率领奥斯曼帝国军队，占领和吞并了小亚细亚许多突厥公国，一些被废黜的突厥公国贵族，由于他们不肯对巴耶济德一世阿谀奉承，所以没有在奥斯曼人的王朝中得到一官半职，很难与奥斯曼帝国的社会融合在一起。因此，他们怀着复仇之心，逃往东方另外一个伊斯兰帝国帖木儿王朝，纷纷求助于蒙古铁骑大军西征的继承人，伟大的征服者帖木儿，竭力煽动帖木儿起兵进攻奥斯曼人，为他们复国鼎力相助。

另外，巴耶济德一世经常率领奥斯曼帝国的军队越过幼发拉底河，去进犯底格里斯河一带的疆域，并且暴露出他试图侵入叙利亚的野心，因而严重地威胁到了东方另外一个伊斯兰帝国帖木儿王朝的一些藩属国。帖木儿王朝曾多次写信奉劝咄咄逼人的巴耶济德一世改变其行径，但傲慢无理的的后者一直未予理睬，从而更加坚定了帖木儿王朝发兵小亚细亚地区、征服奥斯曼人的决心。然而，巴耶济德一世与帖木儿王朝的冲突则改变了奥斯曼人的历史发展进程。

奥斯曼人与帖木儿王朝的冲突

正当奥斯曼人的扩张征服之势锐不可挡，大有席卷东南欧、征服整个拜占庭帝国之际，位于东方的帖木儿王朝在中亚的兴起，成为奥斯曼人在亚洲扩张和征服过程中最大的威胁和挑战者。帖木儿王朝在著名的安卡拉战役中，彻底打败了骄横一世的巴耶济德，使他本人战败而亡，使得他的帝国美梦彻底地破灭了，从而改变了奥斯曼人的历史发展进程。尤其是使得千年拜占庭帝国逃过了一劫，又苟延残喘了大约50年，才最终被再次崛起的奥斯曼人所征服。

帖木儿王朝的奠基人帖木儿，也是世界历史上的一位伟大的征服者。1336年10月，此人出生于中亚撒马尔罕境内的布喀喇。他的父亲是一位皈依了伊斯兰教、并已经完全突厥化了的蒙古贵族，家庭贵而不富。长大后他任性妄为，时常结伙拦路抢劫。1370年6月，帖木儿通过阴谋，率领部下靠阿富汗人的帮助，推翻了撒马尔罕的统治者自立为王。他利用中亚突厥游牧部落组成的强大骑兵，经过数年的对外征战，把在中亚蒙古人继承的一些小国统一成了一个帝国，定都撒马尔罕。不久，他与成吉思汗的一位后裔结婚，从而把伊斯兰化的突厥传统与蒙古传统结合了起来，使它成为帖木儿王朝的精神支柱。帖木儿是一个野心勃勃的人，梦想追踪成吉思汗的业绩，去征服整个世界。

1394年6月，帖木儿派兵首次侵入小亚细亚，然后于1399年10月再度派兵入侵小亚细亚，对小亚细亚提出宗主权的要求，而巴耶济德一世则针锋相对与之对抗。为了遏制帖木儿染指小亚细亚，不使整个小亚细亚屈服于帖木儿的淫威之下，巴耶济德一世改变了过去父辈们姑息迁就小亚细亚诸突厥公国君主的政策，决定消灭那些暗中与帖木儿王朝勾结的突厥公国，以巩固其后方。他首先从其姻弟的手中夺取了军事重镇科尼亚，随后吞并了塞尔柱人与土库曼人的突厥公国。其次他竭力拉拢帖木儿王朝的敌国马木留克王朝，巴耶济德一世表示将向马木留克王朝提供财政与军事援助，共同打击入侵美索不达米亚平原的帖木儿王朝。1400年春，巴耶济德一世趁帖木儿王朝平息格鲁吉亚叛乱，重建对阿塞拜疆与巴格达的统治之际，夺取早为帖木儿王朝据有、从叙利亚至小亚细亚重要商道的必经之路——爱洛遵占和凯玛赫城，直接侵犯了帖木儿王朝的利益。此时，两个东方大国之间的武装冲突，已经成为完全不可避免的事情了。

1402年初，帖木儿统帅80万大军再次进犯小亚细亚。为了鼓舞全军上下的士气，出征之前，帖木儿不仅举行了盛大的军事检阅，并向全体将士宣布了巴耶济德一世迎娶信奉基督教的塞尔维亚公主，庇护打劫赴麦加朝觐香客的黑羊王朝，玷辱神圣伊斯兰教的大量罪名，号召全军将士要英勇杀敌，为伟大的真主而战，给未来争霸小亚细亚的战争披上了圣战的外衣。闻此消息之后的巴耶济德一世也不甘示弱，放弃了对拜占庭帝国首都君士坦丁堡的围攻，亲率25万大军回师，前去迎战帖木儿的军队。

1402年7月28日，在安卡拉城郊的齐布卡巴德平原上，奥斯曼人与帖木儿王朝的军队展开了一场历史上罕见的大会战。两强相遇，一方是称雄巴尔干与小亚细亚，具有"雷霆"美称的奥斯曼帝国素丹巴耶济德一世；另一方是东方的征服者，撒马尔罕的君主，具有恐怖跛子之称的帖木儿。安卡拉城的郊外，是一片高低不平的丘陵地带，历来是兵家必争之地。奥斯曼人与帖木儿王朝军队的大决战是从清晨6时左右开始的。双方的军队一进入阵地，很快就完成了排兵布阵。上午10时左右，双方共40万将士挥戈上阵。奥斯曼人的步兵首先冲上前去，同帖木儿王朝的士兵展开了激烈厮杀。正当两军的将士厮杀正酣之际，奥斯曼人军中陡然发生变故。原来是巴耶济德一世右翼部队那些新近刚刚降伏过来的小亚细亚东部突厥诸国将士组成的联军，看到自己的故主正战斗在帖木儿的麾下，便纷纷临阵倒戈，投靠到了原来君主的战旗下，会合帖木儿王朝的蒙古铁骑大军一起冲向奥斯曼人的军队。

第一章　奥斯曼人的武力崛起

事态的骤然变化对于巴耶济德一世来说，无疑是致命的一击。虽然在巴耶济德一世身先士卒的精神鼓舞下，奥斯曼人前仆后继，英勇杀敌，并且数度攻入帖木儿王朝军队的大营，但是在帖木儿王朝凶猛剽悍、骁勇异常的蒙古铁骑大军面前，精锐逐渐丧失殆尽的奥斯曼人深感不支。当夕阳下山的时候，奥斯曼人军队的防线完全崩溃了。在帖木儿王朝蒙古铁骑军队的追杀下，奥斯曼人基本被歼，死伤无数。在溃逃中，巴耶济德一世因马蹶被生擒，昔日叱咤风云的一位英雄人物，今日成了帖木儿王朝的一名阶下囚。安卡拉城中的总督因得不到援军，又慑于帖木儿王朝蒙古铁骑大军的威力，也被迫献城乞降。在此后清剿奥斯曼人残部过程中，帖木儿王朝的军队攻陷了奥斯曼人在小亚细亚的政治、经济与文化中心布鲁沙。

至此，帖木儿王朝在与奥斯曼人的冲突中，取得了彻底的胜利。不久，巴耶济德一世这位一代英杰、显赫一时的奥斯曼人的君主，在度过了8个多月的忧郁和屈辱的囚徒生活之后，怀着满腔遗憾和惆怅，在卫兵们的众目睽睽下自杀身亡。随后，巴耶济德一世的遗体，被帖木儿王朝派专人护送回奥斯曼人的君主陵墓所在地布鲁沙隆重埋葬。从此，奥斯曼人群龙无首，陷入了整整20年的"大空位"时期，这也给了拜占庭帝国一个喘息的极好机会，但是拜占庭帝国并未充分利用这一千载难逢的时机，整顿政务，发展经济，迅速崛起，仍然是歌舞升平，不断内讧。1402年的安卡拉战役，是一场关系到奥斯曼人历史命运的大决战，正是由于奥斯曼人在安卡拉战役中的失败，巴耶济德一世曾经梦想建立一个横跨欧亚非三大洲军事帝国的希望破灭了，从而标志着一个时代的结束。

野心勃勃的帖木儿尽管率领大军踏平了奥斯曼人在小亚细亚的大部分地区，但是由于帖木儿王朝的政治、经济、文化中心在中亚地区，所以并不想直接占领小亚细亚，把它完全收归己有。帖木儿王朝首先把小亚细亚诸突厥公国的领地，归还给了被奥斯曼人废除的原君主，彻底恢复了他们在小亚细亚的统治，以借此来削弱奥斯曼人的势力。其次，帖木儿王朝把另外一些它征服的奥斯曼人在欧亚的领地，归还给了巴耶济德一世还活着的几个儿子，他的儿子们在向帖木儿王朝宣誓效忠以后，保存了那些被认为合法的领地，成为帖木儿王朝的藩属国。1405年2月，集40万大军准备进攻中国的帖木儿王朝的君主暴卒于首都撒马尔罕。消

息一传开，巴耶济德一世的儿子们相继断绝了他们对帖木儿王朝的一切依附关系，从而为此后奥斯曼人重振旗鼓、收复失地、再度崛起创造了条件。

六、奥斯曼帝国的黄金时代

重振旗鼓

安卡拉战役以后的10年，对于奥斯曼人来说，是一个动荡的历史时期。为了决定由谁来统治奥斯曼人那块残缺不全、支离破碎的半壁江山，独占掌握奥斯曼人前途命运的最高权力，巴耶济德一世的四个儿子们互相争斗厮杀了整整10年。要是奥斯曼人王室中这场兄弟阋墙的内讧，发生在欧洲基督教十字军讨伐战，或者帖木儿王朝大军进攻小亚细亚之前，再不，如果欧洲基督教十字军讨伐队伍在帖木儿王朝大军击败奥斯曼人之后再浩浩荡荡地杀来，那么谁也不知道大伤元气、一败涂地的奥斯曼人是否能够幸存下来，是否以后会在世界历史上出现一个幅员辽阔、充满生机、雄霸欧亚非三大洲的奥斯曼帝国。但是，由于帖木儿无意于直接统治小亚细亚，接下来他本人又早早地去世，再加上当时西方基督教社会自身矛盾

奥斯曼帝国宏伟的皇宫

重重，相互不和，没有能够利用奥斯曼人的内讧和厮杀趁虚而入，结果那场给奥斯曼人的社会造成极大混乱的王位之争没有遭受到任何外来的干涉，从而为奥斯曼人在以后又能重振旗鼓、收复失地、东山再起、称霸世界创造了有利的主客观条件。

虽然巴耶济德一世于1402年在安卡拉战役中受伤被俘，成为帖木儿王朝的阶下囚，但是奥斯曼王室家族仍然有效保有那些被认为合法的领地。巴耶济德一世的四个儿子在向帖木儿王朝宣誓效忠之后，成为帖木儿王朝的藩属国，一块瓜分了留下的奥斯曼诸省。由于帖木儿王朝这次对奥斯曼人的征服十分短暂，加之又无意直接去瓜分和统治奥斯曼人的土地，所以才有可能在巴耶济德一世的四个儿子之间产生了争夺奥斯曼人领地的争执。造成兄弟四人之间权力角逐的根源，一方面与巴耶济德一世杀死他的亲兄弟的行为有关，因为他这一残忍的行为，成为此后奥斯曼皇族内为争夺王权而采取的重要手段和传统。另一方面是起因于奥斯曼人政治生活中的派系斗争，而这种派系斗争也是由于巴耶济德一世企图统一国家并实行中央集权而出现的。

为了克服奥斯曼人群龙无首、相互厮杀的混乱局面，奥斯曼人的皇家集团一致认为巴耶济德一世的长子苏莱曼，可以作为奥斯曼人君主的候选人。在他们的大力支持下，以及在安卡拉之战溃败后残存的近卫兵团的忠心拥护下，苏莱曼对欧洲领地的统治，一直持续到1411年。在其统治期间，苏莱曼组织和领导了多次军事讨伐，却一直未能把其兄弟穆罕默德和穆萨驱逐出小亚细亚的军事重镇布尔萨。1410年6月，穆萨得到巴尔干地区那些心怀不满的塞尔维亚和保加利亚人的支持，率领大军进攻苏莱曼在欧洲的领地，在一次轻骑突袭的战斗中，设计俘获了他的哥哥苏莱曼，并在他逃往拜占庭帝国首都君士坦丁堡的中途，派人骑马追杀了他。此后，见风使舵的奥斯曼皇族集团以及朝臣们迅速转而效忠胜利者穆萨，承认他为奥斯曼人在欧洲的领主，而他的哥哥穆罕默德则仍然为奥斯曼人在小亚细亚的最高统治者。然而，穆罕默德却帮助拜占庭帝国的皇帝派兵攻打穆萨。在双雄之争的紧要关头，许多过去辅佐穆萨的重臣却纷纷离他而去，并率领兵马投靠了穆罕默德。1413年6月，在穆罕默德军队凌厉的攻势下，欧洲的埃迪尔内城被占领。乘着城中的一片混乱，穆萨率家眷和少数亲信弃城而逃，但被穆罕默德派去追杀的骑兵在索菲亚拦阻杀害，穆萨的尸体以尊贵隆重的皇家仪式，被送回小亚细

亚的布尔萨，埋葬在他曾祖父奥尔汉的旁边。

此时的穆罕默德已经独揽了统治整个奥斯曼人的大权，所有的奥斯曼人无不臣服于他，把他视为重新统一奥斯曼人、恢复昔日辉煌的吉星。初始掌权执政的穆罕默德，为了避免锋芒毕露、四面树敌，因而在谋划重振奥斯曼帝国雄威的治国方略方面，持一种小心翼翼、非常谨慎的态度，因为只要强大的帖木儿王朝虎视眈眈的威胁尚在他的后面隐隐存在，他就不可能大胆地放手调兵遣将去进攻小亚细亚那些复辟的突厥公国。另外，在奥斯曼人内部叛乱、王室争夺以及社会经济等问题的困扰下，也使得穆罕默德必须要处处谨慎，以免锋芒毕露，从而引起欧洲基督教世界任何激烈的反应和干涉，以致于阻碍他重振旗鼓、东山再起的企图。因此，穆罕默德谨慎短暂、然而却是至关重要的统治，成功地防止了奥斯曼人领土的分裂，为以后奥斯曼帝国的迅速崛起，起到了一个承前启后、卧薪尝胆的积极作用。

1421年3月，抱着卧薪尝胆信念的穆罕默德不幸中风去世。为了防止奥斯曼宫廷内因争夺王权再次出现政治混乱和血腥厮杀，穆罕默德身边最亲近的大臣对穆罕默德的死讯秘而不宣，隐瞒达40天之久，直到他的儿子、法定继承人穆拉德二世从小亚细亚的阿马西亚飞骑来到埃迪尔内执掌国政，顺利地完成了王权交接之后，才隆重地为穆罕默德举行了葬礼。除了穆拉德二世，穆罕默德还有三个儿子，两个是尚在怀抱中的婴儿，但不幸的是，这两个幼儿在若干年后死于每隔几年就侵袭一次欧洲大陆的一种瘟疫。穆罕默德的另外一个儿子叫穆斯塔法，穆罕默德去世时年仅13岁。穆斯塔法害怕穆拉德二世将会仿效巴耶济德一世绞死他弟弟的方式杀害他，所以就放弃了他在小亚细亚的统治权，同他的导师一起逃到了科尼亚，寻求另外一个突厥公国的保护。然而，为了防止内讧引发新的战乱，穆斯塔法被穆拉德二世派去的人生擒绞死。

据说穆拉德二世是一位性格内向、沉默好思的人，他不喜欢战争，他对马不停蹄地作战深感厌倦。在通过同欧洲大陆的一些国家签订和平条约，而使他的欧洲和小亚细亚边境安定下来之后，穆拉德二世决定禅位给他15岁的儿子穆罕默德二世，自己则退居于风景如画的马尼萨，希望从此过一种和平宁静的生活。然而，他的希望不久即成为泡影。因为他继位，曾使欧洲基督教世界的封建骑士们想入非非，一度对这位新任奥斯曼人的君主寄以厚望，认为他为人宽厚、软弱，而不像他的父亲生

第一章　奥斯曼人的武力崛起

性好斗，所以是能够与西方基督教世界和睦相处的。然而，当穆拉德二世退位时，他们错误地认为，乘着老君主退位新君主年幼无知的大好时机，向奥斯曼人大举发动军事进攻，势必将打击和削弱奥斯曼人的军事力量。特别是他们认为，在这一行动的鼓舞下，奥斯曼人统治地区各种宗教信仰的居民们，也会积极地行动起来，通过发动武装叛乱支持他们的行动。面对越来越险峻的形势，此时的奥斯曼帝国的一些大臣和军队指挥官们也担忧把国家的命运交付到一个年幼小孩手中的结果，因而联名上疏，恳求穆拉德二世回到宫廷来重新执掌权力，继续指挥奥斯曼帝国的大军。

在大家的再三恳求下，穆拉德二世又重新登上了王位。为了扭转时运，重振奥斯曼人的雄威，1423年穆拉德二世倾举国之力，率领奥斯曼大军发动了对拜占庭帝国首都君士坦丁堡的围攻，又开始了奥斯曼人常年的征战。不过由于常年的征战，也造成了奥斯曼人王族内斗以及一些部族叛乱事件的不断发生，使得穆拉德二世不得不放弃攻占君士坦丁堡的计划，提前鸣笛收兵。虽然对拜占庭帝国首都君士坦丁堡的进攻没能得手，但穆拉德二世咄咄逼人的势头还是给拜占庭帝国造成了巨大的压力。此后，在1444年11月，穆拉德二世亲自率领奥斯曼帝国的大军在瓦尔纳附近击溃了以匈牙利人为主力的欧洲联军，杀死了匈牙利国王拉弟斯拉夫和红衣大主教朱利安，并轻而易举地横扫了塞尔维亚和波斯尼亚等地区。当整个战局稳定了以后，拙于抛头露面、喜欢宁静生活的穆拉德二世，于1445年再度宣布退位，仍回到马尼萨去过他那种隐居的田园生活。

然而不久，奥斯曼人骄横暴戾的近卫军团发动了武装叛乱，公开反对新君主穆罕默德二世，这又一次迫使穆拉德二世不得不离开他隐居的安乐地，迅速返回到埃迪尔内再次执政。在穆拉德二世残酷的镇压下，近卫军团叛乱的祸首们，有的被处死，有的被监禁，有的被从京城流放到外地，奥斯曼帝国素丹的权威很快就完全得到了恢复。在近卫军团的武装叛乱被镇压下去以后，穆拉德二世就再也没有宣布退位，去过他喜欢的宁静田园生活。在此后短短的数年中，率领奥斯曼帝国的大军两次侵入阿尔巴尼亚，追击清剿在那里开展游击战、领导抵抗奥斯曼人入侵的民族英雄斯坎德培。

虽然穆拉德二世在征服阿尔巴尼亚的过程中，屡战屡败，严重受

挫，但在对其他地区的征服过程中，则所向披靡。1445年3月，穆拉德二世在科索沃平原上击败了匈牙利国王罕雅迪率领的军队，并把他彻底逐出了塞尔维亚。此后，穆拉德二世还在希腊和伯罗奔尼撒半岛长年的征战中，夺取了著名的商城科林斯和佩特雷。1451年初，穆拉德二世这位上了年纪的征战勇士，在布尔萨寿终正寝。此时，他19岁的儿子穆罕默德二世已经长大成人，成为一位颇具胸怀和胆识的青年才俊。当穆罕默德二世获悉父亲去世的消息之后，便跨上他的战马，在他的亲信们的陪伴下，飞驰到了埃迪尔内去继位，执掌了国政。

伟大的征服者穆罕默德二世

新任素丹穆罕默德二世1432年3月30日生于亚得里亚堡。他的童年颇为不幸，其生母胡玛·哈顿出身卑贱低微，是一名突厥奴隶，其父穆拉德二世并不十分喜爱穆罕默德二世，而是偏爱他出身更高贵的同父异母兄弟。他在亚得里亚堡与母亲、乳母共同度过了平淡的几年。然而造化弄人，他的长兄艾哈迈德1437年在阿马西亚突然去世，二哥阿拉艾德丁六年后惨遭暗杀，穆罕默德二世11岁时突然成了奥斯曼人帝位的继承人。为了使自己将来具有接班人，穆拉德二世急忙将长期忽视的儿子穆罕默德二世招到宫廷，并为其缺乏教育而深感震惊。此后，奥斯曼帝国著名的库尔德裔教授艾哈迈德·库拉尼被指定为新王子穆罕默德二世的老师，而这位老师其后在培养穆罕默德二世方面的工作可谓卓有成效。日后德穆罕默德二世在科学、哲学等领域颇有造诣，使得其父穆拉德二世不仅对儿子穆罕默德二世刮目相看，并且开始传授他管理帝国政府的高超技艺。

穆罕默德二世具有一种与他父亲穆拉德二世迥然相异的性格。由于他从小受到严格的宫廷教育，因而他的才能得到了良好的训练和开发，所以知识渊博、聪慧过人。他不仅很好地掌握母语，还通晓文学体的突厥文、阿拉伯文、波斯文和希腊文，甚至能够熟练地掌握生涩难懂的希伯来语，甚至也能够用一般的塞尔维亚语和意大利语与人交谈。由于受父亲穆拉德二世的影响，他从小喜欢诗歌，熟读伊朗、希腊和罗马的古典诗篇。穆罕默德二世在奥斯曼王子学堂学习期间，也读过许多经典的哲学著作，他一生中最钟爱的是斯多葛派和亚里士多德派的著作。因此，他的一言一行有时候像一位富于思考的哲学家。穆罕默德二世也非常喜欢阅读历史书籍，并且广泛涉猎了突厥与希腊的文学作品，特别是喜欢阅读亚历山大大帝和古罗马诸帝的传记，从小就对历史上的英雄人物非常敬仰和钦佩。此外，穆罕默德二世对于战争，以及其他与战争有关的任何事物，如战略、战术、军火、装备、后勤供给、地形地貌等问题的研究具有浓厚的兴趣，认为只有掌握了军事知识，才能够成为奥斯曼社会有用的栋梁之才，才能够实现征服整个世界的宏伟夙愿。

奥斯曼帝国素丹穆罕默德二世
（1432~1481年）

在充满朝气的穆罕默德二世的影响下，奥斯曼帝国的政府一改过去办事拖拉、推诿、效率低下的官僚作风，一种务实勤奋和大刀阔斧地改革新政的创业精神，成为了奥斯曼社会行为的一项准则和时尚。当然，作为一名封建王朝的君主，在人们对穆罕默德二世的品行和才能非常敬仰和钦佩之余，对他奉行巴耶济德一世创始的奥斯曼传统，下令将他一位尚在襁褓之中的兄弟溺死在宫廷内浴缸的做法也颇有微词。几年后，穆罕默德二世颁布谕令，告诉他的后代，凡夺得王位者，应将其兄弟们立即处死。穆罕默德二世这种不顾兄弟情义，斩尽杀绝的暴虐行为，以及制定的这种传统，也成为日后奥斯曼帝国宫廷内勾心斗角、相互残杀、朝纲混乱、最终走向衰落的根本原因之一。

当穆罕默德二世在整顿完毕朝政，巩固了自己的绝对统治权力之后，就开始积极筹划攻取拜占庭帝国的首都君士坦丁堡。他首先积聚储备了大量的军需品，包括甲胄、弓箭、大炮、火药、木材、粮草，以及其他各种战斗物品，并在著名的港口城市格利博卢集结了一支庞大的舰队，以便参加对君士坦丁堡的围攻。

据相关的史料记载，奥斯曼人的新素丹穆罕默德二世，对这个与自己相邻的基督教国家拜占庭帝国抱有很深的敌意，并决心摧毁这个基督教王国。而当时的形势对于奥斯曼人而言也极为有利，此时的巴尔干半岛各国已经完全臣服于奥斯曼帝国，色雷斯、马其顿、保加利亚和希腊处于奥斯曼人的直接统治之下，拜占庭帝国也绝对承认奥斯曼人的宗主权，并定期缴纳钱粮贡赋，提供出征的军队，奥斯曼人的国力空前强大。而敌视奥斯曼人的西欧各国君主正处于专制王权形成的关键时刻，无力顾及东方的事务。一度凌驾于西欧各国君主之上的教皇，此时也从基督教世界领袖的地位上跌落了下来，无法再组织起十字军。经济实力强大的意大利人，特别是威尼斯和热那亚两国，正在为商业霸权激烈交锋，打得难解难分。也就是说，当时的欧洲和亚洲没有任何力量能够与奥斯曼人相抗衡，更不存在能够阻止奥斯曼人夺取君士坦丁堡的政治势力。形势虽然对奥斯曼人夺取君士坦丁堡非常有利，但是年轻有为的穆罕默德二世仍然为攻占君士坦丁堡做了大量的准备工作，表现出政治家的精明和军事家的战略洞察力。

穆罕默德二世首先与所有可能将会援助君士坦丁堡的政治势力进行谈判，采取完全孤立君士坦丁堡的策略，断绝一切给予君士坦丁堡军事支持的可能。1451年9月，通过艰苦的谈判，穆罕默德二世最终与威尼斯人签订了一个双边协议，以不介入威尼斯和热那亚之间战争的承诺，换取了威尼斯人的中立。同年11月，穆罕默德二世又与匈牙利国王签订了和平条约，以不在多瑙河上建立新要塞的承诺，换取了匈牙利人的中立。其次，穆罕默德二世积极做好进攻君士坦丁堡的各项军事准备工作，组建了庞大的莫利亚军团和阿尔巴尼亚军团。莫利亚军团主要用于在希腊方向上，做一种强大的战略牵制，以防止奥斯曼人的军队在进攻君士坦丁堡的时候，遭受到希腊人和拜占庭帝国军队的两面夹击。阿尔巴尼亚军团主要用于阻止在马其顿西部可能出现的西欧援军。除此之外，为了攻城拔寨的需要，穆罕默德二世还组织了大规模的军火生产。例如，为了生产一种专门用于攻城作战的军事机械，他专门让人高薪聘请匈牙利著名的火炮制作工匠乌尔班，指导生产了当时世界上最大的巨型火炮。这种火炮光口径就达99厘米，一次可发射1200磅（相当于448公斤）重的石弹，成为攻击君士坦丁堡高大坚固城墙最有效的利器。穆罕默德二世还命令奥斯曼军队在博斯普鲁斯海峡最窄处建立一种名为"鲁米利·希萨尔"的城堡,也有人把它称为"割喉"城堡,在它的上面配置有最为强大的火炮。"鲁米利·希萨尔"城堡与海峡对面隔水相望的炮台遥相呼应,有效地封锁了博斯普鲁斯海峡与达达尼尔海峡,以阻止从海上可能出现的对君士坦丁堡提供的任何援助。

面对奥斯曼人有条不紊的备战,坚守君士坦丁堡的拜占庭帝国皇帝君士坦丁十一世也在做最后防御的努力。他一方面向几乎所有的欧洲国家和罗马教廷派出使节,请求他们的援助;另一方面与莫利亚地区的希腊专制君主、他的兄弟们联系,希望他们相互之间停止一切内战,全力以赴来增援危急中的帝国首都君士坦丁堡。但是,令君士坦丁十一世大失所望的是,所有欧洲国家的君主们,除了表示同情和开具出兵援助的空头支票外,没有一位及时做出任何具有实际意义的行动,即使个别欧洲国家的君主派出的小股部队来到此地,对抵抗将要到来的奥斯曼人大规模的军事进攻,无疑是杯水车薪。而莫利亚地区的拜占庭帝国皇室成员们内争正酣,彼此势同水火,对帝国皇帝君士坦丁十一世的呼吁根本不予理睬,使得君士坦丁堡完全处于既无内助又无外援的可悲境地。

在当时,君士坦丁堡城内可以用来抵抗奥斯曼人军队进攻的防御力量不足5000人,另外还有两三千外国雇佣军。在这些混杂的守城军队中,只有热那亚贵族乔万尼·贵斯亭尼安尼率领的队伍最有战斗力。而在海上,此时拜占庭帝国仅有26艘作战船只一字形排开,防守在君士坦丁堡黄金角港湾入口处的铁链后面。

拜占庭帝国的首都君士坦丁堡整个城市呈不规则的等边三角形。北濒黄金角港湾,南临马尔马拉海,东面隔着博斯普鲁斯海峡与小亚细亚遥遥相望,只有西南三角形的底部与陆地相连。君士坦丁堡的守军为了对付奥斯曼人的军事威胁,在君士坦丁堡易受攻击的西南陆地,修筑了两道比较坚固的城墙。外城墙大约七八米高,每隔50至100米筑有一座内藏大炮的城楼。内城大约12米高,在相当于外城墙塔楼中间的位置,筑有高20米左右的四角或八角的城楼,城外是大约18米左右深的护城河。在黄金角港湾入口处则以粗壮的铁链封锁着港湾入口处的水域。君士坦丁堡虽然只有几千名士兵、20多艘战舰的城防力量,但由于该城的地势险要,城墙坚固,防守森严,要想完全攻破这座城池也非易事。

千年古城君士坦丁堡的陷落

1453年初，奥斯曼帝国的素丹穆罕默德二世开始部署围攻君士坦丁堡的军队。据史料记载，参加攻打君士坦丁堡这次战役的奥斯曼军队人数达20万左右，大小战舰300余艘。其中步兵12万人，骑兵2万人，机动部队3万人，其中包括奥斯曼人最精锐的一万多近卫军和战斗力最强的加尼沙里军团万余人。为了增强攻打君士坦丁堡的能力，奥斯曼人的军队还将50多门大炮分成为14个战斗炮群，其中最大的巨型火炮，费时两个多月，才从铸造地亚得里亚纳堡运送到君士坦丁堡城外。这种巨型火炮虽然每天只能发射七次，但它强大的火力还是给君士坦丁堡的防守造成了极大的威胁。

此外，奥斯曼人还集中了120多艘战舰，驶于马尔马拉海和博斯普鲁斯海峡、达达尼尔海峡的水面，其中15艘战舰是当时世界上最大的军舰。它们在海上遥相策应，将整个城市像铁桶般地团团围住。攻打君士坦丁堡的外围战役于1453年4月初完成，奥斯曼人的军队攻占了所有通往君士坦丁堡的道路，在距离君士坦丁堡城墙1200米的地方扎下军营。

在拜占庭帝国皇帝君士坦丁十一世的再三求援下，一支由五艘热那亚战舰组成的小型船队，运载着大量的军事和生活物资，冲破了奥斯曼人海军的封锁，驶进了君士坦丁堡，给予这个被奥斯曼人重重包围的都城带来了微薄的援助。为此，奥斯曼人的海军司令巴尔陶格卢将军，被满腔义愤的奥斯曼帝国素丹穆罕默德二世解除了指挥权，并受到了残酷的鞭笞刑。然而，暂时的挫折和失败，并没有使奥斯曼帝国素丹穆罕默德二世沮丧、绝望，从而动摇他停止围攻君士坦丁堡的强大决心。

奥斯曼人对君士坦丁堡的正式进攻，开始于1453年4月5日。奥斯曼人首先开始用50多门重型大炮一齐开火，一时间石弹横飞，厮杀的呐喊声震天动地。一枚周长近两米的巨型石弹击中君士坦丁堡的主城门，一下子就摧毁了一座城楼。奥斯曼人猛烈的炮火持续了一整天，君士坦丁堡的许多重要工事被摧毁。4月6日清晨，奥斯曼人的军队首先从西线发起强大的攻势。左翼为5万大军，右翼为10万大军，奥斯曼帝国素丹穆罕默德二世亲率精锐之师加尼沙里军团坐镇中军,在大红色夹金丝的华丽军帐中运筹帷幄地指挥战斗。

此时的君士坦丁堡上空硝烟弥漫,疾矢如雨,战斗场面甚为壮烈,惊心动魄。尽管城中的百姓一片惊恐,悲观的气氛弥漫朝野,但在拜占庭帝国皇帝君士坦丁十一世的督率下,守城的将士们在双方兵力相差极为悬殊的情况下,以大无畏英雄气概奋起反击,拼死抵抗,使得奥斯曼帝国的官兵们始终未能越过护城墙外边的壕沟。拜占庭帝国皇帝君士坦丁十一世最后的搏杀也十分悲壮,他身披战甲亲临城头指挥作战,将城内有限的兵力分为14个防区,并留下一只精悍的千人兵马作为后备部队,随时增援城防的薄弱部分。

于是,奥斯曼帝国素丹穆罕默德二世指挥全部的重炮一齐轰城,掩护步兵冲杀前进。当奥斯曼人的军队准备从巨型大炮轰开的城墙缺口冲进君士坦丁堡城内时,却受阻于君士坦丁堡宽阔的护城河。此时,奥斯曼帝国素丹穆罕默德二世下令使用大量的灌木填平整个河道,而君士坦丁堡的守军也利用这个机会,迅速修复好了被巨型大炮摧毁的城墙缺口。

宁静了片刻之后,在震耳欲聋的炮火掩护下,奥斯曼人又发起了新一轮的进攻。此时,数万名奥斯曼帝国骁勇善战的将士们,手持大刀长矛,携带着粗壮的树枝,滚动着巨大的木桶冲向护城壕,企图填平整个壕沟。君士坦丁堡的守军则以密集的火力封锁护城壕,在血腥的搏杀之中,再一次击退了奥斯曼人凶猛的进攻。片刻的修整之后,奥斯曼军队在穆罕默德二世的督战下,又重新发动了更大规模的攻势。他们首先用密集的炮火继续猛轰城池,并推出数十辆装有轮子的活动堡垒,投入战斗,集中火力猛攻圣罗曼努斯城门。这种活动堡垒外面以三层牛皮包裹着,不怕火烧,里面装备着用滑轮操纵升降的攻城云梯。

经过十几天的试探性进攻,奥斯曼人的军队于4月18日从被巨型大炮轰开的几处城墙缺口,同时发起了地面进攻。在吼声震天的呐喊声中,奥斯曼帝国军队的将士们挥舞着弯弯的战刀,越过被大量灌木填平的护城河,一些士兵在高大的活动塔楼上,向城墙上面的守军施放弓弩流石,另外一些士兵则在其掩护下,蜂拥直冲到君士坦丁堡城下,顺着搭起的云梯或塔楼天桥,向城墙上的守军冲去。此时,君士坦丁堡城墙上面的拜占庭帝国士兵们则使用各种武器,拼命地厮杀抵抗,不断向奥斯

曼帝国攻城的士兵们投掷希腊火。一时间，飞箭流石如同暴风雨般地倾泻而下，使得奥斯曼帝国的军队死伤惨重，不得不全面停止了地面的军事进攻。

奥斯曼人对君士坦丁堡的海上进攻，是从4月19日清晨开始的。奥斯曼帝国的军队首先攻占了君士坦丁堡的滩头阵地，然后用军舰上的火炮强攻君士坦丁堡的战略重地黄金角湾，企图冲破横在黄金角湾港口的粗大铁链，从此处最为薄弱的城墙部位攻进城去。但是，集中在此的拜占庭帝国舰队与热那亚、威尼斯舰队所组成的联合舰队，在卢卡斯大公的指挥下，以猛烈的炮火击退了奥斯曼帝国军舰的多次进攻，使得奥斯曼人利用海军进攻君士坦丁堡的这一战略企图未能够实现，其根本原因就是奥斯曼人的海军军事技术，在当时比意大利人略逊一筹。因此，第二天竟有四艘满载士兵和其他军用物资的热那亚战舰，以战舰上猛烈的炮火开道，在击沉了数艘奥斯曼人的船只之后，冲破了奥斯曼人严密的海上封锁，把所有的战舰成功地驶入到了君士坦丁堡的黄金角港湾，为君士坦丁堡送去了大量的武器弹药、粮食药品和一些士兵。

怒不可遏的奥斯曼帝国素丹穆罕默德二世一听到此消息，便用手中的权杖，打倒了他的海军总司令，然后下令让他的卫兵把指挥战斗的海军舰队司令抓来，把此人痛斥了一番之后腰斩。在进攻接连失败的情况下，豪情壮志的穆罕默德二世并没有绝望、沮丧和气馁，而是兴致勃勃地召集全体将士分析敌情，研究对策。第二天，穆罕默德二世亲自上前线视察，了解战情，以鼓舞士气。通过几天的细心观测，穆罕默德二世提出一个大胆的攻城计划。穆罕默德二世认为，君士坦丁堡的守军，在黄金角港湾的防线比较薄弱，如果能够派出奇兵，让奥斯曼帝国的一部分军队，悄悄地潜伏进入黄金角港湾，以出奇制胜的战法突然向守城的士兵发动全面的进攻，将会使君士坦丁堡的守军措手不及，陷入被动，从而一举拿下君士坦丁堡。

但是，从得来的情报了解到，黄金角港湾的入口处地势险峻，防守严密，而且又有铁索链拦河封锁，奥斯曼人的舰队根本无法通过。此时，穆罕默德二世大胆采纳了一位老将军的建议，即借道热那亚商人控制的加拉塔据点，潜入黄金角港湾。为此，奥斯曼人以长期保障热那亚在加拉塔的商业特权作为交换条件，用重金买通了贪婪的热那亚商人。

4月22日的夜晚，遵照穆罕默德二世的命令，奥斯曼帝国的士兵们通过人推牛拉的办法，将17艘巨型战舰、50多艘一般船只从陆地拖进君士坦丁堡的黄金角港湾。为了把庞然大物的军舰拖进黄金角港湾，奥斯曼人首先在加拉塔的陆地上用坚厚的木板铺设了一条道路，木板上又厚厚地涂抹上了大量的牛、羊油脂，以减少摩擦。然后，把船只用滑轮吊到陆地上的木板路，由人驱赶着牛拖曳着前进。奥斯曼人仅用了一昼夜的时间，就让70多艘军舰滑行了大约1400米左右，然后依靠人力硬是把这些军舰拉上41米高的佩拉山丘，再让这些军舰顺着陡坡滑入黄金角港湾的深处。

此后，奥斯曼人迅速地在黄金角港湾架起一座浮桥，在岸边上筑起了许多炮台，从而控制了整个黄金角港湾，使得君士坦丁堡腹背受敌。次日，奥斯曼人的军舰在黄金角港湾突然出现，犹如天兵降临，对君士坦丁堡的守城将士们产生了极大的心理影响，使得君士坦丁堡的守军猝不及防，惊恐万分，匆忙从西部防线抽调出大量兵力，以加强黄金角港湾的防务，孤注一掷，决一死战。奥斯曼人的军舰驶入黄金角港湾，就意味着君士坦丁堡守城的部队，将完全处于腹背受敌的危险境地。更为重要的是还意味着君士坦丁堡的城防薄弱点完全暴露在敌人的面前，使得极为有限的守城部队，必须要抽调出相当一部分的力量去防守黄金角港湾薄弱的一侧，从而极大地影响了君士坦丁堡城防的整体战略布局。虽然整个军事形势对君士坦丁堡越来越不利，但是君士坦丁堡的守军们，大部分都是些用重金收买的雇佣兵，个个凶猛慓悍，勇猛无敌，在岌岌可危之中，依然作最后的搏杀，进行顽强的抵抗，并多次击退了奥斯曼人的进攻。

4月23日，出于无奈的拜占庭帝国皇帝君士坦丁十一世，在敌强我弱的形势下，为了保存实力，使得君士坦丁堡不被攻陷，派出代表请求和谈，希望通过割地赔款让奥斯曼人退兵，但遭到了奥斯曼帝国素丹穆罕默德二世的严厉拒绝。他斩钉截铁地回答："我要与这个城市决一死战，或是我战胜它，或是它战胜我。"但是，进入黄金角港湾的奥斯曼人的军舰并没有发挥其所想象的重要作用。主要原因是，一来守城的舰队船小，非常机动灵活，可以不断地袭击巨大笨重的奥斯曼帝国军舰，使之难以有所作为；二来由于守城舰队的不断骚扰，使得原来不善于水上作战的奥斯曼帝国士兵们在攻城的过程中屡屡受挫。所以，奥斯曼人的军舰从海上进攻君士坦丁堡的唯一意义，在于牵制了城内守军的兵力

和分散其注意力，给守城将士们造成了巨大的心理压力。

　　5月7日至12日一连几天，奥斯曼帝国素丹穆罕默德二世不断命令其精锐的近卫兵团，向被猛烈的炮火所轰开的城墙缺口，发动一浪高过一浪的冲锋，但都被拜占庭帝国守城部队的顽强抵抗和他们强大的炮火所击退。此时，君士坦丁堡的守城军民不分男女老幼，僧侣尼姑，同仇敌忾，轮番上阵，奋勇杀敌。帝国皇帝君士坦丁十一世更是身先士卒，始终坚持在城头指挥。除了英勇杀敌之外，全体守城将士还要经常冒着奥斯曼帝国军队的炮弹和飞箭，以最快的速度填补被炮火摧毁的每个缺口，让破损的城墙马上得到修复。

　　5月14日，奥斯曼帝国的军队集中了所有的重型火炮，一起猛轰君士坦丁堡的圣罗曼努斯城门，企图由此打开进入君士坦丁堡的通道。但由于热那亚贵族乔万尼·贵斯亭尼安尼率领一支最有战斗力的部队及时赶到，殊死抵抗，奥斯曼人的这一企图未能实现。5月18日清晨，经过精心的筹划，奥斯曼帝国的军队将高大的活动塔楼，运过已被大量的灌木填平的护城河，利用它高于城墙的优点，用来掩护攻城的部队直接跳越冲上城头。经过一昼夜的浴血奋战之后，不足千人的拜占庭帝国守军，还是英勇顽强地打退了奥斯曼人的无数次进攻。在君士坦丁堡的城墙下，堆积着许许多多奥斯曼帝国士兵的尸体，奥斯曼人丢弃的庞大攻城塔楼，则被拜占庭帝国的士兵们放火点燃，成为夜间照明用的巨大火把。死伤惨重的奥斯曼人又一次被迫停止了全面进攻。

　　毫不气馁、智足多谋的奥斯曼帝国素丹穆罕默德二世，见地面、空中、水上的全面强攻均未奏效，便一面组织火炮继续轰城，轮番进攻，一面下令让军队在地底下挖掘坑道，以便从护城壕和两道城墙下面穿过，直通君士坦丁堡的城里，试图从地下攻入城内。但是，不能够很好保守秘密的坑道战，也很难起到出其不意的作战效果。因为坑道还没有被挖通，就被君士坦丁堡的守备军民发现，并用炸药将其炸毁。此时，君士坦丁堡的守军士气大振，他们已经从最初对奥斯曼人的大军兵临城下的恐惧中摆脱了出来，并且顶住了奥斯曼人无数次各种方式的进攻，已经在数倍于己的敌军轮番攻击下坚了40多天。士气高涨的拜占庭帝国将士们利用战隙，广泛收集城中可以用来加固城墙的一切材料，甚至砖石瓦砾、土袋棉被都被派上了用场，所以他们很快就修补好了所有坍塌的城墙。他们同仇敌忾，发誓要与君士坦丁堡这座古城共存亡。

5月21日至25日,拜占庭帝国的守城将士们,又连续击退了奥斯曼人14次猛烈进攻。但是,数日的连续作战,使得守城的将士们人困马乏,抵抗的力量有所减弱。特别是各种材料极度匮乏,导致修补崩塌城墙缺口的速度越来越慢。此时,数月的军事封锁,让粮食短缺不足的兵家大忌凸显了出来。为了争夺粮食,守城部队之间口角频生,特别是威尼斯人和热那亚人的争吵,几乎发展到了兵戎相见的地步,幸亏拜占庭帝国皇帝君士坦丁十一世出面调解,给他们配足所需的粮草,将他们分配在不同的防区之后,双方之间的矛盾才有所缓解。

5月27日的决战前夕,为了统一思想,鼓舞士气,早日攻占拜占庭帝国首都君士坦丁堡,奥斯曼帝国素丹穆罕默德二世多次举行战前首脑会议,下令让全军进行修整,养精蓄锐做好最后的攻城准备。穆罕默德二世亲自视察帝国各军团,分三批检阅了他的陆、海军将士,并且对将士们作了蛊惑人心的总动员。他在发表鼓舞士气的讲话中说道:"我将给你们一座宏伟、富庶而人口众多的城市,那就是拜占庭帝国的首都,世界的中心——君士坦丁堡。它任你们去劫掠……我们将成为这座世界名城的伟大征服者。"当着众将士的面,穆罕默德二世亲自宣布,将士们攻占君士坦丁堡之后,除了城市本身以外,城市中的一切财产,包括居民和他们的金银财宝都属于胜利的将士们,允许全军将士可以抢劫三日。

穆罕默德二世这一系列的战前动员,使得奥斯曼帝国军队的士气大振。当夜幕降临的时候,君士坦丁堡城外无数营地的篝火映红了夜空,连海面上奥斯曼人的军舰都点燃了火把。全军高奏欢乐的乐曲,人人高唱胜利之歌。城外鼓噪之声震天动地,使得君士坦丁堡的城中居民惊恐万分。此时,守城的军民已经清楚地意识到,最后搏杀的时刻来到了。拜占庭帝国皇帝君士坦丁十一世命令举行全城祈祷仪式,最受民众爱戴的圣母子像,在神圣的歌声和"上帝啊,赐福予我们"的祈求声中,被抬上城头放于巨大缺口的中央处,然后长长的祈祷行列返回圣索菲亚教堂。

1453年5月29日,礼拜四,凌晨子时,奥斯曼帝国的军队发起了征服拜占庭帝国首都君士坦丁堡的总攻。穆罕默德二世下令帝国军队水陆并进、三面同时发起强大的攻势,把进攻的重点放在君士坦丁堡的主城门圣罗曼努斯城门,他要求帝国各部队不惜代价,要不间断地连续猛攻,

直到攻破君士坦丁堡的城门。穆罕默德二世下达了总攻命令之后，一时间，万炮轰鸣，火光冲天，炮弹如冰雹向城堡倾泄，数万名奥斯曼帝国的将士呐喊着，争先恐后地扛着云梯冲向城垣。与此同时，马尔马拉海和黄金角港湾方面的奥斯曼海军，也在穆罕默德二世总攻的命令下，发起了一次又一次猛烈的强大攻势。尽管奥斯曼人的海军舰队遭受到君士坦丁堡守军的顽强抵抗，未能够顺利登陆攻进城去，但却有效地牵制住了君士坦丁堡守军的大量兵力，有力地配合了奥斯曼人在西线的进攻。

在奥斯曼人围攻君士坦丁堡的整个战斗中，西线的战斗最为激烈、残酷，双方的将士都在为最后一搏相互厮杀，战斗场面惨不忍睹。奥斯曼人的第一次攻击波持续了两个时辰，主要由外籍军团和非主力部队担任主攻。虽然他们作战非常英勇，但还是被君士坦丁堡守军投掷的火弹和弓弩击退，伤亡惨重。而此时，守军的弹药弓箭也几乎用完。紧接着，奥斯曼人又发动了第二次攻击波。这次参加主攻的奥斯曼帝国军队，是由纪律严明、骁勇善战的加尼沙里精锐军团担任主力。在帝国素丹穆罕默德二世的亲自督战下，那些体格健壮、高大魁梧、训练有素、骁勇善战的加尼沙里军团战士，各个身穿盔甲，手拿盾牌军刀，冒着炮火和飞箭，很快压到城边，迅速攀上云梯，奋勇攀上城墙，蜂拥冲向缺口，在城墙上与君士坦丁堡的守军们展开了殊死的白刃战。把守君士坦丁堡圣罗曼努斯主城门的守军将领，是热那亚贵族乔万尼·贵斯亨尼安尼，此人是一位骁勇善战的职业军人。他率领部下奋起杀敌，英勇无比，最后不但将奥斯曼人杀退，而且还把他们赶出了城墙缺口，使得整个君士坦丁堡安全无恙。狂怒的奥斯曼帝国素丹穆罕默德二世调集所有的大炮，用最密集的炮火一齐猛轰城墙缺口，然后亲自上阵督战，命令奥斯曼帝国精锐的加尼沙里军团不间断地猛攻，后退者格杀勿论。但还是因为士兵伤亡过重，最终仍然未能取得攻城的胜利。然而，守城主将乔万尼·贵斯亨尼安尼此时胸部多处中弹，流血不止，昏迷不醒，奄奄一息，不得不撤出战斗，拜占庭帝国皇帝君士坦丁十一世在关键的时刻，失去了一位骁勇善战的得力助手。

在天将要破晓的时候，奥斯曼帝国素丹穆罕默德二世下令动用全军最后的预备队、精锐的帝国近卫军团发起了第三次攻击波。奥斯曼帝国近卫军团的士兵们发出恐怖的吼叫声，挥舞着军刀冲向城墙缺口。誓死而战的拜占庭帝国皇帝君士坦丁十一世，率领为数不多、筋疲力尽的守城士兵和自己的卫队，做最后顽强的殊死搏斗。

正当君士坦丁堡的守军们拼命厮杀，进行顽强的抵抗之时，不料轰隆一声巨响，圣罗曼努斯主城门以北的一段坚固的城墙，被奥斯曼人用炸药炸开了，精锐的加尼沙里军团和帝国近卫军团的士兵们，像潮水般地从这个巨大的缺口涌入城内。君士坦丁十一世试图组织邻近的军队紧急增援城墙缺口，但此时已经来不及了。在奥斯曼人凶猛凌厉的攻势下，君士坦丁堡的守军已陷入混乱状态，丧失了斗志，全线溃败。奥斯曼帝国的军队从四面八方攻入君士坦丁堡，奥斯曼帝国军队的战旗在城中到处飘扬，整个城市陷落的丧钟响彻君士坦丁堡的上空。英勇不屈的拜占庭帝国皇帝君士坦丁十一世率领他的卫队士兵们做着最后的拼搏，直到被奥斯曼帝国的军队团团围住，全部战死，以身殉国。而此时君士坦丁堡的居民们，却仍然顽强地与奥斯曼人的军队进行着殊死的巷战。街道上和宅院中的居民们，基本上没有一个人放下武器向奥斯曼人投降，连妇女儿童也都加入了战斗，在奥斯曼人付出了巨大的代价之后，

奥斯曼帝国时期著名的圣索菲亚大清真寺

才平息了君士坦丁堡居民们的反抗，最终占领了全城。

杀红了眼的奥斯曼军队的士兵们，在城中为所欲为，逢人便杀，不分性别年龄，发泄着愤怒和狂喜的情绪，然后便开始了无情的抢劫。惊恐万分的居民争先恐后躲进巨大的圣索菲亚大教堂，紧闭其大门，祈求上帝在最后的时刻显灵，拯救他们的生命。但是，奇迹并没有发生，门外传来的却是利斧劈门的可怕声音。一场肆意劫掠屠杀之后，幸存的许多居民被卖身为奴，壮丽豪华的宫殿付之一炬，历代相传的艺术珍品被洗劫一空。

在奥斯曼帝国军队屠城的第三天，穆罕默德二世才骑着他那匹白色战马，威风凛凛地进了城，下令终止了奥斯曼军队的士兵们疯狂的掠劫行为，全面恢复了社会治安。因为穆罕默德二世要的不是一个被完全摧毁的城市废墟，而是一个完整的帝国首都。从此，君士坦丁堡这座在西方世界被视为防守最为坚固的城市，落入到了奥斯曼人之手，而君士坦丁堡的陷落，标志着拜占庭帝国这个具有千年历史的王朝寿终正寝。

为了感谢真主的帮助，穆罕默德二世到君士坦丁堡城内的圣索菲亚大教堂做了礼拜，然后开始考虑君士坦丁堡，此后一直被奥斯曼人称之为伊斯坦布尔这座城市的一系列统治问题。穆罕默德二世首先委派了一个总督，负责管理这座被占领的城市，并通过豁免捐税和发还房屋的办法，鼓励城中居民留居原处；穆罕默德二世还花费了大量的赎金，赎救了许多已经被卖身为奴的人，条件是他们必须留下来居住在这座已经被奥斯曼人占领的城市。在穆罕默德二世遣散了被俘的西方雇佣军后，他携带着大量的金银财宝凯旋回到了奥斯曼人的首都埃迪尔内。

拜占庭帝国首都君士坦丁堡在长达数世纪的抵御之后，终于落入穆斯林之手，像这样极富有戏剧性的历史事件，在以后的欧洲人看来，似乎是标志着中世纪的终结，西方文艺复兴的发端，以及欧洲人开始探索通向东方贸易新路线的突变性事件。他们认为，正是奥斯曼人对君士坦丁堡的征服，截断了自古以来就是连接东西方贸易的路线，才导致了哥伦布等人划时代的海上航行，促进了世界地理大发现的早日到来，改变了世界历史的进程。然而，通过对世界历史进程的仔细考察，实际上这种观点比较偏颇，不完全符合世界历史发展的事实。因为欧洲的文艺复兴，以及此后对新世界的探索早已开始，它与君士坦丁堡的陷落并没有什么直接的因果关系，只是加速了这一世界历史进程。当然，君士坦丁堡的陷落，拜占庭帝国的灭亡，的确是对欧洲的基督教以及人文主义理论体系的一次沉重打击。于是，在欧洲又有人开始在谈论组织基督教十字军，去讨伐代表伊斯兰教世界的奥斯曼人。然而，由于欧洲的割据分裂，以及其他的主观原因，结果组织基督教十字军去讨伐奥斯曼人的事情，也只是停留在空谈上而已。

在1453年及以后的数年中，欧洲人对拜占庭帝国首都君士坦丁堡陷落的主要反应，似乎出于这样一种观点：希腊人是罪孽深重、腐化堕落的教会分裂者，所以遭受亡国厄运也是罪有应得，因为他们脱离了真正的罗马教会。有些欧洲人在奥斯曼人征服君士坦丁堡的史实中，见到了古代特洛伊人的报复，因为人们有时认为奥斯曼人同特洛伊人在血统上可算是一脉相承，所以在为君士坦丁堡陷落进行祈祷的时候，尽管罗马教皇卡利克斯图斯三世在奉告祷词中，加了"仁慈的上帝，把我们从奥斯曼人和彗星的灾难中解救出来吧"这么一句请愿词（当时天空出现了哈雷彗星），但对欧洲西方作为整体来说，并没有激起什么巨大的反应，人们还是以平静的心态接受了君士坦丁堡被奥斯曼人征服的事实。

然而，就奥斯曼人来说，对君士坦丁堡的征服，决不止仅是攻陷下了一座孤城，它首先是一项伟大而光荣的伊斯兰圣战的战绩，是信仰武士们的盖世奇功。因为对君士坦丁堡这座具有千年历史的异教中心的征服，始终是一些著名的伊斯兰哈里发们追求的理想和目标。现在，一个新的、正在崛起的伊斯兰国家已经胜利地完成了前人根本不可能完成的事业，因此，对君士坦丁堡的征服，不但提高了奥斯曼人在古老伊斯兰教世界的威望，而且穆罕默德二世也受到了整个东方穆斯林的欢呼和敬仰，被人们誉为伟大的"征服者"。其次，征服拜占庭帝国，攻陷其首都君士坦丁堡，不仅在实际的领土上，而且在具体的象征上，已经把古老的小亚细亚同巴尔干地区连成一体，使得奥斯曼人建立起了横跨欧亚两大洲的帝国，一跃而成有影响的世界大国。

从此以后，不但欧洲试图组织基督教十字军讨伐奥斯曼人，营救拜占庭帝国首都君士坦丁堡的机会丧失殆尽，而且欧洲的这个或者那个统治者，这一或者那一政治派别，甚至连罗马教皇们，也开始巴结讨好奥斯曼帝国的统治者，让他们在变幻莫测的欧洲均势中成为自己的同盟者。最后，也是更为重要的是，奥斯曼人对拜占庭帝国的征服，攻陷君士坦丁堡为他们提供了一个出色的军港和商港，提供了一个扼守世界贸

易通道交叉口的理想据点，它极大地促进了奥斯曼帝国的海运商贸和社会经济的巨大发展。

当伟大的征服者穆罕默德二世拿下君士坦丁堡，并把它作为奥斯曼帝国的首都之后，便立即把注意力的重点又重新放到如何进一步扩大对外征服的问题上了。他首先在黑海地区作了部分的扩张。在奥斯曼帝国强大的军事压力下，这一地区的许多公国成为了他的仆从国和附庸。此时的整个黑海差不多变成了奥斯曼人的内湖。穆罕默德二世在完成了对黑海地区的武力扩张之后，迅速转向对巴尔干的武力扩张，并给那里的人民带来了深重的灾难，许多村庄、城镇被洗劫一空，无数民众死于非命，社会生产力遭受到严重的破坏。因此，当穆罕默德二世率兵进军巴尔干时，那里的广大民众纷纷拿起武器，在抵御外敌、保卫家园的战斗中写下了光辉的篇章。1481年的春天，穆罕默德二世在小亚细亚地区集结了一支庞大的军队，准备发动一次新的对外征服。但在同年的5月，当他的行动目标尚未由他自己或他的行军路线透露出来的时候，穆罕默德二世突然病死在军营中。穆罕默德二世这位伟大的征服者病死的消息迅速传到欧洲时，教堂里的许多钟声响了起来。而奥斯曼帝国则在素丹王位继承人嗣位之前，一直保守着秘密。此时死去的是一位改变了世界历史进程的伟人，在这一点上完全是毋庸置疑的。

巴耶济德二世与塞利姆一世

穆罕默德二世去世后留下了两个儿子，长子巴耶济德二世，33岁，是旧加齐中心阿马西亚的省督。次子杰姆，21岁，是从前塞尔柱人罗姆素丹国旧都科尼亚的省督。由于从阿马西亚骑马到伊斯坦布尔需要8天的行程，而从科尼亚到伊斯坦布尔只有4天的行程，所以次子杰姆有充分的时间得到奥斯曼帝国中央政府行政控制权的便利条件。但是，奥斯曼帝国的近卫军团、宫廷侍从和宫内学堂毕业的政府官员们等帝国内部的各种政治势力，都支持长子巴耶济德二世，希望这位具有丰富治国经验的王子能够继承奥斯曼帝国的素丹王位。

此外，政治上早熟的巴耶济德二世，由于注意到奥斯曼帝国王室

杀害兄弟的"卡农"习惯法对素丹王位的继承有着巨大的影响，所以他机智地通过政治联姻和结盟的手段，拉拢联络了许多王室成员和帝国政府中德高权重的人物，来全力以赴地支持他做奥斯曼帝国素丹王位的继承人。当接到父亲穆罕默德二世逝世的军报之后，巴耶济德二世立即率领他的军队，马不停蹄日夜兼程奔往帝国首都伊斯坦布尔。此时的次子杰姆也率领他的军队占领了军事重镇布尔萨，公开向其兄长巴耶济德二世挑战。在帝国内部各种政治势力的支持下，巴耶济德二世利用其父穆罕默德二世召集准备远征欧洲的军队，一举击溃了弟

奥斯曼帝国素丹塞利姆一世
（1470～1520年）

弟罗姆，顺利地继承了奥斯曼帝国的素丹王位。兵败的杰姆则率领少数亲信逃往埃及，后流亡欧洲，不久在沮丧和绝望中患上了热血症，最终病死于那不勒斯，了却了他苦难的一生。杰姆的遗体最后是由其兄长巴耶济德二世用重金赎回，并隆重地葬于他的出生地布尔萨。

在1482～1495年间，巴耶济德二世由于害怕他的兄弟杰姆与他争夺王权，因而在对外的征服活动中一直比较克制。但是自从杰姆病死之后，已经完全无后顾之忧的巴耶济德二世，首先在西南方向采取了比以前更具有侵略扩张性的政策。1499年10月，奥斯曼帝国与威尼斯之间爆发了战争。巴耶济德二世率领大军，首先夺取了伯罗奔尼撒半岛上的麦托尼和科罗尼，并在纳瓦里诺的一次大海战中，一举击败了威尼斯舰队。虽然在1503年，双方经过艰苦的谈判缔结了和约，但是战争还是极大地削弱了威尼斯在地中海东部的军事力量，从此奥斯曼帝国牢固地建立起它的海上霸权地位。在巴耶济德二世的指挥下，奥斯曼帝国庞大的海军，经常袭击地中海沿岸的每一座城市，而海军将领和船长们，则把从前的加齐海盗作为他们效仿的榜样。

在奥斯曼帝国的历史上，巴耶济德二世也算是一位伟大的征服者和杰出的军事统帅，他一生中的大部分时间，都是在东征西伐、开疆辟土

的战争中度过的。由于长年累月一直在军帐中风餐露宿，使他得了严重的风湿病。1512年4月，在儿子塞利姆一世的强迫下，健康状况日益不佳的巴耶济德二世宣布退位让权给塞利姆一世。一个月后，统治了奥斯曼帝国31年之久的巴耶济德二世，在前往他的出生地德莫提卡宫去休养的时候，不幸中途病逝。

当塞利姆一世继承了素丹王位之后，他并没有急于发动对外扩张的军事行动。他首要的任务，是如何巩固王位，因为此时他仅掌握着包括首都伊斯坦布尔在内的巴尔干地区，而他的哥哥艾哈迈德则统治着小亚细亚的大部分地区，特别是对他利用非法手段继承素丹王位深表不满。于是，塞利姆一世立即率领大军渡海到小亚细亚征讨艾哈迈德。虽然艾哈迈德进行了坚决的抵抗，但还是在来年的春天，被塞利姆一世击败并捕获绞死。为了斩草除根，塞利姆一世还下令擒获了他的五个侄子和兄长考尔库德，并全部秘密处死。塞利姆一世在他统治的八年期间，对外发动了一系列的扩张征服战争。尤其是他东征伊朗、南伐叙利亚和埃及，使得奥斯曼帝国成为了一个雄霸中东地区、统治穆斯林圣地、声势显赫的伊斯兰帝国。这种扩张征服和大片地区的获得，在使奥斯曼帝国在东方化方面，起到了决定性的作用，是奥斯曼人对外扩张中的一个重要历史发展阶段。

1514年4月20日，塞利姆一世以保护伊斯兰教逊尼派为名，向什叶派的波斯沙法维王朝发动了战争。他共结集了15万大军，6万只骆驼，从博斯普鲁斯海峡东岸出发，远征波斯沙法维王朝的首都大不里士。征途山峦重叠，道路崎岖，加之波斯沙法维王朝的统治者易斯马仪在退却时，又实施了焦土政策，焚烧村庄，破坏桥梁，坚壁清野，给奥斯曼帝国的军队带来了极大的困难。但塞利姆一世决不肯退兵，要不惜一切代价征服波斯沙法维王朝。8月14日，两军在波斯沙法维王朝的首都大不里士附近的查尔德兰相遇，波斯沙法维王朝的统治者易斯马仪亲自率领8万精锐骑兵出城迎战。当时，就双方的兵力来看，奥斯曼人占有绝对的优势；就其斗志来说，波斯沙法维王朝的军队以逸待劳，人强马壮，军容整齐，而奥斯曼帝国的军队乃是远来的疲惫之师。

战斗一开始，波斯沙法维王朝的轻骑兵，在国王易斯马仪的亲自指挥下，分为左右两翼杀气腾腾地扑向奥斯曼帝国的军队。在两军的血腥厮杀中，奥斯曼帝国骁勇善战的加尼沙里军团舍命而战，顶住了波斯沙法维王朝轻骑兵的凌厉攻势，并一举击溃了他们的进攻。因为波斯沙法维王朝军队的武器太落后了，他们仅有大刀长矛。在奥斯曼帝国军队大口径火炮猛烈的轰击下，波斯沙法维王朝的士兵一排排地倒下，奥斯曼帝国以巴尔干人所组成的凶猛彪悍的加尼沙里军团的士兵乘势发起冲锋，所向披靡，大败波斯沙法维王朝的军队。身负重伤的国王易斯马仪，仅带领极少数的卫兵逃离了战场，奥斯曼帝国的军队则乘胜攻占了波斯沙法维王朝的首都大不里士，连国王易斯马仪的后宫嫔妃们也全部成为了俘虏。在这次战役中，波斯沙法维王朝的军队死亡5万多人，被俘1万多人，完全溃不成军，损失极为惨重。

塞利姆一世在攻占了波斯沙法维王朝的首都大不里士之后，原想在这场伊斯兰教逊尼派逞兵耀武的征战中，乘胜向波斯沙法维王朝的腹地进军，但是加尼沙里军团的将士们思乡望返，因为他们多属于欧洲籍的士兵，不愿意久留异乡，所以迫使塞利姆一世不得不临时改变计划，率领奥斯曼帝国大军凯旋而归。这样，才使得处于一片诚惶诚恐之中的波斯沙法维王朝，避免了一场毁灭性的灾难。奥斯曼帝国的军队在掠获了大量的战利品，以及无数波斯沙法维王朝的能工巧匠之后，胜利地返回到了帝国首都伊斯坦布尔，并将原属于波斯沙法维王朝的美索不达米亚平原完全并入到了奥斯曼帝国的版图。

随着波斯沙法维王朝的战败，在东方的三个伊斯兰国家——波斯、埃及和奥斯曼帝国——的力量均势完全被打破了，奥斯曼帝国的形势变得比较有利。波斯人曾经写信给埃及马木留克王朝的君主，告诉他唇亡齿寒的道理，请求派军队援助他们抵抗奥斯曼人。然而，在1516年和1517年的几次速决速战中，塞利姆一世率领的奥斯曼帝国军队击溃了埃及马木留克王朝的军队，国王突曼也在战斗中被俘后处死。此后，马木留克王朝在埃及达400余年的统治结束了，埃及变成了奥斯曼帝国的一个行省。此时的塞利姆一世，已经是一位从多瑙河到尼罗河瀑布的帝国素丹，甚至连奥斯曼帝国的宿敌——波斯沙法维王朝也急忙派遣使者前来为塞利姆一世新获得领土而致贺，承认奥斯曼帝国为中东地区最为强大的国家。于是，在此后漫长的岁月中，叙利亚和埃及一直处于奥斯曼帝国的统治之下，经历了400年之久。此时，除了原有的波斯和拜占庭帝国对奥斯曼帝国具有很大的影响之外，塞利姆一世率领军队不断南下扩张，通过攻占叙利亚和埃及，现在与古老的阿拉伯文化又有了新的接

触,接受到了一些新的影响。

这次奥斯曼帝国的对外扩张,使大马士革和开罗这两座具有历史意义的穆斯林都城,以及麦加、麦地那和耶路撒冷这三座伊斯兰教圣地,全部都归顺于奥斯曼帝国。从此,奥斯曼帝国与传统的伊斯兰世界的联系,得到了进一步的加强。奥斯曼帝国成为古老伊斯兰世界的主要力量,成为伊斯兰教圣地的保护人,奥斯曼帝国的君主们现在使用"虔诚信徒的首领"这个封号的理由更加充分了,而且得到了更多伊斯兰教徒的赞同。尤其是奥斯曼人在抵达多瑙河100多年之后,终于来到了东方的尼罗河畔,并且正向幼发拉底河流域进军,他们用不断取得的对外征服的胜利成果,把古老的伊斯兰教旧世界信仰武士征服的新世界连成了一个广土众民的世界大国,一支在国际政治事务中起到举足轻重作用的中坚力量。

在离开奥斯曼帝国首都伊斯坦布尔两年之后,精力充沛、戎马倥偬的塞利姆一世于1518年的仲夏凯旋回到了帝国首都,但政坛时局的发展,又使得他面临着一个关于哈里发职位的棘手问题。阿拉伯帝国阿拔斯王朝的哈里发穆塔瓦基勒是一个被埃及马木留克王朝操纵的傀儡,为了起到一种宗教上的号召力,他被埃及马木留克王朝随带出征,同奥斯曼帝国的军队交战,后在阿勒颇战败,成为战俘落入塞利姆一世之手。为了获得对伊斯兰教世界的号召力和统治权,为奥斯曼帝国的君主们取得哈里发这个政教合一的称号,塞利姆一世把这个傀儡哈里发带回了帝国首都伊斯坦布尔。许多年之后,即在1543年6月,穆塔瓦基勒才被获准回到开罗,后老死在那里,度过了他心酸孤寂的余生。穆塔瓦基勒在离开帝国首都伊斯坦布尔之前,在百般无奈的情况下,将他的哈里发称号移交给了奥斯曼帝国的统治家族。在此后的年代里,奥斯曼帝国的历代素丹们就据此名正言顺地使用起哈里发的称号,成为伊斯兰教的最高宗教统治者,担负起了保卫伊斯兰世界根本利益的重任。

1520年春季,连年的征战和日理万机的操劳,使得塞利姆一世这位叱咤风云的奥斯曼帝国君主终因急性心脏衰竭病逝于帝国首都伊斯坦布尔,走完了他辉煌的生命历程。虽然塞利姆一世在位仅有短短的八年时光,但他那金戈铁马的征服生涯,却给他的子孙后代们留下了一份丰厚的遗产:一支数量庞大惊人、使敌人望风披靡的军队,一套行政、司法、财政体制都已经日益完善的封建国家机器,一顶统治伊斯兰世界的哈里发称号的桂冠，从而取得了伊斯兰教思想体系对奥斯曼帝国旧有宗教观念和价值取向的决定性胜利。从此，奥斯曼帝国在对外征服过程中，伊斯兰教始终是其对外扩张的一面政治旗帜。总之，塞利姆一世依靠他那种执著、坚韧、一往无前的务实精神，以及卓越的治国才能，在奥斯曼帝国迅速崛起的历史进程中，确实留下了浓墨重彩的一笔，成为了奥斯曼帝国的一位风云人物和一代英杰。

声名显赫的立法者苏莱曼大帝

塞利姆一世因病去世时，仅留下了一个儿子，那就是世界历史上声名显赫、英武盖世的苏莱曼大帝，所以在这次奥斯曼帝国的政权移交过程中，其统治集团内部并未产生任何紧张的局势和混乱，更没有发生政治派别之间相互杀戮的事件。苏莱曼生于伊斯兰教教历900年（公元1494年），是伊斯兰教第十世纪的元年，他本人继位时又是奥斯曼帝国的第十代君主。这些带有祥兆性的历史开端，使得奥斯曼帝国的新素丹苏莱曼大帝的臣民深信，苏莱曼大帝命中注定要统治世界。在这个充满神秘主义色彩的历史背景下，年轻有为、充满活力、敢想敢干的苏莱曼以一位伟大的帝国君主的身份出现了，可以和那些与他

奥斯曼帝国素丹苏莱曼大帝（1495～1566年）

同样年轻的同时代人物查理五世、弗兰西斯一世和亨利八世相媲美。

苏莱曼大帝一生在位46年，在他的统治下，奥斯曼帝国的政治、经济、军事和文化等方面都达到了登峰造极的程度，趋于一种发展的极盛。因此，他曾经以"真主在大地上的影子""众素丹之素丹"等桂冠自诩，被欧洲人称为"大帝"，被他的臣民称为"立法者"，被人们看

作是历史上著名帝王行列中的一个最为了不起的人物。

1509年3月年仅15岁的苏莱曼按照奥斯曼帝国王室的传统,受命于其祖父巴耶济德二世,在一批知识渊博、经验丰富的导师和顾问们的辅佐下,前往博卢担任总督,以便在实践中学习治国安邦的政治经验,那时他还不过是一个不懂世故的孩子。但在他的伯父艾哈迈德的强烈抗议下,他又被调往他的母亲,一个鞑靼汗公主的出生地,克里米亚的卡法担任总督。在他父亲塞利姆一世夺得奥斯曼帝国的素丹王位之后,每当其父离境征战时,他作为独子替代父亲掌握帝国的政务大权,治理整个国家,这些经历对于他未来事业的发展,无疑是一个很好的锻炼。1520年3月,其父因病去世,同年4月,26岁的苏莱曼继承了奥斯曼帝国的素丹王位,从此肩负起了统治一个横跨欧、亚、非三大洲的多民族、多宗教的封建军事联合体的庞大帝国,开始了他戎马倥偬的政治生涯。

在塞利姆一世统治的八年中,由于奥斯曼帝国征服扩张的重点在东方,因而西方的基督教世界有一段相对比较平静的和平时期。塞利姆一世的逝世,其子苏莱曼的继位,标志着欧洲大陆休战的结束。在苏莱曼王朝漫长的统治时期,整个欧洲大陆自始至终弥漫着东征西伐的战火硝烟。在苏莱曼大帝的率领下,奥斯曼帝国的军队再一次转向西方的基督教世界,传统的信仰武士精神又恢复了。这时的西方基督教国家,则为了争权夺利,疯狂地相互残杀,从而使得奥斯曼人有机可乘,去开始搬动对西方领土扩张中的两道障碍,以解决先辈们感到棘手的两个目标:一个是贝尔格莱德,另一个是罗得岛。

贝尔格莱德这座城市位于欧洲中部的多瑙河畔,是奥斯曼帝国与中欧联系的重要交通枢纽。该城当时长期掌握在与奥斯曼帝国为敌的匈牙利人手中,直接威胁着帝国北部的边境,也妨碍帝国向中欧扩张。罗得岛距小亚细亚海岸仅6英里,地处从帝国首都伊斯坦布尔到开罗的地中海的航道上,是两地海上交通的必经之地。当时罗得岛上那些桀骜不驯的欧洲骑士们曾经不断地骚扰来往的船只,屠杀掳获奥斯曼帝国政府的商务人员,严重地阻挠着奥斯曼帝国与阿拉伯领土的密切联系。

1512年8月,伟大的苏莱曼在索菲亚动员了数万头骆驼和马匹,运载着大量的粮草和军械,亲自统帅10万大军浩浩荡荡向贝尔格莱德进发。经过三个星期猛烈炮火的围攻,终于占领了贝尔格莱德这座曾经长期抵挡奥斯曼人进攻的骄傲之城。在苏莱曼大帝下令屠城三天之后,把剩下

第一章　奥斯曼人的武力崛起

的塞尔维亚人全部迁往奥斯曼帝国的首都伊斯坦布尔去居住。第二年6月，苏莱曼又在小亚细亚集中了300多艘战舰和10万大兵，征讨位于地中海上的罗得岛。罗得岛是一个筑有坚固要塞的港口，虽然守卫该岛的封建骑士只有600多人，普通士兵也只不过6000多人，但战斗力非常强，并且拥有一支灵活机动、骁勇善战的海军舰队，以至于奥斯曼帝国的军队对该岛的围攻持续达半年之久，在损失了5万多名士兵以后，才于1522年的圣诞节前夕，迫使罗得岛上的欧洲圣约翰骑士团的骑士们放弃城堡，有条件地放下了武器投降。圣约翰骑士团获准率领所有的雇佣兵和想要离开的居民撤离该岛，而那些愿意留下来的居民，则必须享有奥斯曼帝国全部的公民权，并获准免税五年。现在，苏莱曼大帝胜利地完成了他的先辈们未竟的事业，从此他轰轰烈烈的对外征服运动再也无任何后顾之忧了，因为通向欧洲多瑙河上游的道路又豁然敞开了，于是雄心勃勃的他乘机发动了一系列对外征服战争。他首先率领奥斯曼帝国的大军攻入匈牙利平原，继而推进到了欧洲强国哈布斯堡王朝统治的奥地利领土上。

苏莱曼也像他那些威名远扬的先辈一样，也是一位野心勃勃、志向远大、骁勇善战的君主。在他统治时期，奥斯曼帝国在欧洲、亚洲和非洲的版图不断扩大，从而也造成了奥斯曼帝国与全力以赴要夺取世界霸权的哈布斯堡王朝陷入激烈的对抗之中。哈布斯堡王朝是当时欧洲最为强盛的帝国，除领有奥地利和匈牙利这两个王国之外，还先后继承了西班牙、尼德尔、那不勒斯、西西里等王国的宗主权。国王查理五世于1519年被遴选为德意志皇帝，他在位36年，是苏莱曼同时代中在欧洲最强劲的对手，也属一代英杰。1525年4月，由于弗朗西斯一世率领的军队在帕维亚败于哈布斯堡王朝，法国人遂寻求奥斯曼帝国的支持，以与哈布斯堡王朝相抗衡。法兰西与奥斯曼帝国的政治结盟成为当时欧洲大陆体系中的一部分，也是保持欧洲列强均势的一个重要因素。此后，在相当长的一段时间里，支持法国和新教徒，支持被西班牙驱逐的穆斯林和犹太人反对哈布斯堡王朝，就成为了苏莱曼为奥斯曼帝国制定的一种欧洲政策的基础。

1526年4月，在法国国王弗朗西斯一世的恳求下，苏莱曼率领着10万大军，携带着300门大炮，挥师北进，路经贝尔格莱德侵入匈牙利。促使苏莱曼不断向欧洲挺进的动机，不仅是为了满足帝国近卫军团和

封建骑兵四下征战劫掠财富的欲望，也不仅是由于同匈牙利人素有隔阂摩擦，而且还出于欧洲大陆政治的需要。虽然事实证明，法国有时是一个非常不可靠的同盟者，但奥斯曼帝国的不断西进，成了基督教新教获得承认和传播的重要因素，从而间接地推动了欧洲大陆宗教改革的进行。从1521年苏莱曼大帝占领贝尔格莱德到1526年再次出征，匈牙利本来可以有整整五年的备战时间，但由于封建领主的分裂和背叛，社会矛盾重重，再加上严重的自然灾害，匈牙利人一直未能进行认真的备战。直到1526年的8月中旬，当奥斯曼帝国的军队快要兵临城下时，年迈体弱的匈牙利国王路易二世，才勉强凑成了一支2.5万人左右的杂乱军队，在多瑙河右岸的莫哈奇小镇迎战奥斯曼帝国的军队。对敌情了解甚微、又自命不凡的路易二世不等援军到来，就贸然指挥军队向奥斯曼人发起了猛烈的进攻。结果在奥斯曼人优势兵力的打击下，土崩瓦解，精锐丧失殆尽。在向北溃逃的途中，年逾古稀、老态龙钟的路易二世不幸掉到了沼泽地里淹死。乘胜追击的奥斯曼帝国军队，在未经任何军事抵抗的情况下，就顺利占领了匈牙利的首都布达佩斯。苏莱曼在取得匈牙利新的统治者、特兰西瓦尼亚公爵约翰·扎波良承认奥斯曼帝国的宗主权和每年纳贡的许诺之后，才率领着奥斯曼帝国庞大的军队登上了回国的漫长征程，于1526年11月中旬回到了帝国首都伊斯坦布尔。

在对匈牙利的这次远征中，虽然奥斯曼帝国的军队打过数次令人欢欣鼓舞的战役，但最终只不过是一次大规模的袭击战，是一次帝国近卫军团和封建骑兵们聚敛更多财富的机会。奥斯曼帝国的将领们并没有获得采邑封地，奥斯曼帝国也没有足够的军力可以派到像布达佩斯那样遥远的城市去驻防，匈牙利一直处于一种混乱的政治真空状态，贵族们为争夺王位钩心斗角，相互厮杀。最终特兰西瓦尼亚公爵约翰·扎波良率领军队占领了首都布达佩斯，并在奥斯曼帝国的支持和授意下当上了匈牙利的国王。但是，奥地利大公，即哈布斯堡王朝国王查理五世的胞弟费迪南德公爵，在匈牙利西部地区贵族们的推举下，于1527年5月凭借着武力，打败了约翰·扎波良的军队，成为匈牙利的新国王。在极为沮丧和绝望中的约·扎波良派人前往奥斯曼帝国的首都伊斯坦布尔，强烈恳求苏莱曼派大军援助他，帮助他战胜哈布斯堡王朝觊觎匈牙利王位的竞争对手，从而使得奥斯曼帝国人卷入了匈牙利的王位争夺战，引发了奥斯曼帝国与哈布斯堡王朝的直接武装冲突。

1529年5月初，踌躇满志的苏莱曼大帝亲率帝国军队再次挥戈指向匈牙利，试图把奥地利人逐出匈牙利，以惩处哈布斯堡王朝的费迪南德大公。但连绵不断的倾盆大雨，阻碍了奥斯曼帝国军队的行军，为了加快行军的速度，苏莱曼大帝被迫在途中下令抛弃了许多辎重和大炮。直到9月行动迟缓的奥斯曼帝国军队才占领了匈牙利首都布达佩斯，再次把约翰·扎波良伯爵扶上王位。

随后，苏莱曼大帝又亲率奥斯曼帝国的20万大军，像一群蝗虫似的拥入奥地利，沿途烧杀抢掠，并于9月29日开始围攻奥地利的首都维也纳。双方之间的战斗异常激烈。坚守城池的奥地利守军在西班牙援军的配合下，顽强地固守城池达三周之久。虽然奥斯曼帝国军队的大炮严重地毁坏了维也纳城墙，剽悍骁勇的沙尼亚军团的步兵们挥舞着战刀也差不多就要冲进城内，但此时双方都已筋疲力尽，伤亡惨重，丧失了斗志。尤其是在奥地利人顽强地抵抗下，苏莱曼大帝攻占维也纳城池的信心开始动摇，因而下令让疲惫不堪、士气受挫的奥斯曼帝国军队于1529年10月15日全面撤退。

此时对于维也纳的守军来说，这里所发生的一切似乎就是一个奇迹，因为在奥斯曼帝国军队如此凶猛的进攻下，处于岌岌可危之中的维也纳一片诚惶诚恐，悲观气氛弥漫着整个军中。官无战心，士乏斗志的守军将士们马上就要准备向奥斯曼帝国的军队投降了。其实迫使苏莱曼大帝下令撤军的根本原因，一方面是被帝国近卫军团将士们的怨言所迫，因为无论是骁勇善战的近卫军团，还是勇猛无比的封建骑兵，都不愿意在中欧寒冷的冬季里作战，他们希望在寒冷的冬季来临以前返回到奥斯曼帝国首都伊斯坦布尔。另外一方面因为奥斯曼帝国军队的战线拉得过长，造成粮草和军械不济，再加上秋雨连绵等因素的掣肘，使得奥斯曼人长途行军异常艰难，几乎不可能去拖曳那些在攻陷贝尔格莱德过程中起到重要作用的重炮，所以在围攻维也纳城池的战斗中，根本就不能够充分发挥奥斯曼帝国军队所拥有的强大战斗力。

1532年4月，苏莱曼大帝再次御驾亲征奥地利，并发誓必要取维也纳而后快。哈布斯堡王朝闻讯起兵相迎，它的国王查理五世此次也亲任奥地利军队的总司令，决定孤注一掷，倾举国之力，严阵以待，与奥斯曼人决一死战。然而在详细了解敌情后的苏莱曼大帝却采取了瞒

天过海、声东击西的战术，率领帝国的军队，在一座名叫冈斯的小军事要塞前滞留了三个星期。当奥斯曼帝国的军队最终占领了冈斯要塞之后，苏莱曼大帝决定放弃原定进军围攻奥地利首都维也纳的计划，转向奥地利的另外一座重要城市斯底里亚，并在彻底摧毁了该城池之后，携带着大量的战利品班师回朝。哈布斯堡王朝的国王查理五世，似乎也放弃了与对手决一雌雄的念头，不去追击撤退中的奥斯曼帝国军队，尽力避免发生新的大战。因而在1537年6月，奥斯曼帝国与哈布斯堡王朝为了避免引发新的武装冲突，双方经过长期的艰苦谈判，最终签订了一项和平条约，规定匈牙利平原和特兰西瓦尼亚仍然藩属于奥斯曼帝国，而哈布斯堡王朝想要继续领有匈牙利西北部的那份疆土，就必须每年向奥斯曼帝国纳贡。

历史上，奥斯曼帝国同哈布斯堡王朝之间的交锋，并不限于多瑙河流域，双方从陆地打到了海上，海战遍及北非和地中海东岸。因为受到与法国结盟国家政策的支配，所以奥斯曼人的信仰武士精神，在北非和地中海东岸找到了对哈布斯堡王朝的用武之地。奥斯曼帝国的海军舰队司令，出身于希腊海盗的海雷丁·巴巴罗萨巩固了对阿尔及利亚的控制，并与哈布斯堡王朝争夺突尼斯。1538年7月，他率领奥斯曼帝国的海军舰队，在普雷维扎重创了奥斯曼人在地中海事务中的另外一个强劲对手威尼斯人。从此，奥斯曼帝国在地中海东部建立起了强大的海上霸权，成功地遏制住了由哈布斯堡王朝发起、并有威尼斯人参加的海上神圣同盟，控制范围由北非海岸一直延深到了突尼斯和阿尔及利亚。这一时期，苏莱曼大帝在陆上和海上均获得了辉煌的胜利，使得他成了当时整个世界最为伟大的伊斯兰君主。

苏莱曼大帝同哈布斯堡王朝之间的战争，还产生了一些别的作用，那就是重新挑起了奥斯曼帝国与波斯沙法王朝之间的敌对情绪，因为哈布斯堡王朝竭力敦促波斯人进攻奥斯曼帝国，以抵消法国与奥斯曼结盟的影响。苏莱曼大帝同波斯沙法王朝经过两次生死之战，并取得决定性胜利之后，在库尔德斯坦地区又赢得了一系列新的胜利。虽然苏莱曼大帝也像他父亲塞利姆一世一样，并没有能够占领波斯沙法维王朝的首都大不里士，但他把伊拉克从波斯人手中夺了过去，并纳入了奥斯曼帝国的版图。这样一来，苏莱曼帝国把古老的伊斯兰世界的又一伟大都城——巴格达——完全置于奥斯曼帝国的控制之下。虽说此时的巴格达破落不堪，昔日繁华的优美风姿已经荡然无存，但这一辉煌的胜利，还是令奥斯曼人激动不已。

苏莱曼大帝金戈铁马，戎马一生，不仅是一位卓越的军事家，而且在治理国家方面显示出非凡的才能。在他执政的46年间，尽管战事十分频繁，战争连绵不断，但他还是以极大的热情和旺盛的精力治理国家，把奥斯曼帝国推向了一个繁荣昌盛的极盛时期，充分显示了一代明君治国安邦的雄才大略。苏莱曼大帝在治理国家方面的建树十分丰富，尤其是极为重视依法治国，加强帝国的法制建设，因而被他的臣民称之为伟大的立法者。

在苏莱曼大帝统治时期，随着帝国的征服和扩张，版图不断扩大，使得奥斯曼帝国境内的种族成分不断增多，宗教信仰及派别日益复杂。在全国3000多万人口当中，竟有40%为非穆斯林。许多非穆斯林工商业者和其他有产者，虽然拥有公民权，但不受伊斯兰法的保护。他们的社会权利和财产经常受到一些穆斯林的侵占。这种社会矛盾，成为奥斯曼帝国发展商品经济的阻力，因为商品经济在客观上要求无限的私有制，要求有产者法律地位的平等和契约自由，所以奥斯曼帝国迫切需要出现调整和保护帝国境内一切有产者之间财产关系的统一法律。在这种情况下，为了建立一整套完善的司法制度，保护帝国境内所有臣民的生命、财产和宗教信仰，在16世纪20年代末到30年代初，苏莱曼大帝依靠奥斯曼帝国著名的法学家阿布·苏德等人，修订和整理了旧的法律，颁布和实施了一系列新的法律和法典。内容主要包括对帝国官吏的任免、承袭、俸禄、职级和礼仪等。其次还包括商业市场管理，禁止征收额外税，以及债权、债务等内容。在修改后的帝国有关民事刑事的法律条文中，还明确规定了对抢劫、杀人、通奸、酗酒的惩处，但不涉及家庭、婚姻，以及遗产继承关系。这些法律关系仍然由伊斯兰法来调整，或按属人主义的原则由非穆斯林原来适用的法律来调整。

在苏莱曼大帝亲自主持或授意下，由奥斯曼帝国一些著名的法学家和负责内政的大臣们所编纂的著名成文法典有：1530年由来自叙利亚的著名法学家易卜拉欣·哈莱等人所编纂的《群河总汇》；1532年由大维齐齐尔主持编纂的《埃及法典》；1566年由帝国大穆夫提艾布·苏尤等人编纂的《苏莱曼法典》。《群河总汇》这部法典是奥斯曼帝国历史上最大的一部法典。它对奥斯曼帝国的封建采邑制度和土

地税收等作了新的规定，为消除封建统治阶层的内部混乱和遏制贵族权力，重新确立帝国的分封制度，起到了积极的推动作用。例如，这部法典规定：总督和县知事等人无权私赐他人土地，只有素丹一人掌握有帝国采邑的授予权，所有的采邑主都必须到帝国政府那里领取批准证书。这部法典在19世纪奥斯曼帝国立宪革命前，一直是奥斯曼帝国法律的标准。

《埃及法典》是根据大维齐齐尔在埃及任总督期间所作出的法令和条例等内容整理汇编而成。其条款似乎相当于此时奥斯曼帝国的宪法。在所有的法典中，《苏莱曼法典》是最为完善、最符合奥斯曼帝国社会经济发展的需要和统治阶级的利益，它吸收了其他民族的规范，突破了属人主义的拘泥，实行了一种具有简易、灵活、不拘形式等优点的属地主义原则。其主要内容包括军事采邑制度、非穆斯林的社会地位、地方治安和刑法，以及土地法和战争法等。其中特别强调奥斯曼帝国的行政立法必须符合伊斯兰法，必须突出伊斯兰法执行官的地位和作用，规定各地区的伊斯兰法执行官为当地的最高司法长官，地方上的警官和市场检查员为其下属官员，但伊斯兰法执行官的司法权限必须根据素丹委任状中的规定行使。

《苏莱曼法典》根据属地主义的原则，最终划定了奥斯曼帝国境内的行政建制。根据这部法典，奥斯曼帝国共划分为21个省，这些省下又划分为250个区。为了适应社会经济的发展和广大臣民内部财产关系的变化，《苏莱曼法典》还把奥斯曼帝国境内的所有土地进行了分类。第一类为国有土地，素丹为最高所有者；第二类为宗教土地，主要归寺院和教会所有；第三类为私有土地，这部分土地在法律上可以自由买卖。不过在奥斯曼帝国境内的那些偏僻地区，仍然保留着氏族部落的公社土地所有制。《苏莱曼法典》对这部分土地的使用情况没有作出十分详细的规定。

苏莱曼大帝依法治国的方略，完善了奥斯曼帝国的行政建制和国家立法，提高了政权机构的效能，体现了一些社会"公平"和"正义"的原则，因而在一定程度上缓和了奥斯曼帝国境内的阶级矛盾、民族矛盾和宗教矛盾，促进了奥斯曼帝国社会经济的迅速发展与社会关系的巨大变化，使得奥斯曼帝国的法律制度在新的历史条件下焕发出新的生命力。总之，在苏莱曼大帝统治的46年中，尽管奥斯曼帝国

第一章 奥斯曼人的武力崛起

境内民众众多，宗教信仰复杂，又加上对外连年用兵，不断征战，但帝国境内各社会阶层的属民之间大体相安无事，社会秩序相对稳定，国家财政不断好转，广大民众的生活状态均有所改善。尤其是在苏莱曼大帝统治的46年中，奥斯曼帝国境内始终没有发生过较大的种族叛乱和民众起义，这不能不说是苏莱曼大帝依法治国的最大政绩。

苏莱曼大帝在位期间，还非常注重帝国内政方面的建设，在整顿吏制、治理腐败方面也颇有建树，为人所称道。苏莱曼大帝对帝国政府的官员稽核严格，奖罚分明，管理得当。凡是在战争中立有战功者，他都给予土地的封赐，凡是殃民违法者都加以严厉的制裁，虽功臣至戚不贷。如费拉德以其过人的才华深得苏莱曼大帝的宠信，将自己的女儿许配给他。但费拉德在担任总督期间，不能够秉公执法，对臣民们十分残酷尖刻，暴戾成性，并大量受贿聚敛钱财，有负苏莱曼大帝对他的信任和重托。为此，嫉恶如仇的苏莱曼大帝革去了他的总督职务。后经其妻和皇太后三番五次不断说情，苏莱曼大帝才又重新给他另外安排了一个职务。但是，费拉德复职以后，不思悔改，依然玩忽职守，滥用权力，贪污腐化，任性妄为，最后被苏莱曼大帝下令处以死刑。苏莱曼大帝在内政方面的整顿和改革，提高了奥斯曼帝国行政机构的办事效率和廉洁程度，促进了社会的稳定和经济的迅速发展。

苏莱曼大帝在治国方面的众多建树，还包括重视科学技术，提倡文学艺术，鼓励发展工商业，这些与他从小接受良好的教育，具有高尚的品德和修养是分不开的。苏莱曼大帝与他的许多先辈们一样，酷爱文学，对诗歌更是情有独钟，他除了对《古兰经》阿拉伯文书法具有浓厚的兴趣之外，特别擅长写作诗歌和散文，是一位非常有成就的诗人。他写诗的时候用的笔名是穆希比。苏莱曼大帝还有每天坚持写日记的习惯，其中最为主要的部分是关于战争的记述。那些根据他自己的亲身经历，以及对人物、事件的判断和评述，被后人编成《战争日录》。这部著作是以后人们认定他为"精明的战略家"的主要依据之一。

在苏莱曼大帝统治时期，奥斯曼帝国的建筑、诗歌、科学、艺术等都达到了很高的造诣，出现了像建筑师锡南、地理学家皮里·雷伊斯、诗人巴克等著名人物。苏莱曼大帝非常敬重和爱护这些帝国的著名学者，对他们的才华格外的青睐，并与他们交往频繁。特别值得一

提的是，为了弘扬伊斯兰教，展示奥斯曼帝国的强盛与他本人的丰功伟绩，他大力倡导在奥斯曼帝国境内修建清真寺、灵庙、陵寝、学校、公共浴池等建筑物。在奥斯曼帝国境内，特别是在帝国首都伊斯坦布尔的大多数伊斯兰教建筑物，都是从苏莱曼大帝的那个时代开始兴建的。1557年，奥斯曼帝国最为著名的建筑师锡南精心设计和建造的富丽堂皇的苏莱曼清真寺，其圆屋顶的高度比欧洲著名的查士丁尼大教堂的屋顶还要高16英尺，它的凹壁和后墙壁，都是用波斯式的瓷砖加以装饰的，气势宏大，富丽堂皇，光彩夺目，体现了宗教与建筑的完美结合，是苏莱曼大帝那个时代建筑艺术的结晶，即使是从现代人的角度来看，也是令人叹为观止的。

1564年7月，马克西米利安二世，在继承了他父亲费迪南公爵的匈牙利王位之后，拒绝再向奥斯曼帝国纳贡，并且还多次发兵进攻奥斯曼帝国的领土。1566年5月1日，已经垂暮之年的苏莱曼大帝亲自率领20万奥斯曼帝国的大军，从帝国首都伊斯坦布尔出发，进军匈牙利，这是苏莱曼大帝一生中的第7次远征。此时，老态龙钟的他已经不能够再骑马了，只能乘坐在一辆马车里行军。当奥斯曼帝国的军队在攻陷多瑙河河畔附近的锡格特，即将吞并匈牙利的前夕，9月5日一个漆黑的夜晚，苏莱曼大帝病逝于军帐大营之中，享年72岁。苏莱曼大帝逝世后，大维齐穆罕默德·索科利将死讯秘而不宣，整整保密了三个星期，在此期间，他派一个可靠的信使飞骑前往屈塔希亚，去迎接苏莱曼大帝的儿子塞利姆二世前来继位。

苏莱曼大帝一生共有八个儿子，但是只有一个寿命比他长。三个儿子在他继位的初期尚在幼童时期就已经夭折了。穆罕默德聪颖贤达，品行端正，是苏莱曼大帝最喜爱的一个儿子，对他寄托着无限的期望。然而不幸的是，从小体弱多病的穆罕默德因出麻疹，病死于1543年，年仅21岁。长子穆斯塔法，由于苏莱曼大帝的宠妃罗克塞拉娜为了使自己的儿子能够继承王位，对长子穆斯塔法施以奸计，而被苏莱曼大帝命人用绳索秘密勒死。而穆斯塔法的兄弟、驼背日汉吉尔，在听到兄长的死耗之后，在愤懑和绝望之中服毒自杀身亡。剩下的两个儿子塞利姆二世和巴耶济德都是苏莱曼大帝宠妃罗克塞拉娜的儿子。塞利姆二世是哥哥，此人既浪荡不羁，又阴险毒辣，喜欢搞阴谋诡计。为了争夺王位，狡诈成性的他又厚颜无耻地到处制造流言蜚语，设诡计加害弟弟，冷酷无情的苏莱曼大帝听信了谗言之后，下令处死了巴耶济德。这样，当苏莱曼大帝逝世的时候，他的儿子当中仅剩下了塞利姆二世，一个肥胖、放荡和淫逸之徒。

苏莱曼大帝的继承人塞利姆二世，长期耽于安乐，不思奋发，酗酒成性，根本不像一个伊斯兰教徒。国人都称他为"酒鬼素丹"，而西方人则干脆叫他"酒鬼塞利姆"。他从不领兵打仗，这与他的父亲、伟大的立法者苏莱曼大帝正好形成鲜明的对照。苏莱曼大帝到了70多岁的高龄还披挂上阵，而他也就是在那最后一次征战中溘然辞世，于是人们就常把1566年苏莱曼大帝的逝世，划定为奥斯曼帝国衰落的开端。

苏莱曼大帝一生中最大的错误和遗憾，或许是他冤杀了自己的大儿子穆斯塔法。穆斯塔法之死，对于苏莱曼大帝本人，对于他所发展的奥斯曼帝国的基业来说，都是一大悲剧。因为秉性刚直、孔武有力、思维敏捷、勤奋好学的穆斯塔法，在被他的父亲处死之前，已经充分显示出各个方面的治国才能，具备了继承帝业的优秀品质和条件。他与巴耶济德的死，为狡黠成性、居心叵测、不学无术、逸乐无度的"酒鬼塞利姆"登上奥斯曼帝国的素丹王位铺平了道路。到了晚年，面对孤寂的事态，苏莱曼大帝一人时常默默无语，感觉到这眼前的世界变得很茫然。尤其是他深知唯一的儿子塞利姆二世才疏学浅、醉生梦死、嗜酒如命，忧心忡忡，忐忑不安，一再规劝其改邪归正，循规蹈矩，但事实说明，这些努力都是徒劳无益的。任性妄为的塞利姆二世即位后的事实证明，他完全不胜任奥斯曼帝国素丹王位，有负于先祖创立的帝国江山，这也许就是对苏莱曼大帝冤杀长子穆斯塔法的报应。

到苏莱曼大帝去世时，奥斯曼帝国已经成为一个幅员辽阔、人口众多，在国际政治事务中具有举足轻重地位的庞大帝国，包括现在世界地图上全部或部分的匈牙利、南斯拉夫、阿尔巴尼亚、希腊、保加利亚、罗马尼亚、乌克兰、克里米亚、土耳其、伊朗、伊拉克、叙利亚、黎巴嫩、约旦、沙特阿拉伯、以色列、也门、埃及、利比亚、突尼斯、阿尔及利亚以及其他地区，当时人口的统计数字推测大约为3000万人左右。然而，声名显赫的立法者苏莱曼大帝之死，并未立即使奥斯曼人意识到，他们不只是失去了一位伟大的君主，因为在他的儿子塞利姆二世统治下，虽然奥斯曼人在陆地上对西方仍然保持着强大的军事压力，对地中海的威慑甚至还有所加强，但是到了16世纪末期，许多外国驻奥斯曼帝国的首都伊斯坦布尔具有观察力的大使们，以及一些机敏的帝国有识之士都已经看到，奥斯曼帝国的辉煌时代已经结束了。他们敏锐地意识到，欧洲西方的政治、经济以及科学技术的飞跃发展，使得他们变得相对强大了。而奥斯曼帝国却由于幅员辽阔，横跨欧亚非三大洲，人口众多，宗教、文化、民族等情况千差万别，再加上海岸线又特别长，因此，无论是在外御或内治方面，都已经遇到了异乎寻常的社会发展难题。特别是在国际社会随着奥斯曼人崇高地位的不断下降，以及帝国内部出现的许多不祥之兆，人们将这一切都归罪于奥斯曼帝国传统社会制度的腐败。

第二章 奥斯曼帝国的社会与制度

奥斯曼帝国的整体有一条维系其生存的重要因素,这就是它的伊斯兰传统制度和根据各种职能而精心制定的社会结构。奥斯曼人也正是凭借着伊斯兰传统制度和精心制定的社会结构,缔造和壮大了他们的帝国,并在以后的岁月里度过了各种内忧外患。因此,为了更加充分地理解奥斯曼人如何从一个边境的"加齐"国家,发展成为一个庞大的帝国,就有必要对它的伊斯兰传统制度和社会结构进行一番仔细的考察。

奥斯曼帝国的社会与制度,完全是以对外征服为其前提的,是为征服而组织起来的,对外征服的成果,更借助于一套军事与政治制度而得以巩固和发展。这套随着奥斯曼帝国疆域不断扩展而逐渐形成的军事与政治制度,在17世纪之前颇为行之有效,使奥斯曼帝国出现了相当繁荣稳定的社会和经济秩序,显示出自己独有的社会特征。这些特征决定了奥斯曼帝国的社会结构和历史发展方向。

第二章　奥斯曼帝国的社会与制度

一、帝国的政治体制

奥斯曼帝国是一个封建军事专制的、具有伊斯兰性质的君主神授国家。位居奥斯曼帝国顶端和社会各阶层最高峰的是素丹，素丹既是帝国的最高世俗统治者，也是帝国的最高宗教领袖，集帝国的政治、经济、军事、宗教大权于一身，自称是"真主在大地上的影子"，对臣民拥有绝对而无限制的权利。素丹的权威来自于他控制的军事力量，来自于他的臣民对他的尊敬与服从，来自于塞利姆一世征服埃及后素丹所占有的哈里发的法定地位，来自于具有悠久的加齐传统。作为奥斯曼帝国的元首、护教者和神法的执行者，帝国所有的军事力量都归素丹指挥，不论是近卫军团、封建骑兵，还是非正规的步兵和海军舰队，都要无条件地服从他的命令，素丹对他们操有生杀予夺大权，因而背叛和反抗素丹就意味着死亡。

在西方，素丹的政府被称为"最高波尔特"（指奥斯曼帝国政府），这大概是由于素丹的诏谕和决定，都主要是从帝国政府，即最高波尔特发表出来的缘故。素丹之下设有国务会议，由数名大臣、大法官和国务秘书组成。国务会议类似于近代的内阁会议，但也有些同最高法院相似的地方。事实上，它兼有奥斯曼帝国政府中这两个部门的职能，但却又有别于它们。大臣称为"维齐"，辅政的宰相称为"大维齐"，兼掌行政和军事，代表素丹处理帝

奥斯曼帝国著名的托普卡帕皇宫

· 93 ·

国的日常政务。早期的素丹们亲自主持国务会议，处理和决定帝国的大事。参加会议的大都是帝国的各部大臣，时间是每周的星期一、星期二、星期六和周日。星期五是伊斯兰教的聚礼日，也是穆斯林法定的公众集会礼拜的日子。从穆罕默德二世晚期开始，历届素丹不再过问那些繁重的日常政务和亲自主持国务会议，而由大维齐代行主持和处理日常政务，素丹只要求国务会议每周向他呈交一份内容详尽的工作报告。国务会议通常都是在内宫会议厅举行的。素丹在内宫会议厅的墙壁上开了一个小格子窗户，通过这扇小格子窗户，可以监听到大臣们的讨论，必要时出来进行干涉。然而，后来随着素丹大权的逐渐旁落，到了17世纪下半叶，大维齐的许多工作都是在他自己的官邸召开的国务会议中决定的。

在大维齐的主持下，参加帝国国务会议的人员逐渐扩大，除了大臣、大法官和国务秘书之外，还包括最高行政长官和军事长官，以及一些负有行政和执行责任的官吏，如财务长官与他的两名助手。其他参加帝国国务会议的人员，还包括核对政府文件并在文件上加盖素丹印章、以证明文件完全符合国家规定和宗教法的官员。伊斯兰教虽然为奥斯曼帝国的国教，但伊斯兰教长老在国务会议中并无席位和发言权，只是在一些特殊的情况下，才应邀参加帝国的国务会议。这种国家的政权结构，反映出奥斯曼帝国的管理分为军事（包括政府管理）、司法、财务三大部分。在国务会议中讨论的一切事务最后由大维齐决定，然后呈报素丹，取得素丹对一切决定的最终同意。大维齐权力的标志，是素丹赐予他的官印，免去其职务的标志也是收回其官印。

奥斯曼帝国的国务会议下设有一整套精心完善的庞大官僚机构，既可以兼并新征服的领土，又能够把它们相当牢固地粘合在一起；既可以有效地管理治安、税收，又能够维持一支有强大战斗力的军队。16世纪以后，奥斯曼帝国的中央官僚机构主要由两部分组成，即帝国国务会议下所设立的管理行政的各局和管理财务的各局，协助贯彻执行决议和保存国家档案。

国务会议下属的另外两个局是管人事的，主要负责保管大臣、法官，以及诸如省督和县长等地方官员的档案，掌管着帝国政府的军事、行政和宗教事务三方面职务的全部任命。国务秘书是帝国中央行政机关的长官，在17世纪末、18世纪初，随着西方国家殖民化的历史进程，国

务秘书负责的主要事务，逐渐地演变成为了如何处理奥斯曼帝国与西方国家的相互关系。因此，从19世纪开始，奥斯曼帝国国务秘书的办公地点改为了外交部。

奥斯曼帝国中央统治机构下的最高地方行政机构是省，是奥斯曼帝国军事和行政的基本单位。一个省由数个桑贾克（县）组成，一个桑贾克由数个村庄组成。省设有省督，一律由素丹亲自委派。省督有着大臣的地位和帕夏的官衔，是素丹派驻各省的首席长官。他既是一省的最高行政长官，又是最高的军事长官，他通过完全效仿中央行政机构的省政务会议，对省内各县加以控制，战时指挥军队打仗，平时则负责社会治安。此外，省督在司库、秘书和私人助理的协助下，处理"蒂玛"持有者的分派和提升，处理涉及帝国军人集团成员的诉讼案件，及时地把以国库名义征收的税款上缴中央政府，并坚决执行素丹所颁布的一切行政命令。奥斯曼帝国最基层的地方行政单位是桑贾克，由桑贾克贝伊（县长）管理。他既是一县的行政长官又是军事长官，由副官们辅佐，为了发挥更大的行政管理效率，一般他们都居住在县的重要市镇里。穆拉德一世在位的时候，为了使奥斯曼人具有更大的凝聚力，以便于在巴尔干地区的进一步扩张，他在鲁米利亚任命了第一位省督，此后，鲁米利亚成为奥斯曼帝国行政管理效率最高、社会秩序最稳定、经济发展最繁荣的地区之一。

在以前，安纳托利亚的行政事务一直由素丹亲自来管理。从1393年以后，由于巴耶济德一世开始更专心致志于对巴尔干地区的疆土扩张，所以他认为需要有一个人在安纳托利亚代替他行使权力，于是便在安纳托利亚的西部组建了帝国的第二个省。15世纪初，随着奥斯曼帝国的对外扩张不断向东发展，帝国中央政府在安纳托利亚中部又组建了另一

珍藏在土耳其国家博物馆内反映奥斯曼帝国时期生活的画卷

个省。因此，随着奥斯曼帝国版图的不断扩大，到了1609年，奥斯曼帝国已经有了32个省。

随着奥斯曼帝国疆域的不断扩大，中央政府机构变得相当庞杂。大量的日常事务一般都是由录事，即记事官来办理的，这些记事官在总体上构成了一个不妨称之为笔吏的官僚集团，包括从事笔头记录的各种各样的书记官。在这些书记官当中，最为重要的是财务书记官，他们受首席财务书记官的领导。在奥斯曼帝国的早期，首席财务书记官是最有声望、权势显赫的政府官员之一。因为帝国政府可算是一个典型的征税行政机构，帝国各级政府的职能，除了打仗之外，就首推征税的事情最为重要。按照奥斯曼帝国的传统看法，权力离不开军队，军队离不开税收，离开了税收，奥斯曼帝国的整个社会秩序和经济生活将会陷入一片混乱，遭受到严重的破坏。因此，除了保卫帝国安全的军队之外，负责税务的行政官员就组成了奥斯曼帝国各级政府体制中的一个不可分割的重要部分。在奥斯曼帝国，非穆斯林缴纳的人头税、关税、帝国田产的收益、矿山的收益、附属国的贡金，以及其他各项财政收入，都得仔细地进行记录，随时登记入册。另外，为了不断扩大税源，增加政府的财政收入，帝国各级政府还要不时巧立些新的名目，征收新的税款，这样一来，就得不断设立新的办公机构，不断增加新的财务书记官，从而保障登录各项税收来源顺利完成，这也是奥斯曼帝国的官僚机构为什么不断膨胀、臃肿的根本原因之一。根据奥斯曼帝国的有关规定，一般对记事官的任命有着严格的要求，规定任职者必须是穆斯林出身，属于精通伊斯兰神学和法律的乌里玛阶层。

严格地讲，奥斯曼帝国的司法制度沿袭和继承了阿拉伯帝国的法律制度，主要由四种不同的法体或法源组成。首先，居于其他三种之上的是伊斯兰法。伊斯兰法也称为"沙里阿法"。"沙里阿"在阿拉伯语中的原义是"通向水源之路"，意思即"生命的源泉"。伊斯兰法是有关伊斯兰宗教、政治、社会、家庭和个人生活准则的总称。内容包括信仰、道德、崇拜仪式、民事和刑事，其目的在于使伊斯兰宗教信仰、礼仪同民法、刑法等相结合，成为伊斯兰教信徒的宗教职责。与一般意义上的法有所不同，伊斯兰法是一种宗教法，它对非穆斯林不具有约束力。占第二位的是卡农，即素丹颁布的所有敕令，它们之中有些是行政性质的，有些则是对伊斯兰法的补充。卡农可以被修改或废止，但伊

斯兰法则是神圣不可侵犯的。对于奥斯曼帝国的司法制度而言,法律不论是根据伊斯兰法或是根据卡农形成的,均被认为是出自真主或素丹的最高权威和意志,它们绝不被认为是根据民众的意愿而产生的。最后两种是阿德特和乌尔夫。阿德特是奥斯曼人和被他们所征服的各民族所遵守的习惯法。按照阿德特的适用原则,被征服的各民族成员,不论居住在什么地方,一律适用本民族的法律,而外族人即使长期居住在此地,也不受这个地方主要民族的法律保护。乌尔夫则是在位素丹的权威和意志,它可以违反阿德特。此外,卡农可以改变阿德特和乌尔夫,并可以废止或修改过去的旧卡农。

奥斯曼帝国的宫廷机构非常庞大,包括后宫、内廷、外廷三部分组成。后宫中有素丹的妻妾、侍女和正在受训练的宫女。宫女们一般到25岁时就被素丹赐配给了朝廷的官吏。后宫中最尊贵者是素丹的母亲,其次是素丹长子的母亲,再下面是素丹其他儿子们的母亲。后宫大约有200多人,由40个黑衣太监护卫。内廷由负责料理素丹私人事务的官吏们所组成。内廷分为五部,或称五厅:内厅(寝宫)、财政厅、督察厅、大厅、小厅。大厅与小厅是宫内学堂的两个部分。每个厅的主管都是白衣太监,各厅的成员都被称为侍从,主要来源于宫内学堂的学生,为素丹管理宫廷的日常事务。他们一旦被提升到内廷以外的职位,就不再回来,并对内廷的生活始终守口如瓶。总揽内廷日常事务的长官是一个年长的白衣太监,称为宫门提督。他还兼任宫内司礼大臣、宫内学堂总监和素丹的纪要总管。外廷包括素丹左右的学者、膳食人员、私人侍卫、王宫护卫、园艺人员、营帐人员、负责狩猎的官员、管理御马厩的人员和负责供给的官员。这些人的才干和声望是大有差别的。素丹左右的学者是穆斯林机构的成员,他们包括素丹的宗教顾问、宣讲师、吟诗者、读经者、占星家以及内、外科医生。私人侍卫是从高级官员的儿子、供职内廷的宫内学堂毕业生中的优秀分子以及近卫军团老战士中抽调出来的,人数总共为400人。许多王宫护卫都是高级官员,经常担任帝国的钦差和行刑官。其他人员或者是在御花园中服务,或者在博斯普鲁斯海峡中为素丹出游时划艇。凡是指定将来要当帝国近卫军团士兵的少年,则常在外廷工作中作助手。

这里应当特别提到的是,奥斯曼人为了维持日益庞大的帝国统治,他们不断地从占领的各民族中征集选拔优秀人才,经过教育培养补充到统治集团中去。这是一项具有政治远见的治国战略措施。例如，素丹穆罕默德二世即位后，就在帝国首都伊斯坦布尔创立了宫内学堂，从战俘、奴隶、基督教徒的青少年中间仔细选拔那些有培养前途的人，将他们与自己的儿子们一起送进宫内学堂，进行专门的训练。不仅教育他们忠于素丹，树立为素丹而战、荣立战功的理想，还为他们开设语言、文学、音乐、体育、数学、法律、哲学、军事学、行政管理、税务、财政等课程，使他们熟悉和掌握治国的本领。经过10～12年的精心培养，等到他们学业期完全结束以后，素丹量才委以他们帝国政府各部门的工作。这项制度在奥斯曼帝国几乎延续了400年之久，造就出了大批的优秀人才，为奥斯曼帝国的巩固和发展起到了积极的作用。

根据有关的资料记载，奥斯曼帝国早期素丹们的生活都比较简朴，官员们也都比较廉洁勤政，人们一般很难通过服饰去分辨出来素丹和他的随从们。奥斯曼帝国举行仪典中豪华场面是从穆拉德二世的宫廷中开始出现的，到了穆罕默德二世时期此风更盛。穆罕默德二世征服君士坦丁堡之后，在他的侍卫中设置了一个百人戟兵卫队，其武器、服饰和队形完全仿照拜占庭帝国皇帝的侍卫。到16世纪中叶以后，奥斯曼帝国朝廷中各厅的礼仪和职责，由于分工越来越精细，越来越严格，因而奥斯曼帝国不得不制定出一部礼典。各中央行政部门在办理日常事务中，不仅圆满地完成任务是非常重要的，严格遵守各种礼仪细则和手续也同样是非常重要的，使奥斯曼帝国政府的行政机关完全官僚化了。

此外，奥斯曼帝国也是一个具有伊斯兰性质、政教合一的君主神权国家，伊斯兰教在帝国的政治生活中具有重要的作用。因此，在国家政权机构中，同行政机构平行的是伊斯兰教机构。伊斯兰教机构也是奥斯曼帝国社会统治的一个重要的组成部分。身居帝国最高统治地位的素丹，把这两个机构统一掌握在自己的手中，为自己的统治服务。虽然伊斯兰教与行政机构在政法、经济等方面，似乎两个机构的每一级都彼此有着广泛的接触，但从职责上来讲，伊斯兰教机构主要负责奥斯曼帝国的宗教、教育和法律三个部分。

在奥斯曼人的统治下，伊斯兰教史上逐渐形成了一个被称之为乌里玛的教权阶层。他们的首要职责就是高举伊斯兰教的法规，维持奥斯曼帝国的社会秩序。因此，乌里玛教权阶层是奥斯曼帝国社会机构中的一支重要政治力量，奥斯曼帝国社会生活的任何变革不可能不受到他们的影响。乌里玛阶层的成员都是些严格受过穆斯林神学和法律训练、学问渊博的有识之士。虽然在奥斯曼帝国，乌里玛阶层被人们称作"僧侣团体"，但实际上它并非是授命履行圣职，充当人与真主之间媒介的教士团体。乌里玛阶层的成员，除了担任奥斯曼帝国的各种宗教官职以外，往往也担任慈善基金组织的主管人员。在奥斯曼帝国，这类组织机构为数甚多，它们出钱资助学校、医院、清真寺、济穷院、施粥站，甚至有时还出钱修建道路和桥梁，在提供公共社会福利方面，承担着政府的许多职能。乌里玛阶层的成员负责主管慈善基金组织的主要用意，在于确保该组织产生的收益，在施主死后能继续归其家族或后嗣享用，避免帝国政府根据继承法将其财产没收或分散。然而，用慈善基金组织这种方式保留的大宗财产，游离于奥斯曼帝国正常的税制之外，所以既不受帝国政府的控制，也不属于社会不动产的正常处置范围，为日后奥斯曼帝国引发出诸多的重大社会问题，最终导致其由盛变衰埋下了伏笔，成为主要的社会因素之一。

在奥斯曼帝国除了以乌里玛阶层为代表的官方正统的伊斯兰教派之外，还有另外一种更受广大民众欢迎的、早在草原游牧年代就在突厥民族中盛行的伊斯兰教异端。这种非官方正统的伊斯兰教派，融合了什叶派教徒、神秘主义者、民间宗教信徒，甚至在某种情况下还吸收了基督教徒的信仰和理念，其中最有代表性的是托钵僧修道会。托钵僧修道会的大部分成员是来自民间的俗人修道士，他们整天在寺院内潜心修行，参加各种宗教仪式，因为他们觉得这些宗教仪式能够使他们同真主融为一体，或者说，能够使他们同真主产生更多的情感交流。而那种拘泥于形式、礼仪刻板的正统伊斯兰教，就不可能让他们有这种感觉。在奥斯曼帝国，有些托钵僧修道会的政治主张比较温和，接近正统，而有些则带有浓厚的异端色彩。前者以梅莱维弗托钵僧修道会为代表，后者以贝克塔什托钵僧修道会为代表。贝克塔什托钵僧修道会大概始建于15世纪初叶，由于它同帝国近卫军团关系密切，所以对其影响甚大，政治信仰的传播范围也比较广，尤其在巴尔干地区。贝克塔什托钵僧修道会在抵制波斯文化对奥斯曼帝国的强大影响，保护和发扬突厥文化与语言方面，起到了决定性的作用，做出了积极贡献。

奥斯曼帝国的伊斯兰教机构，一般下设"学者会议"和"教律裁判委员会"等附属机构，这些机构由伊斯兰教长老、法官以及从事教法和

教理研究的学者们组成,负责司法和教律的裁决,监督和履行宗教仪式的完成,管理清真寺、宗教基金和社会福利事业,管理各级教育。"学者会议"除了负责为帝国各级政府官员解释伊斯兰教法之外,还为中央行政机关的重要官员和地方首席行政长官选配法官和神职人员。在奥斯曼帝国早期的对外扩张活动中,伊斯兰教机构中的成员们要经常随军出征,一方面宣扬伊斯兰教圣战,另一方面作战前动员和组织新征服地区的宗教活动。

伊斯兰教机构中的最高职务是伊斯兰教教长,一般由素丹在乌里玛阶层中亲自选拔和任命那些德高望众、出身显赫的人担当,以后随着社会变化的需要,又改为从著名的司法人员中挑选。伊斯兰教教长的地位与大维齐相等,素丹和大维齐在处理国家重大社会问题上,都要首先征求伊斯兰教教长的意见,并且在一般情况下,帝国的教令都是在素丹的要求下,由伊斯兰教教长发出。但在特殊的情况下,伊斯兰教教长可以发布罢免素丹的教令,但这都是在帝国王室成员中的素丹王位竞争者与军政要员的要挟下发布的。根据有关的规定,奥斯曼帝国的各种法律草案在颁布之前,都应先呈报伊斯兰教教长审核,看它是否完全符合伊斯兰教法,并终审法官判决的死刑案件。此外,伊斯兰教教长还有权就国家的重大决策问题发布政令,如动员广大民众与军队协同作战,允许素丹放弃帝国的某一地域,允许素丹同他国签订协议或废止协议等。

伊斯兰教机构主要从宗教的地产中获得财政收入。在奥斯曼帝国,大约三分之一的土地被划出用以资助各项宗教活动,这些土地被称为"瓦克夫",是素丹和一些私人的布施。瓦克夫的收益除用以维持伊斯兰教机构的日常开支外,也用于建造清真寺、图书馆、学校、医院、公共浴室和其他宗教建筑。在伊斯兰教机构中担任职务的成员,帝国政府规定可以免征捐税,并且严格规定,在任何情况下,他们的财产不得交公。由于伊斯兰教机构中的许多成员享有许多经济利益上的优惠,因而在奥斯曼帝国的社会中逐渐又形成了一个特权阶层。

伊斯兰教机构对帝国教育的管理,主要是通过清真寺来进行的。因为在奥斯曼帝国时期,每一所清真寺都有一个初等学校,学生们在那里学习读书、写字、阿拉伯语和《古兰经》。具有相当规模的清真寺则设有高等学校,教授文法、逻辑学、哲学、修辞学、几何学、天文学、法

律和神学。这些学校不但传授神学和法律，而且同时也传授一些人文科学和自然科学的基本知识。在高等学校学习的学生，按照有关规定，可以从宗教捐助基金中取得部分津贴，而那些攻读法律的学生则可以获得全部津贴。那些在高等学校学习期满毕业的人都属于乌里玛阶层，他们毕业时接受一种叫做丹尼舍孟德（候补法官）的学位，并取得在小学教书的资格，有些人经过进一步的学习深造后，便可以在高等学校做教授，或者成为正式法官。初等学校毕业的学生一般都担任宣教师、苦修士等圣职。据有关史料的记载，在素丹穆拉德二世统治时期，共有两万多名学生在全国各地的清真寺学习规定的各种课程，到苏莱曼大帝统治时期，学生人数已经达到了四万多人，这些穆斯林学校为奥斯曼帝国的社会发展培养了大量的人才。

在奥斯曼帝国的社会统治中，法官的作用是非常大的，他们统称为"迪卡"（阿拉伯语的音译，原意为教法执行官），尊称为"毛拉"（阿拉伯语的音译，原意为先生、主人）。帝国的法律顾问称为"穆夫提"，专司解释伊斯兰教法典。奥斯曼帝国对法官的任职、晋升、调动、留任都有严格的要求和管理制度，规定法官一律必须由乌里玛来担任，按照官方信仰的哈乃斐派教法，负责审理一切刑事与民事案件，而判决书则由民政部门来执行。按照有关规定，在奥斯曼帝国首都的大法官或总法官是帝国的最高司法长官，他的基本职责是管理和指导帝国各地的司法工作，并且负责选拔各级法官和监督他们的日常工作。帝国各地的法官，按照有关的规定，必须由哈乃斐派的法官担任首席法官，全面负责和监督地方上的司法工作。

在素丹塞利姆一世统治时期，由于帝国的疆域越来越大，因而他下令设立了三名大法官，称为"卡迪亚斯克尔"，分管欧、亚、非三大洲的司法事务。这三名大法官，一般都由奥斯曼帝国的王室成员来担任，权力和地位仅次于帝国京城的大法官。在奥斯曼帝国中等城市和小城镇的法官，属于一般法官或代理法官，乡村法官称之为"内布"，是帝国法官阶层中最低的一级。穆夫提的地位仅次于一般法官，他们在一些主要城镇终身负责教律裁判工作，对帝国的法律问题进行研究并发表意见，协助法官处理日常工作。穆夫提中也有一部分人协助各级地方政府工作，相当于宗教顾问。在一般情况下，法官或政府官员很少要求他们做教律裁判工作，因而他们的职业范围很有限。不过法官有时也要求他

们对法庭上出现的有关问题发表个人意见,他们的意见也时常成为支持法官个人观点和相关意见的有力凭据。

二、帝国的军事建制

奥斯曼帝国在14世纪迅速崛起,成为横跨欧、亚、非三大洲的庞大帝国,除了与它的社会制度等因素有关系之外,也与它那完善的军事建制和拥有一支骁勇善战、所向披靡的军队是分不开的。在奥斯曼帝国的政治生活中,军队和军队的组织,以及军队的招募是帝国的头等重要的大事。在奥斯曼帝国初期,军队组成的惯例是,传令兵到各村庄宣布:任何愿意作战的人应该自带武器在规定的时间和指定的地点集合。在奥尔汗统治时期,在与拜占庭帝国军队的交战中受到启发,奥尔汗将有作战经验和能力的奥斯曼人组成了一支步兵部队,按十人、百人和千人为单位编排,每个单位编排设置一个负责指挥的军官,他们大部分人出身于奥斯曼统治者的直系亲属和近臣,执掌着军队的大权。此后,为组建一支骁勇善战、所向披靡的职业化军队,奥尔汗把战利品的五分之一收归国库,作为军饷,组建了一支完全由基督教奴隶和战俘组成的步兵部队,成为加尼沙里军团,欧洲人则称之为近卫军团。由于加尼沙里军团的成员个个凶猛彪悍,训练有素,特别是对素丹忠心耿耿,其战斗力威慑欧洲各国骑士,所向披靡的战斗精神经久不衰,是奥斯曼帝国军队中的主力,在奥斯曼帝国的对外扩张中发挥着重要的作用,在国家的政治生活中占有特殊的地位。

组成奥斯曼帝国骁勇善战、所向披靡的加尼沙里军团的成员,在历史上主要有两个来源,一个最重要的来源是在战争中被俘获的大量基督教青少年,他们大部分是希腊人、塞尔维亚人和保加利亚人,在社会上、种族上或文化上同那些自愿成为加齐和奥斯曼人的自由背叛者,几乎没有什么差异。在伊斯兰国家有一个传统,那就是统治者作为国家的化身,通常接受所掠劫战利品的五分之一。由于长久以来,战俘就是打

胜仗时的宝贵奖赏，又由于他们的命运永恒不变，那就是终生为奴，所以在奥斯曼帝国的早期，拥有大量战俘奴隶的素丹们，竟不知道应该怎样安排战俘奴隶们，让他们为他更好地服务。加之周围地区的战俘奴隶市场生意又很萧条，因而当时解决此问题的唯一最好的办法，就是把奴隶们变成为士兵，去替主子打仗，掠劫财富进行扩张，或者用战俘奴隶来做保镖，也是奥斯曼帝国早期的一个重要传统。当时位于东方统治埃及的马木留克王朝的军队，就完全是由战俘奴隶组成的。这种制度被称之为"古兰制度"。"古兰制度"是指经过精心训练而在统治者的宫廷和国家机构中服务的奴隶。"古兰"为穆斯林的统治者忠心耿耿地服务，在伊斯兰教的历史发展中是一个重要的传统，占有重要的地位。正像奥斯曼帝国的其他许多政治制度一样，"古兰制度"是奥斯曼人从阿拉伯帝国和突厥塞尔柱人那里学习和继承而来的一种惯例，经过奥斯曼人的不断发展，最终成为了奥斯曼帝国最具有自己特征的社会制度。虽然奥斯曼人学习和继承了阿拉伯帝国和突厥塞尔柱人的"古兰"惯例，但是有系统地训练和使用战俘奴隶，则与奥斯曼帝国近卫军团的建立与发展，以及征召基督教青少年入伍的制度有关。

奥斯曼帝国近卫军团的军饷很低，他们只能靠英勇作战，多打胜仗，从战利品中得到丰厚的报酬。根据奥斯曼帝国的有关规定，近卫军团的成员在服役期间不准结婚，他们在军营里过着集体生活，装束也都一样，每日进行操练。他们中的大多数人为步兵，只有少数人为骑兵，其余的是享有特殊荣誉的用左手执掌武器的卫兵。在奥尔汗统治时期，奥斯曼帝国的近卫军团只有2400人；在征服者穆罕默德二世统治的末期，近卫军团已有6000多人；到了苏莱曼大帝统治初期，近卫军团有将近8000人，而在1566年他去世时已达到1.2万多人。在奥斯曼帝国的历史上，近卫军团人数最多时达到3.7万多人。他们舍命而战的斗志使得对手们胆颤心惊，望风溃逃。起初，当对外征服扩张能够为军队提供足够的战俘时，帝国近卫军团的主要来源是基督教青少年战俘。尔后，当不能够为对外征服扩张的帝国军队提供足够的战俘时，就逐渐地形成了一套从基督教臣民的男孩中募集兵丁的制度。这种做法据有关史料考证，大概可能始于穆拉德一世统治时期，到了穆拉德二世统治年间，从基督教臣民的男孩子中定期征兵，也就是名为"德米舍梅"（征募）的征兵制，似乎已经趋于制度化了，是奥斯曼

人对传统的"古兰制度"的改革。

从基督教臣民的男孩子中定期征兵,纯粹是根据素丹的权力,把它当做一种特种税,与宗教法无关。征集的时间和规模,则一般根据帝国政府的需要而定。如果在几次重大战役期间人员损失过多,那么征兵的规模就较大,间隔时间也较短。此外,作为一种特殊的征税方式,它是以全村庄或特为征收这种税而划定的"特种税区"的若干村为对象,而不以每户为单位,这种做法往往能够使负担比较平均。应征的基督教青少年数目,一般是平均每40户征一名。为了征召到能够吃苦耐劳和易于训练的人,奥斯曼帝国只征收大约8岁到18岁之间的未婚基督教青少年。17世纪的时候,帝国政府把征收的年龄界限上升到了15岁至20岁。起初,帝国政府只征收巴尔干地区的基督教青少年,但到了16世纪,也开始征召安纳托利亚的基督教青少年。不过根据帝国政府的规定,有些基督教青少年免征,如独子、从事经营重要行业的青少年、孤儿,以及众所周知的行为不端的人。

到了16世纪时,每当帝国政府决定从基督教家庭中征募一批十几岁或年纪更小的男孩时,近卫军团的军官们便携带素丹的授权令,奔赴开展征兵工作的地区。他们一般在大市镇驻扎,派传令兵到各村庄通知地方官和法官。基督教家庭的家长们奉命带领他们的儿子前来应征,牧师带着洗礼记录随同他们到场。于是,帝国近卫军团的军官们就开始对基督教青少年进行审查,每个应征的基督教青少年的姓名、年龄、家庭出身、住地,以及相貌都得被登记在册,一式两份。选中的基督教青少年被集中起来,编成100~150人的队伍,穿着整齐统一的制服,由近卫军团的士兵护送到帝国首都伊斯坦布尔。护送者有一本登记册,另一本则保存在征兵的近卫军团军官那里。当所有的基督教青少年到齐后,把两本登记册拿到帝国首都伊斯坦布尔核对,保证途中没有出现人员被顶替的情况。因为不可避免地有些被征募到军队行列里的基督教青少年试图逃跑,他们的家庭也竭力反对子女被帝国政府征募,有时候甚至发展到了公然对抗的程度。但是,对于那些接受宫廷训练后的基督教青少年来说,大好机遇、锦绣前程就展现在他们的面前,而奥斯曼帝国的社会菁华和栋梁,也正是因为他们才不断被注入新鲜血液的。所以,此后当这种征兵制度有利可图时,又有一些基督教家庭的家长们,千方百计地想用钱把他们的儿子安插到帝国近卫军团中去。

第二章　奥斯曼帝国的社会与制度

在奥斯曼帝国的首都伊斯坦布尔，那些被征募来的基督教青少年不久即改宗伊斯兰教，并接受割礼，然后通过一系列的考试来测定他们的智商。相貌和才智在考试筛选过程中十分重要。大致经过十里挑一的筛选，那些考试合格、身材体格完全符合标准的基督教青少年，立即被送往宫廷中接受训练，这种训练既是体力的，也是智力的。这些被选中入宫学习的基督教青少年，将要接受奥斯曼帝国最好的教育，并且一旦学习训练完毕，他们将准备接受奥斯曼帝国政府中最为重要的职位。那些绝大多数未被选入宫廷中接受训练的基督教青少年，将被安纳托利亚地区的奥斯曼农民雇佣，以便在那里学习突厥语和熟悉伊斯兰教的信仰。他们学习和进步的情况，有人定期进行严格检查，当他们已经学成或帝国需要的时候，他们就被召回帝国首都伊斯坦布尔加入近卫军团，构成了奥斯曼帝国军队的骨干。由于他们组成的作战部队战斗力很强，在战斗中常常是被用作后备军，不到关键时刻决不轻易上阵，平时在帝国首都主要担负保安、警务和消防等任务。

奥斯曼帝国的近卫军团与伊斯兰教的苏菲神秘主义主要教派有着非常密切的关系。苏菲神秘主义教派产生于13世纪，到15世纪时得到了很大的发展，16～18世纪时，苏菲神秘主义教派在奥斯曼帝国的境内表现得相当活跃，它的贝克塔什教团对奥斯曼帝国的政治

土耳其著名的伊沙克帕夏宫殿

生活影响最大，道堂遍布帝国各地。据有关史料记载，在奥斯曼帝国的早期，奥尔汗在制定征募基督教青少年组建近卫军团的计划时，得到了贝克塔什教团长老哈吉·贝克塔什的赞同。这位长老用他的衣袖遮盖在附近卫军团士兵的头上，并向第一批近卫军团的将领们祝福。近卫军团士兵头上戴的白羊帽后垂筒形的长布，就代表了贝克塔什教团长老的祝福。近卫军团自称是"贝克塔什的士兵"和"贝克塔什的子孙"，视苏菲神秘主义教派的长老为伊玛目，并宣誓尊敬服从他。在帝国政府组织的军队仪仗队中，有时苏菲神秘主义教派的长老还在近卫军团的军营中做礼拜、念经，为近卫军团祈祷。

然而，近卫军团的影响与作用，使得他们成为奥斯曼帝国政坛上一支不可忽视的政治力量，他们经常左右帝国政策的贯彻执行，后来甚至发展到了公然违抗素丹的命令、不时提出一些蛮横无理的要求，发展到了目无法纪的地步。帝国素丹的废立完全由他们来决定，大维齐也常在他们的命令下被斩首。特别是在近代，为了维护千古一揆的制度，保留原有的地位和特权，他们竭力反对奥斯曼帝国的社会变革，不思进取，终于堕落成阻碍奥斯曼帝国社会变革和进步的反动势力，遭到素丹马赫默德二世的残酷镇压。实际上，早在15世纪中叶，奥斯曼帝国政府就平息过一场任性妄为的近卫军团的叛乱，但从穆罕默德二世开始，由于宫廷政治斗争的需要，每一位素丹登基时都笼络和安抚近卫军团。这种怀柔政策的实行，使得近卫军团以后在政坛上更加自命不凡、不可一世，成了一群左右帝国政坛的骄兵悍将。

在征募的基督教青少年中，素丹也选取一些优秀人才，让他们在各类宫廷学校内太监的监督下分组接受严格的培训。其中学习优秀者让其在帝国宫廷中担任侍从官，在所谓的"内廷服役"中继续接受教育。他们训练的第一期大约为两年到八年时间不等，在这一阶段的训练结束时，他们要接受全面的综合考察。其中成绩最优秀的人，要留在帝国首都伊斯坦布尔素丹居住的托卡皮宫接受进一步的严格训练，而那些成绩不太理想，不够资格提升的人，通常被派往由素丹发给薪饷的王室骑兵部队里，担任重要的职务。这种选择和提升的程序，是奥斯曼帝国"古兰制度"的一个重要组成部分，被称之为"契满"（毕业）。在16世纪，通常每两年到五年有一次"契满"，到17世纪的时候，演变成为每七年或八年有一次"契满"。另外，每当新素丹即位时也有一次"契

满"。被新选拔的侍童们到素丹托卡皮宫的内廷各部门中,为他们将来的职位作预习准备。内廷服务包括在宫院和有关部门中专门为素丹而设的一系列私人服务。侍童们开始服务的地方主要是大院和小院,也称之为大小书院,这里是内廷服务的侍童们专心学习和锻炼身体的地方,素丹的主要私人生活也大都是在这个环境中度过的。

从宫廷毕业的基督教青少年,从理论和实践上来说,经过长达十几年的精心教育和培养,当他们成人的时候,每个人不但是优秀的穆斯林、素丹忠实的仆人,而且还是兼集学者、军人和绅士于一身的社会英才与贤达,足以胜任奥斯曼帝国素丹王室的内廷官员或是帝国各级政府的行政官员。如苏莱曼大帝的大维齐之一鲁蒂帕夏的经历,可以充分证明"古兰制度"在奥斯曼帝国选用人才方面所起到的积极作用。

鲁蒂帕夏是在巴耶济德二世统治时期,作为基督教青少年被选进内宫的。经过数年的刻苦学习和严格的训练,他经历了几个宫院而被提升为素丹的御前侍从。他才华横溢,知识渊博,精通奥斯曼的文字、语言和习俗,熟谙帝国上层社会的规矩和礼节,视宗教信仰和国家服务为第一生命。当1512年塞利姆一世继素丹位时,他离开了帝国的内廷而在宫外的一个高级禁卫部门担任重要官职。在宫外政府行政部门几度担任最高行政长官后(包括宫内禁卫长),他又成了安纳托利亚省卡斯塔莫县的县长。凭着他不凡的才能和辉煌的政绩,数年后他又成为了安纳托利亚省的总督,上升到了名声显赫的大臣地位。1539年,因他管理有方和作战英勇,倍受素丹苏莱曼大帝的器重,从而成为了帝国的大维齐,达到了帝国权力的顶峰。

奥斯曼帝国的这种"古兰"选才制度的合理性是非常明显的。被帝国政府征募来的大部分基督教青少年,来自于帝国偏远的贫困家庭,然后他们接受了一种全新的宗教、语言和生活方式,他们把自己得到的权力和财富完全归功于帝国政府的素丹,于是在思想上和行动中,便忠心耿耿地报效帝国和素丹。这一制度与同时期欧洲那种从王室和贵族当中选拔人员担任政府高官要职的机制相比,具有很大的优越性,因而博得了当时欧洲一些有识之士的一致好评。例如,在苏莱曼大帝统治时期,奥匈帝国的皇帝查理五世驻奥斯曼帝国首都伊斯坦布尔的大使,就曾经这样写道:"在奥斯曼帝国人当中,对一个人社会地位的评价,丝毫不是看他的出身,而完全是按照他在公务当中所担任的职务来衡定的。素

丹在对某人做出提拔任命的时候,也并不注意他的财富和等级这一类假象,他完全是根据事情本身的是非曲直来考虑取舍的。人们在政府部门中得到升迁,靠的是功绩,因而可以这样认为,这种制度保证了政府各种重要的职务,只委派给那些能力相称的人。在奥斯曼帝国,每个人的祖宗家系和个人的前程命运,掌握在自己的手里,至于是成是毁,那就全看他自己努力的情况了。"

除了近卫军团和王室骑兵以外,地方骑兵也是奥斯曼帝国军队的一个重要组成部分,是奥斯曼帝国这个庞大战争机器对外征服扩张的强大支柱。地方骑兵称之为"西帕希",它来自帝国各地的封建领主,完全依附于采邑制度。根据奥斯曼帝国的有关法令规定,一切拥有采邑的封建领主必须每年向素丹提供一定数额的兵源,组成地方骑兵部队。

经历了包括苏莱曼大帝在内的最初十位素丹的统治,奥斯曼人精心创造出了一套高效的政府管理机构:它既可以让奥斯曼人兼并新征服的领土,又能把新征服的领土相当牢固地粘合在一起;它既可以有效地管理社会治安、税收,又能够维持一支骁勇善战的军队。对于新征服来的领土,奥斯曼帝国起初一般采取这样兼并的办法:仍然由当地的统治者掌握,不管这位统治者是穆斯林也好,还是基督教徒也罢,都处于一种藩属的地位,每年必须向素丹缴纳一定数额的贡金,并提供由帝国政府规定数额的兵员。有些日后被帝国政府授之为"特许区"的边远地区,如摩尔达维亚、瓦拉几亚等多瑙河邦国,一直保持着这种藩属地位。然而,随着奥斯曼帝国的疆域不断扩大,军力不断加强,此后奥斯曼帝国往往是将已经被征服的领土直接并入自己的版图,并通过军事采邑制度来确立奥斯曼人的统治。奥斯曼帝国的军事组织和行政组织,都与采邑制度有着密切的关系。素丹一般把新征服来的土地,以采邑的形式授予当地的封建领主,由他们为帝国提供一定数额的封建骑兵,这既有效地加强了对那些封建领主的统治,又解决了国家维持一支庞大军队而无须支付巨额现金的财政问题。

根据奥斯曼帝国的有关法令规定,帝国的全部土地的终极所有权都属于素丹。他可以把大片的田产划归己有,由手下的官员来管理,每年向他缴赋纳税;也可以把一部分田产赐予私人和宗教慈善基金管理机构。但是在奥斯曼帝国不断对外进行扩张的历史时期,帝国的大部分土地则给予了封建领主,他们也就成为了采邑承受人。这些采邑承受人既

要履行地方的行政管理职能，又要履行帝国军事的有关组织职能。

奥斯曼帝国的采邑封地一般被分为三部分：采邑年收入在2万阿克切（奥斯曼帝国早期的货币名称）以下的属于"蒂玛"；采邑年收入在2万以上，10万以下阿克切的叫做"扎美"；采邑年收入超过10万阿克切的称为"哈斯"。"哈斯"一般都被授予素丹的宠臣，甚至授予后宫受宠的妇女。这种不良的倾向也是导致日后奥斯曼帝国采邑制度腐败和帝国最后衰亡的根本原因之一。

采邑的岁入都由承受人征收，这实际上也就是他的薪俸。农民缴纳的农产品什一税，是他最主要的收入来源。除此之外，采邑承受人还享有其他的一些政治权益，如参与地方政务和军事的管理、监督司法公正等。他所应尽的义务是：和平时期要进行军事训练；战时要根据采邑的规模和价值，向素丹提供一定数额的戎装骑兵和辎重。采邑这种办法，以前突厥塞尔柱人和拜占庭帝国也都使用过，到了奥斯曼人手里也多系承袭沿用，并未作出重大的变革。随着奥斯曼帝国采邑制度的确立，以及那些被征服的当地封建领主和军事头领，甚至安纳托利亚地区和阿拉伯地区的部落首领，都被素丹授予采邑之后，他们就逐渐地融汇进了奥斯曼帝国的整个社会。

在奥斯曼帝国的早期，有好多采邑承受人都是基督教徒，他们是被奥斯曼人所征服的巴尔干地区的军事贵族成员，当他们被帝国素丹授予采邑之后，他们就与奥斯曼人从此同命运共患难。随着奥斯曼帝国社会体制的发展变化，原有的许多基督教徒采邑承受人或是皈依了伊斯兰教，或下降变为一般的平民。

为了计算财政税收和分封采邑，素丹每年都要对每个省细加调查，这种调查叫做"塔里尔"，是奥斯曼帝国行政管理的基本手段。调查时，素丹派出的官员将村落人口、土地、庄稼、牲畜一一登记入册。尽管现在所保存在土耳其共和国博物馆的登记册，最早的日期是1431年，但根据有关历史资料的记载，这种调查登记册奥斯曼帝国在14世纪就已经开始采用了。在当时巴耶济德一世使用这种调查登记册，许多保守分子就坚决反对，从而不自觉地重复了盎格鲁—撒克逊年代史编者对《末日裁判书》的评语："要是把每头公牛和每头母牛登记入册的经过情况都讲出来，实在有失体面。"这些调查登记册，在当时是帝国政府对采邑承受人实施控制的有效工具，可以从中了解采邑变化的情况，如采邑

承受人的死亡及其采邑的重新分配等。这样素丹可以准确地知道什么时候帝国的军队达到满员，什么时候采邑还有空额。在今天，这些调查登记册，是了解奥斯曼帝国社会发展现状不可多得的重要史料。

在苏莱曼大帝统治时期，据有关史料记载，奥斯曼帝国欧洲部分的各采邑封建领主向素丹提供的地方骑兵数额为8万人，亚洲部分的各采邑封建领主提供的地方骑兵数额为5万人。各采邑封建领主军队的指挥官称为"贝伊"，"贝伊"之上是"贝勒贝伊"，即总司令。奥斯曼帝国人称其领土的亚洲部分为"安纳托利亚"，欧洲部分为"罗姆尼亚"。两部分的地方骑兵各设一名总司令。两部分地方骑兵的军旗上分别以两支马尾巴和三支马尾巴为标志，加以区别。

在奥斯曼帝国军队中，执掌大权的多是素丹的直系亲属和宠信的近臣。如奥尔汗统治时期，他的长子就是帝国驻守欧洲地方骑兵部队的第一任"贝勒贝伊"。"贝勒贝伊"除了指挥地方骑兵之外，还兼有总督的职能，在其管辖区拥有至高无上的权力。"贝勒贝伊"可以不用请示素丹，直接把占领的土地作为采邑赏赐给那些作战英勇、屡建奇功的人，也可以采取极其严厉的手段，直接惩罚那些临阵怯敌者。居于"贝勒贝伊"之下的，是拥有"帕夏"和"贝伊"头衔的文武官员，他们的等级，完全由他们旗标下面所挂马尾巴的多寡来表示。奥斯曼帝国的地方骑兵，由于长年累月不断地从事征战，而且他们又总是子承父业，沿袭不断，因而个个武技娴熟，骁勇善战。同时，他们越是英勇作战，屡立战功，他们就能得到更多的采邑。所以，直到16世纪末期，奥斯曼帝国地方骑兵的战斗力，仍然堪与欧洲任何一个强国的封建骑兵相匹敌。

除了地方骑兵之外，"阿金日"和"阿扎布"也是奥斯曼帝国军队中一支骁勇善战、不可忽视的中坚力量。"阿金日"是奥斯曼帝国非正规、无军饷，并且作战时要自己带一匹战马、一个护胸和一顶帐篷的志愿骑兵。他们一般是为了荣立战功、攫取战利品而志愿应召服役的。"阿扎布"是奥斯曼帝国非正规、无军饷、自备相应武器的志愿步兵，他们与"阿金日"类似，也是为了荣立战功，攫取战利品而志愿应召服役的。在奥斯曼帝国每次的对外征服战斗中，"阿金日"和"阿扎布"总是被派遣到第一线打头阵，因而有时伤亡比较惨重。

此外，奥斯曼帝国还拥有强大的海军舰队。由于奥斯曼帝国幅员辽阔，横跨欧亚非三大洲，再加上海岸线又特别长，因此，从穆拉德二世

第二章 奥斯曼帝国的社会与制度

统治时期，发展海军就成了奥斯曼帝国军事发展中的重点。在奥斯曼帝国政府的不断努力下，海军逐渐成了帝国各军种各兵种中一支特别具有战斗力的队伍。奥斯曼帝国政府用重金聘请的威尼斯造船专家和帝国的造船工人们在一起，经常在火炬的照耀下，加班加点，拼命地建造船只，以确保奥斯曼帝国的海军有足够的船只可以随时下海投入战斗。因此，奥斯曼帝国的海军战舰始终保持在三四百艘左右，装备精良，武器先进，并配备有来自欧洲各地经验丰富的航海人员和训练有素的水手，其实力均能同当时的海上强国西班牙、法兰西和威尼斯的海军相匹敌。在和平时期，奥斯曼帝国的海军将领，其中包括许多希腊或意大利的叛教者，自作主张出海航行，经常干一些袭击欧洲基督教国家商业船只的海盗勾当，其情况同奥斯曼帝国早年加齐们在陆地上侵扰拜占庭帝国的边境一样。到了塞利姆一世和苏莱曼大帝统治时期，奥斯曼帝国庞大的海军舰队，已经发展成为一支驰骋于红海、黑海、地中海等领域的海上劲旅，其威力震慑整个欧洲和亚洲。

到了15世纪后半期，由于科学技术的发展和新式火器的出现，用兵打仗的特点此时发生了很大的变化，骑兵的作用已经不再那么重要了。要组织和训练掌握新式火器的步兵和炮兵，奥斯曼帝国就不能够再依靠采邑制度了，因为组建新式军队，得由帝国中央政府来领导实施，这就需要用大量的现金购买和制造新式武器装备军队，用采邑提供兵员的传统办法已经解决不了此类重大问题了。于是，16世纪奥斯曼帝国的有关社会体制，就开始激烈地反映出这种变化。例如，有些早期采取岁入形式的采邑封地，后来就逐渐地转化成了缴纳税金的农庄，成了为奥斯曼帝国提供现金税收的行政单元。匈牙利和叙利亚并入奥斯曼帝国的同时，采用的就是岁入制，到了1670年，两地相继改用纳税制。埃及被奥斯曼帝国征服后，基本上一直采用以纳税农庄为基础的赋税制度，每年向奥斯曼帝国首都伊斯坦布尔输送大量的资金，以维持奥斯曼帝国守备部队的日常开支。

三、"分教而治"的米勒特制度

奥斯曼帝国随着早期不断地对外扩张和征服,逐渐地演变成为了一个多民族、多宗教的封建军事联合体。奥斯曼帝国境内的主要宗教团体,除了伊斯兰教之外,还有希腊东正教、亚美尼亚格里高里教派和犹太教等。虽说信奉希腊东正教的人多属于巴尔干地区的农民,亚美尼亚格里高里教派信徒多为安纳托利亚东部地区的农民,犹太教多为城市的居民,但是这些宗教团体或者教派团体,并非完全按照地理位置划区划块分布,相反,在整个奥斯曼帝国境内,所有的宗教或教派团体都是相互混杂在一起的。造成这种现象的根本原因有两个:其一是宗教团体或教派团体这种四方相互混杂的模式,在奥斯曼人到来之前就已经或多或少地存在了。其二是由于奥斯曼帝国的东征西伐,宗教信仰的不断改变,以及大批移民的流入而造成的。此外,出于对边境防卫、地方治安、使游牧部落定居下来,或社会经济发展等方面的考虑,奥斯曼帝国政府也有意识地采取了将各类居民团体迁徙至新征服地区定居的做法,从而进一步促成了不同宗教团体或教派团体的混杂相处。

为了对奥斯曼帝国境内不同种族、不同宗教信仰的人进行有效的统治,使他们能够在政治、经济、文化等领域进行和谐有序的相互交往,奥斯曼帝国政府采用了米勒特制度。米勒特制度是奥斯曼帝国最具有自己特征的一种社会制度,从奥斯曼人早年皈依了伊斯兰教以后,奥斯曼人遵照古老的伊斯兰世界的传统,对待被征服的非穆斯林人,一直采取一种非常宽容的宗教政策,基督教和犹太教的团体可以充分享有信仰自由和文化自由。当征服者穆罕默德二世在1453年率军攻占了拜占庭帝国首都君士坦丁堡之后,他遵循拜占庭帝国皇帝批准总教主人选的惯例,任命希腊东正教的一位头面人物真那狄奥为奥斯曼帝国境内希腊东正教信徒的大主教和文职首领。同样,他也分别任命了亚美尼亚教派教主和君士坦丁堡的犹太教大教士为各自教区的首领。从此,它成为在奥斯曼

帝国中牢固树立的习惯法,即允许奥斯曼帝国境内的非穆斯林保存他们宗教团体的独立性。这种宽容的宗教政策的实施,使得许多巴尔干地区的非伊斯兰教团体,都甘心情愿地接受在奥斯曼人统治下的那种宽松的自治,而根本不愿意忍受拜占庭帝国和哈布斯堡王朝统治下对宗教、文化的极大限制和残酷迫害。

在奥斯曼帝国境内,每个人身份的确定,完全是根据宗教信仰,甚至是根据教派来进行的。穆斯林与非穆斯林两者之间的重要区别之一,除了穆斯林民众不需要向帝国交纳人头税之外,那就是非穆斯林民众都被帝国政府安排在法律承认的宗教社区内生活。帝国政府把这些非伊斯兰教的宗教团体或宗教社区,统称为"米勒特",意思是"奥斯曼帝国内有特殊信仰的集团或民族"。

在奥斯曼帝国境内,每个米勒特都有使用自己的语言,发展自己的宗教、文化和教育机构,征收税款并上缴帝国国库,保持自己独立法庭以审判同族成员一切案件的各种合法权利。在奥斯曼帝国,每个米勒特都有一个自己的领袖,他主要负责向帝国政府上缴从米勒特所收得的税款,并保证其米勒特的每一位成员的社会行为规范,发誓效忠素丹。此外,根据帝国政府的有关法令,在处理个人的一些事务方面,如结婚、离婚、继承遗产等,米勒特的成员都必须通过他们的宗教社会与帝国政府发生联系。也就是说,如果对非伊斯兰教社区的司法处置,法律必须因人而异,而不是随居地而定。这种属人主义的司法原则,虽然在当时的欧洲已经遭到各国的摒弃,但在奥斯曼帝国这个宗教、民族广为混杂的地区仍然被人们普遍接受。所以根据奥斯曼帝国某些法令的规定,米勒特在某种程度上,是同奥斯曼帝国的行政机构和伊斯兰机构平行的。他们的利益与素丹,以及在奥斯曼帝国对外征服的一系列战争中的利益是一致的。因此,"分教而治"的米勒特制度,是奥斯曼帝国对广大被征服地区异族、异教实行有效统治的重要工具。

然而,宗教上的宽容,并不意味着政治上的平等。在奥斯曼帝国,就其社会地位来说,穆斯林的普通民众,虽然在政治、社会或经济上显然都不及奥斯曼帝国军人集团那样优越,但仍然感到比非穆斯林民众的社会地位高出一等。在奥斯曼帝国,对于一位非穆斯林出身的人来说,要想跻身于上层社会,在帝国政府中担任要职,除非他首先改变了自己的宗教信仰,皈依了伊斯兰教,然后想办法加入军队,志愿参加奥斯曼

帝国发动的各种对外征服战争，屡建奇功，以充分显示自己的忠诚和勇敢，从而接受素丹给予的采邑赏赐。此外，在奥斯曼帝国的社会发展中，广大的非穆斯林在政治方面还要受到其他某些方面的限制。例如，基督教的教堂内不得使用大钟；非穆斯林不能随身携带武器，并被排斥在帝国政府的兵役征召令之外；非穆斯林每年还得向帝国政府缴纳一笔专门的人头税，等等。尽管如此，在奥斯曼帝国境内非穆斯林的命运和生活状况，往往要比同时代欧洲其他国家中少数派宗教团体的命运好得多，因此，那些非穆斯林似乎很乐意接受这样的社会地位和法律安排。

在欧洲的许多国家，基督教徒迫害犹太教徒，天主教徒迫害新教徒，都属于一种屡见不鲜的社会现象，而且被迫害受压迫的犹太教和新教徒，只要有可能，反过来也实行"以其人之道，还治其人之身"的政策。因此，那些在西班牙、葡萄牙和意大利等国家受到宗教迫害的犹太教徒，大批大批地逃亡，源源不断地流入到了宗教政策比较宽容的奥斯曼帝国。他们不仅随身带来了大量的宝贵财富，更为重要的是他们把自己政治统治以及理财的经验和知识，也传到了奥斯曼帝国，从而极大地丰富了奥斯曼帝国的社会内容。这些不仅对促进奥斯曼帝国的社会经济发展极为有利，而且也极大地促进了奥斯曼帝国政府行政管理的系统化和高效化，促进了奥斯曼帝国军事科技的迅速发展。此外，随着奥斯曼帝国的不断强大，还有相当数量的德意志、奥地利和匈牙利等国的农民，也相继移民到了奥斯曼帝国，他们当中的有些人是出于政治上的动机，有些则完全是由于经济利益的强大驱动。

在奥斯曼帝国境内，不同种族、不同宗教信仰的人们四方杂处的情景，给西欧人留下了深刻难忘的印象。一位英国旅行家的仆人在日记中曾经这样写道："在奥斯曼帝国所有的城市里，每周有三种安息日：穆斯林逢周五休息，犹太人逢周六休息，而基督教徒则在主日休息。"讲到他在巴尔干地区一家商旅客栈时的所见所闻，他又写道："你在这儿会同时遇到穆斯林、犹太人和基督教徒，也会同时遇到正人君子、小偷和强盗。"

西班牙著名的作家塞万提斯年轻时曾经作为战俘，在奥斯曼帝国统治下的阿尔及尔生活过一段时间。他发现这里的每一座城镇都同样是人种混杂，就像一座世界大都市。他曾经这样描述道：城里有阿拉伯人、柏柏人、犹太人和奥斯曼人，信仰伊斯兰教的奥斯曼人往往是最为出色

的政府官员。尽管表面上他们往来密切，混杂相处，但在实际生活中，还是遵循着"物以类聚，人以群分"的这一准则。塞万提斯还认为，造成这种隔离现象的根本原因，除了各宗教派别的信徒们总是倾向于聚居在各自早已熟悉习惯的村落或城镇区内生活外，最根本的原因还是奥斯曼帝国政府采取了"分教而治"的统治方法，使得各宗教派别相互隔离，自己管理自己，在政治上趋于制度化了。

如果不按种族和宗教因素来划分，完全按照经济和社会地位来考察进行归纳，15世纪至18世纪，奥斯曼帝国的整个社会应该包括这样三部分传统民众：游牧民、农民和市民。山区的或是沙漠地区的游牧部落的牧民数量很大，他们主要生活在安纳托利亚地区的东部和阿拉伯的广大地区。他们沿袭着游牧民传统的生活方式，逐水草而居，其主要财产来自掠劫的战利品和饲养的畜群，所以他们一如既往地袭击农耕居民点，给奥斯曼帝国的征税和维持社会治安，不断地制造着各种各样的麻烦。这一时期奥斯曼帝国政府的有关文件披露，对于这一事态的出现和发展，帝国政府恼羞成怒，也采取了一些有力的措施手段，试图遏制住这一事态的蔓延和发展。例如，通过报复性武装清剿和抓人质等强硬手段震慑游牧民，也通过给一些游牧部落的首领们封官加爵等软的手段，来收买游牧民的上层人物，使他们听令和顺从帝国政府的指挥。然而，在当时人们感觉最有效的办法，是帝国政府在重要的交通和商旅沿线派驻大量的军队，保卫那里的安全，并且通过设置许多新的村庄，把大量的游牧民迁居在那里，以此来改变那些游牧民逐水草而居的生活方式，使他们不再依赖掠夺战利品而生活。

在奥斯曼帝国，农民是社会经济的重要根基。他们一年四季在土地上辛勤劳作，交税纳粮。他们所耕作的那些土地往往并非为他们所有，而是属于采邑或纳税农庄的一部分。一般来说，奥斯曼帝国的农民房屋简陋，生活贫困，他们的耕作方法非常原始，落后于西欧的耕作技术。他们饲养的牲畜同西欧农民饲养的牲畜比起来又瘦又小。不过，由于奥斯曼帝国疆域庞大，可耕作的土地很多，所以在农业收获上一直尚能够做到自给自足，并且还有少量的粮食出口。

在奥斯曼帝国境内，商人、工匠和手艺人一般都是集中居住在城镇里，其中好多人是非穆斯林，尤其是商人，他们在绝大多数情况下，都是犹太教徒和基督教徒。在奥斯曼帝国，根据政府的有关法令，工匠和手艺人都必须

要加入行会，行会则对其成员和产品实行监督。有些地方的行会势力很大，特别是在巴尔干地区，足以有效地控制当地的政府。这些行会不但具有经济上互助的性质，而且还带有浓厚的宗教、神秘主义的色彩，每个行会都有自己的保护神或守圣徒。这些行会有些是由穆斯林组成的，有些则是由基督教徒或犹太人组成的，也有一些行会是兼而有之，人员比较混杂。

奥斯曼人在传统上多为士兵、行政官员和农民，一般不从事商贸活动，他们把这个行业留给了阿拉伯人、基督教徒、犹太人等少数民族去干。虽然在15世纪末期，奥斯曼帝国政府为了军事上和安全上的需要，规定黑海地区不对西欧的基督教商人开放，但是作为帝国臣民的希腊人、犹太人则可以继续在那一带经商，从事各种转口贸易活动。

鼓励对外贸易是奥斯曼帝国经济政策中的一项重要内容。当穆罕默德二世攻占拜占庭帝国的首都君士坦丁堡之后，马上就恢复了过去拜占庭帝国统治时期给予威尼斯商人提供贸易优惠的做法，同时也积极地鼓励意大利其他城邦国同奥斯曼帝国通商，开展各种双边贸易。他们可以在奥斯曼帝国的港口自由地进行贸易，并受本国法律和领事的保护，而不是受帝国行政官员和伊斯兰法官的管辖，享有充分的宗教信仰自由，并免于向奥斯曼帝国政府纳税。尔后西欧的其他一些国家也获得了类似的商贸特权。强大的奥斯曼帝国为了鼓励双边贸易，繁荣社会经济，也随意给予了西欧许多国家这类商贸特权，而在这类商贸特权中，只有很少一部分是双方互惠的。

作为奥斯曼帝国社会的一部分，那些主要居住在帝国首都伊斯坦布尔的西欧商人都有自己的团体，他们按照帝国政府与西欧国家政府签订的一系列正式条约的规定生活。这些条约总的精神是，承认西欧各国商人在奥斯曼帝国可以享有某些权利和义务，允许他们按照自己的法律生活。这些条约仿佛是奥斯曼帝国政府恩赐给西欧各国商人的，而不是经过双方平等协商制订出来的，表现出帝国政府对欧洲一种轻慢的态度。然而，在以后的年代里，随着西欧社会的发展与进步，当西欧和奥斯曼帝国之间的力量对比逐渐出现对前者越来越有利的时候，这些条约便发展成为历史上著名的治外法权条约，从而使得西欧各国的商人们在奥斯曼帝国享有一种明显的政治特权。尤其是这种政治特权在此后的年代里，时常让西欧各国政府对奥斯曼帝国政府制定的一些极为重要的政策，施加了难以估量的影响，给日后奥斯曼帝国的政治与经济以及社会发展，带来了极大的灾难，成为奥斯曼帝国走向衰落的根本性原因之一。

第三章 奥斯曼帝国的社会改革

自16世纪末期以来，在历史上一度骄横一世，令世界战栗的奥斯曼帝国在接连败于为自己所不齿的西方人手里之后，从此由盛转衰，积弱不振，一直面临着不平等的国际交往和沦为西方殖民地的困境，进入了封建制度连续性危机的历史时期，被欧洲列强称为"欧洲病夫"而受尽凌辱。因此，近代以来，土耳其进行了一系列以西方化为重要内容的社会改革，坚持了一条世俗化的社会发展道路与治国方略，通过波澜壮阔的民族解放运动，既避免了沦为西方列强的殖民地，又完成了从专制君主帝国到现代民主共和的巨大历史转变，在一定程度上反映了土耳其人对现代与富强、发展与繁荣、文明与进步的渴望追求。

第三章　奥斯曼帝国的社会改革

一、奥斯曼帝国的衰败

腐败与懦弱的皇权

造成奥斯曼帝国衰败的根本原因之一，首先是毛病出现在帝国统治集团的最高层及包括军队在内的帝国政府机器的失灵。在苏莱曼大帝去世以后的几个世纪里，由于政治腐败、经济崩溃、统治集团内部勾心斗角、争权夺利，再加上地方封建割据严重，各地区纷纷闹独立，不再听从帝国中央政府的统一号令；尤其是对帝国军事封建采邑制度极大破坏，使得整个社会出现了军事采邑向世袭个人封地转化的趋势，造成奥斯曼帝国社会经济基础逐渐松动，以及广大农民和被征服民族不断反抗，从而使得奥斯曼帝国的对外战争屡受挫折，极大地削弱了奥斯曼帝国的政治、经济和军事力量。

在奥斯曼帝国的历史上，早期奥斯曼帝国王室的头10个素丹个个英武盖世，光彩夺目，具有治国平天下的雄才大略，深得人们的敬仰和钦佩。在他们还是王子的时候，遵照奥斯曼帝国的传统，不管年龄多小，都得照例离开帝国首都去各省机构任职，取得政治统治方面的经验，有时还得随军出征打仗，积累军事方面的经验。为了使临朝执政的素丹免受因兄弟觊觎王位而闹内战，危及帝国一统，弑兄戮弟就逐渐成了帝国素丹王位继承的惯例。这样做的理由是社稷不安要比丧失几条人命更遭殃。虽说某个王子最终能够登上素丹王位，也得归功于朝廷命官和近卫兵团的协助配合，但这个登上素丹王位的王子往往是诸兄弟中最机敏、最能干的一位，具有文治武功的才能。因此，直到苏莱曼大帝，素丹一般都是要亲自领兵挂帅，主持朝政。这前10位素丹平均在位27年，经济繁荣，社稷稳定，统治的年代较长，而这一支系其余的统治者却个个都是养尊处优、平庸软弱、任性妄为、腐化堕落，其中有些人甚至可以说是相当的无能，智力上还存有一定的缺陷。造成奥斯曼帝国统治者荒淫无道、才能衰退的主要原因，必须要从奥斯曼帝国素丹王位继承原则的更

· 119 ·

改这一做法中去寻找。

1595年7月，上台执政的新素丹穆罕默德三世，根据奥斯曼帝国的"卡农"习惯法，下令派人一下子杀死了他的19个兄弟，在这以后，奥斯曼帝国的继承原则就出现了意外的变化。1603年4月，当素丹穆罕默德三世因病去世时，奥斯曼帝国王室家族中的直系男性亲属，只剩下他两个少不更事的儿子。如果杀死其中一个，而另外一个将来如果出现不幸的话，那么就有可能影响帝国王室的传宗接代。所以继承了素丹王位的艾赫默德一世，根据辅佐大臣们的意见，饶恕了他弟弟穆斯塔法的性命。而穆斯塔法按照帝国的有关规定，则被严密地关在后宫女眷居住的特殊住所里，不许与外部世界有丝毫接触。从此，奥斯曼帝国在王位继承原则方面，对同胞手足的处置，改用软禁替代了杀害。

1617年2月，被长期软禁的穆斯塔法接替了病故哥哥的素丹王位。自此以后，当素丹逝世或因其他原因宣布退位后，奥斯曼帝国的素丹王位就不一定再是父子相传，在某种特殊的情况下，有时也改由帝国王室中最年长的男子来继承素丹王位。但是那些长年累月被软禁在宫廷中的王子们，因住在高墙大院里面，与外部世界隔绝，所以孤陋寡闻，很少也很难了解到外面所发生的一切事情，并且每日还要提心吊胆地过日子，害怕根据帝国的"卡农"习惯被自己执政的兄长杀害，担心自己的生命安全，长期生活在一种惊恐的状态之下。奥斯曼帝国实行的这种王位抚育和选择制度，实际上是根本不可能产生出任何有作为的统治者来的。

摆脱了所谓囚笼式禁闭生活的新素丹，因过去完全被禁锢在深宫后院之中，过的是一种无聊闲极的日子，所以体格和精神往往都很虚弱，尤其是心理发育极不正常。由于长年累月过着一种与世隔绝的软禁生活，所以新即位的素丹们谁也没有机会学习和实践治理国家，或者长年征战，养成一种坚忍不拔的性格和品质。因此，他们即位后全无料理朝政、治理国家的经验，更缺乏应付帝国社会事态骤然变化的能力。他们不思奋发，不务正业，逸乐无度，醉生梦死。有些人甚至把整日酗酒作为慰藉自我、逃避现实的一剂良药。另外，虽然生活在深宫后院的他们被允许娶妻纳妾，但是这些妻妾不是动了绝育手术，就是当所生的小孩一呱呱坠地，就被人残忍地弄死，所以没有哪一位素丹在登基之前膝下有子。也就是说，即位后素丹所生的儿子，很多在老素丹去世时还未成年。

由于这些素丹长年累月过着一种囚笼式的禁闭生活，他们既不会领兵打仗，也完全没有料理朝政、治理国家的经验，于是他们即位后也不再把帝国朝政大权牢牢地抓在自己的手里。他们除了参加一些庆典之外，很少出席帝国的国务会议，料理国家政务的主要责任就逐渐地旁落到了大维齐的肩上，大维齐的官邸完全成了大臣们召开国务会议的重要场所。

虽然这些素丹已经放弃了对帝国日常政务的控制，但是最终谁来当大维齐，还得由素丹来指派。在大维齐和大臣们的入选方面，皇宫仍然能够发挥着巨大的影响和作用。然而，反过来，这种影响和作用，又为宫内各派系勾心斗角，在帝国政府的各个重要部门安插亲信开了方便之门。正是在素丹腐败无能、充满邪恶之道这样一种气氛中，宫廷内外阴谋诡计到处盛行，恶毒的流言蜚语成了帝国政府中置政敌于死地公认的伎俩。人们忠于素丹，为奥斯曼帝国效劳的信仰，完全被惟利是图的动机所支配，从而导致厚颜无耻、贪赃枉法、随波逐流、见利忘义等现象占据着社会的主导地位，使得奥斯曼帝国政府号令不通、纲纪废驰，整个社会迅速呈现出一种穷途末路的景象。

素丹们奢靡无度的宫廷生活，不但使奥斯曼帝国统治集团日趋腐败，而且还耗去了巨额的财力，导致国库日益枯竭。为了弥补财政亏空，满足他们挥金如土的生活，帝国的素丹们一方面不断下令以各种名目开辟税源，提高税额，敲骨吸髓地压榨广大的百姓，另一方面强迫他们的官员们在提拔晋升到较高职位上去的时候，要向素丹进献重要的礼物。这种做法不幸打开了帝国贪污腐化之门，导致统治集团内部卖官鬻爵、争权夺利盛行，严重地损伤了奥斯曼帝国社会的机体。16世纪末以后，奥斯曼帝国内部的阶级斗争、民族矛盾日益激化，农民起义和民族独立斗争风起云涌，不断爆发，给予了奥斯曼帝国政府以沉重的打击，冲击着帝国日益腐朽、摇摇欲坠的封建制度和反动统治，使得奥斯曼帝国从此陷入了社会危机的历史深渊。

社会制度的崩溃

奥斯曼帝国皇权的腐败与懦弱，以及宫廷内部勾心斗角，不但滋长了任人惟亲的腐败社会风气，而且还助长了行贿受贿、卖官鬻爵的做法。出钱买官位，意味着当了官之后，总得设法把花的钱捞回来，并还得为将来的前途积攒点资本。于是，行贿受贿谋官位，到假借收税榨取额外钱财的这一恶性循环就不断地加剧了。再加上官位频频更迭易手，所以发生的一切情况就越发糟糕，甚至连伊斯兰教高级阶层的乌里玛也受到了这股腐败社会之风的严重影响。一些训练不当、不学无术的乌里玛之辈，他们出钱买下官位，然后另雇替身代他们去催粮纳款，搜刮民膏。在奥斯曼帝国统治集团内部，特别是司法的腐败更为严重，法官个个贪赃枉法，中饱私囊，有钱就能打赢官司，没钱请别进来，整个社会根本就无公平、正义可言。

奥斯曼帝国这种江河日下的社会衰败趋势，所造成的后果是可怕的、灾难性的，尤其是使得奥斯曼帝国传统的征兵制，以及由帝国皇宫学校培养训练出来的基督教青少年新兵们，也受到了这种世风日下的社会影响。因为在金钱和恩宠面前，骁勇善战的基督教青少年新兵所获得的战功与荣誉已经不再起作用了，而且他们还时时受到社会上各种不正当竞争势力的排挤，这种竞争主要来自帝国政府内部臃肿庞大的官僚队伍。到了17世纪末期，这些官僚们似乎已经成功地打破了奥斯曼帝国政府要职，皆由基督教青少年新兵出身的行政官员所把持的传统局面。到了18世纪，甚至有更多的笔吏和乌里玛成员当上了帝国的帕夏，统治着过去由基督教青少年新兵军事集团管理的一些省。此后，虽然帝国皇宫学校仍然继续存在，但传统的征兵制度却被彻底地废除了。培养基督教青少年新兵这一征兵制度的废除，与奥斯曼帝国近卫兵团的日趋腐败涣散有着直接密切的关系。例如近卫兵团的士兵必须终生独身不娶的这条规定，早已失去其约束作用，后来则干脆废除掉了。在素丹塞利姆二世统治时期，帝国政府就已经允许近卫兵团的子弟们应征入伍，这要是在以前是根本不可想象的，它严重地破坏了奥斯曼帝国的征兵制度，因为

第三章　奥斯曼帝国的社会改革

这些应征入伍的子弟，根本就不是基督教青少年，而是穆斯林自由民。这些穆斯林自由民通过各种关系和渠道，千方百计地进入帝国近卫兵团，依靠特权攫权利益和好处，搜刮民财，欺压百姓。尽管帝国近卫兵团力图让自己的子弟独占这块地盘，极力地排挤其他人员加入近卫兵团，但在金钱的交易中和权势的威迫淫威下，帝国的近卫兵团也无可奈何。所以到了17世纪中期，近卫兵团的人数已高达20余万，成为帝国财政的负担和累赘。虽然帝国政府迫于财政的窘困和压力，也一度作过大量裁减近卫兵团人员的尝试，但在帝国近卫兵团不满的对抗情绪中，被迫放弃了这一尝试，所以近卫兵团的人数不但没有裁减下来，反而又增加了更多的人员。

虽然帝国近卫兵团的人数在不断地增加，但他们的战斗力却在不断地下降减弱，完全丧失了往日骁勇善战、不怕牺牲的雄风。有些近卫兵团的士兵根本不执勤，不出征打仗，尤其是不太愿意前往遥远的地方去经受长期作战的严峻考验，而只想在商业和贸易方面搞经营赚取大笔的钱，因此，要派他们去打仗，他们就开小差，到时候只是凭着手中的军人证件去领军饷。并且这些近卫兵团的士兵们领取军饷的证件，不久在他们的手中也变成了可供买卖的一般商品。外人完全可以出钱把它买下来，然后每个季度凭证到有关政府部门去领军饷，就像凭息票去领钱一样方便。

近卫兵团的腐败涣散，不仅削弱了奥斯曼帝国军队的战斗力，扰乱了社会秩序，而且也严重的损害了奥斯曼帝国的社会经济和政治制度。为了支付大量集中在帝国首都伊斯坦布尔近卫兵团的薪金和经常性的生活开支，国库承受着巨大的压力。在奥斯曼帝国的某些偏僻地区，以近卫兵团为首的卫戍部队成为了当地的实际统治者。当他们不能再从对外征服的战争中夺取到战利品时，就在国内肆意掠夺，靠糟蹋国家、鱼肉百姓过日子。另外，在国家的政治事务中，帝国军队也越来越多地扮演起了左右君王废立的重要角色。尤其是在17世纪中叶的一些年代里，奥斯曼帝国的中央政府实际上完全控制在横行不法的军人手里。

要全面地勾勒出奥斯曼帝国衰败的发展过程，也不得不了解一下封建采邑制度的命运。因为采邑制度是奥斯曼帝国社会的经济基础，是奥斯曼帝国早期以及其后在军事上获得胜利和健全内部行政的最可靠的制度之一。所以，封建采邑制度的破坏，是造成奥斯曼帝国萎靡不振、社

会衰败的主要原因。16世纪以后,奥斯曼帝国政府加紧把无领主的采邑变为国家土地,为供养常备军提供财源。但这些努力却往往是徒劳无益的,以前的采邑封地有些以纳税农场的形式租了出去,但获得采邑的封建领主缴纳的税金却常常要比预期的少。有些封建采邑领主似乎毫不费力地就获得了产业的继承权,通过非法手段,使采邑变成了私有财产,这种情况在过去是根本就不允许的。

特别是奥斯曼帝国长期的通货膨胀,对采邑封建领主的经济地位所造成的影响和伤害是巨大的。因为采邑的收入是固定不变的,而帝国政府根本就无法增加这些收入的价值,以减少通货膨胀对采邑封建领主的经济地位所造成的影响和伤害。由于在固定的津贴收入和飞涨的物价之间受到压迫,所以许多维持原状的采邑封建领主当征召令下达时,他们往往置若罔闻,根本就不去应征报到,于是采邑就被帝国政府强行收回。那些受到帝国政府制裁的采邑封建领主心怀不满,纷纷逃往城市,或者参加日益壮大的土匪队伍,在乡间荒野进行抢劫掠夺,强行向城乡居民征收所谓的保护费,蹂躏百姓,破坏治安,造成社会大乱。然而,对收回和被遗弃的采邑,帝国政府并没有很好地加以管理和利用,而逐渐地落入到帝国近卫兵团的军官及政府中有权有势的官吏和宫廷宠儿的手中。甚至有些平民也通过贿赂的手段,非法取得采邑。奥斯曼帝国早期的一些具有改革思想的政治家们认为,打乱帝国的传统秩序就意味着整个社会的衰败和没落。他们希望通过恢复那种曾经造就奥斯曼帝国辉煌时代的传统秩序,如彻底恢复采邑制度的纯洁性,从而兴利除弊,制止奥斯曼帝国衰败的势头,但实践证明这也不是解决问题的根本方法。采邑制度的混乱和被破坏,实际上是16世纪末叶以来遍及整个奥斯曼帝国社会政治与经济变革的一种反映。

奥斯曼帝国衰败的原因,除了政治与经济制度的崩溃之外,它的社会道德观和文化价值观也同样经历了一个逐渐崩溃的演变过程。那一时期,许多形形色色的西方观察家在他们的著书撰文中,对奥斯曼人抱有一种极端的蔑视态度。他们更多的是强调奥斯曼人邪恶的一面,而不是他们的美德。因为他们认为,他们已经看到了奥斯曼人的品德堕落。尤其是奥斯曼人的酗酒、鸡奸、卖淫,以及流氓恶棍和伊斯兰教异端的歹徒们在咖啡室等社交场所的聚会,为他们的看法和观点提供了强有力的佐证。虽然这一时期奥斯曼帝国的许多有识之士的自我批评,也与上述的某些观点和看法一致,但他们的批评矛头是更急切地指向上层社会的腐败、贿赂和对奢侈生活的追求。他们认为这些社会现象的出现,是传统制度和传统价值观念崩溃的一种反映,也是耽于"世俗利欲享乐"的一种反映。但面对整个社会道德水平下降的问题,他们又感到束手无策,拿不出改变这种现状的好办法。以上罗列的奥斯曼帝国社会制度衰败的种种原因,勾画出了一幅几乎根本无法缓解的黯淡画面。

科普鲁卢家族执政时期的复兴

虽说此时的奥斯曼帝国及社会内部矛盾重重,危机四伏,但毕竟社会秩序还未彻底涣散瓦解。在社会统治集团的大部分成员耽于骄奢淫逸的现象下面,却仍然有一些对奥斯曼帝国非常忠诚的人,以及相当一部分训练有素、耿直能干的政府官员,他们希望通过励精图治,扭转时运,重振奥斯曼帝国往日雄风,再现昔日风采。其中最杰出、最有才干、最有作为的要算17世纪末叶,出身于科普鲁卢家族的几位大维齐。通过他们专心致志、呕心沥血的努力,奥斯曼帝国在某种程度上恢复了一定的元气,暂时度过了严重的社会危机。

1656年9月15日,奥斯曼帝国原任大维齐被宣布免职,素丹亲自把大维齐的官印交给了穆罕默德·科普鲁卢。16世纪70年代,此人出生于阿尔巴尼亚一个微贱无名的穆斯林家庭。在他被提升为大维齐之前,虽然他已经有了很长的政治生涯和治国经验,但是并没有什么显赫的名望。因此,帝国没有一个人敢打赌说这位60多岁的老翁会健康地活多久,更不用说他能够成功地作出努力,使奥斯曼帝国恢复元气,并在这个王朝以后,成为奥斯曼帝国历史上最辉煌家族的奠基人。不过这种观点只是看到了事物的表面现象,事实上,穆罕默德·科普鲁卢有许多有利条件能够胜任其职,很好地治理国家。首先,他多年担任帝国重臣的随从,其中包括好几位大维齐,从而使他在行政管理方面得到了锻炼,获得了才能,并且直接了解到了帝国为什么会产生祸患,导致衰落的根本原因。其次,多年的流放生活和数次下野退出政治权力舞台,使他有更多的时间静下心来,洞察了解社会,并去思考怎样才能找到一副医治帝国

社会弊端的良药，作出一番惊天动地的伟业。

穆罕默德·科普鲁卢复兴奥斯曼帝国计划的核心非常简单，就是首先制止腐败和贪污。对帝国社会腐败现象嫉恶如仇的他巧妙地兼施策略和威力，无情地罢免和惩治了一大批腐败渎职的政府官员，包括伊斯兰教教长、海军总司令和近卫兵团司令等，不管他们的地位有多高，权势有多大，只要犯有腐败罪行，一律都在罢免和惩治的行列之中。此外，秉性刚正、不肯阿谀奉承的他甚至把消除腐败、整顿吏治的范围扩大到帝国宫廷内部，痛加鞭挞贪赃枉法的太后图罕的政治顾问和居心叵测、臭名昭著的帝政干预者、黑衣太监头子切莱也，并把他流放到了埃及，远离帝国首都。在穆罕默德·科普鲁卢任大维齐的五年中，大约有三万多名军官、官吏、法官和神职人员，以及其他一些人因目无法纪、贪污腐败、出卖国家利益而被处死。

穆罕默德·科普鲁卢一旦整顿完了帝国的吏治，牢牢地巩固了自己的政治地位之后，便全力以赴地把注意力转移到了对外战争方面。首先，他派遣帝国大军进攻塞尔维亚，然后再派军队征服匈牙利等中欧国家。完全仿照苏莱曼大帝的战略方针来推行他的对外征服计划不是没有道理的。因为塞尔维亚是通向匈牙利和波兰的桥梁，是奥斯曼帝国在中欧实行征服扩张政策的关键所在。1661年10月，具有文治武功才能的穆罕默德·科普鲁卢在他的威望和权势达到顶峰时不幸因病去世，终年72岁。在他任大维齐的短短数年中，通过他的辛勤操劳，不懈努力，初步完成了恢复奥斯曼帝国国运和权威的任务，使帝国再次重振雄风。由穆罕默德·科普鲁卢本人举荐，奥斯曼帝国大维齐的职务传给了他的儿子艾哈迈德·科普鲁卢，一位年方26岁，充满朝气，性格刚毅的年轻人。

艾哈迈德·科普鲁卢从小就跟随着父亲在帝国境内四处奔波，对帝国世道的混乱、政府官员们的贪赃枉法、社会经济千疮百孔以及广大民众的疾苦早有深刻的认识。在父亲言传身教的精心培养下，艾哈迈德·科普鲁卢从一个不懂世故的小孩，长大成为一位颇具才华的一代英才。他接替父亲出任帝国大维齐的职务，不仅仅是一个举贤不避亲的范例，更主要的是保证了穆罕默德·科普鲁卢开创的复兴奥斯曼帝国计划顺利完成的连续性，况且，艾哈迈德·科普鲁卢本人也确实是一位有政治经验、有治国才能和充满智慧的行政官员和军事指挥官。与其父的铁腕政治统治相比，艾哈迈德·科普鲁卢则更温厚，更富有同情心，是那

第三章　奥斯曼帝国的社会改革

种思路宽纵、刚柔并济、绵里藏针的人。

在获得素丹穆罕默德四世坚定的支持后，艾哈迈德·科普鲁卢统率了一支庞大的帝国军队，向奥地利的哈布斯堡王朝发动了一系列猛烈的进攻，迫使其签订了割地赔款的《华斯瓦条约》。特别是当1669年7月，艾哈迈德·科普鲁卢率军最后完成对克里特岛的征服之后，他的威望达到了顶峰。然而，常年征战奔波的艾哈迈德·科普鲁卢积劳成疾，终因突发性脑溢血病逝于帝国首都伊斯坦布尔，享年38岁。

艾哈迈德·科普鲁卢去世以后，他的姐夫卡拉·穆斯塔法帕夏被任命为大维齐，开始执掌帝国的大权。卡拉·穆斯塔法从小接受过宫廷学校良好的教育，在宫外服务部门几度担任重要职位后，成为安纳托利亚一个县的一名县长，最后靠自己的政绩荣升为安纳托利亚的总督，成为权势显赫的帝国封疆大臣。此外，卡拉·穆斯塔法也是穆罕默德·科普鲁卢和艾哈迈德·科普鲁卢父子两人的崇拜者，并且坚定不移地贯彻追随他们所制定的政治路线，即维护帝国内部的稳定统一，清除社会腐败和健全吏治的管理，实行强有力的对外征服政策。他认为，对外征服是奥斯曼帝国至高无上的国家利益，是社会古老的传统，是帝国复兴的前提。为了实现科普鲁卢家族重振奥斯曼帝国雄风和国威的宏图，从1682年开始，卡拉·穆斯塔法发动了一场与历史上的老竞争对手——奥地利哈布斯堡王朝——的战争。但是此时，他那些在帝国首都伊斯坦布尔的政敌们通过对他的诬蔑和诽谤，成功地破坏了他的威望。1683年12月25日，听信了小人馋言的素丹穆罕默德四世下令处死了卡拉·穆斯塔法。他的死，不但使奥斯曼帝国失去了一位精明强干的栋梁之才，也使得许多帝国政府官员从此不再愿意秉公办事，害怕以自己的性命作为失败的代价。

在苏莱曼二世登上素丹王位之后，认识到奥斯曼帝国情况的危殆，于是亲自任命已故的艾哈迈德·科普鲁卢的兄弟穆斯塔法·科普鲁卢为大维齐。科普鲁卢家族的信念、理想和才智再一次在新任大维齐的身上强烈地体现了出来。穆斯塔法·科普鲁卢一方面对帝国财政的改善采取了一系列强有力的措施，使社会经济得到了长足的发展，另一方面整编集结了一支庞大的帝国军队，一举收复了被奥地利人、威尼斯人、波兰人夺取占领的许多土地。为了把帝国的敌人赶得更远一些，在残酷激烈的战斗中，他不幸被射来的子弹打断了脊柱而丧命。此后，在奥斯曼帝

国局势不断恶化的情况下，另一位科普鲁卢家族颇具才干的成员临危受命，出任大维齐，他就是穆罕默德·科普鲁卢的侄孙子——侯塞因·科普鲁卢。侯塞因·科普鲁卢认识到，由于帝国军队不断遭受严重的挫折，为了帝国的和平和社会的安定，必须与那些赞成以和平的方式来解决领土纠纷的欧洲国家密切合作，并在1700年与奥地利的哈布斯堡王朝、波兰人、威尼斯人，以及俄国人在克罗地亚的卡洛维茨通过艰苦的谈判，最终签订了《卡洛维茨停战协定》。

《卡洛维茨停战协定》的签订，标志着帝国与欧洲国家关系中的一个根本性的转折，具有深远的影响。根据此协定，长期属于穆斯林的领土第一次永久性地转归欧洲基督教徒控制了，从而成了奥斯曼帝国疆域开始不断收缩的一个重要标志。特别是自14世纪初开始的巴尔干地区突厥化的历史演变，已经慢慢地，然而却是显而易见地降下了帷幕，这是奥斯曼人不得不吞下的一个苦果。

对外战争的失败及其影响

在17世纪的时候，同奥斯曼帝国争夺世界霸权的主要对手，是奥地利哈布斯堡王朝和威尼斯，但在18世纪中，威尼斯的角色由迅速崛起的俄罗斯人来充任了。虽然根据《卡洛维茨停战协定》，奥斯曼帝国把亚速及其内陆80英里的地方割让给了俄罗斯人，但是俄罗斯的彼得大帝并不满意。奥斯曼帝国的黑海作为通向地中海重要出口的海峡区域，以及帝国首都伊斯坦布尔，都在同西方更自由、更开放的贸易中扮演的重要角色，深深地刺激和招唤着俄罗斯人注定要进攻征服奥斯曼。因为只要沙皇一天不能控制那些海峡水道和奥斯曼帝国的政治、经济、文化中心伊斯坦布尔，那么，从某种意义上来说，俄罗斯就决不能被完全纳入欧洲这个政治组合之内。

18世纪，奥斯曼帝国与俄罗斯之间的冲突范围，远远超过以前黑海北面鞑靼国或高加索地区的边境冲突。在这个世纪内，奥斯曼帝国同俄罗斯共进行了三次战争，双方互有胜负，但最终还是以俄罗斯人的胜利而告终。第一次战争爆发于1711年，当俄罗斯为了夺取克里米亚地

区时，双方的军队在普鲁特河两岸展开了激战。在这次激战中，奥斯曼帝国军队中最有战斗力的是克里米亚的鞑靼人。他们生性刚猛，骁勇善战，在作战中使用传统的武器弓和剑，砍去了许多俄罗斯士兵的头颅，使得帝国素丹在战争开始许诺的把每个俄罗斯士兵的头颅送到他们营帐时发给大量的赏金，竟在一天之内不得不把赏金削减到了原定赏金额的半数还不到。

在这次历史性的战役之后，俄罗斯的彼得大帝接受了著名的《普鲁特降约》，把亚速及其毗邻的所有地区统统归还给了奥斯曼帝国，并且拆毁了附近的所有军事要塞，取消了让俄罗斯船只停留在黑海的特权。同时，这次所取得的胜利，也为奥斯曼帝国提供了一次喘息的机会，乘机收复了由于《卡洛维茨停战协定》而丧失给威尼斯人的属地。

俄罗斯对奥斯曼帝国进一步的侵略，因此次失败基本上停顿了10年以上，直到它与奥地利哈布斯堡王朝结成军事联盟共同行动时为止。1723年，俄罗斯军队再一次窜犯克里米亚，重新占领了亚速，并且向奥斯曼帝国索取从多瑙河到高加索一带的领土。在帝国政府断然拒绝了俄罗斯的无理要求之后，俄罗斯派出大量的军队向奥斯曼帝国发动了一场新的战争。俄罗斯的军队虽然打了几个大胜仗，可是在法国驻奥斯曼帝国大使巧妙地策划了令人惊异的《贝尔格莱德条约》之后，俄罗斯所得无几，仅获得了一个不设防的亚速和在黑海地区通商的权利，但是货物必须由奥斯曼帝国的船只载运，在《贝尔格莱德条约》签订以后的35年中，奥斯曼帝国西部的边境进入了一个相当长的和平的历史发展时期。实际上，正是由于《贝尔格莱德条约》的签订，使得奥斯曼帝国统治集团的上层人物自得其乐，过着一种养尊处优的生活，不能居安思危。特别是长时期的和平，使得奥斯曼帝国的军队在相当长的一段时间内没有受到战争的锻炼，军事装备和作战技术落后老化，从而导致奥斯曼帝国的衰落过程不断加快。

引起奥斯曼帝国与俄罗斯之间的第三次战争的直接原因是关于波兰的局势。1763年4月，波兰国王奥古斯特三世去世时，欧洲的几个强国为了选立新国王进行了疯狂的外交策划。俄罗斯和普鲁士希望新国王不受奥地利哈布斯堡王朝的控制，所以波兰议会在俄罗斯和普鲁士的联合压力下，选出了亲俄罗斯和普鲁士的贵族为波兰新国王。法国因自己企图控制波兰的计划受挫，便怂恿奥斯曼帝国干预波兰事务。1768年10月，当奥斯曼帝国对有关波兰问题的要求不能如愿以偿时,便鲁莽地投入了对俄罗斯的战争。战争期间,俄罗斯的方针之一,就是支持奥斯曼帝国领土上的基督东正教,试图鼓动希腊人起来造反。在战斗中,由于奥斯曼帝国的军队在毫无准备的情况下投入战斗,屡战屡败,一溃千里。而俄罗斯的军队则一路攻城夺隘,勇猛无敌,迅速占领了雅西和布加勒斯特等重要城市,并且在两年之中完全掌握了摩尔达维亚和瓦拉几亚全境。此外,俄罗斯的一支波罗的海舰队开进了地中海,虽然它没有拿下军事重镇莫里厄,但却在爱琴海消灭了一支奥斯曼帝国的海军舰队,直接威胁着帝国首都伊斯坦布尔和安纳托利亚沿海各地区。为了免遭更惨重的失败,1774年6月,奥斯曼帝国与俄罗斯通过谈判,签订了丧权辱国的《卡伊纳雅条约》。此条约为日后将近一个半世纪的奥斯曼帝国与俄罗斯之间的双方关系定下了基调,成为了19世纪俄罗斯在巴尔干和海峡区域实现其领土野心的有用的楔子。

　　根据《卡伊纳雅条约》的规定,俄罗斯有权在奥斯曼帝国的首都伊斯坦布尔设立"奉行希腊宗教仪典的公共教堂",有权代表希腊东正教向奥斯曼帝国提出抗议,而奥斯曼帝国政府则必须保证"持久地保护基督教徒及其教堂",把对自己帝国境内基督东正教徒属民的保护权,实际上让给了俄罗斯人。于是,日后每当俄罗斯干涉奥斯曼帝国内部的事务时,就可以据此大肆张扬地宣称自己是以奥斯曼帝国境内希腊东正教大教区合法保护者的身份行事。在领土方面,俄罗斯虽然根据《卡伊纳雅条约》从占领的奥斯曼帝国大部分的领土上撤走了,但却把黑海北岸的某些战略要地留在了自己的手里,并且让奥斯曼帝国的附庸国克里米亚鞑靼可汗国宣布独立,强迫奥斯曼帝国给予摩尔达维亚和瓦拉几亚特殊的自治待遇。在商业方面,俄罗斯获得了在黑海地区,在海峡沿岸以至在奥斯曼帝国境内各地经商并建立领事馆的权利。在外交方面,允许俄罗斯在奥斯曼帝国首都伊斯坦布尔派设一名全权常驻公使。

　　对于奥斯曼帝国而言,《卡伊纳雅条约》所带来的耻辱和后果,进一步削弱了已经开始衰退的奥斯曼帝国中央政府对于各省的控制权。在17世纪的时候,素丹和帝国中央政府就已经面临着许多具有独立倾向的、不驯服的地方总督。到了18世纪中叶的时候,尤其是对外战争的失败,使得奥斯曼帝国境内独立和分裂的政治倾向已经到了这样的地步,以致任何具有魄力和野心的地方总督都可以建立他自己不受约束的军事、政治和经济的力量,来公开违抗或不理睬素丹和帝国中央政府的命令。具有重大讽刺意义的是,在奥斯曼帝国境内首先闹分裂和独立的地方,正是亚洲和非洲那些传统的伊斯兰地区。在奥斯曼帝国境内的这类独立运动,说不上是任何具有群众性和民族意义的反对奥斯曼帝国统治的社会表现。除了像黎巴嫩、库尔德斯坦、阿拉伯半岛等少数遥远沙漠地带和山区外,所有其他地方闹独立的首脑人物和他们的追随者,全部都不是当地人,而是来自奥斯曼或者马木留克的军人阶层。他们当中的大多数人,是一些野心勃勃、居心叵测的地方总督和政府官员。他们利用素丹权力鞭长莫及和帝国中央政府软弱无能的缺点,窃取了本省的大部分税收,组成了庞大的私人军队,同西方签订了贸易协定,并且创造了一个高效率的政府机构,把本省变成了实际上的独立王国。例如埃及的穆罕默德·阿里,叙利亚的扎查尔,巴格达的马木留克酋长等,他们全部都属于这一类典型的人物。他们并不比中世纪的封建领主更加关心自己属民的言论和情感,当然更谈不上对属民福利的关怀了。他们的主要目的和所关注的事情,就是如何与帝国中央政府分庭抗礼。

此时对于奥斯曼人来说,沉痛的教训使他们逐渐地认识到,为了使帝国不沦落为西方列强相互瓜分争夺的目标,为了恢复他们昔日的地位和风采,他们必须要实施社会改革,至少要实施军事方面的改革。既然西方,后来也包括俄罗斯在内,在武器技术方面占有绝对的优势,那么为了对付西方,奥斯曼人就得借鉴西方的军事技术和战争经验。在18世纪初叶,奥斯曼帝国向西方学习的社会改革历史进程,已经在小范围内悄悄地展开了。到了18世纪末期,帝国的社会改革更是势在必行,刻不容缓了。

二、社会改革的兴起

帝国早期的社会改革

　　18世纪时,每当重大的军事失利之后,奥斯曼帝国的政治家们总是产生许多反思,总是用毫不留情的坦率态度来评论帝国的腐朽和军队无能的种种表现。特别是丧权辱国的《卡伊纳雅条约》的签订与随后克里米亚地区被俄罗斯吞并,都曾经使得帝国的许多仁人志士痛定思痛,议论纷纷,使得帝国统治集团中的一部分人意识到,仅凭奥斯曼帝国的光荣传统和伊斯兰教文明,很难再为奥斯曼帝国重振雄风提供动力,因此他们发起了以效法西方文明为基础的早期社会改革运动。

　　奥斯曼帝国早期改革家们所考虑的,主要是随着辉煌时代体制机构的日趋腐朽而暴露出来的帝国内部的弱点,因而他们的改革实践,也只是着眼于过去,竭力想使那些体制机构回归到原来的状态,也就是着眼于恢复过去旧有的统治秩序,重振奥斯曼帝国一度失去的雄风。他们社会改革的宗旨是根除腐败之风,而他们的武器,就是行刑官手里的大刀和没收非法所得财产。但是,随着奥斯曼帝国在同奥地利与俄罗斯军队的交战中一败涂地,尤其是1699年签订《卡洛维兹条约》和1718年签订《巴沙洛威茨》等丧权辱国的不平等条约之后,奥斯曼人从失败和教训中看到了西方军事优势,逐渐地认识到了使军队近代化的紧迫性和重要性,并开始把他们社会改革的目光转向西方。例如1718年6月,具有改革思想的易卜拉欣当上大维齐之后,呈递给素丹穆罕默德三世一份奏本,指出有必要进行军事改革,迎头赶上西方军事技术发展,并于1719年下令在奥地利的首都维也纳设立了帝国大使馆,于1721年任命热衷奥斯曼帝国社会改革事业的著名政治家埃劳迪为帝国驻法国大使,要求他详细地研究有关西方文明与教育的各项措施,并及时汇报其中能够应用于奥斯曼帝国社会改革的内容。

　　为了更好地了解西方和学习西方,进一步推动奥斯曼帝国的社会改

革，具有极大改革热情的帝国印刷局局长米特费里卡，在漫游考察了西方一些国家之后，向大维齐易卜拉欣交了一份备忘录。在这份长达49页的备忘录中，作者就当前各国的不同政体作了详细的叙述和评论之外，还就不同基督教国家军队的训练、组织、纪律、作战方式和军事法律等情况进行了全面的分析，指出西方军队的优势在于他们训练有素，军纪严明，并且掌握了先进的武器，所以奥斯曼帝国军队应该向他们学习，这是摆脱困境的唯一办法和重要手段。

这一时期，在向西方的学习与交流的过程中，西方文化对于奥斯曼帝国的文化和社会生活也有着一些潜移默化的影响。奥斯曼帝国上流社会的人士热衷于种植荷兰的郁金香，热衷于请西方一些享有相当名望的画家们替他们画肖像，尤其对法国生活方式和风格的表层事物十分感兴趣。修建法国风格的公园，使用法国样式的家具，模仿法国的室内装饰等，一时成了帝国宫廷圈子内的一种时尚。连素丹本人也在他的宫廷门外盖了一座一望就可知是法国卢浮宫式的喷水池。为了了解和学习西方，这一时期帝国的许多重要官员都被作为使臣派往巴黎，受命对法国的技术进行考察，看看有什么宝贵的东西可供奥斯曼人借鉴。他们回国后，都用近乎赞许好奇而惊讶的口吻，汇报了法国的科学研究、工业生产，甚至歌剧院里的情况。

奥斯曼帝国的18世纪初叶，属于相对的和平时期，那些具有现代性的军事和社会改革的尝试，在西方的影响和那些聘请来的西方人的帮助下，给奥斯曼帝国的社会生活带来了一些生气，但不久被东部边疆爆发的同波斯人的战争打断了。1730年6月，奥斯曼帝国的军队被在波斯初得天下的纳迪尔汗指挥的军队打败了，从而引发了帝国首都伊斯坦布尔的广大民众对于朝廷的荒淫无度和宫廷圈子的"法兰克生活方式"愤慨情绪的爆发，广大民众在帝国政坛上具有举足轻重作用的近卫兵团的领导下，掀起了一场武装叛乱，公开反对被他们视为标新立异的各种社会改革。支持改革的素丹穆罕默德三世丢掉了王位，而倡导改革的大维齐易卜拉欣以及其他一些政府官员则断送了性命。

这次武装叛乱固然与开展向西方异教徒学习的改革有关，因为帝国保守的社会势力害怕社会改革会严重损及奥斯曼帝国同伊斯兰教的社会结构，但是某种程度上，这次叛乱也是对帝国社会上流人士所盛行的"法兰克生活方式"的一种抗议。18世纪40年代，由于社会保守势力的强大压力，帝国所有的印刷所都被迫关门歇业，军事改革也完全失去了发展的势头。其原因一方面是由于保守势力竭力抵制的结果，另一方面的原因在于1739～1768年间，奥斯曼帝国没有对外战争，长期的太平使得帝国发展军事缺乏动力，整个计划成了泡影，就像早先海上长期休战期间，奥斯曼帝国根本就想不到要发展海军的情况一样。

然而，顽固守旧、不求进取、安于现状的精神状态使得奥斯曼帝国在1774年的对外战争中再一次出乖露丑，败给了强劲的对手俄罗斯。这一惨败的事实，又一次在奥斯曼人面前确凿无疑地证实了西方武器装备的优势。尤其是1783年俄罗斯用武力吞并克里米亚的现实，极大地刺激了奥斯曼帝国的朝野上下，变成了帝国对于一项新的改革方案实施的推动力量。而害怕俄罗斯人可能威胁到他们在勒旺岛利益的法国人，也在实施社会改革方面给予了奥斯曼帝国以物质上和精神上的支持和鼓励。此时，在18世纪初叶在奥斯曼帝国着手进行的那套兴邦强兵的改革又一次在帝国境内兴起。就在奥斯曼帝国与俄罗斯之间的战争临近结束的时候，帝国政府又聘用了一名出生在匈牙利的法国顾问托特男爵，来训练帝国的炮兵和工兵部队。然而意味深长的是，这次帝国政府倒没有要求他像以前聘请的军事顾问那样皈依伊斯兰教。

这一时期，在社会改革的推动下，奥斯曼帝国境内许多新的军事学校相继建立起来。这些军事学校拥有的教学设备和使用的教材都来自欧洲，明亮整洁的图书馆都收藏有欧洲书籍，其中有些书籍是突厥文译本。这些军事学校共有400余名学生，他们大部分人都是帝国军队和社会上层人物的子弟。在以后的年代里，这些军事学校都得到了扩充和发展，它给由素丹塞利姆三世及其继承人所开办的其他各类学校树立了光辉的榜样。此外，以前的印刷厂现在又恢复了生产，并承印了许多西方军事或科学技术方面的译著。更多的西方人才，尤其是法国人络绎不绝地来到帝国首都伊斯坦布尔，有的属于官方交往，有的出于民间的经济交流，特别是掌权的大维齐哈米德对西方人士和西方化的社会改革均持一种友好的态度。

但是，面对源源不断来自异邦的人士和观念，再加上又有迹象表明西方国家正在企图控制东地中海，威胁帝国首都伊斯坦布尔的安全，奥斯曼帝国内部的保守势力又恐慌起来。于是在一片阴谋诡计之中，他们联合起来把支持社会改革的大维齐哈米德赶下了台，并派人秘密结果了

第三章　奥斯曼帝国的社会改革

他的生命。这些还不够解心头之恨，那些极端的保守派分子还在他的尸体上插上一个标明他身份的牌子："教规和国家的死敌"。

然而，这些得势的保守派分子根本就拿不出更好的振兴帝国的方案。1787年4月，奥斯曼帝国在同老对手奥地利与俄罗斯重新开战中，又一次遭受到了惨败。所以当年轻有为、充满朝气、具有强烈改革精神的素丹塞利姆三世于1789年即位时，所面临的还是帝国以前的两个老问题：西方的优势和国内的保守势力。

年轻有为的塞利姆三世

素丹塞利姆三世登基时年仅27岁，他秉性刚直，多少有些愤世嫉俗，是一位个性较强的人。同长期以来其他的许多走出奥斯曼帝国皇宫王子阁笼的人相比，他的能力更强，知识更广，阅历也更丰富。尤其是他不讨厌西方社会的异端思想和生活方式，对于欧洲各国的事务表现出极大的兴趣。当他还是王储的时候，就已经开始通过私人使臣，同法国的国王路易十六有过书信来往，希望法国人能够帮助奥斯曼帝国抵御俄罗斯人。塞利姆三世即位最初的一段时间，奥斯曼帝国被奥地利和俄罗斯的战争束缚住了他的双手，但是此后的法国大革命分散了欧洲列强的注意力，使得奥斯曼帝国从欧洲列强的巨大压力下获得了几年宝贵的喘息时间，从而使得新素丹塞利姆三世乘机可以计划、并部分地执行一项规模巨大的改革奥斯曼帝国军队的方案，其目的是要把帝国军队的技术装备、军事训练和战略战术迅速提高到西方国家军队的发展水平，不断提高帝国军队的战斗力。所以这个意想不到的大好时机，为年轻有为的塞利姆三世提供了一个充分显示他治国才能的

奥斯曼帝国素丹塞利姆三世
（1761～1808年）

机会。

塞利姆三世即位后首先做的第一件事情,就是要求手下的大臣们呈递一些有关奥斯曼帝国亟需改革的奏章。虽然有些改革的奏章也触及到了帝国的税收、铸币以及采邑制度等社会问题,但大部分奏章主要关心的还是如何能够尽快地引进西方先进的武器装备,全面加强帝国军队的战斗实力。有些大臣除了建议按原有形式改组已经毫无战斗力的帝国近卫兵团外,也拿不出更好的办法来;有些大臣则认为必须另起炉灶,解散近卫兵团,建立全新的军事组织。尽管对于这些大臣来说,西方模式可以学习接受,然而就他们的改革主张来看,没有一个能够超越外观西化或技术西化的范畴,谁也没有考虑到教育、工业、农业这类最基本方面的社会改革。因而这一时期奥斯曼帝国的社会改革,主要还是局限于军事领域,也只是18世纪初叶奥斯曼帝国温和改革开端的延续,而没有什么新的实质上的突破。然而,就是这样的改革建议,从一开始便引起了帝国保守分子最强烈的反对,在宫廷中遭受到了一些人的唾弃和辱骂。因为近卫兵团首先意识到,一支装备精良、具有战斗力的新式兵团的崛起,必将影响和威胁到他们在奥斯曼帝国传统的政治地位。保守的伊斯兰宗教人士认为,效法异教徒的一切改革,都有损于穆斯林的传统信仰和神圣的伊斯兰法典的尊严,容易把人们引入歧途的异端。

但是,塞利姆三世已经完全意识到,帝国的社会体制已经过时了,尤其是近卫兵团,它已经成了帝国的一种政治负担,极大地妨碍着帝国社会进步的每一个步骤,所以决心要不遗余力地进行社会改革。他下令成立了一个以改革派人士组成的小型委员会襄理其事,并且在1792年和1793年相继颁布了一整套的新训令和新条例,后来被总称为新秩序。它们包括各省总督官制、地方税收、谷物交易的管制,以及其他有关行政和财政事务的新条例,其中最重要的,是为按照欧洲方式训练与装备一支新式正规化步兵团所规定的各项条例。为了筹措这项军事改革所需要的经费,塞利姆三世还特地下令成立了一个财政局,对已经被收回的和被没收的采邑封地,以及烟、酒、咖啡和其他商品等征税。

塞利姆三世在振兴帝国军事力量方面的主要尝试,是缔造一支西方式的步兵军团。因为帝国的近卫兵团在对外战争中表现极差,如果让他们去使用西方的新式武器,采用新的战术,等同于缘木求鱼,所以训练一支新式军队来替代他们,是帝国振兴军事力量的上策。为此,塞利姆

三世首先建立了几所为训练炮术、防御工事、航海，以及其他辅助科学等方面人员的陆军学校和海军学校。在这些学校里，塞利姆三世非常倚重法国人的帮助。许多法国军官被聘为教师和顾问，法文成为所有学生必修的语言。每座学校都有一所藏有4000多册欧洲书籍的图书馆，其中大多数都是法文书籍。为了组建新式军团，塞利姆三世物色到了一位名叫奥马尔的奥斯曼人，此人曾经在俄国沙皇军队中任中尉，塞利姆三世委任他为将军，让他组建一支600人的军团，这些人全部穿着当时的欧洲军服，使用由法国政府提供的新式武器，并用欧洲的战术和操练的方法来进行训练和演习。此后，为了战事的需要，塞利姆三世下令扩充新式军团，在帝国实行普遍征兵，以代替直到那时还沿用的义务募兵制。新的征兵制度既适用于一般的民众，也适用于近卫兵团。

到了1801年，大维齐尤苏夫遵照塞利姆三世的旨意，已经组建了一支9000人的新式兵团，其兵源全部来自安纳托利亚的穆斯林。新式兵团的士兵全部采用西方最新式的来福枪，并在法国军事教官和已经完全欧化的奥斯曼军事教官的指导下，完全按照欧洲的战术和科目进行严格的训练。根据塞利姆三世的有关命令，新式军团的全体官兵一律实行薪给制，一律穿欧式的军服。在塞利姆三世的眼里，这支新式军团颇有长进。他给新式军团配置了一些炮兵，又在第二个步兵团里增加了一些骑兵。此外，根据塞利姆三世的有关命令，帝国境内的各省都组建了国民军，同样采用新式军团的训练方法，并一律实行征兵制。这样，到1806年的时候，经过西方式严格训练的新式军团和各省国民军的总人数已达202万名。新式军团和各省国民军的经费，主要靠没收或挪用采邑岁入的办法来提供。

素丹塞利姆三世对于改革一直谨慎行事。他首先苦口婆心，用帝国如果不改革就将被欧洲强国打败瓜分的大量事实，设法争取到了包括帝国伊斯兰教教长在内的一些乌里玛头面人物的同意和支持，并让组建的新式军团在远离帝国京城的郊外进行操练，以免与拒不采用基督教徒所设计的军械的近卫兵团发生摩擦，也避免触犯民众的守旧情绪。然而，塞利姆三世还是同对改革一直怀恨在心的近卫兵团和某些顽固派政府官员发生了正面冲突，他们上书请愿要求停止改革。塞利姆三世迫于顽固派分子的压力，最终作了妥协，免去了支持他的改革派大臣们的职务，并把新式军团调回安纳托利亚。

这次塞利姆三世的妥协让步，只是延缓而并未能挽回帝国改革局势的崩溃。1807年5月，由于拒不接受穿欧式军服的命令，反对"法兰克式"的改革，再加上军饷长期被拖欠，从而又一次引发了驻扎在博斯普鲁斯海峡近卫兵团的兵变。他们掀翻了汤锅，这是传统的叛乱信号。面对反对改革的顽固派分子们的武装叛乱，塞利姆三世非但没有动用新式军团镇压，反而把新式军团给解散了。此时，气焰嚣张的兵变分子在一群对改革不满的暴民的帮助下，单凭一份帝国改革派主要参与者的名单，便随意把这些人抓了起来杀害了。然而，素丹塞利姆三世的妥协和屈服，也并未能够保全自己的王位，在一片阴谋诡计中，他最终还是被保守派分子废黜了，他的堂兄弟穆斯塔法四世被立为新的帝国素丹，此人胆小软弱，是那些废黜塞利姆三世的保守派分子的傀儡。

1807年夏，改革运动在奥斯曼帝国似乎已经销声匿迹了。实行改革的素丹塞利姆三世被废黜，新式军团被解散，改革派的大臣们死的死，逃的逃，反对社会与军事改革的顽固派势力接替他们掌管了帝国的大权。1808年6月，新上任不久的大维齐塔尔亚，同帝国另一位臭名昭著的顽固派分子、帝国的总法典官产生矛盾，因而被免了职。心怀不满的塔尔亚摒弃前嫌，投靠了奥斯曼帝国多瑙河前方司令巴拉克达尔帕夏，此人是当时仍然活着的唯一尚未就范且拥有军事实力的重要改革分子。

1808年夏，巴拉克达尔联合帝国残存的改革派和反对帝国京城顽固派政权的其他政治派别人士，向顽固派分子发动进攻，率军占领控制了帝国京城。素丹穆塔法四世得知这些人想使塞利姆三世复位的企图之后，便先发制人，派人将塞利姆三世秘密处死，并下令要将自己的胞弟马赫默德也绞死。听到此消息之后，惶恐不安的马赫默德还算机敏，立即躲藏了起来。勤王之师遂把素丹穆斯塔法四世禁闭了起来，后把他也秘密处死，而把隐匿在宫廷中一只空炉子里面的马赫默德二世拥上了王位。

新即位的素丹马赫默德二世授予巴拉克达尔为大维齐。巴拉克达尔在马赫德德二世的全力支持下，开始拟定一项无比雄心的社会改革计划。他首先改用新番号，对新式军团进行整编。其次全面恢复塞利姆三世时期的各项改革法令，并召集了一次大型的帝国会议，帝国各地的高级政府官员、省总督和地方显贵均被邀请参加。在一篇使人情绪激动的演讲中，他向与会的代表们提出了一项包括彻底改组帝国近卫兵团的改革方案。这一方面可以消除一系列沿袭已久的弊端，同时又能使得新兴地方上层社会集团的利益和特权得到肯定。参加会议的代表们很快便和帝国中央政府之间达成了一项改革协议,并得到素丹马赫默德二世的批准。但是,等到当真要将此项涉及社会改革的协议付诸实施的时候,除了大维齐巴拉克达尔的几个少数挚友以外,所有的人又都同他疏远了。尤其是巴拉克达尔允许他从前部队里的波斯尼亚士兵和阿尔巴尼亚士兵返回家园之后,被他的改革方案惹恼了的帝国近卫兵团,再一次掀翻汤锅发动了武装叛乱。

内战在帝国首都伊斯坦布尔的街头持续了一个多星期,带来了严重的纵火、爆炸和混乱。在骚乱中巴拉克达尔被暴民们烧死在他的官邸里。素丹马赫默德二世本人也不免沾上了改革墨渍的污点,仅仅由于他是奥斯曼帝国王室仅存的一位男性,这才保全了他的王位,甚至是他的生命。此时,以近卫兵团为首的帝国顽固派再度得势,控制了中央政府,从此改革全部的心血毁于一旦。不过,胸怀大志的素丹马赫默德二世并没有被险恶的形势所吓倒,他静心地洞若观火,伺机而动,准备先打垮帝国的保守势力,然后再重新启动奥斯曼帝国的社会改革。

马赫默德二世的改革

随着帝国改革的停顿和新式军团被彻底解散,以及许多改革家死于非命,奥斯曼帝国的改革热情大为减退,西化的改革成果所剩无几。不过有心人可以从塞利姆三世改革失败的经验中吸取到这样的教训:只有把奥斯曼帝国顽固派势力的后盾近卫兵团剪除掉,帝国的改革,特别是效法西方的社会改革才有可能获得成功。聪明过人的马赫默德二世很快便领悟到了这一点,可是他不敢在时机尚未成熟的时候贸然下手,因为顽固派分子和近卫兵团还控制着帝国京城。就算在帝国京城以外,马赫默德二世一开始也行使不了多少权力。所以,马赫默德二世的第一个奋斗目标是想尽办法,制订措施,维护帝国中央政府对地方各省的控制。不久,他削平了一些省具有独立倾向的总督权力,任命了一大批比较顺从听令的总督。

素丹马赫默德二世1784年7月出生于萨拉伊。他的父亲阿布杜尔一世

奥斯曼帝国素丹马赫默德二世
（1785～1839年）

在世时，曾经创办了一批西方式的世俗学校，当时在帝国影响甚大，给他留下了深刻的印象。此外，马赫默德二世似乎受到他的堂兄塞利姆三世的影响极大，特别是在从塞利姆三世被废黜直到被害去世的最后一年里，他们两人一直被幽禁在一起。他从塞利姆三世那里学习到了许多宝贵的治国经验，为他以后试图通过社会改革，转变奥斯曼帝国积贫积弱的现状奠定了牢固的思想基础。

从马赫默德二世以后实行的改革实践来看，他的改革指导思想和治国方针，同塞利姆三世是一脉相承的，但他吸取了塞利姆三世改革的一些经验和教训，把改革与强化素丹的统治权力结合了起来。在改革内容上，他将军事改革放在首位，试图建立一支效忠于素丹的强大新式军队。同时，马赫默德二世也特别关注奥斯曼帝国在政治、经济、教育、法律及社会生活等方面的改革。在实行改革的策略和措施上，他吸取了塞利姆三世失败的经验教训，做了相应的调整和必要的部署，尽量避免伤害广大穆斯林的宗教感情，引导和利用乌里玛的影响为帝国的改革计划服务，在打着恢复帝国传统的旗号下，行改革之实。

1826年5月28日，在经过18年卧薪尝胆的准备之后，马赫默德二世颁布了一项关于成立新式军团的御诏。在御诏中，虽然帝国近卫兵团仍予以保留，但是要求近卫兵团驻守帝国京城的每一个营都必须要抽调150人参加新式军团，并竭力设法把新式军团说成是已故苏莱曼大帝军事体系的复活，特别规定新式军团的军事训练不得由基督教徒或外国人来负责，而只能由熟悉现代军事技术知识的穆斯林军官来负责指挥。这一举措在"对异教徒的圣战需要高于一切"的大旗下，得到了具有保守倾向的帝国总法典官、乌里玛，以及近卫兵团将领的认可，他们每个人都在改革的文件上签了名，盖了章。

然而，桀骜不驯的近卫兵团根本就不听素丹马赫默德二世指令的那

第三章 奥斯曼帝国的社会改革

一套,当他们穿上合身的西式新制服开始训练的时候,驻扎在帝国首都的近卫兵团又发动了兵变。近卫兵团中的五个营首先打翻了汤锅作为传统性举行叛乱的信号,跟着便在赛马场集合,并很快又纠合了一伙愤怒的民众,企图重演1807年的大屠杀。不过,这一回他们却遭到了大多数民众的坚决反对,同时,足智多谋的马赫默德二世也料到了这一点,早有防范。此时,忠君的高级军官一接到马赫默德二世的命令,便迅速率领新式军团,携带着大炮来到了皇宫。在新式兵团的大炮对准人群密集的广场和近卫兵团的兵营连续开炮轰击30分钟之后,近卫兵团变成了一群乌合之众,四处溃散。结果,在这次平息叛乱的战斗中,有数千名近卫兵团的成员遭到屠戮。6月17日,在马赫默德二世发布的一项通告中正式宣布废除近卫兵团,而代之以一支号称"穆罕默德常胜军"的新式军团,其任务是"捍卫宗教和帝国"。另外,马赫默德二世还趁这次机会消灭了最后一批采邑封建骑兵部队,一些残存的采邑不久也全部予以废除,而必须保留的骑兵部队改发饷银,全部由国家来供养。

一个月以后,素丹马赫默德二世又借口贝克塔希斯派托钵僧曾经煽动反对废除近卫兵团的叛乱,宣布它为非法宗教团体,没收了它的财产,毁掉了它的寺院,并将它的三名主要首领公开处死,而把其余的成员全部流放到外地,将这个数世纪以来一直与近卫兵团保持密切政治关系的宗教团体予以解散。此后,马赫默德二世又通过将乌里玛划编政府管理,享受国家俸禄,增加了他们对政府的依赖性,减弱了他们与穆斯林民众的联系和影响,以及对素丹权力的制约作用。另外,马赫默德二世还宣布结束各省的自治权,削弱和限制来自世袭传统习惯或是由群众或地方同意授予的各种权力。这些举措极大地强化了素丹的权力,为马赫默德二世期待多年的社会改革彻底扫清了道路。总之,马赫默德二世王朝以后,以素丹为首的帝国中央政府的权力极大地加强了,这标志着奥斯曼帝国从此完成了由封建军事联合体制向中央集权体制的转变,这是一个历史性的进步。只有这种转变,才能使得奥斯曼帝国以后的政治体制便于向世俗化、民族化、现代化的政治体制过渡。

由1826年消灭帝国近卫兵团直至1839年马赫默德二世去世,在这段时期内,马赫默德二世进行了一项巨大的社会改革计划。他为这项社会改革计划所规定的主要路线和方向,成为此后的19世纪,甚至在某种程度上也是20世纪奥斯曼帝国改革家们所一直遵循的政治路线。马赫默德二

· 141 ·

世首先设置了"塞拉斯克",以代替帝国近卫兵团的统领"阿加"。按照马赫默德二世所规定的这一官职来看,它相当于总司令兼陆军部长,专门负责新式军团的一切事务。另外,还由塞拉斯克接管过去由近卫兵团的统领阿加在帝国京城所负有的保安、警务、消防以及诸如此类的职责。在不断加强帝国中央集权和强制推行社会改革的历史时期,保安与警务工作变得日益重要,因此,管理和指挥帝国的警务系统,已经成为塞拉斯克的主要职责之一。1845年,帝国中央政府下令成立单独的警务部门,向西方国家学习,把警务与军队区分开来,从此,帝国的警务部门不再属于塞拉斯克管辖了。为了使帝国的新式军团更加正规化和制度化,1826年,马赫默德二世下令制定了一项有关帝国新式军团的组织管理条例。其中规定全军共1.2万人,分为8个大队,全部驻扎在帝国首都。此外,他还发布了帝国各省招募新式军团的命令,规定新式军团的服役期限为12年。

废除近卫兵团,组建新式军团,这是马赫默德二世改革计划的初步胜利。然而,要想按照既定的改革计划,真正成立一支完全欧式的、强大无比、所向披靡的新式军团并非易事。这不仅有财政上的原因,还有人力资源上的困难,特别是缺乏具有现代军事科学知识的穆斯林军官。为了设法弥补在新式军团中缺乏具有现代军事科学知识的穆斯林军官,同时也为了在帝国各级政府部门中充实具有专业知识的称职官员,马赫默德二世对于帝国的教育事业也日益重视起来。因为他逐渐认识到,如果不能提高帝国各级政府官员的现代综合素质,那么,他所倡导和推行的整个社会改革体系,不但缺乏勃勃生机,而且终将注定垮台。1827年,马赫默德二世不顾各方面的强烈反对,效法俄国的彼得大帝,毅然采取果断的步骤,向欧洲各国派出了大批的留学生,其中主要是帝国陆军和海军青年军官。他们分别被派往欧洲不同国家的首都,学习军事、科学技术,学习西方的思想和文化。这些人在回国后,都成了奥斯曼帝国社会进步的中坚力量,在改变他们国家的社会面貌方面,扮演了无比重要的先驱角色。

另外,在马赫默德二世统治时期,人们除了进专门培养军官、军医或文职人员的各类军事学校以外,还可以通过其他两个渠道学习到外语和西方的科学知识,其中之一便是帝国的外交机构。塞利姆三世在欧洲设立的常驻大使机构,在他死后纷纷被取消了。马赫默德二世实行社会改革后，又重新在欧洲各国建立这些使馆机构，这样，有机会一边在国外供职一边学习进修的奥斯曼青年数量也就不断增多了。另一条渠道是帝国中央政府新设立的翻译局，该局的设立，是为了处理日益增长的外交信函，培养奥斯曼帝国的外语人才。随着翻译局的建立，有越来越多的奥斯曼人学会了外语，外交机构和翻译局日后成了造就奥斯曼帝国人才的苗圃。19世纪奥斯曼帝国的许多著名政治改革家都是从这里培养出来的，这些人代表了帝国官僚集团内部新形成的一批英才荟萃的西方通。他们往往都是支持奥斯曼帝国社会变革的改革派，他们对奥斯曼帝国现代化历史进程的发展，起着难以估量的重要作用。

在早期，马赫默德二世的教育改革，主要关注与军事有关的问题。从1838年以后，他也开始逐渐注意到非军事性的初等和中等教育问题，并且创办了许多传授西方近代知识和其他世俗学科的学校，为奥斯曼帝国的社会发展培养了许多专门人才。在非军事性教育领域内实施改革，一般来说特别困难，因为这里是乌里玛传授伊斯兰宗教课程的传统世袭领地，所以改革的阻力特别大。在由乌里玛控制的宗教学校中，普通小学用死记硬背的办法教授阿拉伯文古兰经，另外也涉猎一些念书写字之类的文化学习，根本不传授自然科学知识。在高一级的宗教学校，如经学院，教授的几乎全部都是伊斯兰宗教方面的课程，这类宗教学校根本就培养不出来帝国社会改革亟需的新式政府官员和专业人才。所以要想办那种西方式的世俗普通学校，就会在帝国宗教界人士中引起无休止的争论。

为了避免与帝国宗教界人士的全面冲突，马赫默德二世在非军事性教育领域内实施改革的时候，也相应地作了一些妥协。如把此类学校的校址选在一些清真寺内，也选择一些学识渊博、懂得一些西方现代科学的乌里玛在学校任教。在主要讲授外语和西方现代课程的同时，学校也为学生讲授一些传统的宗教课程。这些学校的学生，也和其他军事学校的学生一样，一律领取帝国政府的公费补助或奖学金。在这些学校的毕业生中，有几个人成了奥斯曼帝国未来社会改革的领导人物。

除了建立一支西方式的新型现代军队，关注帝国的教育改革之外，马赫默德二世在19世纪30年代奥斯曼帝国的社会改革中，还致力于开创一套新的官僚管理体制，其目的就是要将奥斯曼帝国的一切权力都集中在他自己的手里，使素丹的权力成为帝国境内一切权力的唯一源泉。建

立一套新的宫僚管理体制,马赫默德二世首先从整顿宫廷开始。因为奥斯曼帝国原来的宫廷职务此时有好多已经成为光拿薪水的挂名差事,办事效率极低,所以现在一概加以废除。此外,帝国政府机构经过整顿改革之后,大小政府官员一律都有了新的职衔,他们的职权都由素丹来授予,而再不靠过去传统的惯例获得。另外,马赫默德二世开始将原有的帝国行政机构改换成了西方模式的政府各部,除了塞拉斯克以外,还设置了外交大臣、内务大臣、财政大臣等官职。大臣国务会议有意仿效欧洲国家内阁的格局,大维齐也不再是旧式素丹绝对意志的代理人,而是内阁首席大臣,称为首相。

马赫默德二世还规定了统一的官服,让帝国政府官员们穿起欧洲式的马裤、黑皮靴、礼服大衣,为他们预备好办公室、写字台和若干新换上西式服装的工作人员。特别是为了提高工作效率,杜绝贪污腐败行为,克服政府官员工作能力不断下降和精神面貌不振的状况,马赫默德二世在政府官员领取薪俸方面,也进行了改革,由帝国中央政府统一付给所有政府官员以适当的固定薪俸,并彻底地废除了无理没收政府官员私产的传统做法,给予政府各级官员经济上更大的保障。此外,马赫默德二世还下令创办了一份官方报纸,起先用法文发行,后来改用突厥文出版。他要求每位政府官员都必须订阅,因为政府官员的任命和帝国中央政府制定的规章和法令,都在这份报纸上发表。这份名叫《大事概览》的报纸,也代表了奥斯曼帝国新闻事业的开端。

另外,在马赫默德二世积极的倡导下,欧式的家具和生活用品也开始在奥斯曼帝国民众的家庭中出现。在帝国宫廷和上层社会中,欧洲那套彬彬有礼的社交方式也被广泛采用。尤其是马赫默德二世此时在公开场合已经开始不按照奥斯曼帝国传统的那套仪式,而是完全按照欧洲仪式来接见客人,同他们促膝交谈,甚至对妇女也表示出极大的尊敬。此时,在马赫默德二世的影响下,帝国出现了一股学习西方生活方式的时尚,帝国政府规定星期四为不分宗教的休息日的做法,就是从法国那里学习来而行之于政府各机关的。特别令人惊异的是,在帝国政府机关办公室里的墙壁上,还出现了素丹的肖像和西方的艺术品。当然,奥斯曼帝国的这些社会变化,也不过是一些事物的表层现象,因为对于伊斯兰教的神圣法典,特别是涉及到帝国社会和家庭的问题,仍然是丝毫不可动摇的。所以有关结婚与离婚、财产与继承以及妇女和奴隶的社会地位等一类极为敏感的问题,实际上仍然没有根本性的改变。

尽管马赫默德二世的许多改革措施只取得了部分的成功,尽管这种改革多在表面上做文章,而没有把奥斯曼帝国的所有力量集中在民众教育和发展社会经济这些根本性的领域,但他所实施的一系列社会改革,就其结果而言,影响还是非常深远的。在马赫默德二世倡导的社会变革之后,奥斯曼帝国要想再走恢复旧制度的回头老路,已经是完全不可能的了。奥斯曼帝国的社会变革,不仅成了一个不可逆转的历史潮流,而且也成了一个人心所向的社会进步过程,并为"坦齐马特"时期的社会改革,起到了一个启锚开航的巨大作用。

坦齐马特时代:新制度、新观念的播种时节

1839年7月1日,踌躇满志的马赫穆德二世不幸因病去世,他的继承人是才满16岁的儿子阿布杜尔·麦吉德。新登基的素丹决定继承他父亲的遗志,重振帝国雄风。在这方面他得到了母亲阿莱姆太后的支持。阿莱姆太后是一位善解人意、品质坚强、非常了不起的妇女,她曾经积极地支持丈夫马赫默德二世从事帝国的改革事业,并为其出谋划策。由于她对儿子帮助和影响很大,所以她的一言一行、一举一动对于奥斯曼帝国未来政局的发展都有着重大的影响。此时的奥斯曼帝国正处于紧急关头,难以驾驭的埃及统治者穆罕默德·阿里重新又向帝国挑起战争,并在尼济普战役中把奥斯曼帝国的军队打得溃不成军,望风披靡,从而再一次威胁到帝国的一统江山。奥斯曼人急需要欧洲列强的支持,所以一份改革公告说不定能够帮助帝国获得这种支持,因为它可以表明奥斯曼帝国是进步的,素丹政府组成的开明而现代的政体也是值得挽救的。正是在这种形势下,新受命的奥斯曼帝国的大臣们才制定了那个历史上著名的《花厅御诏》,并于1839年11月3日正式予以公布。

《花厅御诏》的内容新旧参半,它把奥斯曼帝国的衰微归咎于没有遵守古兰经戒律和帝国的法令,但是它又指出补救的办法在于制定"新法令",彻底改变原有的习俗。御诏中的基本原则是:保障臣民的生命、名誉及财产;废除租税仓收制以及由此而产生的一切弊端;实行正

规的、按照规章执行的征兵制度；对刑事被告人给予公正的和公开的审判，一切人不拘任何宗教信仰，在法律面前一律平等。其中最后一项更能说明是同古老的伊斯兰传统作了最根本的决裂，所以按照穆斯林的原则和价值观来看，有悖于《古兰经》的精神。长期以来，奥斯曼帝国的穆斯林对于异教者的偏见，无论从传统上或是道义上来说，都是根深蒂固的。但在当时，新登基的素丹和他的那些具有改革精神的大臣们已经认识到，如果不尽快满足奥斯曼帝国各族人民的平等要求，就将会为欧洲列强寻找保护帝国境内基督教徒、干涉帝国内政找到借口。即使没有外部列强的干涉，在兴起的民族主义影响下，也将最终导致奥斯曼帝国的崩溃。新素丹和他的大臣们想通过这一巨大的社会变革，来增进帝国境内所有臣民们的友好关系，加强穆斯林以及基督教徒臣民对帝国的忠诚，削弱分离主义，巩固奥斯曼帝国的统一。《花厅御诏》还进一步指出，这些具有浓厚西方色彩的改革措施，对于奥斯曼帝国的所有臣民，不论他们有什么样的宗教信仰，一律适用。

虽说《花厅御诏》提出的各项原则和承诺，在马赫默德二世改革时期就已经有了初步的设想，但是这份形式极其庄严的公告，标志着为时40年的、在奥斯曼帝国历史进程中被称为"坦齐马特"改革运动的开始和"坦齐马特"时代（1839～1876年）的到来。"坦齐马特"(Tanzimat)在突厥语中为改革整顿之意，因为该时期具有按照奥斯曼帝国新的法令和条例，在行政、财政、司法、教育等主要领域进行全面改革的特点，体现了19世纪30年代欧洲的一些法理精神，具有一定的社会进步意义，故称为"坦齐马特"时代。

在"坦齐马特"时期，左右奥斯曼帝国政局的是一大批精通外语，熟悉欧洲政治，立志于社会改革的官僚们。在1871年以前，他们的权势如日中天，比帝国素丹的权力还大，政敌甚至称他们为独裁者。不过他们中的杰出之士，倒也不失为具有真才实学的政治家，例如雷什德帕夏，此人可以称得起是19世纪奥斯曼帝国"坦齐马特"改革运动的真正创始人。1834年，雷什德帕夏被派往巴黎当大使，从此开始了他的外交生涯。在留驻巴黎期间，他一直与年高德劭的法国著名东方学家德萨西友好交往。德萨西一方面帮助他学习法语，一方面介绍他认识了许多著名的思想启蒙家，对他以后政治志向的发展起到了很大的影响。1839年，雷什德帕夏作为特使前往伦敦，在那里他接到消息，得知马赫默德二世因病逝世。新素丹继位之后，任命由伦敦兼程返回国内的雷什德帕夏为外交大臣。此后，正是在他的积极推动下，奥斯曼帝国政府才拟定和公布了《花厅御诏》，这份在奥斯曼帝国历史上通称为"坦齐马特"的那些伟大文告中的第一条法令。

"坦齐马特"时期的社会改革，首先从法律开始。1840年5月，奥斯曼帝国颁布了一部新刑法，它的各项条款，尽管受到法国法律的影响，但主要方向仍然没有超出伊斯兰宗教法中刑法本身的范畴。但是，这里面却有着两点重要的改变，其中之一是确定了奥斯曼帝国所有臣民在法律面前一律平等。另一个是责成一个负有专责的法人团体起草并颁布了一项包含前言和十四项条款的法规。这项法规尽管意思模糊，措辞不清，实行后又不见效果，然而它却标志着一项立法原则和一个立法机构在奥斯曼帝国首次出现了，为随后实行的更加激进的法律改革开辟了道路。

此外，为了改变帝国政府机构运转不灵，效率不高的现状，帝国的财政管理方面也相应地作了一些改革。例如，在《花厅御诏》中有这样一条规定："应即采取步骤开设银行以及相似的机构，以实现货币和财政制度的改革，并应设立基金，用以增强我帝国的各种物质富源。"其目的就是希望在帝国建立一个正式的国库和一种健全的货币制度，以实现帝国社会经济的稳步发展。1840年4月，帝国发布了一道敕令，允许成立一个欧洲式的银行。次年帝国政府首次发行纸币，纸币的利息高达12%，每年分两次发给。1844年，帝国政府会同新银行采取了一系列保障币制的新措施，其中包括收回旧纸币，发行欧洲式的新货币。

在奥斯曼帝国各项社会改革中比较行之有效的，是1845年帝国诏书发表后实行的教育改革措施。同年3月，帝国政府发出通令，任命了一个由精通司法、宗教、军事等各类学科的人士组成的七人委员会，就帝国现有的各类学校进行了调查，并为设立新学校作好准备。委员会于1846年8月起草了从小学到大学的现代教育体制全面发展的规划，建议设立国立奥斯曼大学，建立初等及中等学校教育制度，以及成立一个永久性的公共教育会议。公共教育会议在1847年被改建为教育部，试图把帝国的教育从乌里玛的独占权中分离出来，从而为以后帝国全面建立世俗教育体制开辟了道路。到1867年，奥斯曼帝国建立的初等学校已达1.1万多所，世俗初小达1000多所，在校男生为24万人，女生为10万人。1869年，帝

国政府又颁布新的教育法，规定每500人以上的村、镇都必须建立一所初等学校。超过1000人以上的市镇必须建立一所中等学校。每个省都必须建立一所高等学校。并且整个教育经费都纳入到国家财政预算，由教育部统筹管理。教育改革极大地促进了奥斯曼帝国各地区教育的全面发展。到1875年，帝国各类学校的在校学生达135万人，其中军事院校的学生为2～7万，职业学校的学生为8.2万。"坦齐马特"时期，奥斯曼帝国在教育改革方面的主要成果，不仅是建立了许多学校，更重要的是造就了一批受到过良好的现代教育，具有新思想、新观念的青年一代。尤其是开创了世俗教育的体制，使帝国教育中的世俗化倾向日渐明显。尽管这一时期神学院依然存在，但由帝国政府所创办的世俗学校已经正式脱离了乌里玛的控制，完全由帝国的教育部门管辖。

1852年，"坦齐马特"改革运动遭受到了一次最为严重的挫折。因雷什德帕夏不断采取更加激进的改革步骤，希望赢得西方国家的友好和支持，但遭到帝国顽固派的强烈反对。在巨大的压力下，素丹被迫免去了雷什德帕夏大维齐的职务，以致于由他制定的新地方行政制度遭到废除，甚至使整个"坦齐马特"改革运动都陷于停顿。不过当时的一些西方观察家已经看到，自从18世纪以来，奥斯曼帝国一直处在为社会改革铺平道路的那一长串的事态发展中，改革包含的原则与信念，经过长久岁月的磨砺，已经制定了出来，成为人们更高的热忱。

1854年，"坦齐马特"改革运动开始进入一个新的发展阶段。因帝国军队同俄国人作战不利，这恰好暴露了帝国政府的腐朽和无能。于是，素丹又一次向欧洲列强提出，在他们的帮助下，接受社会的进步和改良，全面推行一项更加符合本国国情的改革运动。这样，帝国的改革派又重新上了台。1855年5月，帝国政府宣布废除有关歧视非穆斯林的两项重要措施：一项是人头税。这是自有伊斯兰教政权以来，便要求在穆斯林国家内，所有受保护的非穆斯林属民都要缴纳的一种税，如今庄严地以法律的形式被废除了。另一项是携带武器的特权，也就是服兵役的权利。这项权利过去几乎同样长时期地仅限于穆斯林才能享有，如今也对所有的人开放了。在"坦齐马特"时期，随着社会改革的不断深化，帝国政府在1856年2月18日又颁布了另一份庄严的改革法令——《哈蒂·胡马云诏书》。这份改革法令不同于1839年的御诏，它只字未提《古兰经》，而是较多地谈到了人间的平等，强调世俗物质的进步和繁

荣。帝国政府表示要建立银行，改善公共建筑和交通设施，改进商业和农业，将充分发挥西方的知识、技术和欧洲都城的作用。

关于改革的新法令——《哈蒂·胡马云诏书》的制定与颁布，作为长期改革派领袖的雷什德帕夏却并未参与。此时他已年迈多病，这次改革的领导权，已经落到了其信徒——阿利和富阿德两人的手里，这两人领导了此后"坦齐马特"15年的改革工作。阿利和富阿德也都像雷什德帕夏一样，是靠外交知识才开始飞黄腾达的，属于"坦齐马特"时期改革运动的第二代人物，许多在他们前辈时期还是陌生和新奇的东西，此时都已成了社会日常生活中的一部分了。不论从他们所抱有的改革信念或是他们的个人地位来说，两个人都比雷什德立足更加稳固。因此，即使他们在帝国的社会改革实践中做得更加谨慎和更加现实一些，都没有什么根本性的关系。

1861年6月25日，素丹阿布杜尔·麦吉德去世，他的兄弟阿布杜尔·阿齐兹继任素丹。新素丹继任后不久，便同以阿利与富阿德为首的改革派发生了芥蒂，以致帝国的整个改革工作由于他的粗暴干涉而受到阻挠，甚至被取消，但是阿利和富阿德还是能够利用在奥斯曼帝国已经建立起来的一整套新的西方式的对王权监督制约的机制，来推行各个方面的社会改革。

奥斯曼帝国在1839～1871年间的"坦齐马特"改革运动，所取得的成就是很不平衡的，其主要原因是社会经济发展极其缓慢。虽然帝国的农业生产有所增长，但那也是微乎其微的。虽然帝国政府两次宣布废除纳税农庄制，但事实上却是废而不除，因为直接征税制既没有增加岁入，也没有减少横征暴敛的弊端。此外，公路、铁路、桥梁以及公共建筑等现代设施的发展程度，各省之间的差异也很大。由于没有出现大规模的工业发展，所以，这一时期奥斯曼帝国只是建立了一些小型的制造加工业工厂。特别是因为与欧洲列强签署的通商条约，把奥斯曼帝国的保护关税限制在了8%之内，使得欧洲货物的进口量不断增加，从而严重地影响了奥斯曼帝国民族资本的发展。

1869年，"坦齐马特"时期改革运动的两个重要领导人之一的富阿德逝世。1871年9月，另一位重要的领导人阿利也在卧病三个月之后死去。奥斯曼帝国重要改革派人士的相继去世，尤其是他们改革的主要支持者和模仿学习者法兰西，在1871年的普法战争中败北，造成法国在奥斯曼

帝国朝野中的威信下降，帝国改革派的威望也随之降低。因此，在对奥斯曼帝国的前途一片悲观失望的情绪中，"坦齐马特"的改革家们完成了他们的历史使命。纵观奥斯曼帝国的全部历史，再也没有任何别的历史时期比"坦齐马特"更招人评论的了。

对于这一时期所进行的社会改革，或被认为是浅薄而过于仓促的西化，或被认为还不够雷厉风行。也有的政治家则把"坦齐马特"时期誉为"播种时节"，是新的观念和制度得以萌动发芽的季节。也就是说，如果没有"坦齐马特"这一历史时期，此后的奥斯曼帝国宪政时期，以及共和国时期的改革家们，都根本不可能取得任何社会进步的成绩。因为基本的事实是：奥斯曼帝国如果要想继续立足于现代世界民族之林，除了实行具有西方色彩的社会改革，别无其他抉择。

奥斯曼帝国的社会改革长达百年，究其原因主要有几个方面：一是社会改革的起点比较低，促进社会改革的政治、经济、文化资源匮乏。二是奥斯曼帝国的社会改革并不完全是由其自身内部矛盾运动的因素所造成的，而是在西方殖民不断扩张的压力下，在对外战争的一系列失败中启动的。因此，广大民众对社会改革的本质和意义在思想认识上有一个由表及里、由浅入深的发展过程。总之，在奥斯曼帝国的巨变时代，整个社会之间充满着许多悬疑不定的东西，呈现出旧秩序瓦解和新秩序待建过程中的混沌不清的特征。

三、奥斯曼帝国的宪政运动

关于奥斯曼帝国自由主义者反抗集权统治的历史，按照一般的习惯，都是以1859年的库勒利事件开始。在那一年，一小撮同谋者策划推翻、或者在必要时刻刺杀素丹阿布杜尔·麦吉德。但是不幸的是预谋被发现，主谋人被作为要犯流放到叙利亚。欧洲的一些政治观察家把这次未获成功的预谋事件说成是奥斯曼帝国历史上第一次企图实行立宪及议会政府的尝试。

第三章 奥斯曼帝国的社会改革

在奥斯曼帝国，完全按照自由主义方式对政府的行为提出批评，以及提出一些宪政改革方案，那是19世纪60年代的事情。1867年2月初，比利时报纸《北方报》登载了一则关于费萨尔亲王在奥斯曼帝国开办一家银行的消息。费萨尔亲王在为更正这个错误报道而写的信中，提到在奥斯曼帝国支持他的人，并称他们为"青年奥斯曼人"，这一名称无疑是从几十年前已经在欧洲出现过的青年意大利、青年英格兰、青年法兰西、青年德意志等得到启发而采用的，这个名称被奥斯曼帝国自由主义者看中了，他们最后决定用青年奥斯曼人作为他们的政治组织和出版物的名称。1871年奥斯曼帝国宣布大赦，随后，许多青年奥斯曼人由流亡中返回国内，通过新闻活动，继续从事他们反对专制统治、要求自由和宪政改革的政治活动。

1876年秋季，面对泛斯拉夫主义和欧洲列强的干预，奥斯曼帝国上下群情激昂，出现了一股爱国主义热潮和伊斯兰教的狂热情绪。这种气氛进一步催化了有关帝国宪法的讨论，11月末，在具有改革精神的大臣米德哈特主持下的一个由乌里玛成员和文官组成的专门委员会，起草出了一部宪法草案。可是等草案的最后文本呈递给素丹阿布杜尔·哈米德二世之后，引起素丹的不满，压着迟迟不表态，最后迫于强大的社会压力虽然总算批准了，但突然又加上了那么一句："凡属危及国家安全的人物，素丹皆有权将其放逐。"1876年12月9日，米德哈特被任命为帝国大维齐。四天后，奥斯曼帝国历史上第一部正式成文的宪法公之于众，庆典是在刚被大雨冲刷过的帝国广场上举行的。

这部1876年的帝国宪法，从头至尾显露出西方的影响。宪法对内阁、对由素丹任命的帝国上议院、对由选举产生的帝国众议院、对独立的司法机构以及人权法案等都做了明文规定。但帝国的内阁并非像米德哈特最初提议的那样对议会负责，而是完全对素丹负责，所以帝国的立宪主义者都把希望寄托于选举产生的众议院。另外，帝国宪法还规定素丹拥有批准立法、任命各部大臣、召集和解散议会等各项大权。这种状况的政府，一些西方评论家把它称为"有限制的独裁政府"，并认为开明的比利时宪法以及更带君主主义色彩的普鲁士宪法，为它提供了某些重要的启示作用。

尽管素丹阿布杜尔·哈米德二世迫于强大的公众压力，制定了一部帝国宪法，但从许多史料来看，他对立宪一事从来都没有给予过任何积

极的支持，也许他真正中意的是宪法草案的最后文本，因为它赋予了素丹各种大权。1877年2月，阿布杜尔·哈米德二世意识到议会不愿受任何约束，爱怎么做就怎么做，将会给自己的统治带来许多麻烦，而且议会还有可能成为公众不满情绪的聚焦点，因此他赶在议会召开之前，抢先放逐了有改革创新精神的大维齐米德哈特，而后者一直希望利用立宪政体，来实现他关于政权机构改革的原始设想，即帝国内阁对议会而不是对素丹负责。

1878年2月14日，素丹阿布杜尔·哈米德二世以俄国与奥斯曼帝国战争结束时的危急形式为借口，宣布帝国议会休会，然而这一休会，奥斯曼帝国的议会就休了整整30年。素丹阿布杜尔·哈米德二世强行解散了议会，恰恰充分说明了帝国议会具有反对专制统治的潜在战斗力。奥斯曼帝国的宪法虽然被搁置了起来，但它始终是日后帝国政治家们回顾瞩目的一盏明灯。

1878年5月，阿里·苏亚维领导的20万人在帝国首都起义的失败，是青年奥斯曼党人为发动护宪运动的最后一搏，又是阿布杜尔·哈米德二世集权专制的30年暴政统治时期的开始。为了彻底清除与杜绝奥斯曼帝国自由主义派别的活动，1883年6月，著名的自由派大臣米德哈特和他的几位自由主义者同胞，被素丹阿布杜尔·哈米德二世下密令绞死在阿拉伯半岛麦加附近的塔伊夫地牢中。

此后，从1878年到1908年的30年中，素丹阿布杜尔·哈米德二世根本就没有召集过一次帝国议会而统治着全国，尽管他从来都没有公开废除帝国的宪法，而且还继续把它刊列在帝国的年鉴上，但是这30年的专制统治仍然是非法的，因为奥斯曼帝国的宪法特别规定，倘若素丹解散帝国议会，新的议会必须在六个月之内召开，而帝国宪法条款不得以任何借口予以终

土耳其历史上著名的哈图尼耶神学院

止。就奥斯曼帝国穆斯林臣民的总体而言，素丹阿布杜尔·哈米德二世违背宪法的行为不一定不得人心。因为在奥斯曼帝国的传统影响下，帝国议会与政府对于广大的穆斯林来说，根本就没有任何意义，因为他们所尊敬和拥护的，只是奥斯曼帝国王室的天子后裔。他们中的大多数人普遍认为专制君主心地善良，会慈父般尽心地帮助他的臣民。

阿布杜尔·哈米德二世是奥斯曼帝国历史上一位阴谋、权术和独裁的集大成者。在阿布杜尔·哈米德二世统治的头10年，他本人也正像奥斯曼帝国从18世纪开始以来，同任何其他时期的素丹一样，是一位积极从事社会变革的君主，并且完成了许多在过去年代还只是刚刚开始或是初步拟定的计划。所以在其掌权的早期年代，阿布杜尔·哈米德二世给人们留下的印象就是一位积极上进的君主，是以个人专制和独裁来拯救和改善奥斯曼帝国的统治者。在奥斯曼帝国的宪政改革方面，阿布杜尔·哈米德二世是一位专制的独裁者，但是在教育领域，他却是一位继承了"坦齐马特"传统的改革家，在他统治时期，奥斯曼帝国的教育有了极大的发展。在他看来，教育改革是推进奥斯曼帝国各方面事业进一步发展的基本先决条件，所以他对教育改革做出了最先和最大的努力。这一时期，奥斯曼帝国改革最显著的成就，在于高等教育得到了极大的发展，无论是高等学院还是高等学院的学生，在数量上都有了很大的增加。

在阿布杜尔·哈米德二世的统治时期，另外一项重要的社会改革便是法律方面的改革。这实际上又是自"坦齐玛特"时代就已经开始的那一过程中的最后终结。在其他物质生活方面，阿布杜尔·哈米德二世统治下的奥斯曼帝国也是朝着西方化的方向不断发展的。奥斯曼帝国在欧洲资本的帮助下，修建了铁路、兴办了矿山和公用事业。虽然绝大部分的利润都以货币的形式从帝国流向了海外，但奥斯曼帝国所得到的好处却是物质生活的日益方便，以及随着西方资本的渗透而带来的科学技术和文化知识方面的社会进步。

在阿布杜尔·哈米德二世的统治下，虽然奥斯曼帝国在教育、法律和社会经济发展等方面是有了很大的进步，并且取得的成绩也是有目共睹的。但是在奥斯曼帝国危机的年代里，反抗和不满的浪潮还是从两个不同的风源兴起：一个反对派起源于非奥斯曼民族日益增长的民族主义

政治思潮，尤其是那些受过现代教育的阿拉伯人。阿拉伯文化复兴培植了阿拉伯民族主义的意识，因此，在许多地区都产生了要求自治的政治主张。反对派的另一起源，是那些受过西方式现代教育的奥斯曼青年人对阿布杜尔·哈米德二世血腥专制统治的不满。黑暗的君主专制统治，并不能阻挡民主与自由等反对专制的破坏性观点在帝国军校学员和高等学校学生中传播。这些作为未来奥斯曼帝国的军人和行政官员的青年们，虽然接受的是帝国所能给予他们最先进的和最现代化的教育，但是他们以及他的教师，在关于怎样对他们所服务的那个国家进行管理的问题上，迟早会得出一些较为激进的结论米，那都是不可能避免的事情。

第一个有组织反抗阿布杜尔·哈米德二世专制统治的团体成立于1889年，发起人是四名医科学校的学生。新革命组织成长很快，并从其他高等学校赢得了信徒。这些新的谋反者也像他们的前辈1865年的青年奥斯曼人那样，效仿意大利烧碳党的办法，把人员分别编排为若干编号的小组，同时每一个人也都有一个号码。这时，流亡国外的人士在巴黎也成立了一个有组织的革命团体。其中一位是前奥斯曼帝国议会的议员加尼姆，他在巴黎主持出版了一种叫做《青年土耳其人》的报纸，公开批评素丹及其专制政权。采用这个名称，无疑是要有意识地唤起人们对19世纪60年代青年奥斯曼人流亡者的回忆。大概是由于受到西方现代实证主义所主张的秩序和进步的影响，当时在帝国首都的革命组织，把原来奥斯曼同盟的名称，改为团结与进步委员会，欧洲人将其称为青年土耳其党。

1908年7月20日，马纳斯特的民众在青年土耳其党人的领导下举行了起义。并占领了军械库。接着在其他地方也发生了革命暴动，特别是科索沃省的愤怒民众向素丹发出了最后通牒，立誓要恢复宪法，如果素丹拒绝的话，便在鲁米利亚另立皇太子为素丹，同时有一支10万人的武装队伍将向帝国京城进发。

经过两天的踌躇和讨论，阿布杜尔·哈米德二世屈服了，决定恢复帝国的立宪政府，以确保他的素丹王位。7月23日，他宣布帝国宪法再度生效。7月24日，奥斯曼帝国首都各大报纸都刊登了将举行议会选举的官方通知，全文共三行，没有标题。因为报纸刊物一律实行严格的新闻检查制度，帝国首都的市民们大都对于兵变事件一无所知，所以当人们看

第三章　奥斯曼帝国的社会改革

到这项通知以后还不知道发生了什么事情，直到第二天报纸刊登发表欢庆帝国宪法恢复的文章之后，人们才明白了帝国发生了什么事，洪水于是冲决了大堤，造反变为了革命，欣喜若狂的民众涌向街头，相互拥抱欢庆胜利，大街小巷到处贴满了团结与进步委员会的标语口号：自由、正义、平等、博爱。素丹阿布杜尔·哈米德二世血腥专制统治的漫长黑夜已经过去了，自由的黎明已经到来。这一时期帝国文学作品所反映的，几乎是一种如狂的欢乐，甚至连抱有怀疑态度的欧洲报纸也在报道中做出了这样的反映。奥斯曼帝国立宪革命所取得的伟大胜利，进一步鼓舞了广大群众，使得帝国出现了空前活跃的民主气氛，光是自由思想的刊物就由革命前的几种猛增至几十种，各行各业人民群众组织的政治团体活跃在奥斯曼帝国的政治舞台上。

从1908年奥斯曼帝国第二个立宪政体开始，直到1918年奥斯曼帝国最后失败的这段时期内，除了短暂的空隙时间外，国家的大权始终掌握在青年土耳其党人的手中。乍一看来，青年土耳其党人由1908年至1918年的10年政绩，确实是非常糟糕的，应该在许多问题上受到责备。例如，青年土耳其党人通过暴力、镇压及恐怖的手段，把国家公共生活变成了一种野蛮行为。他们多次使军队干预政治，导致了政府军事化和将领政客化的双重恶果，尤其是他们使资产阶级立宪政府循序渐进的社会发展，完全变成了阴谋与反阴谋、镇压与暴乱、专制与丧权辱国，以及战败等等的恶性社会循环，最终使帝国的广大民众对革命寄予的崇高希望，很快地变成为了极大的失望。也就是说，青年土耳其党人建立的君主立宪制度，虽然是一个历史的进步，但是并未改变奥斯曼帝国封建专制制度的实质。然而，在奥斯曼帝国历史发展进程中的另外一个主题，应该永远不被忽略，这就是对于所有青年土耳其党人来说，他们最关心的事情，便是这一时期已经明白无疑处于危险中的奥斯曼帝国的存亡问题。

像奥斯曼帝国历史上改革派的前辈那样，青年土耳其党人相信要使帝国从内部腐朽和外部侵略中得到拯救，必须对奥斯曼帝国及社会的各个层面进行某种根本性的变革。所以，在为巩固执政地位而激烈斗争的那些年代里，青年土耳其党人都曾抽出大量时间来处理一部分此类的问题，并且设法通过立法和行政措施，使其得到解决。尽管他们的工作往

往是计划不周全的,并且时常因碍于当时国内外局势的变化而受到挫折,但不管怎么样,他们还是在许多方面兢兢业业地努力,尤其是从奥斯曼帝国历史发展进程长远意义而言,青年土耳其党人的这种努力,不仅为奥斯曼帝国将来传下了前几百年所取得的社会进步和成就,而且在制度、意识形态和社会发展等方面作出了巨大贡献,从而为现代土耳其共和国的诞生奠定了基础。

总之,在青年土耳其党人统治的年代里,奥斯曼帝国历史发展的进程加速了。如果青年土耳其党人能够按照这一发展趋势努力下去,奥斯曼人在东方的伟大历史新命运将会充满极大的希望,但因为青年土耳其党的领导人在重大决策上的失误,使得奥斯曼帝国不久便被卷入到了1914～1918年的第一次世界大战之中,并在现代战争的冲击下归于覆灭,终于耗尽了奥斯曼人的士气和忠诚。

四、波澜壮阔的民族解放战争

1918年初,随着第一次世界大战的即将结束,奥斯曼帝国这个摇摇欲坠的多民族、多语言、多宗教的庞大帝国,因军事失利、经济崩溃和政治腐败无能,终于变得奄奄一息了。长期以来在奥斯曼帝国民众中间产生的对于青年土耳其党领导人专制独裁的忿恨,正在不断地加深。尤其是随着以英、法等国为首的协约国军队的节节前进,奥斯曼帝国整个形势变的越来越严峻,终于到了一发而不可收拾的步。

1918年7月,穆罕默德六世登上了奥斯曼帝国素丹的宝座。10月,青年土耳其党人的大臣们集体宣布辞职,新素丹任命奥斯曼帝国自由派人士伊泽特为新的大维齐,并交给他一项谋求休战的艰巨任务。经过了三天的初步协商,10月29日,一个由海军大臣劳夫率领的帝国政府代表团,登上了停泊在利姆诺斯岛的英国军舰,并于次日同协约国签订了停战协定。

青年土耳其党人的三位党魁,恩维尔、塔拉特和杰马尔,此时同

乘一艘德国炮艇越过黑海逃跑了。而一支拥有60艘军舰的协约国海军部队,于11月13日在奥斯曼帝国首都的港口停泊了下来。12月8日,协约国在奥斯曼帝国首都成立了军事管理委员会,对港口、防御工事、宪兵、警察,以及电车等交通工具实行了严格的管制。1919年2月8日,法国军队的统帅德斯佩雷将军,像几个世纪以前的奥斯曼帝国素丹穆罕默德二世一样,骑着一匹由希腊人赠献的白马,进入了奥斯曼帝国的首都。

1919年4月,英国和法国军队相继占领了靠近叙利亚和伊拉克边界的小亚细亚中南部的几个地方,意大利的军队则在小亚细亚西南部登陆,希腊人也相继占领了伊兹密尔等城市。与此同时,协约国正在巴黎,以及此后从1919年至1920年春的一系列会议上,讨论制定了奥斯曼帝国必须严格履行的和平条约。此外,协约国之间达成的秘密协议,还规定了瓜分奥斯曼帝国的阿拉伯地区以及它的小亚细亚地区的内容。

1920年5月,奥斯曼帝国政府收到了巴黎和约条款。根据此项条款,奥斯曼帝国的所有欧洲领土,除首都伊斯坦布尔周围的一小块外,都得被瓜分割让掉。而奥斯曼帝国的海峡则按照有关规定一律实行非军事化管理,向任何国家的一切来往船只开放,并把海峡的整个管理权置于一个国际委员会的控制之下。此外,按照有关条款的规定,奥斯曼帝国的重要城镇伊兹密尔则必须交付给希腊管理,而独立后的亚美尼亚和获得自治的库尔德斯坦则出现在奥斯曼帝国小亚细亚的东部,即使留给奥斯曼帝国的小亚细亚地区的其余部分,也要根据另外一份协议被指定作为法国和意大利的经济势力范围。此外,巴黎和会条款还规定全面恢复治外法权,并且要求奥斯曼帝国的一切财政均由协约国来控制。

1920年8月10日,百般无奈的奥斯曼帝国代表不得不前往塞夫勒,签署了这份判处奥斯曼帝国死刑的条约。因此,后来的现代土耳其共和国把签订条约的这一天规定为国耻日。

在《摩德洛司停战协定》和《塞夫勒条约》签订的阴沉和沮丧的两年左右的时间里,奥斯曼帝国出现了一个广泛的民族主义爱国运动。许多满腔热血、忧国忧民的仁人志士在巴尔干半岛的色雷斯和小亚细亚的一些地区发起了反抗西方列强瓜分帝国的斗争,并且成立了一个领导广

大民众进行斗争的政治组织"护权协会"。此后，随着他们成功地开展了一系列反对西方列强瓜分和控制奥斯曼帝国的斗争，在奥斯曼帝国的历史上，一场波澜壮阔的民族解放运动由此开始了。到了1919~1920年，这个运动的政治组织更为严密，协调更加有方，并且以后还找到了自己的政治领袖，他就是被世人称之为"现代土耳其共和国之父"的穆斯塔法·凯末尔。

促使奥斯曼帝国民族解放运动高潮迭起的主要原因，是希腊军队在帝国的重要城市伊兹密尔登陆所引发的政治事件。根据有关的停战条款，伊兹密尔本应该由协约国共同占领，但这只是表面文章。1919年5月15日，一支两万多人的希腊军队在协约国军舰的掩护下，在伊兹密尔登陆。希腊军队在按照计划占领该城及周围地带之后，又继续向东推进，进入了奥斯曼帝国的心脏地区。希腊人的这次大规模的军事行动，从一开始就让人明白，他们此次来到这里不仅仅是为了临时性的军事占领，而是为了永久性的吞并，是为了把小亚细亚的西部并入一个拥有爱琴海西岸的大希腊，以便重新恢复君士坦丁堡希腊东正教帝国过去的辉煌。然而，希腊人的这种伟大理想则对奥斯曼帝国的生存具有最终威胁，在这一点上，是所有奥斯曼帝国的有识之士都能够看出来的。因此，希腊军队的入侵，激起了土耳其人强烈的愤怒与抗议。

在奥斯曼帝国人民看来，把其他各民族居住的遥远省份割让出去，倒还可以忍受，甚至帝国的京城被他人占领也还可以容忍，因为这些占领者毕竟是作为胜利者一方的不可战胜的西方大国，同时这些军队迟早都会退回到他们国家去的。但是作为一个帝国的邻邦，一个过去的附庸民族，突然间冲进了帝国的心脏地带，这对于桀骜不逊、具有辉煌历史的土耳其人来说，实在是一种忍无可忍的危险和奇耻大辱。因而在此时，压在奥斯曼帝国广大民众心灵上的怒火终于雄雄燃烧了起来，并变成为无法扑灭的复仇烈火。在帝国的首都伊斯坦布尔，广大民众不顾外国占领军机枪和大炮的威胁，多次举行大型的抗议集会，并且第一次着手进行秘密的武装抵抗运动。在小亚细亚的厄代米什地区，少数帝国军队甚至与希腊军队发生了遭遇战，虽然未能阻止希腊军队的前进，但在希腊军队行进中的沿线，帝国的广大民众到处都展开了游击战。

为了有效地组织民族抵抗武装力量，迎接即将到来的民族解放战争，凯末尔与志同道合的富阿德将军、劳夫及雷费特上校等人多次举行秘密军事会议，商讨进行民族解放战争的办法与措施。特别是当凯末尔等人进行一系列政治活动的消息传到帝国首都之后，所有爱国人士都感到无比的欢欣，深受巨大的鼓舞，而卖国求荣的素丹政府则却感到万分惊恐，因此，帝国素丹政府要求凯末尔立即返回首都。当得到他拒不从命的消息后，便以素丹的名义发出一道终止凯末尔军职任命的赦令。为了竭力避免过早地表现出任何公开背叛合法素丹政府的行为，凯末尔毅然辞去了所有的帝国军职，换上了普通民众的便装，转而参加了1919年3月3日成立于埃尔祖鲁姆的东安纳托利亚保卫权利协会，这个政治性的组织，后来在埃尔祖鲁姆地区按照合法的手续正式登记，从而为凯末尔领导的土耳其民族解放运动提供了合法性，并成为此后以凯末尔为首的民族革命派同卖国的素丹政府，以及英、法为首的协约国进行斗争的重要政治工具。

1920年4月23日，一批被称为大国民议会的代表，云集在安卡拉举行了正式会议，选举了大国民议会政府，从此，这一天就成为了日后土耳其共和国的国庆日，也叫做儿童和国家主权日。

此时的大国民议会政府并没有宣布废除素丹，只是声明由于素丹是协约国的俘虏，所以，只有大国民议会政府才能代表国家。第二天，凯末尔当选为大国民议会主席，并亲自主持了部长会议。1921年1月，大国民议会颁布新的法律，从而将这一政治组织更加具体化了。新的法律宣布主权无条件属于国家，而这个国家现在第一次被正式称为"土耳其"。

奥斯曼帝国的民族解放运动，共分为三个阶段。在第一个阶段中，凯末尔率领游击队在小亚细亚的阿达纳、腊代加和济安普特等地，曾经有效地阻止过法国侵略军，使他们没有能够越过雷池半步。然而在著名的安特鲁战斗中，由于游击队在人数与武器装备上都远远不及敌方，虽然经过了10个多月的浴血奋战，最终因敌我力量相差太悬殊而遭受到惨败，几乎丧失了全部人马和武器装备。

然而，军事上的失败并没有使凯末尔沮丧、绝望，他以一个军事战略家的眼光，很快地找出了失败的主要原因，并作出了正确的决定，这就是在政治纲领被确定了之后，亟需建立一支纪律严明、指挥统一、英勇善战、能够担负起民族解放战争主力军的正规部队。凯末尔为了组建

这支正规部队，与他的助手们到处招募参加过第一次世界大战的退伍军人。他过去的许多老部下、老战友也纷纷脱离素丹政府，率领数百人、数千人，甚至数万人参加了新组建的国民军。

1921年奥斯曼帝国的民族解放战争进入了第二个阶段。在战争的初期，同样还是外国侵略军占据了上风，新组建的国民军仓促应战，处处被动挨打，形势十分严峻。军事上的接连失败和人员所遭受的重大伤亡时常使凯末尔彻夜难眠，甚至心存退意。有些重要的领导人也建议凯末尔与素丹政府妥协，接受协约国的条约。经过数日痛苦的反思，他觉得妥协与退让只能最终导致奥斯曼帝国被西方列强瓜分，摆脱不了灭亡的命运。"为了国家民族的利益，只能殊死一战，绝不能顾虑个人的荣辱安危。"在一次重要的军事会议上，凯末尔慷慨激昂地对他的部下说道。

凯末尔决定重振旗鼓，发动民众。他一方面利用协约国之间的矛盾，同部分国家签订友好条约，让他们停止对奥斯曼帝国的军事干涉，并承认安卡拉民族革命派政权的合法性；另一方面争取社会主义国家苏俄政府在经济上、军事上给予民族革命派政权更多的支持和援助。此外，以农民为主体的国民军因为英勇的表现而受到了广大民众的衷心爱戴和大力支持，青年人纷纷踊跃报名参军入伍，而老年人和妇女们则主动地帮助士兵挖战壕、修工事、护理伤员、运输枪弹，把水和粮食运送到前沿阵地。广大民众这种忘我的精神和全力以赴的支援，使凯末尔深受感动，从而更加坚定了他与外国侵略者血战到底的信念。

1921年夏天，希腊侵略军在英国军事顾问的指挥和英国军队大炮、坦克的火力支援下，由国王君士坦丁统帅，气势汹汹地向国民军发动了强大的攻势。8月，希腊侵略军兵临安卡拉城下。在希腊侵略军得意忘形之际，凯末尔针对希腊侵略军速战速决、急于攻占奥斯曼帝国民族革命派大本营安卡拉的战略计划，决定采取稳定后方，迂回作战和突破重点的作战方针，抓住有利战机，同希腊侵略军展开了一场关乎奥斯曼帝国民族前途命运的大决战。为了给大决战作好充分准备，凯末尔以迅雷不及掩耳之势，首先平定了素丹军队的武装围剿，消除了肘腋之患，并重新调兵遣将，迅速分割包围了希腊侵略军。

1921年8月23日至9月13日，在广大民众的大力支援下，在凯末尔卓越的指挥下，国民军发动了为时20天的"萨卡里亚战役"。在战斗中，国民军前仆后继，英勇杀敌，数度攻占敌军阵地，而希腊侵略军凶悍善战，又几次反攻击退了国民军的进攻，战场被一片冲天的火海所吞噬，双方都付出了沉重的代价。在一次夜间作战中，亲临前线阵地指挥的凯末尔不幸被流弹打断了一条肋骨，用绷带包扎好以后，他又继续指挥战斗。在凯末尔大无畏精神的鼓舞下，国民军士气大振，越战越勇。而此时的敌军已成惊弓之鸟，在国民军的追杀下，希腊侵略军大部分被歼灭，少数溃逃到萨卡里亚河西畔。这是一场关系到奥斯曼帝国历史命运的大决战，决战的结果改变了奥斯曼帝国的历史，奠定了凯末尔以后的辉煌业绩。为了纪念这次伟大的胜利，表彰凯末尔的功勋，奥斯曼帝国大国民议会授予凯末尔以"加兹"称号，意思是"圣战的胜利者"，并晋升他为国民军元帅。

在奥斯曼帝国民族解放运动的第三个阶段，国民军彻底改变了长期以来在战场上长期处于劣势的状态。此时的国民军在人数和武器装备方面与希腊侵略军几乎完全相等，特别是国民军斗志昂扬，充满必胜的信心；而希腊侵略军则却因为其内部意见不和，加上国内政权和决策不断的更迭变化，导致军心涣散、士气低落、战斗力下降。

1922年8月25日，凯末尔在前线指挥部下达了向敌人阵地发起总攻的命令。在国民军猛烈的攻击下，敌军根本就无法组织有效的抵抗，纷纷弃城而逃或举手投降。第二天的傍晚，国民军就便已经占领了希腊侵略军的大量阵地，并俘虏敌军数万人，缴获武器弹药不计其数。在佩纳忠地区进行的最后战役中，希腊侵略军的新任总司令特里席皮斯将军被俘，所以人们风趣地把这次战役戏称为"总司令战役"。

1922年9月9日，威武雄壮的国民军迈着矫健的步伐，在广大民众的一片欢呼声中，进入了长期被协约国军队军事占领的重镇伊兹密尔。此时的协约国主动要求同以凯末尔为首的民族革命派政权谈判。然而，当凯末尔率领代表团到达谈判地点时，毫无谈判诚意的协约国无一名代表在场。凯末尔随即发表了《军队从地中海向全国致敬》的宣言，并发出命令："全国将士们，你们的目标是爱琴海，前进！"此时的外国侵略军在国民军的乘胜追击下，已经完全不堪一击。

不久，小亚细亚境内的外国侵略军全部被歼灭，奥斯曼帝国在小亚细亚地区的所有失地，至此全部恢复。在以后的时间里，英国政府为了

避免与奥斯曼帝国民族革命派政权的武装冲突，于1922年10月11日，同安卡拉民族革命派政府签订了新的停战协定。根据这项协定，各协约国政府同意把伊斯坦布尔、海峡地区以及东色雷斯的主权交还给奥斯曼帝国，并同意召开一次和会，彻底废除《色佛尔条约》，双方共同缔结一项新的和约。

至此，奥斯曼帝国民族解放战争取得了最终的胜利。奥斯曼帝国民族解放战争的胜利，标志着西方列强试图瓜分奥斯曼帝国的阴谋彻底破产。从1920年国难当头时算起，一直铺放在奥斯曼帝国大国民议会主席团桌子上作为悲痛哀悼标志性的黑色桌布，这时被取了下来，而象征着胜利与和平的绿色桌布，则被平整地铺设在了主席团的桌面上。

和平会议于1922年11月20日在瑞士的洛桑召开，经过数月的艰苦谈判和争论不休的外交争执，双方终于在1923年7月24日签订了正式和约。对于奥斯曼帝国来说，这项和平条约最主要的意义，是重新确定了奥斯曼人对于几乎包含今天整个土耳其共和国在内的全部领土所拥有的完全和不可分割的主权。与此同时，根据和平条约的有关规定，在奥斯曼帝国还废除了长期以来象征着卑劣和屈从，极容易引发人们深恶痛绝的治外法权条约。正因为如此，在1918年第一次世界大战的五个战败国家当中，奥斯曼帝国是后来唯一不愿意修改和约的国家。

第四章 凯末尔领导下的社会变革

历史上，伊斯兰教一直是土耳其人的国教，土耳其一直是一个政教合一的宗教神权国家，全国大约有98%的人信仰伊斯兰教。伊斯兰教作为一种宗教、一种生活方式和文化形态，在土耳其人中间经过一千年左右时间的传播和发展，逐渐形成了具有土耳其特色的伊斯兰教传统。因此，伊斯兰教作为土耳其传统文化中最核心的成分，不可能不影响到土耳其人的价值观念、思维方式，以及社会生活与政治制度的全部结构。

土耳其近现代社会的历史变迁，具有巨大的、深刻的和急骤性的特征，是一个动态发展演变的过程。特别是自1923年10月29日土耳其共和国成以后，在国父凯末尔的民族、民主、世俗化思想的倡导下，土耳其人崇尚西方文明，走出了历史的歧途徘徊，逐渐地融入到了世界主流文明之中，实现了其历史宏愿，那就是采取了西方文明的政治制度，实行了宗教与国家政治分离的世俗化制度，既宣布土耳其是一个非宗教的现代国家，但同时又保留了土耳其的文化传统，允许伊斯兰教在私人生活领域中发挥其固有的文明作用。

一、共和国之父凯末尔

在历史上，每当一个国家、一个民族处于生死存亡的危难时刻，总会涌现出许许多多的治世奇才和英雄豪杰，用他的才智和魄力，以及大无畏精神和气壮山河的勇气力挽狂澜。凯末尔就是这样一位在土耳其近现代历史上充满传奇色彩的英雄人物。他不但在最后的历史关头把奥斯曼帝国从被西方列强瓜分的命运中拯救了出来，而且通过在奥斯曼帝国境内实行一系列以政教分离为宗旨的世俗化社会改革，最终把一个多民族军事联合

土耳其国父——凯末尔

体的帝国，演变成为了一个民族性的现代国家；把一个具有伊斯兰教性质的君主神权国家，演变成为了一个立宪民主共和国；把一种官僚封建主义演变成为了一种现代资本主义，建立了彪炳春秋的丰功伟绩而名留青史，被人们称誉为现代土耳其共和国之父。

1881年的春天，凯末尔诞生于巴尔干半岛南端美丽的爱琴海城市萨洛尼卡的一个中等木材商家庭，他的祖父是萨洛尼卡地方的一名小学教员，父亲阿里·李查曾经是一名帝国政府海关的低级官员。在凯末尔的童年时代，奥斯曼帝国已完全沦落成为了一个半殖民地、半封建的国家，受尽了西方列强的凌辱。

这一时期，以素丹为首的专制统治集团的无能和卖国，奥斯曼民族的屈辱与外国人的跋扈，在整个奥斯曼帝国表露得尤为明显。特别是巴尔干地区的政治动乱彻底冲垮了他的家庭赖以为生的木材生意，父亲经

受不住这种沉重的打击,在凯末尔7岁那年,不幸身染重病,虽多方求医,耗尽了家中大量的钱财,终因病情太重,不久便带着怨恨离开了人世。社会的动荡与家庭环境的险恶,都在凯末尔幼小的心灵中留下了深刻的影响,并影响了他一生的世界观。

凯末尔从小酷爱军事,似乎对军事有着一种天生的悟性。12岁那年,他违背母亲的意愿,偷偷考入了萨洛尼卡的一所军事中等学校。在军校学习期间,除了军事课程以外,他对数学、化学、历史、文学也都有着极为浓厚的兴趣。他立下宏愿,要读尽天下的好书,以历史上的英雄人物为自己的楷模,长大后成为国家民族有用的栋梁之才。以后随着眼界的逐渐开阔,阅历的不断增长,新思想的巨大冲击,他变得更加成熟,更加干练,从而为日后的政治与军事生涯打下了良好的基础。

1895年,凯末尔在萨洛尼卡军事中等学校以优异的成绩毕业,其后,升入玛纳斯提尔军事预备学校。他在这所学校不仅数学课程成绩优异,而且外语与化学等课程都获得优良的成绩。特别是凯末尔的远大抱负与刻苦勤奋的学习精神,得到了校长和教师们的高度关注与一致好评。从玛纳斯提尔军事预备学校毕业后,1899年9月,凯末尔进入伊斯坦布尔帝国陆军大学学习步兵。不久,他的军事才能得以崭露头角,深得有关部门的赏识,所以又让他改学军事参谋专业。1905年1月凯末尔毕业,被授予帝国陆军上尉军衔。

凯末尔在伊斯坦布尔帝国陆军大学学习期间,正巧也是奥斯曼帝国素丹阿布杜尔·哈米德黑暗专制统治最为严厉的年代,而帝国陆军大学又是当时奥斯曼帝国境内秘密反抗素丹专制统治的主要中心之一。学员们不顾学校当局采取的一切纪律性措施,依然偷偷地在宿舍里阅读青年土耳其党人流亡分子撰写的各种著作,并且就国家政治体制的弊端与社会管理的腐败无能及其挽救之术相互交换着意见。起初,凯末尔对社会政治问题不予过问,冷漠迟钝,在学校里只是埋头读书,很少关心与军事无关的一些事情,担心因违纪而被学校开除,从而失去当军官报效国家的机会。但是不久,奥斯曼帝国的软弱无能,社会的腐败不公,以及西方列强外交官的飞扬跋扈、傲慢无礼的现状,都在凯末尔的脑海里留下了极为深刻的印象,对他产生了一定的影响。

凯末尔一面刻苦学习,一面思虑着国家的前途、民族的命运,社会的腐败黑暗与人民的巨大痛苦,经常使他冥思苦想通宵达旦。他逐渐地

第四章　凯末尔领导下的社会变革

抛弃了政治上的幼稚与天真，越来越深入地卷入到了青年军官中的政治活动，最终加入了青年土耳其党人的政治组织，成为一名反对素丹血腥专制统治的坚定革命者。

1905年1月，当凯末尔即将得到毕业证书时，由于他积极参加反对素丹专制统治的政治活动，终于不可避免地被人告发，导致他和他的几位同学一起被捕，被关在帝国皇宫里面拘押犯人的地方。在经过长时间的审讯毫无结果，帝国政府就把凯末尔和他的几位密友一起放逐到大马士革的第五军团去服兵役。大马士革是当时奥斯曼帝国境内外各种社会矛盾比较突出的集合点之一，奥斯曼帝国社会内部的阶级矛盾和民族冲突在这里表露得最为尖锐激烈，因而素丹政府在那里常年派驻重兵，其目的就是为了残酷镇压广大人民群众的反抗斗争。

凯末尔到达第五军团以后，曾经到叙列亚各地游览，亲眼目睹了素丹专制统治下腐败无能的社会现状，以及广大民众受苦受难的悲惨情景。为了把奥斯曼帝国从素丹专制残暴的统治下拯救出来，在这里，凯末尔又把在军校学习期间开展的革命政治活动恢复了起来。他和四位最可靠的战友在大马士革成立起"祖国与自由协会"的秘密政治组织，并通过这一革命政治组织同许多朋友们建立起了关系，团结起更多的人参加革命活动。

1907年3月，凯末尔被晋升为少校军衔，调往驻扎在马其顿的第三军团任职，开始了他战功卓著、戎马倥偬的军旅生涯。此后，他同青年土耳其党的秘密政治组织"同盟进步委员会"取得了联系，并积极参加了他们的革命活动。然而，这一时期的青年土耳其党领导人恩维尔等，刚愎自用、爱好虚荣、嫉贤妒能、排斥异己。他们并没有重用像凯末尔这样一些革命品质坚定、非常具有政治才干的青年军官。因此，在奥斯曼帝国著名的1908年宪政革命中，并没有能够使得凯末尔显露头角。

1908年的奥斯曼帝国资产阶级宪政革命胜利以后，因青年土耳其党人的政治纲领只能满足于帝国宪法的恢复和暴君的下台，而整个国家并未获得真正的解放和进步，特别是革命的发展趋势与凯末尔的想法和政治信仰相冲突，为此，凯末尔十分不满，他很快脱离了青年土耳其党，一度放弃政治而专心致力于军事研究。他曾经先后翻译并发表了德国著名将军李兹曼的步兵排战斗操典和步兵连战斗操典，使得受训的官兵们颇有收益，他的军事才能也得以崭露头角。

1910年4月，凯末尔第一次访问欧洲，参加了当年在皮卡尔迪举行的法军大演习，亲眼看到了欧洲经济上的繁荣和军事上的强大，并广泛接触和学习到了许多欧洲的新思想，以及先进的军事科学。尤其是通过与西方社会的对比，使他对奥斯曼帝国国势衰微、政治腐败以及民众的疾苦有了更进一步的深刻认识，这段经历对凯末尔日后树立治国平天下的雄心有着很大的影响。

此后，在奥斯曼帝国反击意大利入侵巴尔干地区的战斗中，凯末尔亲率他指挥的部队奔赴前线，总是一马当先，身先士卒，屡建奇功。他的军事才能深得上级的赏识，不久，他就被上级有关部门任命为一个大大超越他军衔的军事指挥职务。当时凯末尔虽然仅仅只是一名少校军衔副官，可是上级却命令他统帅一个团的军队。由于凯末尔在军中任人唯贤，不拘一格，为人宽厚，善待士兵，使得上下左右齐声交口称赞，深得广大官兵的衷心爱戴。

第一次世界大战前夕，对国际形势洞察敏锐的凯末尔就预见到，不管奥斯曼帝国的同盟者德国是否最终获胜，等待奥斯曼帝国的都将是一场可怕的灾难。凯末尔曾经多次给帝国最高军事当局建议，竭力反对把奥斯曼帝国的命运同德国拴在一起，尤其是反对完全听任由德国来摆布奥斯曼帝国的命运。但是，对德国人一贯言听计从，希望能够依靠德国的强大武力，建立起一个以奥斯曼王室为首的突厥民族大帝国的最高政府当局，则充耳不闻，听而任之，无论如何都不愿意接受凯末尔的劝告和批评。1911年10月，急公好义、嫉恶如仇的凯末尔被调离了帝国的首都。在此后令人惴惴不安的和平年代里，他被任命为奥斯曼帝国驻保加利亚大使馆的武官，面对帝国所处的险恶国际局势，一天到晚无所适从。

1914年7月28日，第一次世界大战爆发，奥斯曼帝国成为以德国为首的同盟集团国成员之一。1915年初，由于凯末尔本人的恳切请求和大声疾呼，不久，被帝国政府招回国内参加战争，奉命统帅当时在马尔马拉海欧洲沿岸泰基尔达地区正在着手建立的几乎属于空想的第19师。随后，踌躇满志的凯末尔统帅他的军队，由泰基尔达地区奔赴加利波利半岛前线。一时间战云密布，一触即发，奥斯曼帝国境内社会动荡，人心彷徨不安，到处笼罩着悲观的情绪。此时，凯末尔深深地感到救国家与民族于水深火热之中，是一名军人责无旁贷的崇高天职，所以当他到达前线之后，就亲临阵地战壕视察，关心士兵们的疾苦，积极军事备战，人们因此对他充满了敬意。

凯末尔经过周密、细致的研究部署之后，率领他的部队顽强地抵挡住了英国军队强大的攻势，成功地保住了达达尼尔海峡不被敌人占领，为扭转整个不利战局发挥了巨大的作用。但是，达达尼尔海峡保卫战的辉煌胜利，虽然一方面给凯末尔带来了晋升和荣誉，使他赢得了"伊斯坦布尔大救星"的美称，但另一方面也遭到了奥斯曼帝国政府最高军事长官恩维尔的嫉妒和猜疑。不久，凯末尔被调往距离帝国首都数百公里以外遥远的东部前线执行一项任务，因为恩维尔认为，如果把凯末尔这样一位家喻户晓、光彩夺目的民族英雄留在奥斯曼帝国京城，总不免会过于引人注目，从而使他相形见绌。

1916年2月27日，凯末尔受命正式接任在迪亚尔巴克尔地方的一项军职，并被授予将军军衔。在同俄国人进行了一场速战速决的战斗之后，他为奥斯曼帝国夺回了比特利斯和穆什等许多地方，同时也为他自己赢得了新的荣誉。

1917年7月，凯末尔被任命为新成立的帝国第七军军长。他曾经竭力反对青年土耳其共党人军政府的轻率进攻战略，相反，他多次强调守卫国土和保存奥斯曼帝国人力与物力的重要性。他同时也反对泛突厥主义和泛伊斯兰主义，认为那都是一种不切实际的幻想。他相信西方化，私下认为伊斯兰教在很多方面阻碍着现代社会的进步，所以凯末尔的思想观念比起他的同事们来则显得更加世俗化。因此，可以这样公正地说，如果凯末尔早期还不是一位民族主义者，他的现实主义精神和独立思考的意识也足以使他日后成为这样的历史人物。

1918年初，体弱多病，长年卧床不起的奥斯曼帝国素丹病故，由皇太子凡希代丁继位。因凡希代丁对具有超人精神和具有独创军事才能的凯末尔颇有好感，所以委任他为帝国驻战略重地叙利亚的第七军团总司令。此时，第一次世界大战已经接近尾声，而整个战局则在不断恶化，特别是装备精良的英国与法国军队不断向奥斯曼帝国军队与德国军队发动了强大的攻势，在很短的时间内，就把帝国与德国联军赶出了巴勒斯坦和叙利亚的广大地区，到处传来奥斯曼帝国军队兵败如山倒的噩耗，奥斯曼帝国的许多重要城镇纷纷陷于以英、法为首的协约国军队的铁蹄之下。

尽管凯末尔指挥自己的军团,在撤退下来的其他各军团的协助下,经过周密筹划,组织了多次卓有成效的反攻,并在哈来卜北部地区集中优势兵力打垮了法国军队,又腾出手来有效地阻止住了英国军队的进攻,获得了局部战役的胜利。特别是凯末尔根据战场形势的变化,果断地命令手下虎将伊斯梅特上校率其部强渡沙姆特斯河,将英军退路切断,准备在勒阿颇以北地区同英国军队进行最后一场殊死之战,发誓要雪洗民族之耻。

然而,此时的奥斯曼帝国巨人气数已尽,在军事上彻底被以英、法为首的协约国军队击垮,再也无力进行抵抗了。1918年10月3日,奥斯曼帝国正式在摩德洛斯停战协定上签了字。停战协定规定,德国元帅应从奥斯曼帝国军队中离开,任命凯末尔担任奥斯曼帝国最精锐的部队、闪电集团军总司令。但是,在两个星期之后,精锐的闪电集团军被奥斯曼帝国政府勒令解散,凯末尔本人也被召返回帝国首都伊斯坦布尔。1918年11月30日,当凯末尔抵达帝国首都伊斯坦布尔的这一天,也正是以英、法为首的协约国庞大舰队开到伊斯坦布尔的同一天。奥斯曼帝国在第一次世界大战中遭受到的惨败,使得凯末尔的民族自尊心受到了沉重打击,他暗中发誓一定要雪洗民族之耻。

返回帝国首都后的凯末尔很少抛头露面,这曾经引起了许多人的猜疑。凯末尔时常一个人默默无语,感到这眼前的世界变得很茫然,在等候、期盼和焦虑之中忧郁地度过了一段归隐生活。在凯末尔归隐期间,西方列强对奥斯曼帝国贪得无厌的疯狂瓜分,以及素丹王朝的摇摇欲坠,为凯末尔日后在政治上、军事上的东山再起,创造了良好的社会氛围。

早在《摩德洛斯停战协定》签字之前,凯末尔就给帝国政府发去了电报,陈述奥斯曼帝国对敌人无条件限制的投降是极其危险的。然而,软弱无能的帝国政府仍然在丧权辱国的《摩德洛斯协定》上签了字,宣布奥斯曼帝国无条件投降。面对以英、法为首的协约国试图在整个世界众目睽睽之下瓜分奥斯曼帝国的狼子野心,凯末尔又含着眼泪给帝国政府的大维齐伊泽特将军发去一份加急电报,再次指出,如果帝国政府未对停战协定条款其错误之处加以争辩修改之前就解散本国军队,敌人必然要随意长驱直入,侵占许多地方,奥斯曼民族也必将陷入灭顶之灾。

但此时的奥斯曼帝国已摇摇欲坠,满朝的皇亲贵族们都已经吓得魂

第四章 凯末尔领导下的社会变革

飞魄散,一心只想着怎样妥协求存,如何苟延残喘,根本就听不进去凯末尔的建议和忠告。因此,凯末尔私下将其部属的军队尽可能地悄悄转移到托罗斯山脉以北的广大地区,并把余存的武器和阵地设施发给奥斯曼帝国南部各省民众收藏。凯末尔采取的这些必要措施,在后来的伟大民族解放战争中发挥了巨大的作用,尤其是为取得安太普、乌尔法、马拉斯等保卫战的全面胜利,提供了决定性的物质条件。

尽管凯末尔作为奥斯曼帝国硕果仅存的胜利将军而声誉昭著,但他要想在首都伊斯坦布尔组织领导民族抵抗运动,挽救危难的国家民族,却很难有所作为。因为素丹政府及其帮凶拼命地反对所有一切民族主义的意识形态,认为奥斯曼帝国的不幸遭遇,都是民族主义所带来的。他们对外国侵略者提出的任何无理要求都唯命是从,根本就没有一点骨气和反抗精神,陷于一种极端恐惧的状态之中。此时的奥斯曼帝国素丹政府所能做的事情,就是绞尽脑汁阻止任何群众性的反对外国侵略者的运动,认为这类运动不仅将会威胁外国侵略者的利益,而且也会影响到自己的统治地位。因此,他们一方面继续遣散奥斯曼帝国军队,另一方面却又听任以英、法为首的协约国军队一再违反休战条约。素丹政府命令在伊兹密尔的帝国军队不得对希腊侵略军进行抵抗,并对京城内任何反对外国侵略者的抗议活动一律严厉镇压。

此时的凯末尔已经敏锐地体察到卖国求荣的奥斯曼帝国素丹政府已经完全堕落到了不可救药的地步,成了外国侵略者的代理人和人民的公敌。面对越来越险峻的形势,凯末尔决心离开帝国首都伊斯坦布尔,依然到奥斯曼帝国当时民族主义运动非常活跃的小亚细亚地区去。那里成立了全国第一批民族主义抵抗运动政治团体,即"保卫权利协会",这个政治团体后来又相继出现于奥斯曼帝国各地,并且为每个受到外国侵略者威胁或被外国侵略者占领地区的民族主义抵抗运动树立了光辉的榜样。

凯末尔虽然早就有离开外国侵略者占领的首都伊斯坦布尔的想法,但最终到达小亚细亚地区参加组织领导奥斯曼帝国的民族解放运动,却完全出于一个非常偶然的机会。1919年初,行将崩溃的多民族军事联合体的奥斯曼帝国,到处都是各族人民的反抗,尤其是在黑海地区的希腊人组织的武装游击队的活动非常活跃,对素丹政府在那一地区的统治威胁极大。帝国素丹政府为了彻底消灭这些由希腊人操纵指挥的游击队,

想起了起用声名昭著、骁勇善战、具有卓越军事才能的凯末尔,所以任命他为驻防在小亚细亚黑海沿岸的萨姆松地区的奥斯曼帝国第九军团军民联合检阅使,全权负责这一地区的军政大事,成为了一名掌握重要职权的领导人。

虽然当时以英、法为首的协约国政府领导人,对具有爱国热情与军事才能的凯末尔的这一任命持怀疑态度,但帝国素丹政府为了维护他们摇摇欲坠的统治,也只能起用像凯末尔这样的人才,试图倚重凯末尔这位能征善战之将来挽救行将分崩离析的帝国,所以仍然坚持这项任命。最后,1919年5月16日,凯末尔登上了邦德玛号轮船,离开了令人窒息的帝国首都伊斯坦布尔,前往奥斯曼帝国当时的民族抵抗运动中心小亚细亚地区,并且在那里做出了一番惊天动地的事业,在最后的历史关头,把奥斯曼帝国从西方列强瓜分的命运中拯救了出来,最终成为土耳其历史上一位叱咤风云的英雄人物,在奥斯曼帝国从传统向现代迈进的历史过程中留下了浓墨重彩的一笔。

二、政治体制改革:废除素丹与哈里发

奥斯曼帝国的民族解放战争取得胜利之后,摆在凯末尔及其拥护者面前有几种战略选择。他们可以乘着胜利长驱直入叙利亚和伊拉克,重新占领奥斯曼帝国失去的亚洲领土,恢复昔日奥斯曼帝国的辉煌。凯末尔还可以登上素丹和哈里发的宝座,继续维持封建神权专制的国家形势。但是,凯末尔是一位头脑清醒的资产阶级民族革命家和政治家,他认为这种扩张主义违背了民族意愿,增加了敌人的力量,不如回到我们自然合理的限度中去,坚持和平共处的睦邻友好关系。

战事一停,为了使奥斯曼帝国和希腊摆脱令人头疼的少数民族问题,凯末尔首先同希腊达成了协定,不惜采用残忍但十分有效的交换人口的办法,解决了奥斯曼帝国与希腊之间从古到今的民族纠纷问题,在以后的几年中确实使两国建立了一种良好的外交关系。此外,凯末尔还

第四章 凯末尔领导下的社会变革

宣布放弃一切对外野心和一切形式的大奥斯曼主义、泛突厥主义和泛伊斯兰主义的意识形态，有意地把自己的行动和意愿限制在《洛桑和平条约》所规定的奥斯曼民族领土的范围之内，并把他的后半生贡献给了艰苦、费力而又不引人注目的国家经济建设和社会改革当中，显示出了一位现代政治家的明智与胸怀。一旦挣脱了奥斯曼帝国桎梏和卸下额外领土这副重担，去实施凯末尔的世俗主义的政治理想，使奥斯曼帝国完全接受西方文明，从而推动奥斯曼帝国的现代化发展和社会改革便成为一件不难的事情。

改革之所以能够比较容易地进行，还因为奥斯曼帝国经过几代改革家们承前启后的不断努力，此时已经培植出一种改革传统和社会发展方向，这种方向便是全面学习西方的制度、思想和习俗。虽然奥斯曼帝国的传统和伊斯兰教古老的信仰、仪式与习俗并没有完全消失，但有的已经被改造，更多的则面临能否存在下去的挑战。这种新老体制的共存，时常造成人们的精神痛苦。

从奥斯曼帝国几百年来社会改革的历史进程中，思路宽纵的凯末尔总结判断出，要想巩固他对国家政权的控制，掌握奥斯曼帝国未来的发展命运，首先需要解决的问题是迫在眉睫的政治体制问题，即奥斯曼帝国的形式与结构问题。以凯末尔为首的民族革命派，从一开始便坚持声称他们是忠于素丹的，帝国的君主之所以反对他们的正义事业，那是由于听信了谗言和受到了外国人控制的缘故。但是这些原则，从奥斯曼帝国资产阶级民主革命长远的目标来看，又是同保留素丹君主制相矛盾的。因为凯末尔所领导的民族、民主革命，是一场以摆脱近代以来国家经受的屈辱为动力的，是以世俗化为核心的一场社会革命。

奥斯曼帝国是一个伊斯兰教国家，奥斯曼帝国封建专制制度的特点是封建神权的专制制度，即王权（素丹）和教权（哈里发）是紧密结合在一起的。素丹既是奥斯曼帝国的君主，又是宗教最高的精神领袖。奥斯曼帝国的素丹于1517年征服阿拉伯的哈里发末代王朝统治的埃及以后，又给自己加上了哈里发的尊号，因而素丹又成为了整个穆斯林世界的最高领袖。素丹与哈里发融为一体，形成了奥斯曼帝国的封建神权君主专制制度。这种政教合一的伊斯兰文明政治体系，逐渐演变成为了一成不变的守旧心态和千古一揆的社会制度，使得奥斯曼帝国失去了适应时代发展与变革的活力，成为奥斯曼帝国社会向前发展的主要障碍。

promoting凯末尔下定决心从此结束奥斯曼帝国君主的政治权力，把素丹同哈里发制分离开来的原因，是因为在召开瑞士的洛桑和会之前，以英、法为首的协约国同时向安卡拉的民族革命派政权和伊斯坦布尔的素丹政府发出正式邀请。而这种双重邀请展示出来的国家权力行将分裂的前景，不得不使凯末尔下定决心要彻底地废除素丹制。然而，当时凯末尔将要进行的这项政治体制改革所面临的困难是很大的，不仅封建神权专制的拥护者们坚决反对这项政治体制改革，凯末尔的许多受传统制度思想影响极深的亲密同事和一些大国民议会议员们也坚决反对。例如，凯末尔在问起民族解放战争时期他的最亲密战友劳夫关于这个问题的看法时，劳夫回答说："在良心和感情上，我是离不开素丹和哈里发的，我有责任继续对君主保持忠诚，我对哈里发的爱戴，是我所受教育的结果。"劳夫用严肃的口吻继续说道："废除素丹和哈里发，而另设其他性质的官职来代表，将会造成失败和灾难，这是千万做不得的。"当时坐在凯末尔身边的许多亲密战友也都表示同意此种看法，并且还说："事实上，根本就不存在素丹制和哈里发制以外还有其他形式的政府。"

然而，凯末尔分析了当时国家的政治形势，得出了不相同的结论。在他看来，素丹和哈里发由于在奥斯曼帝国民族解放战争中同外国侵略势力相勾结，所以已经声名狼藉，威信扫地，他们的政治影响已经成了过去的东西，而民族革命派在民族解放战争中则建立了崇高的威望，并且手中有强大的军队做后盾，所以逐步废除素丹和哈里发的时机已经成熟。特别是当协约国一方面同以凯末尔为首的民族革命派政权签订和约，另一方面又顽固地继续坚持承认素丹政府，这种别有用心的双重承认，企图使国家政权陷入一种分裂的状态，促使凯末尔更加坚定了废除素丹和哈里发制的决心。

在经过长时间的深思熟虑之后，凯末尔决定把素丹和哈里发这两个职位分开，先废除前者，而暂时保留后者，从此国家将不再拥有素丹，而只让一位奥斯曼帝国的王子来担任哈里发的职位，并严格限定他仅拥有宗教权力，而没有政治权力。凯末尔希望通过这种折衷的办法来瓦解宗教分子对于社会政治变革的反对，这样既保持了一个超越国家政治之上的合法宗教权威所具有的优点，同时又结束了素丹的个人专制。1922年11月1日，安卡拉的大国民议会通过了包含两项条款的决议。第一项条款宣布:"奥斯曼帝国的人民认为,在伊斯坦布尔的那种依靠个人统治形式的政府已不复存在,至此,已经永远成为历史。第二项条款承认哈里发职位应属于奥斯曼王室,但规定哈里发只能依靠国家而存在,并应该由大国民议会遴选奥斯曼王室中最品学兼优的王子来担任。"

同年11月16日,大国民议会又决定,以勾结英国的叛国罪,把素丹及主要大臣交付国家最高法庭审判。素丹穆罕默德四世11月17日得到消息后,见大势不妙,还没有等到大国民议会来评定他是否品学兼优,便在一个伸手不见五指的漆黑夜晚,带着他不满10岁的幼子,从王宫侧门仓皇出逃,登上了一艘英国军舰逃离了奥斯曼帝国。至此,流传了600多年的奥斯曼帝国素丹制,随着这位最后一代素丹的逃亡而一去不复存在。不久,素丹穆罕默德四世的堂弟麦吉德被选为新的哈里发。然而,此时的哈里发制,也随着素丹制的灭亡而形影相吊,摇摇欲坠了。

凯末尔办完了奥斯曼帝国素丹制的丧礼之后,又开始为下一阶段的国家政治体制改革做准备。他首先需要一个政治工具,虽然保卫权利协会曾经在奥斯曼帝国的民族解放战争时期做许多工作,但它却满足不了一个享有和平与独立现代国家的需要。凯末尔这时要着手把它改变成为一个在现代国家政治体制运作中的真正政党。凯末尔走访全国各地,同国内各社会阶层的代表们诚恳地交换了意见之后,1923年8月9日,"人民共和党"成立,凯末尔担任该党的主席,它是这一时期国家中的唯一政党。与此同时,凯末尔还在准备进行一项甚至更加彻底的政治体制改革。首先是在1923年10月24日,正式宣布定都安卡拉,其次是宣布共和。1923年10月29日,大国民议会云集各方显要数百人,在经过许多小时的激烈辩论之后,当天晚上8点30分,成立共和国的决议案以158票获得通过。投票时,虽然有许多人投了弃权票,但没有一个人投反对票。15分钟之后,也就是在8点45分,大国民议会一致选出凯末尔为土耳其共和国历史上的第一任总统,凯末尔任命他的亲密战友伊斯梅特·伊诺努将军为他的第一任内阁总理。同一天晚上,全国各地发布了这项消息,午夜后,全国各地都鸣炮一百零一响以示庆祝。定都安卡拉和宣布共和国,凯末尔的每个政治行动都象征着进一步割断与奥斯曼帝国历史的联系,预示着一个新时期的到来。

并不是所有奥斯曼帝国过去的臣民们都能够以同样的历史现实主义眼光看待国家时事的发展。所以在许多地方宣布共和受到了热烈的欢

迎，认为这是一个新时代的开始，但是在其他的一些地方，宣布共和则给人们带来了一种震惊和悲伤，以及对于未来的无限忧虑。特别是对那些国内的伊斯兰保守派分子们来说，他们之所以反对共和，主要是认为共和危及到了他们传统的权益，以及广大民众与自己帝国历史的联系，同时也危及到长期以来一直以他们为首的那个庞大的伊斯兰世界之间的联系。因此，传统的伊斯兰保守派势力也就不可避免地全部都集聚到了作为两重感情的活生生的象征者哈里发本人的周围来了。

哈里发麦吉德虽然也并不失为一个温和的、具有学者风度的、人品风范也为上乘的人，然而他却不惜使自己出来承担了一个很可能是反对土耳其共和国政治体制变革和凯末尔本人的精神领袖，并且他本人也试图把他在宗教上所起到的作用扩大到国家政治上，而不甘心充当图有虚名的哈里发，因为他一度谈到"哈里发宝藏"。特别是哈里发麦吉德在各项社会活动中，极力模仿素丹的威严和奢华，置大国民议会的指令于不顾，所以，除"穆斯林哈里发"的头衔外，他还给自己添加了"先知的哈里发""两圣地的侍从""阿布杜尔·阿齐兹之子"等令人眼花缭乱的头衔。

他除了频繁接见以各种借口前来拜谒的人之外，每周五还要到不同的清真寺去参加聚礼，以此扩大其影响。他还多次要求大国民议会为他增加预算，来维持他那庞大的日常开支。哈里发麦吉德的这种所作所为不久便遭到了凯末尔的严厉指责。在1924年1月的一次大国民议会上，凯末尔对他发出尖锐申斥："哈里发在他的府内，特别是在他公开露面的时候，似乎还是按照他的先辈素丹们的那一套办法在行事，而我们不能为了保持礼貌和表明道理而牺牲土耳其共和国。哈里发必须确实弄清楚他是什么人，他的职务是什么，并且应该要知足。"

以政教分离为核心的世俗化社会改革之后，国家政体仍然在传统文化的氛围中按照帝制的轨迹运行，这说明在土耳其社会发展的过程中，政治中心变革的复杂性，也说明在土耳其民族心理、意识形态和价值观念等精神文化层面上的社会变革，比政治、经济层面上的社会变革更为艰巨。因此，具有敏锐政治眼光的凯末尔，从奥斯曼帝国社会改革的历史进程中判断出，政治体制改革仅废除素丹制是完全不够的，还必须要从政治的角度来考虑最终解决哈里发的问题。他认为，废除素丹制而单独保留哈里发制，只能使得国家元首问题变得很不明确，这是一件非常

危险的事情。因为无论是在大国民议会里,还是在其他的一些地方,许多人都认为哈里发便是合法的君主和国家元首,即哈里发制是一种君主立宪制,特别是对于那些狂热的宗教维护者来说这种看法更是如此。

通过一段时间对局势的耐心观察以及政治上的深思熟虑,凯末尔决心彻底解决作为封建神权精神支柱的哈里发制问题,从根本上消除国家政治制度中所存在着的各种模糊观念和混乱局面。不过,废除哈里发制要比废除素丹制更加困难得多,甚至要冒极大的政治危险。

巨大的压力来自于各方面,首先是宗教界的代表们在大国民议会中公开声称:"议会应属于宗教,伊斯兰教就是一切。"1923年11月11日,土耳其国内一家著名的报纸《塔宁报》的一篇社论,就真实地反映了一般民众当时的心理状态。文章中这样写道:"如果我们没有了哈里发,那么奥斯曼连同它的500万或1000万人口,就将失去他们在伊斯兰世界的重要性,并且在欧洲政界人士的心目中,我们将会下降到微不足道的小国之列。"

哈里发制问题所引发起的社会关注,还远远超出了土耳其共和国的国界,并且从世界各方面,特别是从印度接到了对土耳其共和国政府意图不安的询问。1923年11月,印度什叶派穆斯林领袖阿加汗和阿米尔·阿里致函土耳其共和国总理伊斯梅特·伊诺努,要求将哈里发置于一种"能够获得各穆斯林国家的信任与尊敬,同时又能够给予土耳其共和国以特殊力量与尊严"的地位。这封信在送达伊斯梅特·伊诺努总理之前,土耳其最大城市伊斯坦布尔的报界已经抢先发表了全文。然而,国内外反动宗教势力相互勾结的这个政治信号,恰恰给废除哈里发制提供了最为方便的口实。政治头脑敏捷的凯末尔决定抓住这个千载难逢的机会,排除一切干扰,彻底废除哈里发制,对国内的伊斯兰教教权组织进行一次毁灭性打击,不再让他们妨碍他所倡导的以政教分离为宗旨的政治体制改革。

他首先同人民共和党和中央政府内几位职位显赫的主要支持者达成协议,然后说服国内几家颇具有影响力的大报编辑们,发动了一场反对哈里发制的舆论宣传运动,把哈里发制的存在说成是影响土耳其民族社会进步的最大障碍,并且呼吁把伊斯兰教的信仰从数世纪以来惯于充任政治工具的地位中拯救出来,使其得到纯洁与提高。

1924年3月3日,土耳其大国民议会开会讨论关于废除哈里发制的

议案。在会上，司法部部长赛伊德首先作了长篇发言，论述哈里发制的起源及其发展，以此来说明哈里发制的存在纯粹是土耳其民族的事情，所以哈里发制的存在与否完全应该服从时代发展的需要。此后，议员们投票通过了废除哈里发制的法案，并决定将所有奥斯曼王室成员驱逐出土耳其共和国境。第二天一早，天刚刚发亮，神色慌张沮丧的麦吉德被装进一辆小汽车，前往火车站赶乘开往欧洲的东方列车。至此，最后一位哈里发也走上了流亡的道路，一个多民族、多语言、多宗教，具有悠久历史和辉煌成就的王朝帝国，在现代社会不断进步的冲击下终归于灭亡。

三、世俗化的社会进步

为了使土耳其与人民更加世俗化、民族化、现代化，在国家日常社会生活中减少宗教色彩和伊斯兰教性质，凯末尔不断遵循以世俗化为核心的改革原则，在土耳其进行了一系列的社会变革。

凯末尔十分清楚，一个国家仅仅具有一个现代化的政治外表是毫无价值的，土耳其要想立足于世界民族之林，那就必须从根本上来彻底改变整个社会的传统生活方式和文化结构。凯末尔曾经对他的亲朋好友多次推心置腹地谈道："土耳其民族是一个在历史上曾经取得伟大成就的民族，只不过由于他们中间的某些分子和力量的坏影响，以致走错了发展道路，他们必须被重新引回到进步的发展道路上来，重新找到他们在文明国家大家庭中的地位。"

凯末尔一生两个最主要的信念便是土耳其民族和社会进步，而这二者的未来又都有赖于社会文明，而对于他来说，这种社会文明又只能是意味着西方的现代文明，不可能是任何其他的东西。因为从奥斯曼帝国百年社会改革的历史经验中，凯末尔最终明白了一个道理，那就一个国家光注意学习西方的工业文明，而对西方的社会文明不屑一顾的态度是极其错误的，这完全是由社会的政治、经济和文化交往的世界性所决定的。

土耳其在实行世俗化社会改革的过程中,一直存在着与伊斯兰教传统势力的斗争。这种斗争主要表现在两个方面:一方面是与代表伊斯兰教传统势力的宗教上层人物之间的斗争,另一方面是与广大民众伊斯兰教传统心理的冲突。

在凯末尔革命生涯中,他极力倡导世俗化社会改革的历史原因,主要来自于两个方面:一个是面对西方列强的殖民瓜分而产生的危机感,另外一个是奥斯曼帝国社会改革的传统,也就是每当忧患的时刻就要进行社会改革。因此,世俗化从奥斯曼帝国的社会改革时期就已经开始了,而到了凯末尔革命时期则把它变成为了一个重要原则。历史上的奥斯曼帝国,一向鄙视劳动和商业,把发明才能视为异教者的幻术,唯武功是从。然而,当凯末尔变成一位文职总统后,他毅然脱去了军装,戴上大礼帽,穿上晚礼服,出现在国人中间。作为社会象征大师的凯末尔,想通过自己这一新的社会形象,清楚地告诫他的国人,过去那种在圣战中崇尚英武的时代已经一去不复返了,而在促进国家社会发展和提高人民生活水平的艰苦、平常而紧迫的任务中,发扬勤劳、技能和节俭等实实在在的文明时代已经到来了。

有一次凯末尔在土耳其境内的一些地方视察,当看到有些地方的老百姓仍然戴着土耳其传统的费兹帽,穿着旧式的长袍,感到很不好看,很不文明。他在此后一系列的演讲中讥讽这样的服装是一种浪费,穿起来很不舒服,是一种野蛮的表现,不配文明人使用。他气愤地说道:"我看到在我面前有一个人,头上戴着一顶费兹帽,帽子上又盖了一块绿头巾,身上穿着一件长罩衫,外头又穿了一件像我这样的上衣,我看不见他的下半截。"凯末尔喝了一口水后,接着说:"文明人不可不采用文明社会的服饰,并且费兹帽也根本不是我们所固有的,而是从希腊人那里传来的。现在我们不再戴它了,而要改戴世界通行的哈特帽。"

不久,土耳其政府有关职能部门遵照凯末尔的指令,颁布了关于服饰改革的法律,结束了土耳其穆斯林以传统头饰为象征、表明自己忠于伊斯兰社会、拒不承认任何其他社会的可以看得见的外部标志。这种在服装方面的关门主义,凯末尔认为它影响了土耳其现代文明的发展,使得土耳其人民在实质上和形式上完全不能采取像当代文明社会所要求的那种生活方式,所以应该彻底改变土耳其人那种原始的东方式外观。

在像土耳其这样一个文化传统负担过于沉重的国家里，社会改革的大师凯末尔也时常会遇到一些非常棘手、难以处理的社会问题，例如妇女的服饰。

凯末尔多次发表精彩演说，以他特有的俏皮语言对妇女戴面纱也进行了严肃的批评。他说："在有些地方，我看到有些妇女用一块布或一块毛巾，或类似的东西盖在头上来遮住她们的面部。还看到她们在路上遇到男人的时候，便转过身去或者伏在地上缩成一团。这种做法究竟是什么意思？是何种道理？"一些群众大声喊道："愚昧！落后！""我是完全同意你们的意见，"凯末尔继续演讲道，"各位先生，难道一个文明国家的母亲和女儿能够采取这种奇怪野蛮的姿势吗？这样丢丑的事情，把我们的国家变成了大家的笑料，这种情况必须立即得到纠正。"

虽然在对待妇女面纱的问题上，凯末尔一直大声疾呼，严肃地进行批评，但在世俗化的社会改革实践中，凯末尔却并没有百分之百的勇气，去通过国家立法来禁止妇女戴面纱。因为不让妇女戴面纱，在土耳其的大城市里，在有文化的各个社会阶层中是完全能够接受的，但是在大城市以外的广大农村地区，则将会遇到极为强大的社会阻力。

凯末尔在进行世俗化的社会改革中采取的另外一个步骤是文字改革。土耳其人原居住在阿尔泰山时，使用的是卢尼克文，8~10世纪土耳其人在中亚接受伊斯兰教信仰之后，改用阿拉伯字母。但用阿拉伯字母对于土耳其语来说，既不完备也不适用，由于难以掌握，造成土耳其人文盲众多。所以，土耳其的文字改革主要是出于民族利益的考虑，因为阿拉伯字母不适应土耳其语元音丰富而辅音相对不够发达的特点，给广大民众学习和书写本民族的语言带来了巨大困难。土耳其著名的讽刺诗人杰马丁·纳迪尔就曾经说道："向毛拉学习的学生问哥哥、父亲、祖父某个字的读法，结果都不一样；问经师，读法又不相同。一位阿拉伯语教师说，不认识的字很难读出，要靠狡猾来区分ha和hi。"

文字改革在土耳其并不是一个新课题，从奥斯曼帝国坦齐马特时代以来，便曾经有人多次建议对传统使用的阿拉伯字母进行改进，然而只是雷声大雨点小，很少有成就而已。土耳其民族解放战争取得胜利以后，又有一些专家学者向凯末尔提出关于在土耳其完全抛弃阿拉伯字母而代之以拉丁字母的主张。但经过酝酿讨论之后，这个主张被一些比较保守的权威人士断然拒绝了。

第四章 凯末尔领导下的社会变革

随着凯末尔世俗化社会改革的不断深入发展,特别是此时的凯末尔政权已经稳如泰山,以宗教界为首的保守派势力经过一系列的猛烈打击后,变得俯首贴耳,毫无生气。尤其是十月革命后,社会主义国家苏联的几个中亚突厥语系的加盟共和国成功地进行了文字改革,完全实现了字母拉丁化,为土耳其共和国政府树立了光辉榜样,起到了一种积极的鼓励作用,从而极大地鼓舞了土耳其的改革者们改革突厥语中阿拉伯文字的决心。

1928年1月,凯末尔正式任命曾经在废除伊斯兰教神圣法典时担任主要角色的激进改革家、司法部部长埃萨德,为土耳其国家文字改革特别委员会主席,让他着手负责研究关于采用拉丁字母的可能性及其方式。特别委员会的许多重要会议都是由凯末尔亲自主持召开并指导讨论的。因此,这个文字改革特别委员会能够迅速高效地开展工作,无疑同凯末尔的大力支持分不开。

六周以后,新字母完成了。1928年11月,土耳其大国民议会通过了一项立法议案,法定从新的一年起采用拉丁字母代替阿拉伯字母,一律禁用阿拉伯字母印刷书籍,要求所有的中小学停止再教授阿拉伯语和波斯语。一个月后,商店的招牌、广告以及报刊开始广泛使用拉丁字母。在以后全国的新拉丁字母普及过程中,身为共和国总统的凯末尔,又以学校教师这个新身份动身前往全国各地,出现在乡村的广场、学校的教室、市镇的大厅和咖啡馆里,教人民群众识字,并对他们进行测验。

在凯末尔的带动影响下,土耳其政府的其他高级工作人员也都群起而效之,不久,整个土耳其变成了一个大教室,国内的知识分子都带着黑板和报架,教人们阅览和书写新文字,将学习、推广新文字看作是一种爱国的行为和国民的义务。文字改革前,土耳其的民众平均识字率不足10%,文字改革后,两年内有大约150多万民众进入国民学校学习新字母,其中有一半人摘掉了文盲的帽子。在此后的短短10年间,土耳其民众的识字率提高了一倍多。

奥斯曼帝国在历史上,迟至1727年才采用印刷术,两百年间总共才出版了大约3万种书籍,使得历史上留下来的书稿非常有限。文字改革既极大地方便了广大民众学习与掌握本民族的语言,同时也为保存和继承民族优秀文化遗产创造了条件。在此后的几年里,土耳其出版发行了用新字母撰写的各类书籍1.5万余种,并开始有计划地用新字母出版历史上

遗留下来的优秀著作，而那些暂时无力或没有必要用新文字出版的古籍书，在各类图书馆中也得到了妥善的保管。使用拉丁字母，符合国际通用文字自左至右的书写习惯，与书写数字一致，有利于国际商贸的交往与文化的交流。为了表彰凯末尔在文字改革中的巨大贡献，土耳其大国民议会一致通过决议，赠送给凯末尔一块刻有新字母的金匾，并授予他"国民学校总教师"的光荣称号。

凯末尔倡导的一系列关于世俗化的社会改革，体现了破除迷信与陋习，提倡科学的现代文明精神，是土耳其从神权政治国家走向现代民主政体转变中的重大步骤。

在凯末尔的晚年，虽然主要关注的是土耳其共和国的经济发展问题，但仍然还是非常关心更加深入的社会改革问题。一是要求所有的土耳其人都必须有自己的姓氏；二是所有的政府部门和公共机关均一律实行由星期六下午起到星期一早晨为止的每周休假制。这两项改革措施，尽管不如其他已经完成的世俗化社会改革那样重要，但也都是针对那些根本不合乎现代社会生活方式的伊斯兰教传统习惯的。周末休息的方式是犹太人和基督教徒的生活习惯，而不是穆斯林的传统习惯。穆斯林的星期五，是一个公共祈祷日，而不是一个安息日，并且在传统上又是清真寺周围的市场最活跃的一天。凯末尔倡导由原穆斯林的星期五，到以基督教的星期日作为每周休息日这一转变的社会改革，主要是考虑到有利于促进经济的发展与行政上的管理，而且这也是土耳其采用了西方时钟和西方历法之后的必然结果。

土耳其人也像其他国家的穆斯林一样，一直都没有采用家姓的习惯，每个人只有他个人在出生时所取的名字，另外在加上一个幼年时取的第二个名字，或者加上他父亲的名字。但随着土耳其现代社会关系的日益复杂，家姓制度变成了一种社会经济生活的需要，特别是土耳其采用新的民法之后，家姓制度便立刻成为社会交往中必不可缺少的内容。根据凯末尔的要求，土耳其大国民议会在1934年6月28日颁布了一项法令，规定自1935年1月1日起，每一位土耳其公民都必须有自己的姓。并同时规定废除奥斯曼帝国遗留下来的一切非军事官衔和爵位，而代之以先生、小姐和夫人等新名词。凯末尔首先带头放弃了过去奥斯曼帝国授予他的贵族头衔，并由土耳其大国民议会授予他阿塔图克作为姓，意思是土耳其共和国之父。

第四章　凯末尔领导下的社会变革

总之，凯末尔所倡导的世俗化社会改革，引发了人与人之间的政治关系、经济关系、文化关系、伦理关系重大的变化，特别是引发了人们在观念上和行为上的许多重大变化，从而为土耳其现代化的迅速发展奠定了基础。

四、宗教与法律制度的改革

长期以来，在土耳其社会一直有两种传统并存，一种是在奥斯曼帝国时期定型的本土文化，另一种是由西方列强入侵后而形成的所谓西学传统。这两种传统既相互碰撞、摩擦、猜忌、嫉恨，也相互熟悉、容忍、吸收、同化，但一直都没有很好地完成整合。在坦齐马特时代，伊斯兰民法典《麦加拉》的改编整理并出版就是最好的说明。当时，大维齐阿里帕夏极力主张翻译法国的民法典，想把它作为奥斯曼帝国民法典的蓝本。但在高级伊玛目的群体中，以杰夫代特为代表的伊斯兰教学者们和比较保守的政府官员们则认为不可翻译法国的民法典，只能从本国法律中制定出所需要的民法典。结果奥斯曼帝国政府被迫放弃了采用法国民法典，而在宗教保守派分子杰夫代特的主持下，由一伙伊斯兰教学者和保守的政府官员们汇编出版了16卷的《麦加拉》。《麦加拉》尽管采用了西方编辑律例的方法，并承认时代变了法律条款亦应随之变化的原则，但它只是选编了伊斯兰教哈乃斐教法学派对于各种案例的见解，因而维护了伊斯兰教教法在土耳其民法领域中的绝对统治地位。

凯末尔领导下的土耳其共和国的宗教改革，主要体现在两个方面：一是根据土耳其大国民议会的有关法令，宣布撤消伊斯兰教教法和教产基金部，成立隶属总理府的宗教事务局。规定伊玛目、布道师、穆安津（宣礼人）等教职人员的任免，一律由宗教事务局局长负责，宗教事务局也是穆夫提的主管机关。宗教事务局局长作为伊斯兰教界的最高首脑，可以解释伊斯兰教教法，发表具有最高宗教权威的法特瓦，但作为国家政府部门的一名官员，他在采取重大决定之前，必须与自己的世俗

上司磋商。由于土耳其国内伊斯兰教逊尼派缺乏严格完善的宗教组织体制,所以凯末尔设立宗教事务局不失为一种独创性的尝试,既消除了伊斯兰教凌驾于国家世俗政体之上的组织机制,又使伊斯兰教完全处于政府的直接监控与管理之下。

另外,按照土耳其有关宗教改革的规定,伊斯兰教的教产基金也一律移交总理府,由新成立的国家教产基金处管理使用,统一纳入国家的财政预算。二是根据土耳其大国民议会的有关法令,规定全国的教育机构统一隶属于国家教育部,关闭所有教法和教产基金或私人基金会管理下的学校。为了培养高级宗教学者,国家教育部在伊斯坦布尔大学开设了神学院。此外,为培养称职的伊玛目、布道师等普通神职人员,土耳其政府还专门开办了一些特殊的宗教职业学校。这项宗教改革措施实施的理由既简单又有说服力,即一个现代民族国家只能实行一种教育体制,因为双重教育体制只能培养出两种不同价值观念的人,从而破坏广大民众对现代民族国家思想感情的认同性与统一性。

土耳其境内宏伟壮观的清真寺

1928年,凯末尔领导下的土耳其政府感觉到伊斯兰教的礼拜仪式等也需要进行一些改革,使其更加现代化和民族化,所以把这个任务交给了伊斯坦布尔大学的神学院,并为此专门成立了一个以史学家富阿德·柯普吕教授为

首的伊斯兰教改革委员会。该委员会建议,为了使宗教适应社会生活的需要,跟上时代的发展变化,必须用突厥语进行祈祷和布道,并着手用拉丁新文字翻译《古兰经》。1932年1月,在伊斯坦布尔的圣索菲亚大清真寺的尖塔上,人们第一次用突厥语发出了"真主伟大"的宣礼声。2月初,苏莱曼大清真寺也改用突厥语布道。1933年,土耳其政府明令全国所有的清真寺一律采用突厥语代替阿拉伯语宣礼,违者将会受到严厉的处罚。

虽然在凯末尔的领导下,土耳其的宗教改革取得了一定的成绩,但国家的宗教教权性质仍然在许多方面表现了出来。例如,根据1924年4月大国民议会通过的新宪法,伊斯兰教仍为"国家的宗教",议会负有监督实施宗教法规的职责,伊斯兰教教法仍然是调整人们社会关系,特别是家庭、婚姻和财产继承的主要依据。特别是许多伊斯兰教教团,以其庞大的社会组织和对世俗政权具有影响的独特制度,成为干预国家政权事务的重要因素。

1925年5月,土耳其政府借口库尔德人反叛,取缔了在东部地区活动的纳克什班迪教团。同年8月,凯末尔正式提出伊斯兰教教团的问题,认为只有建立在科学知识基础之上的文明道路才是真正的"道路"(此教团的突厥语名称"塔里卡特"的含义为"道路")。他说道:"土耳其共和国不能是教团、教长、教士门徒和俗人教友这样一些人的国家。"凯末尔从怎样教育启蒙民众,如何建立现代文明社会的角度进一步提出了宗教改革的要求。不久,土耳其政府和议会相继作出决定,取缔所有伊斯兰教教团,关闭道堂并没收其财产。新颁布的法律还禁止使用教长、教团教士、圣门后裔、教团首领等宗教头衔或称号及其服饰。此外,念咒、占卜、魔法、书写符咒、问卦等活动,也均被视为是一种犯罪行为。

在1926年颁布的新刑法中,第163条还规定不得组织以宗教或宗教情感为政治基础的社团,凡"滥用宗教、宗教情绪或在宗教上被视为神圣之物,借此在人民中间进行不拘任何形式的煽动,以致发生危害国家安全的行动者,或为此目的而集会结社者,都应按刑法加以惩处。"

在新刑法的第241、242、529条中,还规定禁止神职人员阻挠政府、国家法律的实施,禁止在礼拜场外举行宗教庆典和仪式。在1938年通过的结社法还禁止政党参加宗教活动,进行宗教宣传,在宗教、教派、教

团基础上组建政治团体。为了加强对清真寺的控制，土耳其政府还颁布了一系列法令，要求所有在清真寺里讲解伊斯兰经文的阿訇，都必须先从宗教基金部领取执照，以避免这些人在清真寺里信口开河，妄谈国家的"宗教、政治和经济"。

1928年，土耳其大国民议会对宪法进行第一次重大修改，删去了"伊斯兰教是国家宗教"和"教法规则由大国民议会贯彻实施"的提法，总统、总理、议员的就职宣誓均改为以个人荣誉进行。据此，土耳其共和国在法律上已经完全成为了一个地地道道的世俗国家。1937年，土耳其再次修改宪法，将包括世俗主义在内的凯末尔主义的六项原则纳入宪法。从此，针对政教分离的世俗主义，直到今日仍然为土耳其共和国宪法的一个重要原则。

在彻底改变土耳其人的家庭生活方式这样一项更为艰巨的政治任务中，凯末尔认为有必要对国家的整个法律制度进行彻底的改革。随着撤消伊斯兰教法法庭，土耳其共和国所面临的主要问题，是制定符合现代社会发展需求的新民法、新刑法等法律，培养出具有新气质、新观念的法官和律师，为此，共和国政府在首都安卡拉开设了法学院。

凯末尔在开学典礼上提出了"要建立一套全新的法律，从而彻底摧毁旧的法律制度基础"的任务。凯末尔主张制定全新的民法，认为"家庭生活是文明的基础，是进步和权利的基石，而不良的家庭生活，将不可避免地导致社会、经济及政治生活的软弱"。1924年9月11日，根据凯末尔的提名，一个以26位著名法律界人士组成的委员会，开始根据瑞士的民法典，草拟了一份适合于土耳其社会需要的新民法。草成的法典在1926年2月17日，由土耳其大国民议会一致通过，并于10月4日起正式生效。

土耳其共和国的新民法废除了多妻制和休妻制，承认并保证妇女在家庭、社会、经济生活中同男子的平等地位与权利，为妇女解放奠定了法律基础。新民法中有两条规定同世俗原则关系最为密切，例如，第110条规定结婚要登记，要领取结婚证，在出示结婚证书之前不能举行宗教婚礼。第266条对宗教教育作出规定："子女的宗教教育由父母决定……成年人可以自由选择宗教"。

此外，妇女社会政治地位的提高，主要还体现在就业领域的扩大和获得更多的政治权利上。如在新民法中特别规定，要保障妇女可以从事除军事以外的各项社会职业，于是土耳其出现了许多女医生、女法官、

女律师、女飞行员等。1927年10月，根据土耳其政府颁布的有关新法令，妇女们还获得了在国家政府机关任职的权利。1931年4月，妇女们获准可以参与地方市政选举。1933年8月，土耳其大国民议会修改了农村法，使妇女们有了可以进入农村长老委员会的权利。1934年2月，根据土耳其新的选举法，妇女们获得了参加全国大选的选举权和被选举权。在被选举的新一届大国民议会中，共计有18名女议员，占该届议员总数的4.5%。这种女议员在国家议会中所占的比例之高，在土耳其和伊斯兰国家历史上是空前的，甚至走在了某些西方国家的前面。

总之，土耳其共和国法律制度的变革，对于其社会发展所具有的重要意义，是难以形容、难以估量的。传统的伊斯兰教教法被宣布为无效，多妻制、休妻行为等一切妨碍妇女自由与尊严的古老禁例，都一律被废除了，从而建立了一种真正男女平等的结婚与离婚制度。另外，最令人感动与震惊的是，从此，一个穆斯林女子和一个非穆斯林男子结婚，在法律上是完全可能的了，这在土耳其的历史上是完全难以想象的。

同时，所有的土耳其男子也都取得了自由改变他们宗教信仰的合法权利。目前，尽管土耳其人之中有99%都是穆斯林，但根据国家宪法的规定，每个公民都享有宗教信仰自由的权利，并在社会生活中长期贯彻这一重要原则。

凯末尔领导下的世俗化社会变革，使土耳其在历史上顺利地完成了从封建君主制向资产阶级共和制，从伊斯兰教神权政治向世俗化政治的社会转变，从而打破了几百年来影响土耳其人社会发展的桎梏，全面地促进了土耳其政治、经济以及社会各个方面的迅速发展，为推动土耳其的现代化发展奠定了基础，在中东地区乃至全世界影响甚大。

第五章

土耳其现代化的发展与问题

在国父凯末尔的民族、民主和世俗化思想的指引下，土耳其正在走向现代工业化国家。据2012年世界银行发布的统计报告，土耳其人口总数大约为7100万，人均GDP已达1万美元左右，是世界第15大经济体（2007年）；与27个欧盟国家相比的情况下占据第6位，经济增长速度排名第4位。特别是多元化的旅游业已经成为土耳其重要的支柱产业。据世界银行相关资料的统计，2013年土耳其的海外旅客数量已达到2800万人次，年收入达230亿美金，已经成为了欧洲的主要旅游目的地。近年来，随着社会经济的快速发展，土耳其逐步演变成为世界上一个星光闪耀、冉冉升起的准工业化国家，在中东地区的社会经济发展过程中扮演着重要的角色，具有举足轻重的大国地位。

第五章　土耳其现代化的发展与问题

一、民主政治体制的确立

　　1938年11月10日，凯末尔因病逝世，终年57岁。噩耗传来全国民众痛哭流涕、举国哀悼。此后，他在民族解放战争中最为亲密的战友伊斯梅特·伊诺努，经大国民议会投票选举，于1938年11月11日出任土耳其共和国第二任总统，同时担任共和人民党领袖，继承了凯末尔的大权，继续实行"一个政党、一个民族、一个领袖"的国家政体。此后，凯末尔执政时期所实施的党政合一的政体结构开始松散。

　　1939年5月，土耳其共和人民党召开代表大会，决定党和政府分开，其任命不再相互结合，并决定在议会内成立一个与党团平行，由共和人民党议员组成的"独立集团"，起着反对党的作用，受委托批评议会和政府，以显示国家制度的民主性。为了进一步体现土耳其是一个民主国家，伊诺努总统于1945年8月亲自批准伊斯坦布尔的大资本家努里·德米拉组建了"民族复兴党"。民族复兴党的领导和纲领都相当混杂，因此引不起人们的关注和支持，然而它的真正意义是树立了组建新政党和反对党派的先例。

　　1945年11月1日，伊

展现土耳其民主政治的街头风光

诺努总统在大国民议会发表演说，宣布允许持有不同政见的同僚们组建政党，以公开表示他们的信念和发表其政治纲领。1946年1月7日，凯末尔执政时期的最后一位总理杰拉尔·拜亚尔与共和人民党阿伊登省议员阿德南·曼德列斯等人脱离共和人民党，另外组建了一个新的政党——民主党。

1946年5月，共和人民党召开特别代表大会，决定解散在议会中由该党自己议员们组成的"独立集团"，放弃自己是国内唯一合法政党的垄断地位，并决定废除共和人民党主席的常任制，改为党主席由代表大会每四年选举一次，以及实行党主席报告的工作原则，并主张把大国民议会的间接选举改为直接选举。接着共和人民党政府又修改了1938年3月制定的"协会法"，进一步宣布允许以阶级和经济利益为基础，建立政党和政治协会等社会组织。从此，土耳其开放党禁实行民主的潘多拉盒子彻底打开了，从一党制向多党制政体的演变，在土耳其成为一股不可遏制的社会洪流。据不完全统计，仅1945～1950年间，就有27个形形色色的大小党派相继成立，工会组织多达88个，其中势力较大的政党，是1946年1月成立的民主党和1948年7月成立的民族党。

1946年7月，土耳其大国民议会提前举行了四年一次的选举。选举结果，共和人民党取得了议会461席中的390席，民主党得65席，无党派人士得6席。此后，随着民主党进入议会，共和人民党过去一党垄断议会的局面遂告结束。共和人民党政府起先打算镇压这个反对党，但是具有政治家风度的伊诺努总统采取了超党派的立场。他在1947年夏天发表讲话，称多党制民主国家要求各党派有同样的权利和义务，应对各自行为负责，在朝党应尊重在野党的权利。从此，共和人民党政府强硬的态度逐渐有所改变。

1946年7月，民主党进入议会后，同执政的共和人民党的角逐便随之开始。民主党利用共和人民党执政时期因战争带来的经济失调，以及由此而产生的通货膨胀和物质匮乏，对国家的经济形势进行集中抨击；同时利用一些资本家对共和人民党国有化政策的不满情绪，提出"私人主动精神"是土耳其经济生活的基础，并宣称如果民主党执政，将把国家建立的企业转让给私人经管，同时重申坚决拥护凯末尔主义，尊重自由选举和权利平等，保护工人、农民、商人等劳动者的利益。民主党还利用一些宗教人士和部分保守农民对某些世俗化改革政策的不满，在宗教

第五章　土耳其现代化的发展与问题

界和农村进行广泛的政治活动，把所有不满意共和人民党的人统统拉进民主党。

1950年3月，土耳其大国民议会通过了一项受到各党派赞同的新选举法。它规定由司法机关监督选举、秘密投票和公开计票，使公民在行使投票权时避免了干涉。各党派随即在竞选活动中使出了浑身的解数争取选民。而在这方面民主党取得的成绩最大，因为他们拉拢的选民对象，自然是那些不论出于何种动机，但都强烈要求改变现实统治的人。在1950年5月14日的全国大选中，近90%有选举权的人进行了投票。选举进行得很有秩序，计票也非常公正。民主党虽然在选举之前就早为许多人预见会获胜，但最终胜利之巨大尚在人们预料之外。它取得绝对多数票，约占总投票数的53%，在大国民议会总共487个席位中，共获408个席位，而共和人民党仅获69个席位，民族党获得1个席位，无党派人士获得9个席位。

1950年5月22日，大国民议会选举民主党党魁杰拉尔·拜亚尔为土耳其第三任总统，民主党主要领导人阿南德·曼德列斯出任总理，组成了一个有14名部长的民主党内阁。在共和人民党将政权和平地转交给民主党之后，这场从一党专制向多党制政体演变的政治革命就圆满地完成了。没有发生暴力和流血，没有发生军人干政，这一切在土耳其历史上是空前的，是广大民众对现代民主政治的信念所致。从此，土耳其开始了民主党十年的执政时期。

民主党执政的十年，前后政治气氛有着巨大的变化。1950年政权的和平移交，使全国出现了一个政治"蜜月"时期，尤其是在社会繁荣的20世纪50年代初，民主党成为土耳其最受民众拥护的政党。人们均称道这短短几年政治生活上的自由。1954年的选举做到了完全的自由和公正计票，使民主党的总得票率增加到了58%，取得了503个议席，而共和人民党的得票率仅为35%，占31个议席。但不久即有迹象表明议会中席位的增加，以及国家经济形式的恶化，使民主党对来自社会各个方面的批评非常敏感，增加了对舆论的监督和控制，朝着日益独裁和压制反对派的倾向发展了下去。至1954年底，共有三名公开批评政府的新闻记者被判刑，另外有四名被解雇。

1955年3月，共和人民党总书记卡泽姆·吉列克在一次讲话发言中，因攻击民主党政府而遭监禁。同时，有5种报纸因违反政府的新闻检查

规定而被迫停刊，其中包括共和人民党的喉舌——《民族报》。民主党在执政期间实行镇压广大民众的一系列措施，不仅遭到反对党的严厉批评，同时也引起了党内部分成员的不满和反对。1955年10月，许多民主党成员由于拒绝服从民主党的纪律而被开除，另一些则由于与党的领导人意见不合，宣布退党另组建了新的"自由党"。民主党政府鉴于反对党日益增多，还有联合一致共同反对它的可能，于是通过一项新的选举法。该党在新的选举法中，不仅禁止党派联合，用来防止各党派结成反执政党的联盟，而且还使得民主党即使不能获得多数票时，也可以在各个选区取得相对多数的议席。

此时土耳其国内的政治形势错综复杂。虽然民主党在知识分子中和大城市中遭到了反对，但在农村民众中却赢得了广泛的支持。因为民主党政府在农村修建了道路、灌溉设施、供电设备，并建立了许多小学，使广大农民得到了许多实惠。另外，民主党政府积极发展私营经济的政策，使其每年分配给农民一些国有土地，使得商人和小手工业者的利润和收入比过去大有提高，这部分民众手中掌握着比重较大的选票。因此，尽管民主党在政治上镇压民众，摧残反对党，公开抛弃了民主和法制，在经济上导致通货膨胀，物质短缺，但在1957年的大选中，仍然以多数票获胜，赢得了土耳其大国民议会席位中的424席。但此时作为主要反对党的共和人民党在议会中的席位，也已由1954年大选中的31席上升到了178席。共和人民党由于在议会中的席位增多而斗争信心大增，所以在选举后的第三天，便于加济安特普市举行了"共和纪念日"的政治活动，此后该项政治活动演变成为反政府的示威游行。

1957年的大选之后，民主党政府对反对党的批评指责不但不虚心改进，反而报之以更加严厉的镇压，甚至不惜动用军队。民主党的领导人错误地认为，他们可以要军队履行此种政治上的职责，用一种铁腕手段便可以维护他们的统治。实际上，他们破坏了民主政治机制的正常运行，激化了各种社会矛盾，为日后军人干政找到了口实。到1959年，因经济上的困难和政治上的专制，以及一部分知识分子和军队成员担心宗教活动日益增加将使凯末尔世俗化改革所获得的社会进步付诸东流，使得民众对民主政府的不满情绪更加激化达到了顶点，纷纷在报纸上指责民主政府总理曼德列斯是土耳其的李承晚。

1960年2月，民主党政府总理曼德列斯更换了他的司法部长，由他

的亲信杰拉尔·亚尔德姆支继任,以便进一步严厉镇压反对者。同年4月18日,民主党控制的议会经过一场激烈的以全武行告终的党派辩论之后,设立了一个调查共和人民党活动的特别委员会。该委员会被授予超越议会和法院的特权,可以禁止一切政治活动,并没收各种文件,查禁报纸以及逮捕违反上述和其他规定的人。共和人民党反对特别调查委员会滥用职权,于是民主党政府宣布安卡拉和伊斯坦布尔两城市实行戒严。同年5月20日,被激怒的安卡拉大学和伊斯坦布尔大学的学生上街游行示威。5月21日又发生了大批安卡拉军校的学生们上街举行反政府的示威游行。

1960年5月27日拂晓,土耳其军队出动坦克控制了首都安卡拉和伊斯坦布尔,逮捕了拜亚尔总统和曼德列斯总理,以及内阁全体成员和议会中大部分的民主党议员。四个小时之内,一场不流血的军事政变完成了。陆军总司令古尔塞勒将军就任临时政府首脑。军队还成立了一个"民族团结委员会",管理国家的日常事务,其成员大都是这次政变的领导者。与此同时,一切政党活动都被停止了。政变的军人们决定制定一部新宪法来修正旧宪法中的缺点,尤其是要防止由选举产生的议会多数党专制统治重演。

1961年7月9日,新宪法提交全国公民投票表决,投票赞成者为62%,反对者为38%。该宪法从而成为土耳其从1876年的宪法以来实行的第五个成文宪法。1961年的宪法与1924年的土耳其共和国颁布的第一部宪法相比,其主要的原则区别在于它加强了行政机构,把大国民议会由一院制改为两院制,并增设了宪法法院。另外,按照1961年宪法的规定,总统是国家元首,由大国民议会的议员通过秘密投票以2/3多数选举产生,任期7年,年龄不得低于40岁,必须接受过高等教育。如一旦当选为总统,必须脱离与其所属政党的联系,议员资格也须终止,如果是军人还需脱离军籍,同时不得连选连任。新宪法还规定,政府总理由总统在大选中获得多数票的政党领袖中任命。各部部长则由议会提名,再由总统任命,政府内阁成员一律对议会负责。

1961年的新宪法具有反映时代精神的一些规定,增添了一些富有民主色彩的内容,这无疑在团结土耳其各种政治力量,维护国内安定团结上起到了积极的作用,保证了土耳其的多党政治沿着民主大道继续前进。在国内外强烈要求还政于民的呼声中,军人干政后的第17个月,土

耳其参政两院的议会选举终于举行了。然而，1961年10月15日的选举结果，在参加竞选的14个政党中，没有哪一个政党获得多数票，从而表明新组建的文官政府只能是一个联合政府。

与此同时，土耳其参众两院选举古尔塞勒将军为土尔其共和国第四任总统。在当时，他似乎是民族政治团结的必需品。他卸下戎装，辞去军职就任总统，但政府内阁的组成却很困难。虽然为了使共和人民党和正义党在11月组成以资深政治家、共和人民党领袖伊诺努为首的联合内阁，军队做了许多工作，施加了很大的压力，但把前民主党的许多党员拉入自己队伍的正义党，坚持要大赦被判有罪的民主党政治家，因而根本无法与军方的立场一致，使得联合政府终于在1962年破裂。随后的两届联合政府内阁，都是由共和人民党和一些小党或独立人士组成，均由伊诺努出任总理，但都缺乏内聚力。

1965年初，伊诺努领导的第三届联合政府在议会投票表决预算时被推翻下台。在这次倒阁行动中，新领袖德米雷尔领导的正义党起到了主要作用。随后，正义党与其他三个小党组成了以非党派人士领袖于尔居普吕为首的联合政府，德米雷尔出任副总理。伊诺努与共和人民党以反对派的身份准备参加新的竞选。1965年10月的大选，是土耳其国内重要的政治事件。在这次大选中，人们原预测正义党不可能获得多数选票，因为当时有六个政党并存，认为土耳其将会出现一个以正义党为首的多元化政治格局。但选举的结果却是正义党获得了53%的绝对多数的选票，堪与1950年民主党的巨大胜利媲美。共和人民党则不尽如意，仅得29%的选票，成绩之差也使预测者们大惑不解。新总理德米雷尔组成正义党内阁后，联合政府随即消失。

德米雷尔是一位深受西方影响的新型政治家，与坦齐马特时代的改革家们以及青年土耳其党人时期的革命家们相同，都出身寒门，接受过西方式的现代教育，然后都从政担任政府的高级官员。不仅如此，德米雷尔还是一位专业管理工程师，具有丰富的经营私人现代企业的经验，并在美国学习过。他年轻、务实、富有朝气，是党内温和的政治家。德米雷尔上台执政后的首要任务是向土耳其民众证明，正义党能够对国家事务进行有效的管理。

1966年3月，第四任总统古尔塞勒因病去世，议会新选的前土耳其军队总司令杰夫德特·苏奈出任共和国第五届总统，使得德米雷尔领导

第五章　土耳其现代化的发展与问题

的正义党政府与军队紧张的关系有所缓和。此外，德米雷尔还制定了一系列稳定社会、改善国家经济的措施，使得土耳其出现了一派生机的景象。在1969年的大选中，正义党获得众议院450席位中的260席，从而确立了正义党在土耳其国家政治生活中的领导地位，影响土耳其政局前后达十年之久。即便如此，正义党的执政仍然暴露出了许多影响国家以后稳定发展的一些社会问题。因此，在20世纪60年代后期，土耳其社会与中东其他国家相比，它虽然取得了相当迅速的发展和进步，但也还存在着许多非常棘手的社会问题需要解决。

1971年3月12日，由于土耳其国内通货膨胀严重、纸币大量贬值、物价持续上涨、民众怨声载道，引起社会动荡。特别是执政的正义党内部发生分裂，政府难以继续施政。鉴于局势严重，军队总参谋长和陆、海、空三军司令联合致函总统和参众两院议长，要求建立一个强有力的、受人们信任的超党派的政府，以消除无政府主义的状态，并要求在凯末尔主义的原则下进行社会改革，否则，军队将按照保卫共和国的法律规定，接管文官政府。慑于军队的压力，以德米雷尔总理为首的正义党政府在召开内阁会议后即宣布辞职。总统遂授命无党派人士埃里姆组织了一个超党派政府，并发起了一场打击左右翼势力的运动。这次军人干政的积极作用，是推动了共和人民党和正义党两大对立政党的再次联合，打击了无政府主义，使得整个社会趋向稳定，保障了土耳其的第三个五年计划继续有效地得到贯彻执行。

自1971年2月，正义党德米雷尔政府在军方迫使下辞职，到1980年9月12日的军人接管政府时止，9年之间土耳其政府更换达11次之多，其中超党派人士组织政府5次，而主要由共和人民党和正义党两大对立政党为首组织的联合政府有6次，每届任期最长的不超过两年。他们相互倾轧，相互拆台，使得土耳其政局日益动荡。加之20世纪70年代中期欧美国家发生的经济危机对土耳其的冲击，使得其经济更加严重恶化，几乎陷入崩溃边缘，最终导致了以总参谋长凯南·埃夫伦将军为首的军人，在1980年9月12日发动了军事政变，全面接管了国家政权。土耳其政府在遏制住社会动乱的同时，开始探索新的社会经济发展战略，试图从改革和开放中寻求摆脱经济危机的出路。1982年土耳其通过了新的宪法，1983年军政府还政于民，由被称为土耳其"经济设计师"的厄扎尔出任总理，从此，土耳其的政治与经济进入了一个新的历史发展时期。

经过多年民主化的努力，土耳其现已成为建立在一个长期的民主多元的议会制度之上的国家，人权受到法律和社会正义的保护。全国代表大会完全由普选产生，国家由以总理为首的内阁进行治理。

二、社会经济体制的发展演变

第一次世界大战以后，土耳其人民在凯末尔的领导下，摆脱了西方殖民主义的羁绊，政治上获得了完全的独立。但由于土耳其在独立之前，即奥斯曼帝国时期，曾长期遭受西方殖民主义的残酷剥削，后又经过战争的多次破坏，因此，1923年土耳其共和国宣告成立时，土耳其还是一个社会生产力遭受到巨大战争破坏的落后农业国家，到处呈现出一派国敝民穷、哀鸿遍野的社会景象。面对奥斯曼帝国和战争破坏所遗留下来的半殖民地落后经济状况，独立后的土耳其国家领导人凯末尔大声疾呼，要努力发展土耳其的民族经济，将土耳其建设成一个以西方为榜样的工业现代化国家。

在共和国初期，为了迅速恢复民族经济的发展，土耳其政府制定了两项有力的措施：一是大胆吸收外资，以解决资金与技术的短缺问题；二是积极鼓励私人经济的发展。在土耳其政府的优惠投资政策的鼓励下，外商在土耳其的投资呈现明显增加的趋势，外国金融家还为土耳其提供了巨额的生产信贷和进出口信贷。然而，20世纪20年代末，由于世界性经济危机的爆发，使得国际投资市场不景气，造成流入土耳其的外资锐减，甚至出现了外商回抽资金的现象。

在积极鼓励私人经济发展的政策引导下，土耳其的私人企业确实有了一个很大的发展，私人企业在5年内增长了3倍。但是这些私人企业对土耳其的整个社会经济发展影响并不太大，其中主要原因是这些私人企业规模小、技术落后，并且主要集中在食品加工和棉纺织业，私人资本无力投资于规模较大的企业，生产出来的产品又缺乏同国外产品竞争的能力。面对国内经济的种种困难，土耳其人民的眼睛也就不可避免地转

移到了世界的另一个角落——苏联,那里正在试行着一种迥然不同的经济体制。

当时,虽然苏联本身的经济也是困难重重,但却很少受到世界性经济危机的影响,似乎对于经济恐慌有着极强的免疫作用。尤其是苏联从1928年开始的五年计划建设所取得的令人瞠目结舌的巨大成就,使当时苏联的国势如日中天,而这时甚至连资本主义的西方也明显违背了自己的原则,依靠加强国家对社会经济事务的干预来解救他们的危机。正是在这如此强烈反差对比的历史条件下,作为苏联的近邻,并在民族解放战争与共和国创建初期,曾经得到苏俄巨大物质援助的土耳其共和国,以及它的最高决策者凯末尔,终于下了最后的决心,改弦更张以俄为师,在社会经济领域内推行国家主义,用国家直接干预社会经济生活的方式来渡过难关,以获得经济上的胜利,来巩固政治上的独立。这标志着土耳其的经济发展方针发生了根本性的变化,即由经济恢复时期推行的发展私人经济,转移到了由国家干涉社会经济生活和有计划地发展民族经济的历史阶段。

在凯末尔国家主义经济原则的指导下,政府开始对私人企业的发展加以限制,私人经济的存在只是对国有经济的补充。凯末尔的国家主义,实际上是刚获得独立的土耳其,在改造旧政体和封建生产关系,用国家资本主义来发展民族经济、维护民族独立的政治理论纲领,其实质是对土耳其民族主义的继承和发展。

1933年10月,在凯末尔国家主义经济原则的指导下,土耳其政府聘请苏联专家做顾问,制定了发展土耳其民族经济的第一个五年计划。在制定第一个五年计划的过程中,土耳其政府并没有机械地照搬苏联的经验,以发展重工业为主,而是把经济发展的重点放在轻工业方面,目标是在土耳其建成一个初步完整的工业体系。土耳其第一个五年计划的不足之处在于很少关注对农业的投入,忽视了农业的发展,使这个国家最大的自然资源没有得到很好的开发。正当土耳其成功地实现了它的第一个五年计划,筹划实施第二个五年计划之际,第二次世界大战爆发了。

在第二次世界大战中,土耳其虽然保持中立,未参加战争,但仍然不得不动员百万军队陈兵边境,以防止法西斯的入侵。五年的世界大战,由于庞大的军费开支和原材料的严重短缺,使土耳其第二个五年计划不但未能得到很好的实现,而且还造成国内各项生产大幅度的

下降,以至于土耳其的国民生产总值年平均增长率出现了-3%。在农业生产方面也因为实行局部动员,劳动力遭受到了极大的破坏而受到了严重的影响。

造成土耳其经济陷入困境的原因,一方面固然与战争的影响有着极大关系,但另一方面,凯末尔国家主义经济体制长期以来所存在的那中漠视商品生产和价值规律在社会经济活动中巨大的弊端,随着土耳其经济发展条件的不断变化而逐渐显露了出来。人们可以普遍看到许多政府官僚主义指挥无力、工厂浪费严重、生产缺乏效率、产品质次价高等诸如此类的事情。1940年1月18日,土耳其通过"国防法",赋予政府更加广泛、办法也更加严厉的经济权力,从而使得国家对经济生活的干涉达到了登峰造极的地步。

凯末尔国家主义经济体制的根本缺陷在于它排斥和限制市场机制,长期忽视农业的发展和人民群众生活水平的提高,以及那种在工业化建设中不惜代价、不讲效益的发展模式,都严重窒息了土耳其社会经济的活力和生机,明显地滞后于土耳其社会经济的发展,完全暴露出它的历史局限性,最终导致了战后凯末尔国家主义经济体制的衰亡。从而也说明凯末尔时期的一些社会改革,特别是在经济领域中进行的改革具有过渡性的特征。

经济体制的转换需要社会变革,而社会变革必将推动经济体制的转换,两者是相辅相成的。第二次世界大战以后,土耳其国内百废待兴。作为一个发展中国家如何早日实现本国的现代化,推动民族经济蓬勃向前发展,这是摆在土耳其面前迫切需要解决的问题。在战后国内政治民主化变革浪潮的推动下,土耳其的经济体制也发生了很大的变化,通过各具特点的几个发展阶段,一步步从国家主义的经济发展原则,走向了一条以市场经济为导向的全方位开放的社会发展道路。

经过1950年5月的大选,土耳其民主党获得了胜利,组成了新的政府。新政府一上台,就对国家经济领域内的一些方针政策做出了巨大的修改和调整,改变了共和人民党执政时期实现的国家经济发展原则,奉行自由主义的经济发展政策,试图使土耳其的经济从计划机制向市场机制转变,逐步减少国家对社会经济生活的干预。积极鼓励私人经济发展,大规模地引进外资,努力发展农业,是民主党政府的主要经济政策。但同时政府也继续发展国有企业,这是因为私人经济刚刚起步,国

第五章　土耳其现代化的发展与问题

有企业在国民经济中还起着举足轻重的作用。为了鼓励私人经济发展，民主党政府在信贷投资以及利税等方面都重点向私人经济倾斜，从而有效地保障了私人经济的迅速发展。

20世纪50年代后期，由于土耳其民主党政府在政治上大搞独裁，排除异己；在经济上过分推崇自由化，对整个国民经济的发展没有一个长远的计划，而是盲目地追求经济增长的高速度，盲目引进、盲目生产、放任自流，从而造成整个国民经济的失控。其结果是财政赤字、通货膨胀严重，产品过剩积压，而国债外债又居高不下，导致整个土耳其的国民经济状况不断恶化，从而引起广大人民群众的普遍不满，造成土耳其社会长期动荡。

1960年5月27日，土耳其的军人发动政变，一举推翻了土耳其民主党执政的政府。1961年11月20日，以伊诺努为总理、由共和人民党和正义党组成的联合政府正式成立。至此，持续一年半之久的军政府还政于民，土耳其的社会经济从此开始进入了战后发展的第二个阶段。在经过一段时间的政策调整和舆论准备之后，从1963年开始，土耳其政府实施了长达15年的经济发展计划。这个计划又分为第一五年计划（1963～1967年），第二个五年计划（1967～1972年）和第三个五年计划（1973～1977年）三期来实施。计划组织的指导工作及计划初稿，是由首席顾问美国人廷巴根拟制和指导的。从此，土耳其进入了一个新的计划经济发展时期。这个时期的经济特点是：一方面政府继续鼓励私人经济的发展，另一方面又将经济计划原则提高到了一个新的高度。

1961年的土耳其新宪法，从法律上为土耳其制订了一个混合型的经济体制。这种经济体制实际上是以社会私有制为基础的国有经济与私有经济、计划与市场并存的一种混合型经济体制。它的特点是国有经济与私有经济相互竞争，共同发展，同时，为了弥补市场的不足，纠正市场的失效，国家对社会经济干预的方式和力度随着国有经济的消长而不断地变化。土耳其这种混合型的经济体制，本质上是土耳其统治阶级急于实现现代化的要求与土耳其民族资产阶级软弱无力之间矛盾的产物。

至此，历届土耳其政府都坚定地接受了这个重要经济发展原则，但土耳其政府对国有经济与私人经济在投资和扶植的侧重点又有所不同。政府对国有企业的投资主要集中在基础设施和重工业方面，而对私人企业的投资主要是在日常的消费品方面。但是，政府对国有企业的指导方

针这时有了很大的变化，其中最主要的一条就是把私人企业中的风险机制引入到了国有企业之中，从而使得一些国有企业内部产生了巨大的活力，显著地提高了经济效益。当然，根据国家的某些投资条例规定，基础设施和重工业领域也对私人企业开放。

事实上，在战后的土耳其经济发展的第二阶段，私人企业在金属制造业、机器制造业、汽车制造业以及金融保险等过去均由国家垄断的行业，都有了很大的发展。20世纪60年代的土耳其，虽然是混合型经济，但金融活动主要控制在国家手里。货币政策和货币发行皆由国家中央银行执行，其资产是私人银行的两倍。

另外，在此期间土耳其经济发展的另一个显著特点就是劳务输出创汇，为国内经济发展提供了可靠的资金。土耳其的劳务输出很发达，劳务输出在土耳其具有悠久的历史。由于西欧各国的劳动力价格昂贵，再加上地理位置又比较近，所以西欧各国一直成为土耳其劳务输出的最大市场，人们到国外去打工是很普遍的事情。到20世纪70年代，平均每年对外劳务输出大约在100万人左右，平均每年寄回来的外汇总数达15亿美元，此后每年不断增长。2002年对外劳务输出达到最高峰，大约在200万人左右，从国外寄回来的外汇总数超过了50亿美元，似乎与这一年国家出口创汇的数字一样高。

土耳其发达的劳务输出，为土耳其的经济发展带来了许多好处。首先是为土耳其减少了大量的失业人数，减轻了就业负担。其次是在国外的劳务人员在西欧等发达国家学习到了许多先进的工作技能，为土耳其免费培养了一大批技术骨干人才。而且土耳其每年可以获得的大量的外汇，从而解决了贸易逆差，为土耳其的经济发展提供了可靠的资金。

截至20世纪70年代世界能源危机之前，土耳其的经济发展状况都相当不错，三个五年经济发展计划的国民生产总值的增长率分别为6.7%、7.1%和6.5%，国民生产总值人均值的增长率为3.6%，国民收入的人均增长率为3.76%，从1961年的人均仅有的200美元的国民收入，到1973年已经突破了1000美元的大关。

然而，在1973～1980年期间，由于国际经济形势的不断变化，土耳其经济受到了两次沉重的打击。第一次是1973年开始的世界范围内的石油价格暴涨所带来的能源危机，它使严重依赖石油进口的土耳其经济蒙受了巨大的损失。第二次冲击是在1978～1980年期间，这次主要因为土

第五章 土耳其现代化的发展与问题

耳其的内债外债负担太重。伴随着这两次冲击而来的是土耳其经济的急剧恶化，到1980年，这种危机达到了顶点，国民经济几乎到了崩溃的边缘。由于经济急剧衰退，造成严重的通货膨胀和物价飞涨，从而加剧了土耳其整个社会的动荡，使得城市暴力恐怖活动日益猖獗，社会秩序逐渐失去控制，最终导致了以参谋总长为首的军人在1980年9月12日发动了军事政变，全面接管了国家政权。

土耳其军政府在扼制住社会动乱的同时，开始探索新的发展战略，积极改造国民经济，试图从改革和开放中寻求摆脱经济危机的出路。1982年土耳其通过了新的宪法，1983年军政府还政于民，由土耳其"经济设计师"厄扎尔出任总理，至此，土耳其的社会经济开始进入了战后发展的第三个阶段。此阶段最显著的特点之一，就是新旧战略的相互更替。

土耳其自20世纪30年代开始，一直实施进口替代发展战略，希望通过加强国家的经济职能，以国有经济成分的发展，为私人资本主义开创条件；以高关税保护民族工业免受国际垄断资本的竞争；鼓励投资建立现代企业，刺激进口替代工业部门的迅速发展，以求实现工业现代化。1963年土耳其提出15年长期发展计划之后，这种进口替代发展战略的实施规模更加扩大，并在70年代初期以前，促进了土耳其经济顺利地向前发展，提高了国家的工业化水平。然而，在关税壁垒的保护下，为了满足国内市场上的需求，土耳其企业经常着眼于国内，而长期忽视国际市场，工业产品不谋求外销，使得土耳其的对外贸易和国际收支一直处于极其不利的地位。

1973～1980年间土耳其出现的两次经济危机说明，长期以来，土耳其所采取的进口替代发展战略已经过时了。这种发展战略多方面落后于世界经济的发展，尤其是落后于发达国家科技革命的迅猛发展过程。实施内向型的进口替代发展战略，仅限于以高关税来保护民族工业的发展，很难达到工业现代化的最终目标，并且企业效益差，出口收入少，物价居高不下。因此，这就需要土耳其政府随着国际形势的不断变化，实施新的发展战略，以适应世界经济的发展潮流。1983年土耳其军政府还政于民以后，新上台的厄扎尔政府制订出新的发展战略，大刀阔斧加紧进行全面的经济改革。

首先是积极鼓励出口，努力开拓新的国际市场。厄扎尔政府对发

出口极为重视，把它视为创汇的重要手段。希望以出口促生产，让出口产品参加国际市场竞争，从而带动劳动产品质量的提高和新技术的引进。其次是从国家控制经济向市场经济过渡，实行改革开放的政策。最后是建立自由经济区，积极吸收外资，大力发展旅游业。总之，从20世纪80年以来，厄扎尔政府采取的自由化外向型经济发展战略获得了明显的效果，它不仅使土耳其的经济状况得到了根本的改善，而且还使土耳其的经济发展取得了引人瞩目的成就。经济增长速度快，是这一时期土耳其经济发展的特点之一。

因20世纪80年代土耳其国民经济生产总值的高速增长，一些外国专家学者把土耳其称之为"半工业化国家或准工业化国家"。此类国家还有巴西、阿根廷、韩国等。世界银行组织根据1983年土耳其国民经济生产总值人均收入已达1240美元的现状，把土耳其划分为中等水平的发展中国家，土耳其成为中东地区综合国力最强的国家之一。冷战结束后，土耳其实行全面的对外开放，充分利用优越的地理位置，使用"经济外交"手段，以较大的幅度调整各种对外经济关系，努力谋求同其他国家、地区的经济合作与发展，从而维持了经济总量的平衡，保持客观经济环境的相对稳定。

在土耳其所有的对外经济关系中，发展同以美国为首的西方国家经济关系是最为重要的一环。因为在经济上，土耳其离不开西方的帮助，特别是美国的援助。土耳其是世界上第三大接受美国援助的国家，位于以色列和埃及之后。此外，土耳其还积极发展同西欧的经济关系，谋求早日加入欧盟。土耳其的历届政府都认为，发展同西欧的经济关系是土耳其的深切愿望，加入欧盟是土耳其的主要目标和最终的必然归宿，是推动土耳其经济持久发展的强大动力。长期以来，土耳其一直以西欧为主要贸易伙伴。别的不说，光是每年涌入土耳其观光的600多万西方游客，就会给它带来可观的就业机会、50亿美元的外汇收入和无限的商机。

在奉行与以美国为首的西方国家搞好对外经济关系的同时，土耳其还积极发展同其他国家和地区的经济关系。首先利用苏联解体、东欧剧变的大好时局，一方面积极重新构筑同高加索、中亚地区独联体国家的经济关系；另一方面抓住时机缓和并改善同俄国的关系，特别是对外经济关系。其次，苏联的解体和中亚国家的独立，也为土耳其同这些已经独立的中亚国家发展经济关系提供了历史性的机遇。土耳其利用中亚国家在民族、文化等方面的认同感，不断加强双边的经贸关系。最后，土耳其政府加强重视同中东伊斯兰国家发展经济关系，以它相对发达的工业优势打入伊斯兰国家市场。总之，土耳其政府凭借着自己经济和政治的地缘优势，使用"经济外交"手段，扩大同其他国家的经济合作取得的显著成效，也是其近年来经济获得巨大成就的重要原因之一。

根据世界银行的统计数字，1981年土耳其的国内生产总值为539.1亿美元，1994年上升为1310.14亿美元。国内生产总值的年平均增长率为4.6%。土耳其国内生产总值在发展中国家中的位次已由1981年的第13位上升为1994年的第9位，2000年的第6位，它的人均国民收入由1981年的1540美元上升为1995年的2731美元，2000年突破3500美元。

特别是2002年11月土耳其的正义与发展党获得大选上台以来，十分注重保持与宗教的距离，并明确划清了政党与宗教的界限，反对利用宗教从事政治，主张用民主的方法解决社会矛盾与分歧，坚持温和世俗主义基础上的政教分离原则与执政理念。正义与发展党执政之后，强调改善人们的经济生活，进而制定详细的经济发展计划，增加基础设施建设，推行金融机构改革，努力推进私有化进程，帮助社会弱势群体摆脱贫困，着力缓解经济危机，实现社会的健康发展。正义与发展党的这一举措，不仅使得土耳其的经济又有了更大的发展，实现了年均增长率7%的历史最高水平，而且极大地缓解了土耳其的社会矛盾与冲突，实现了民族和解。据2011年世界银行发布的统计报告，目前土耳其的人均GDP已达8000多美元，其综合国力居世界第14位，经济成就非常显著。

对于一个发展中国家来说，能够取得这样的优异成绩，应当说还是不错的，它标志着土耳其从内向型经济发展战略，向外向型经济发展战略的转变取得了显著的成就，已成为中东地区堪称榜样的经济大国。但是，也应该清楚地看到，土耳其仍属于发展中国家，它在实现整个国民经济现代化的过程中，尚处于发展的阶段，目前还存在着许多阻碍社会经济进一步迅速向前发展的困难和问题，还要迎接许多新的巨大挑战。

三、军队在国家中的作用与影响

土耳其军队的前身是土耳其国民军,它是在第一次世界大战后,为抗击外国的武装入侵,争取民族解放,由奥斯曼帝国的部分军队和少量分散的农民武装为基础建立和发展起来的。在反对外来侵略、推翻封建统治、建立世俗共和国的斗争中,立下了不可磨灭的功勋,享有崇高的威信。土耳其军队在其后数十年的现代化建设和发展中,武器装备均来自美国等西方发达国家,接受了大量来自这些国家的军事援助,长期与这些国家军事结盟,受他们的影响很大。

根据土耳其宪法的规定:凡年满20周岁的公民,除残废或教育未中断者外,都必须服兵役18个月。这不仅是他们的权利和义务,而且也是他们参加社会生活的先决条件。土耳其军队内部官兵成分的构成差异较大,士兵主要来自农村和城镇,文化程度普遍较低。低级军官通常来自商人、富裕农民和政府职员等工薪阶层,都在各级军校受过专门的培训和严格的军事操练,都具有一定的文化专业知识和较高的军事素养。他们政治态度一般都比较激进,更加倾向对国家实行较长一段时间的军事独裁统治,以便迅速实现凯末尔那种激进模式的经济和社会变革。中高级军官大多数来自社会的特权阶层,受过良好的教育,大都去过美国等西方国家受过训练和深造,受西方价值观念和美国生活方式影响较深,政治态度一般比较温和,被视为"军队的精英分子",具有严明的纪律性和强烈的民族主义情绪。

另外,根据土耳其宪法的规定,土耳其军队是一支超党派的力量,军队不得参加选举,不得参加任何政党,在军队内也不准有任何党派活动。根据土耳其武装部队章程第35条的规定:土耳其武装部队的任务是保卫和保护土耳其领土和由宪法规定的土耳其共和国。土耳其共和国建立以后,开国元勋凯末尔坚决反对军队干预政治。如有些将军曾要求凯末尔解散议会,因为议会批评了军队,但凯末尔拒绝了他们的要求,让

第五章　土耳其现代化的发展与问题

他们最好是习惯议会的批评，告诉他们批评是议会的主要职责之一。

1924年3月凯末尔要求军官们在从军还是从政中必须选择其一，结果一些军官辞去了军职进入了政界，另外一些军官退出议会保留军职。1927年1月，凯末尔和伊诺努等在民族解放战争中战功卓著的老军人们也宣布退出军队，从而基本上完成了土耳其军队与政治相分离、不再对政治发挥直接影响的历史转变过程。此外，根据1982年土耳其宪法的规定，土耳其的国防体制

年轻英俊的土耳其水兵

是：共和国总统代表大国民议会，担任武装部队的最高统帅，总参谋部直接实施对陆、海、空三军及宪兵部队的领导，总参谋长是武装部队司令，战时可代表共和国总统行使军队最高统帅的职责。

在土耳其共和国80年的历史发展中，除20世纪50年代民主党上台执政，使土耳其军队受到严重的政治挑战，被削弱了社会地位之外，土耳其军队在国家社会政治生活中一直享有极高的地位，成为一支不受文官政府领导的自治组织和影响国家社会发展的决定性力量。1950年5月，民主党通过大选，击败了执政27年之久的共和人民党上台执政，开始了土耳其共和国历史上唯一的一次由文官担任总统和总理的时期，改变了过去的国家、政党和军队三位一体，军队在国家社会政治生活中享有极高地位的政治传统。

在战后土耳其民主化与法治化的社会发展过程中，军队总的来说是比较支持国家的民主化与法治化进程的，并且采取了许多措施，如努力使军队在国家政治中保持中立，让军人返回军营，进行机构改革并裁减军队人数等。因此，民主党一上台执政，就撤换了军队正副总参谋长及各军种司令，使新上任的总参谋长无权，把军队完全置于由文官领导的国防部的控制与监督之下，并在国家立法机构中大量清洗军人出身的议员，使原来在议会中军人出身的议员占总数议员的1/2，下降到了1/25，在政府内阁成员中基本上实现了文官化。

在民主党执政时期，土耳其军队不仅失去了社会政治地位，而且在通货膨胀的影响下，由于民主党政府不给军队增加工资，使其社会经济地位也大大下降，从而引发军队强烈的不满，成为1960年5月2日军队发动政变的主要原因之一。

长期以来，在土耳其的政治文化以及普通民众的心目中，军队一直被视为争取民族最高理想的领袖、世俗共和国政权的保卫者、土耳其社会唯一的健康机体、国家的精华。自土耳其建立共和国以来，迄今共有10位总统，其中只有4位总统是文官出身，其余6位都是职业军人出身的高级将领，都毕业于土耳其的最高军事学府军事学院，都担任过军队的高级指挥官。如首位总统凯末尔曾在土耳其共和国的前身奥斯曼帝国中担任军长、集团军司令，在土耳其民族解放战争中担任过国民军总司令。第二任总统伊诺努曾在奥斯曼帝国军队中担任过军参谋长，在民族解放战争中担任过国民军总参谋长。第四任总统古尔赛勒曾任陆军司令，领导了1960年的军事政变。第六任总统科鲁蒂尔克是一位退役海军司令。第七任总统埃夫伦曾任军队总参谋长，是1980年军事政变的主要领导人。

在土耳其领导总参谋部并指挥全军的总参谋长的政治地位非常高。虽然土耳其宪法规定，武装部队的总参谋长由总理提名，在履行其职责时对总理负责，但实际上自20世纪60年代以来，文官政府并不能领导和指挥军队。1961年的宪法明确规定，总参谋长是武装部队司令。1982年的宪法又进一步补充规定，总参谋长在战时可代表总统行使武装部队最高统帅的职责。总参谋长除了有决定军队全部事务的权力之外，在日常国家事务中还可以直接或间接地通过他个人的权力，同政府的有关部长、办公室和机关联系工作。总参谋长在国家礼仪中的地位仅次于总统、议长和总理，而居于内阁其他成员之前，是国家最高决策机构"国家安全委员会"和"最高军事委员会"的实际领导者和决策人。另外，根据土耳其宪法的规定，除了总参谋长之外，陆、海、空、宪兵，四大军种司令也均享有合法的参政权，从而为军队干预国家政治提供了合法而方便的条件。

在土耳其，军队的建设和发展长期受到国家的重视和社会的支持。自1952年加入北约组织以来，土耳其一直保持着一支近百万人数的军队，其防务开支年均大约占国家财政开支的20%，国民生产总值的5%。议

会在每年讨论军队预算时,议员们总是在赞扬军队的同时,迅速通过其拨款议案。在土耳其还长期形成了一种政治习惯,即禁止公众细查军费预算,更不允许公众公开辩论和批评军费开支,哪怕是温和善意的批评也不允许。西方国家议会中那种对军队的防务和军事拨款进行猛烈抨击和严厉批评的做法,在土耳其的政治文化中则被视为一种犯"叛国罪"的行为。在土耳其,由于军队在国家社会生活中具有崇高的地位,所以现役军官的物质待遇非常丰厚,退役军官也受到国家特别的优待和高度的关怀。在土耳其现役军官物质待遇优厚的主要表现,是他们的工资比同级国家行政官员的工资高。

长期以来,土耳其军队在国家的社会政治与经济生活中享有的崇高地位,高级军官们享有许多参政特权,这与他们在创建土耳其共和国的过程中,同外国入侵者和封建君主势力作斗争、为共和国的建立立下不朽的历史功勋分不开;与他们在保卫世俗共和政权中,多次同宗教极端势力、分离主义、恐怖暴力活动和颠覆社会活动作坚决的斗争,为保卫国家的统一和人民群众的生命财产作出的巨大贡献分不开;与他们在参加国家建设事业和公益社会活动中,提高了军队的社会形象分不开;与他们在防止外来力量可能的侵犯中,加强了军队的建设和发展,促进其社会地位不断提高分不开。因此,可以这样认为,土耳其军队及其领导人的历史功勋及骄人战绩为他们赢得了如今的崇高地位和广泛尊敬。

土耳其在建立共和国家后的最初27年中,国家、政党和军队三位一体。共和国总统既是国家元首,又是执政党主席和武装部队总司令。由于军人出身的总统实际上是军队在国家政权中的最高代表,所以军队长期完全置身于国家政治之外。特别是战后实行多党制以后,军队的政治作用进一步受到了限制,基本上远离了政治,但是军队作为土耳其现代化和世俗化的开明先锋,广大官兵们还是时刻关注着国家的重大事务。

因此,从20世纪60年代开始,当国家政局恶化的时候,军队又重新走上了国家的政治舞台,以土耳其高级将领为首的军人集团,在20年间曾三次干政,在保卫世俗共和国政权中,对稳定社会政局,推动土耳其的政治发展和社会经济的进步起到了不容忽视的重要作用,受到了国内外舆论普遍的赞扬。总之,土耳其军队是一支庞大而组织严密的武装集团,各政党等社会力量根本无法与其抗衡,它在各种社会斗争中对稳定政局、在国家建设中推动生产力的发展所起的作用是巨大的,是国家实

现现代化的重要力量,开明运动的先锋。

第二次世界大战以后,土耳其历史发展的一大特点,是建立了以多党制为核心的西方式民主制度,而土耳其军队对国家政治事务的频繁干预,又成为多党制发展过程中的一个显著特征。因此,土耳其的民主政体在战后现代化的历史进程中,其趋势不可阻遏,其行程又步履维艰,一直存在着不发达的社会经济与国家政治框架之间的矛盾,一直没有能够真正建立起强大到足以克服传统文化中消极因素的政治文化。所以,尽管土耳其以一党制向多党制演变的模式是以西方民主政治为榜样,如实行三权分立、多党竞争、自由选举、新闻监督、司法独立等,但民主政治对军队的制约在土耳其却一直并没有实现,军队在短短的20年中成功地发动了三次军事政变,这种干预国家政治的军事政变几乎平均每隔10年一次。造成土耳其军队周期性干预国家政治的原因有许多,但主要原因是土耳其国内政治与经济的不断恶化,导致社会秩序动荡失控的结果。

土耳其在国家与社会的关系上,不像西方发达国家那样,总是相互制衡着,而是国家这头特别强大,社会显得相当的软弱无力。特别是在民主机制与市场经济发育不完善的初期,国家通过集权的政治造就的强有力的政府经常干预政治与经济生活来弥补社会机制的不足,从而为现代化的发展提供稳定政局、引导经济和改良社会三方面必不可缺少的支持。因此,从某种意义上来说,土耳其军队周期性干涉政治的本质,实际上是在国家政治与经济状况恶化失控的情况下,由军队代表国家直接干预社会政治与经济生活的具体表现,是重建国家权威的一种尝试。它对于稳定土耳其的国家秩序,缓和各种社会矛盾,促进民族经济的健康发展,使土耳其的政治与经济在很长的一段时间内处于一个相对稳定的发展时期,都具有一定的积极作用。

因此,土耳其军队不仅是国家世俗政治的坚定捍卫者,也是维护国家社会政治稳定的中流砥柱。然而,土耳其军队因社会政治动乱与经济危机干涉政治,又因促进社会的发展而还政于民,确实产生了一些令人不安的问题,尤其是它同土耳其建立民主政治久远目标的要求,是一个二律背反,具有许多消极的因素。首先是它开创了以后军队频频干政的先河,导致了土耳其民主政治制度发展频繁中断,对政党建设和民主发展都产生了消极的影响。其次,它使军队凌驾于一切政党之上,成为了

第五章 土耳其现代化的发展与问题

国家的救世主、太上皇和仲裁者，限制和削弱了议会和政党的权力，使得文人政府在处理国家重大事务时缩手缩脚，破坏了民主政治的平衡机制，严重损害了公平竞争的民主原则。

因为每一次军队对国家政治事务的干预都伴随着新闻、出版管制，禁止游行罢工，任意逮捕审讯民众，其中许多是无辜的人。最后，军队频频干预国家的政治事务，虽然使军队的政治地位越来越高，但它影响了军队职业化的发展，导致了政府军事化和将领政客化的双重恶果，不利于土耳其军队长远的现代化建设。尤其是这一行为破坏了国家民主法制的形象，受到了国际舆论的普遍谴责，影响以美国为首的西方国家对土耳其提供军事与经济援助。

另外，土耳其在建立以多党制为核心的民主政治过程中，军队作为一支重要的干政力量，是土耳其政治制度的一个突出特点，但土耳其军队的干政，又与某些亚非拉发展中国家的军事政变有若干不同点：第一，土耳其军队接管文官政权之前，总是要事先发出警告并提出要求，当警告和要求无效时，才接管政权，如1960年和1980年的两次军事接管政权。但文官政府如果接受其警告和要求，主动辞职，军队就不会对政权进行军事接管，而只采用温和的"备忘录"式的干政，如1971年军队以一纸"备忘录"就迫使文官政府辞职，从而组建了一个由军队控制的超党派政府。第二，土耳其军队干政，都是由高级军事指挥将领直接实施或领导的，这些政治态度比较温和的高级军官们希望经过一段很短的过渡时期，便把国家政权移交给符合宪法的文官政府，否则，均不会成功，如1962年2月和1963年5月，土耳其曾经发生过由塔拉特·阿依德米尔上校为首的一批政治态度比较激进的青年军官发动的两次未遂军事政变，均遭镇压失败。第三，土耳其军队接管政权后，一俟政局稳定，国家政权就根据军方先前的承诺交还给了文官政府，而不建立长期的军人政权，从而向人们表明，军人们选择的是自由与民主的原则，这与大多数发生军事政变的发展中国家的事变过程形成了鲜明的对照。此外，土耳其军人干政又迅速还政的根本原因说明，在民主政治体制下，个人和政治集团的作用越来越小，而真正起作用的是民主政治的制衡机制，否则将冒很大的政治风险。

近年来，随着土耳其民主体制的不断完善，以及广大民众民主意识的不断觉醒，特别是2002年土耳其发展与正义党执政以来，利用广大民

· 211 ·

众的广泛支持,通过对军队机构的不断调整,以及通过对军队高级军官的任免,甚至借助法律的手段逮捕了一些威胁到国家公共安全的高级军官,使得军队在国家的政治作用与影响力逐渐减少,而国家政权中的文职官员则成为了社会管理的中流砥柱。

总之,从土耳其军队多次干政所取得的实际成效来看,尽管对稳定国家政局、推动社会生产力的发展起到了积极的作用,但军人干政对土耳其未来的民主政治发展,确实产生了一些令人不安的社会问题,带来了一定的政治负效应,这也是像土耳其这样的发展中国家,在现代化发展历史进程中所必须要付出的代价。从而也进一步证明,发展中国家现代化的历史发展过程,是一个从混沌无序到有序的社会演变过程。

四、土耳其未来的社会走向

20世纪80年代末期,一个世界范围内的经济发展战略的调整潮流蓬勃兴起。汇入这场经济发展战略调整潮流的既有苏联和东欧等社会主义国家,也有以美国为首的西方发达资本主义国家,同样也包括了一部分新兴工业化国家和地区,以及大批低收入的发展中国家。各种不同的社会制度和不同发展程度的国家都在按照各自的需要进行着不同的经济发展战略的调整。土耳其正是顺应了这种新的世界范围内对经济发展战略调整的潮流,在全球化和世界经济权力的重大转移以及重新组合中,正式提出了利用自己地理位置上的优势,加入欧洲联盟的要求,并在国内推行了一系列的社会改革并实施了新的经济发展战略。其目的在于能够尽快使土耳其的社会经济迅速摆脱20世纪70年代末80年代初以来停滞不前的阴影,缩小国内东西部之间的差距,以适应后冷战时期世界经济和政治的巨大发展和高新技术革命的挑战,以便重新确立土耳其在未来新世纪中的世界地位。

今天的土耳其已发展成为中东地区堪称榜样的经济大国。无论是从国内生产总值、人均国民生产总值的增长情况来看,还是从文教、卫生

事业的发展和人民生活水平提高的状况来看,它所取得的成就是令人瞩目的。但是,也应该清楚地看到,土耳其仍属于发展中国家,它在实现整个国民经济现代化的过程中,尚处于发展的阶段,目前还存在着许多阻碍社会经济进一步迅速向前发展的困难和问题,仍然面临着不少严峻的挑战。首先是通货膨胀的问题;其次是外债不断增长的问题,特别是其债务负担日益沉重;第三是国有企业改革路途艰难;第四是地区之间经济发展严重不平衡;最后是人口膨胀和失业问题。

面对当前土耳其社会经济陷入的困境和存在的问题,历届土耳其政府一上任就都表示要进一步深化经济改革,坚决放弃指令性经济,积极向市场经济过渡,以有竞争的市场经济模式为政府财政政策的基础,完全由市场来决定经济平衡。为此,坚持国家宏观调控经济,政府放弃对物价等微观领域的管制,而由市场来决定利率和外汇比价等方针,充分发挥市场在配置资源方面的基础作用。目前在中东地区,土耳其是市场经济体系发展最快最完善的国家。总之,积极融入世界经济大循环之中,全面发展市场经济,实行对外开放,已成为历届土耳其政府的决策者们探索和实践的目标。但是对于土耳其来说,迈向健全、完善的市场经济发展目标还有漫长、艰苦的路程要走,而且还要迎接许多新的挑战和问题。

战后,土耳其实行多党的民主政治体制后,宗教政治势力也开始在多党民主政治的框架内,积极寻求对国家现代化发展的探索和参与,并且表现得越来越强烈,态度越来越积极,这是土耳其社会政治权力再分配的一种发展趋势。土耳其国内伊斯兰教的复兴崛起并非偶然,它有着深刻的历史根源和现实原因,是土耳其现代化历史进程中,社会矛盾不断发展的某些客观必然性的一种反映,此外,也有一定的国际与地区形势变化的背景。

首先,土耳其是一个具有一千多年伊斯兰历史的国家,在99%信奉伊斯兰教的人口中,思想、价值观念、生活方式和文化艺术全部都深而又深地渗透着古老的伊斯兰传统,尽管这些传统已经转变成为一些显然与过去不同的新东西,但从根本上来说,它们依然毫不动摇地保持着伊斯兰特色。虽然从奥斯曼帝国的社会改革开始到凯末尔的世俗化改革,经历了一个多世纪的西方化运动之后,土耳其社会有了极大的变化,其程度也是任何外界观察家所想象不到的,但是其宗教价值观念和历史传统

仍然根深蒂固，特别是土耳其生活和文化最深远的伊斯兰的老根仍然活着，作为在土耳其穆斯林中的这项标志，仍然是不可动摇的。这种历史文化的积淀，为土耳其国内的伊斯兰教再度复兴并得到弘扬，提供了合适的土壤和深厚的社会基础。

其次，随着土耳其从一党制向多党制政体的演变，伊斯兰复兴在土耳其所起到的政治作用是不容低估的，伊斯兰教必然地又变成为了一项社会政治争端的工具。土耳其历届政府由于维护其执政地位的需要，不断放宽对宗教的限制，出台了一系列有利于宗教发展的政策与法规，从而为伊斯兰教的复兴，扩大其影响大开方便之门。此外，土耳其的一些主要党派由于害怕让对方得到宗教的支持之利，特别是出于竞选的需要，也极力迎合社会上的一些宗教情绪，把赌注压在选民的宗教感情上。与此同时，伊斯兰教的政治势力也通过各种方式和途径，扩大宗教组织，加大宣传力度，培养宗教骨干和中坚力量，同世俗主义争夺阵地，以至土耳其的各个党派，谁也不敢对宗教加以忽视，更不要说去表示反对。

另外，近年来由于社会的急剧转型，导致土耳其政局多变、社会动荡，加上经济不景气，物价高涨、失业增加、腐败蔓延、贫富分化悬殊现象极为严重，造成了社会矛盾特别突出，而历届政府又治国乏术，建树不大，使得广大选民的失望情绪和离心倾向日益严重。土耳其的伊斯兰教势力借机抓住了广大民众对现实的不满和求变心理，大力宣传真主面前人人平等和社会公正，在土耳其社会中下层广大民众中引起了共鸣，从而促成了他们宗教意识的不断增长，加大了伊斯兰教价值观的社会吸引力。

最后，国际和地区形式的变化，也为土耳其伊斯兰教的复兴与发展提供了一个有利的外部环境。在战后冷战政治格局中，土耳其落入以美国为首的西方阵营中，资产阶级统治集团为了反对社会主义和共产主义，压制社会进步势力，在政治宣传中开始利用伊斯兰教的思想，借助宗教势力进行斗争。特别是冷战结束后中东地区伊斯兰原教旨主义的抬头，推动和影响了伊斯兰复兴运动在土耳其的加速发展。土耳其同中东地区的一些伊斯兰国家和组织往来频繁、关系密切，甚至做出了许多有悖于土耳其世俗主义原则的事情。例如，伊朗伊斯兰革命胜利后，受其影响，土耳其民众的宗教意识明显增加，许多书店大量出售伊朗伊斯兰革命精神领袖霍梅尼的著作。

1987年4月,安卡拉、伊斯坦布尔等一些城市的女大学生们为了争取戴头巾进入课堂而上街游行示威时,就得到了伊朗社会的声援。而每当中东、中亚和巴尔干地区发生与伊斯兰有关的事件时,土耳其国内就会发生大规模的示威游行,表示声援或抗议。此外,冷战结束后,土耳其与伊斯兰国家的高级政府官员频繁互访,伊斯兰发展银行和科威特基金会增加了对土耳其的经济援助,土耳其向伊斯兰国家的出口也逐步增加,以及一系列双边与多边政治、经济和军事协定陆续地签订,这一切都说明土耳其在外交上向伊斯兰国家的倾斜政策达到了一个新的阶段。这既是土耳其国家利益的需要,也是国内伊斯兰复兴运动在对外关系上的延伸。这一重要的客观效果,是有利于土耳其伊斯兰复兴运动的发展与加强的,反过来,它的崛起与发展,也呼应了中东地区伊斯兰教复兴的膨胀势头。

土耳其伊斯兰教的复兴在其政治生活中最惊人的事件之一,是具有浓厚宗教色彩的繁荣党的兴起,使土耳其的国内政治发生了很大的变化。1983年7月19日,土耳其繁荣党宣告成立。繁荣党的前身是1980年9月12日,在军人干政中被取缔的救国党,而救国党的前身是于1971年5月21日被宪法法院宣布为违反宪法世俗原则而被取缔的民族秩序党。繁荣党从成立之日起,就以具有浓厚的宗教色彩和迥然有别于其他党派的政治主张而在土耳其政坛上独树一帜。

在政治上,该党以伊斯兰为旗号,主张政治宗教化和宗教政治化,突出宗教和民族意识,希望利用宗教解决社会的现实问题,反对现行政教分离的世俗制度,主张严格按照伊斯兰的教义治国,建立伊斯兰式的社会公正秩序。特别是以道德和文化的眼光认为,土耳其的落后主要是因为受到了西方文化的不良影响,导致土耳其穆斯林长期遭受西方文化和政治的双重奴役,号召以土耳其传统文化为基础,重新确认土耳其的民族文化和精神认同,主张借助国家权力推行伊斯兰化,通过发展社会道德来彻底剔除西化主义的影响,根治社会弊端,使土耳其担负起引导穆斯林世界复兴,共同对抗西方霸权的重任,走一条具有民族特色的新社会发展道路。

繁荣党在成立之初实力并不强大,但发展迅猛。该党在1987年11月29日的土耳其第18次大选中,虽然仅获得7.5%的选票,但在1991年10月

20日的土耳其第19次大选中，获得了大约13%的选票，取得了巨大的成功，尤其是繁荣党在1994年3月举行的全国地方选举中，一鸣惊人，获得了19.01%的选票，并赢得首都安卡拉和最大城市伊斯坦布尔等重要城市的市长位置，引起了舆论的强烈反响。在1995年12月24日举行的土耳其第20次大选中，该党再创佳绩，以21.38%的得票率夺魁，赢得了550个议会席位中的158个，一下跃居为土耳其的第一大政党。

这不仅震动了土耳其政坛，在中东地区产生了巨大的影响，而且也引起了整个国际舆论的普遍关注。土耳其是中东地区最早实行世俗化改革的国家，它一向被西方国家认为是中东伊斯兰国家海洋中的一盏非宗教的指路明灯。因此，有伊斯兰性质，得到广大穆斯林支持的繁荣党，在土耳其政治舞台上取得出人意料的成功，对西方世界的冲击，对伊斯兰世界的鼓舞，都是可想而知的。

1996年1月9日，土耳其总统德米雷尔依照惯例，首先授命第一大政党繁荣党主席埃尔巴坎组阁，正式揭开了由繁荣党组阁的帷幕，但由于繁荣党的政治主张难为其他各执政党接纳，因而各政党领导人纷纷表示不愿意与其为伍，繁荣党终因找不到合作伙伴，难圆执政之梦，不得不交回组阁权。1996年3月6日由土耳其第二大政党祖国党与正确道路党组建的第53届政府成立。虽然土耳其总统和军方出于抑制伊斯兰宗教势力的扩张和稳定政局的需要，公开支持两党的联合执政，但好景不长，由于执政两党之间的明争暗斗，导致了联合政府的垮台，从而为繁荣党再次组阁带来了一个良好的契机。

为了维护来之不易的执政大局，繁荣党吸取了上次组阁失败的教训，审时度势，对其政策做了必要的调整。首先注重挑选党内温和派人士入阁，减少了强硬色彩，并且明确承诺将坚持世俗制度和民主，遵循凯末尔主义的原则，同时还通过一些军人出身的议员，与军界首脑疏通。在经济方面，同意实行市场经济体制，继续经济改革和对外开放，加快私有化进程，并允诺加快与欧洲关税同盟统一的步伐，履行对其承担的义务。在对外政策方面，繁荣党明显降低了反西方的调子，表示在增进同伊斯兰国家关系的同时，将保持土耳其同西方的密切关系，并遵守土耳其承担的国际义务，继续谋求加入欧盟。

繁荣党的举措，对改善其形象产生了积极的作用。当主要由繁荣党成员参加的新政府组成和施政纲领公布以后，土耳其的传媒舆论总体上

反应平和，以捍卫凯末尔世俗主义原则而著称的军队对繁荣党的态度也趋向缓和，一些著名的经济界人士也表示审慎的欢迎。特别是新政府成立的当天，伊斯坦布尔股市的综合指数上扬了3.33%，显示了一个好兆头。然而，鉴于繁荣党一贯坚持反西方与反世俗化的伊斯兰的强硬立场和主张，加之组成本届联合政府的两大党派繁荣党和正确道路党的政策大相径庭，人们对新政府的疑惑尚未冰解，以美国为首的西方世界也忧心忡忡。

1997年6月18日，在执政不到一年的时间，繁荣党主席、土耳其总理埃尔巴坎向土耳其总统提出辞呈，总统德米雷尔接受了他的辞呈，并于6月30日批准了由土耳其祖国党、民主左派党和民主土耳其党组成的新内阁。自1997年初以来，土耳其军方不断向埃尔巴坎政府施加压力，以防止其领导的繁荣党推行政教合一的政策。例如1997年2月3日，繁荣党人的市长在首都安卡拉以西25英里的辛詹镇，组织了一次"耶路撒冷之夜"集会。这次集会不仅张贴了巴勒斯坦"哈马斯"和黎巴嫩"真主党"领导人画像的标语牌，而且伊朗驻土耳其大使巴益里在集会上还公开提出在土耳其实施伊斯兰教法的口号，并有一名电视台女记者遭到殴打，这就是震动土耳其的"辛詹事件"。2月4日，土耳其军方的20辆坦克和15辆装甲车沿着该城镇的主要街道驶过，名为"军事演习"，实为一次"软政变"，表明土耳其军方不允许出现背离政教分离原则的决心和态度。

此外，土耳其军方还向宪法法院提交了指控繁荣党与非法的伊斯兰原教旨主义活动联系的证据，要求取缔这个政党。在6月初，土耳其最高的司法机构宪法法院也对繁荣党提起诉讼，指控繁荣党使整个国家处于内战的边缘，并破坏了这个国家的世俗制度。按照土耳其的宪法，最高法院有权取缔挑起人民之间的仇恨、进行反对世俗制度活动的政党。

与繁荣党组成联合政府的正确道路党内部也对繁荣党的反世俗主义势力表示不满，并且威胁要退出联合政府，在这种形式下，作为繁荣党主席的埃尔巴坎总理不得不提出辞呈。埃尔巴坎总理在被迫辞职前，曾于1997年6月1日与奇莱尔副总理共同宣布，两人已达成协议将总理的职位交给奇莱尔，并在辞职的同时向德米雷尔总统递交了一份由正确道路党、繁荣党和大团结党起草的三党联合宣言，要求授权奇莱尔组阁，组成正确道路党和繁荣党为主的联合政府。但是德米雷尔总统于6月20日傍

晚授权议会中的第二大政党祖国党的领导人耶尔马兹组阁,使奇莱尔继任总理的希望破灭。1997年6月30日,耶尔马兹向德米雷尔总统递交了内阁名单,并立即获得批准,这样,以耶尔马兹为总理的土耳其第55届政府宣告成立,这标志着持续数月的土耳其政治危机进入了一个相对缓和的历史阶段。

耶尔马兹政府组成后,在国内政策上基本原则是保护和发展世俗化的民主共和国,并致力于发展市场经济。与前政府明显的变化是现政府以迎合与满足军方的需要和愿望为准则,捍卫政教分离原则,减少宗教教育,扩大世俗教育,并加强对清真寺的管理,防止伊斯兰原教主义者把清真寺当作动员民众的场所。在内政方面还有一个突出的变化,那就是军方进一步加大了对社会控制的力度。为此,土耳其军方成立了专门机构,全面负责监视社会的一切领域,密切关注社会的动向,以便随时对付可能发生的暴乱,并且多次警告民众不要支持伊斯兰分子开设的企业或商店。第三个变化是,军方下决心要把具有伊斯兰宗教色彩的繁荣党彻底赶下土耳其的政治舞台,为此,土耳其宪法法院公开审理了繁荣党违宪的行为,并且表示要对该党主要领导人分别绳之以法。2000年3月10日,土耳其国家安全法院以煽动仇恨罪判处前总理埃尔巴坎一年监禁。

1998年11月25日,因总理耶尔马兹涉嫌腐败丑闻,导致其政府在议会信任投票中垮台。1999年1月8日,德米雷尔总统授权议会的第四大政党民主左派党主席埃杰维特组阁,16日,土耳其议会以306票对188票的绝对优势通过对埃杰维特政府的信任投票。按照宪法的规定,土耳其定于1999年4月18日举行议会选举,因此本届政府仅能维持3个月的时间。1999年4月18日,土耳其举行了全国大选。这次大选是具有伊斯兰宗教色彩的繁荣党在1995年的大选中获胜后举行的第一次选举,因此备受世人瞩目。4月27日大选结果揭晓,现任总理埃杰维特领导的民主左派党获得22.17%的选票,极右翼的民族行动党也异军突起,紧随民主左派党之后,获得了17.09%的选票。继承了繁荣党衣钵的道德党退居第三,祖国党和正确道路党则敬陪末两位。

1999年6月,民主左派党主席埃杰维特在25年内第五次出任土耳其共和国总理。2000年5月,德米雷尔总统任期届满,5月5日,经过大国民议会的选举,土耳其宪法法院的院长塞泽尔大法官出任土耳其历史上

的第十位共和国总统。新总统塞泽尔早年毕业于安卡拉大学法学院,长期从事司法工作。虽然土耳其的总统只是一种象征性的国家元首,但多年来随着民主政治体制的改革和发展,总统一职也不完全是一种礼仪性的,议会授予总统较大的权力,特别是在政局动荡、国家危难的时刻,总统对于稳定政局,协调各种社会矛盾,起着关键性的作用。因此,国内外许多政治家把目前土耳其的政体称为具有土耳其特色的多党制半总统制。土耳其的这种政体,同西方发达国家相比,在民主化程度上尚有较大的差距,但与其他伊斯兰国家相比,民主化、法制化和世俗化的程度又较高。

2002年11月3日,土耳其全国举行大选,18个政党竞争大国民议会中的550个席位,4000万选民投了票,最终新成立的、具有伊斯兰教色彩的正义与发展党以34.26%的得票率夺魁,赢得了550个议会席位中的363席,一下跃居土耳其的第一大政党,取得了压倒性的胜利,并将单独组建新一届政府。而与此形成鲜明对比的是民主左派党、民族行动党、祖国党、正确道路党等传统大的党派,都未能达到进入议会10%的法定标准,被排除在了议会以外。

大选结果一公布,无论是外国的观察家还是土耳其本国的记者、政界人士都连呼太出人意料了。土耳其是北约组织中唯一的穆斯林国家。北约和欧盟对土耳其此次选举极为关注,担心选举会给该国带来骚乱,使其加入欧盟的道路更加艰难,并使该国经济进一步恶化。美国也对土耳其的这次选举深表关注,因为它在谋求土耳其支持其可能对伊拉克采取的军事行动。针对具有伊斯兰宗教色彩的正义与发展党在11月3日赢得土耳其大选,土耳其军队总参谋长厄兹柯克11月8日发表声明说,军队将保卫土耳其不受原教旨主义的侵害。并表示土耳其军队有信心保护国家免受一切形式的威胁,尤其是原教旨主义和分离主义的威胁。

正义与发展党在大选获胜后,该党主席埃尔多安曾经多次否认他所领导的政党是伊斯兰政党,并且表示正义与发展党决不会背离土耳其一贯亲西方的外交路线,将为土耳其早日加入欧盟而努力奋斗。同时他还说到,他所领导的政党对国际货币基金组织不抱任何偏见,但土耳其与国际货币基金组织的关系,应该完全建立在确保土耳其的国家利益基础之上。此后,正义与发展党公布了它的六项施政纲领:1. 不干涉人民的生活方式;2. 推进加入欧盟的进程;3. 加强与世界各国的合作关系;

4.继续执行世界银行的经济纲领；5.不让土耳其的社会退步；6.妇女头巾的问题不是很重要的问题。就在正义与发展党公布了它的六项施政纲领后不久，土耳其军队总参谋长厄兹柯克再次表示，土耳其军方尊重大选的结果，因为它体现了土耳其人民的基本意愿。

如果将这次大选与1999年的大选做一下比较，可以发现这次大选的一大特点，即传统大党失势，而一些不被人们看好的新政党则表现突出，议会中的力量更趋于集中。土耳其此次大选之所以会出现这一结果，有其深刻的社会原因，表现为国内人心求稳思新。求稳主要是对土耳其长期以来，因为没有一个政党在议会中超过法定半数能够单独组阁，而为了执政，几个政党不得不联合组阁，使得土耳其政府长期处于一种极其不稳定的状态。思新也是选民们摒弃传统政党的原因之一。例如，民主左派党、祖国党和正确道路党等长期活跃在土耳其的政坛上，并且多次执政。然而，他们不但没有高效的治国良方和骄人的政绩去彻底改变土耳其长期政局动荡的局面，而且腐败之风盛行。

1999年4月，凭着诚实执政的纲领当选为总理的埃杰维特，对于一些部长贪污腐败的指控一直置若罔闻。据土耳其商会的一项调查表明，这个国家的政客们十多年来共计挥霍了大约1950亿美元的国家资产。与此同时，已被国家接管的13家私有银行至少流失了120亿美元。2001年1月，势力强大的土耳其军方，对能源部的腐败现象展开调查，先后导致了15位政府官员和商人受到指控，能源部部长被迫辞职。

2002年2月，总统塞泽尔与总理埃杰维特之间在腐败问题上的政治对抗，引发了土耳其的政府危机。因此，进一步加剧的社会政治危机动摇了广大民众对土耳其世俗政党执政的信心，广大选民们渴望看到廉洁勤政的新面孔，希望能够有一个高效公正、富有创造性的新政府，去领导土耳其人民发展社会经济，早日摆脱社会发展困境。在这种社会背景下，具有伊斯兰宗教特征的正义与发展党成立了，并且迅速发展壮大，特别是社会影响如日中天，因而在2002年11月提前举行的议会大选中，以34.3%的得票率获取议会550席位中的363席，成为土耳其建国以来第一个在议会中占据多数议席，并单独进行组阁的政党。

虽然正义与发展党在土耳其的政坛上异军突起赢得了大选，并且经军方承认单独组阁成功，但对于新一届土耳其政府来说，降低竞选时期的调门推行较为务实的方针政策才为上策。所以，任重而道远的新政府

的首要职责是维护政治稳定，发展社会经济，彻底改变土耳其长期政局动荡的局面，从而为社会改革和经济发展提供一个良好的环境。

2007年7月22日，土耳其大国民议会的选举揭晓，向来被认为具有浓厚伊斯兰宗教色彩的执政党——正义与发展党以绝对优势赢得了大选。这是该党继2002年后再次获得执政机会。2003年3月，正义与发展党的党魁埃尔多安出任政府的总理。该党执政以后，在政治上主张民主、自由；在经济上倡导市场经济，强调保护私人财产；在对外政策上，实行全方位的外交路线，在与西方国家搞好关系的同时，也加强与发展中国家建立友好关系。由于正义与发展党采取的内外政策得力，加之实施了一系列行政体制改革，不仅完善了政府的行政机构，而且不断提高了政府社会管理的效率，从而解决了大量棘手的民生问题，因而赢得了土耳其民众的广泛支持与拥戴。

总之，正义与发展党虽然是在土耳其社会经济大萧条的背景下上台的，但是为了尽快恢复疲软的国民经济，执政的正义与发展党迅速加大宏观调控力度，全面整顿金融市场，不断改善投资环境，大量吸引外资，积极鼓励出口，努力抑制通货膨胀。这些举措的实施，使得土耳其的经济形势明显好转，各项宏观经济指标趋于正常，社会经济出现了快速复苏与发展的良好势头。2003年和2004年，土耳其的经济增速分别达到了5.8%和8.9%，通货膨胀率则由2001年的100%迅速降至2004年的9.3%，创30年来的新低，取得了非常巨大的社会管理成就。

2004年3月，正义与发展党在全国地方选举中再次大获全胜，得票率比议会选举时增加了8%，不仅巩固了原有中下阶层选民的社会基础，而且也吸引了部分中上阶层的选票，使得该党的执政社会基础进一步扩大。2007年8月28日，土耳其大国民议会进行第三轮总统选举表决，结果是正义与发展党提名的总统候选人、第59届政府副总理兼外长阿卜杜拉·居尔当选，随后宣誓就任土耳其共和国第11届总统。与此同时，代表土耳其世俗主义强硬派的军队表示将坚持捍卫土耳其的世俗体制与原则。特别是在居尔当选总统的前一天，土耳其武装部队总参谋长比于卡内特公开在媒体上强调，军队将一如既往地坚决维护土耳其共和国的世俗和民主制度，决不会做出任何让步。并且军方和具有世俗主义背景的议会第一大反对党——共和人民党都没有派代表出席居尔就任总统的宣誓仪式。土耳其媒体认为，这是直接针对居尔和正义与发展党的。因

此，军队的态度使得土耳其世俗主义、伊斯兰教与民主政治的关系问题，将会长期成为人们关注的焦点，并直接影响到土耳其未来的社会发展方向。

对于土耳其的社会发展来说，虽然正义与发展党的内外政策取得了非常巨大的成就，因而赢得了广大民众的广泛支持与拥戴，从而创下了该党三次连任的辉煌纪录，但是对于正义与发展党的执政地位来说，目前最紧迫的政治任务，就是要早日实现其加入欧盟的宏伟计划。长期以来，土耳其一直把融入欧洲当作其基本国策，具有很深的欧洲情结。因为加入欧盟对土耳其来说是极为重要的，如果没有欧盟直接和间接的帮助，土耳其极其严重的通货膨胀和失业问题就会进一步加剧，而加入欧盟是其迅速脱贫致富的有效途径，关系到其21世纪的前途和国际地位。多年来，尽管土耳其在加入欧盟的问题上屡遭挫折，但其历届政府一心一意地想要加入欧盟，迫切希望早日融入"欧洲大家庭"。因为对于土耳其来说，这不仅是一个价值观的问题、社会文化的问题，更涉及国家社会政治的发展走向，将成为检验任何土耳其政党是否忠于世俗主义和西化主义的重要试金石，因而加入欧盟的道路虽然对于土耳其来说步履维艰，但土耳其一定会以一种愚公移山的精神坚持下去。总之，土耳其在政教分离的世俗化改革和民主法制的社会发展道路上，以及在早日加入欧盟的征途上，都将会继续艰难地向前跋涉。

第六章 土耳其外交政策的历史演变

土耳其共和国建国至今，基本上一直遵行国父凯末尔提出的"和平国家、和平世界"的社会发展目标，因而遵循的是一条寻求和平、务实求真、可操作的外交政策。在这一外交政策的指导下，土耳其将民主的、世俗的政治体制和活跃的市场经济，以及现代文明身份认同融为一体，希望在整个世界施行一种维护国际社会安全与稳定的外交策略。

土耳其人外交政策的主要目的，就是在其国内和所在的地区在和平、繁荣的基础上，营造出一种稳定的、大家合作共赢的、对整个人类文明的发展有贡献的国际环境。一般来说，土耳其的外交传统是为了维护国家安全与领土完整，用一种历史发展的长远眼光来捍卫自己的国家利益，为了自身的发展和繁荣而寻求相应的国际政治资源，通过与世界大国发展友好合作的伙伴关系，在当今世界政治与经济舞台上寻求自己的一席之地，以不断增强自己的国家综合实力，这是土耳其外交战略的基本发展目标。为了实现这一发展目标，土耳其认为首先应该和世界上所有的大国，以及整个世界建立友好的合作伙伴关系，为世界的和平、稳定、安全和繁荣做出自己的贡献，这些是土耳其外交政策的基本原则。

第六章 土耳其外交政策的历史演变

一、土耳其战前中立的外交政策

从1923年到1938年的整个历史时期，土耳其共和国在对外战略上一直坚持国父凯末尔"国内繁荣，对外和平"的训示，因而得到了近代以来历届统治王朝没有得到的一个大好处，那就是同许多国家建立了真正平等相处的友好关系，并且没有了大国干涉的任何苦恼。例如，1923年民族解放战争结束以来，与邻国希腊的关系一直比较紧张，然而通过1930年相互签订和平条约之后，两国关系得到了极大地改善，达到了睦邻友好相处的状态。与伊朗长期的边界纠纷，通过一系列的外交谈判，最终也获得了基本的解决。与苏俄的友好关系，在1925年签订的双边条约中进一步得到了加强，该条约后经过重新修改并予以延长。特别是在1936年土耳其承认了把摩尔苏交给英国托管的事实后，与英国的关系从此得到了极大地改善。1932年，土耳其成为国际联盟的成员国，不仅提高了其在国际社会的地位，而且也扩大了其在整个世界的影响。

20世纪30年代德国希特勒法西斯力量的兴起，以及意大利墨索里尼的到处侵略，使得凯末尔深感不安，他采取了几个方面的措施来维护和改善土耳其的国际地位。一是1934年与希腊、南斯拉夫和罗马尼亚签订了维护现状的《巴尔干公约》。这是防止亲德国的保加利亚试图修改《洛桑条约》、扩大版图的有力保障。二是1937年与伊拉克、伊朗和阿富汗等国签订了互不侵犯的《萨阿达巴德条约》。由于墨索里尼入侵埃塞俄比亚，土耳其希望欧洲大国允许其在海峡地区设防的要求更加迫切，因为《洛桑条约》规定海峡地区实行非军事化。1931年召开的蒙特勒国际会议同意了土耳其的这个合理要求。与意大利咄咄逼人的好战态度相比，土耳其则通过和平谈判的方式大大提高了它的国际地位。此时期土耳其良好的对外关系，是凯末尔坚持抵制一切重振奥斯曼主义、泛突厥主义和泛伊斯兰主义活动的结果。

凯末尔逝世后，在民族解放战争中与他并肩作战的亲密战友伊诺努

成为继任领导者。伊诺努执政之后，即面临着险恶的国际局势。他出任总统的时候是慕尼黑会议之后，第二次世界大战的前夕，土耳其处于惊涛骇浪的历史阶段。德国希特勒的东进计划，酝酿着一场对巴尔干国家的侵略战争，从而也是对土耳其的威胁。意大利墨索里尼在地中海的侵略行径和占领阿尔巴尼亚，更是引起了土耳其的高度关注。土耳其政府认为，为了维护现状和国家利益，明智的办法就是谋求和世界西方大国建立更为密切友好的关系。1939年5月，土耳其首先与英国发表相互保证的声明，6月又同法国缔结了互不侵犯的和平条约。然而，在1939年8月23日德国与苏联签订的条约内容中可以看出，土耳其完全被夹在了世界两大集团中间，使其谋求自身的安全更加困难了。

长期以来，土耳其一直对于参加1914年第一次世界大战所带来的灾难记忆犹新，因而希望在国际社会保持中立，以便更好地维护国家安全，于是土耳其积极谋求与苏联签订一项新的和平条约。但是土耳其外交部长的莫斯科之行毫无结果，没有得到苏联的任何保证，其原因是土耳其与西方英、法等几个主要国家在1939年10月19日签订了相互保卫同盟条约。根据条约，如果战争扩及地中海地区，土耳其将提供军事援助，但有一项特别条款规定，土耳其没有履行与苏联作战的义务。虽然德国在1940年6月对法国的武装进攻，实际上已经把战争引到了西地中海，但土耳其政府认为这时采取战争行动，会损害土耳其的国家利益，所以一直试图在世界两大集团之间进行斡旋，努力保持一种中立的外交立场。

此后，法国的迅速垮台，使得轴心国的胜利给土耳其的政府越来越深刻的印象。同时，轴心国的胜利也使得土耳其政府感到万分的危险，特别是1941年春，德国军队经南斯拉夫大举入侵希腊，并占领了土耳其沿岸的爱琴海岛屿，不久占领了离伊斯坦布尔不远的保加利亚。在这种部分被包围的情况下，土耳其屈服于德国的压力，在1941年6月与德国签订了互不侵犯条约，但土耳其同时依然坚持与英、法签订的同盟条约有效。接着是6月22日德国军队大举进攻苏联之后的迅速挺进，这证明德国的压力更加难以抵挡。

1941年秋，土耳其被迫签定了一项对德国出售铬矿的协定，铬是当时制造硬度很强钢材的必需品，但土耳其政府在签订这项协定的同时，仍然履行他早期向英国出售铬的义务。同时，土耳其政府坚决抵制了德国要求针对苏联进行政治与军事合作的建议,虽然那些德国军队正在跟土耳其历史上的那个北方宿敌打仗。1942年下半年,世界战局突变。随着英国在埃及阿拉曼战役中获胜,苏联人保卫斯大林格勒的胜利,以及美国军队登陆法属北非,轴心国开始缓慢后撤,这时各有打算的美、英、苏三大盟国开始谋求获得土耳其的援助。美、英希望使用土耳其的空军基地,他们同土耳其政府官员进行了一系列的会谈,最后在1943年12月罗斯福、丘吉尔与伊诺努举行的开罗会议上,土耳其原则上同意为盟国提供军事设施,但土耳其提出一个条件,盟国必须向其提供足够的武器装备,以防德国的轰炸和入侵,但关于土耳其是否应该参战的争论在政府内仍然继续。

  美、英对于土耳其所持的中立立场非常不满,多加指责,但却被土耳其政府顶了回去。土耳其指出,盟国领导人除了丘吉尔之外,并不真心希望土耳其放弃中立,因为冒着德国人入侵的风险,开辟土耳其新战场,需要盟国从其他战场上运送大批战略物资,而此时盟国却恰恰最需要把一切可以集中起来的战略物资用于目前的那些战场,所以土耳其所持的中立立场是正确的,是符合美、英根本不需要开辟新战场的战略方针。尽管土耳其于第二次世界大战结束前夕的1945年2月23日正式宣布参战,但那只是形式上的参战,其目的是为了土耳其可以派代表出席即将在美国旧金山召开的联合国成员组织会议。总之,在第二次世界大战的大部分时间里,土耳其周旋于世界两大交战集团之间,力图维护自身的国家利益,同时又不开罪于任何一个大国,左右逢源,待价而沽,奉行一条中立的外交政策,在夹缝中求生存,是土耳其这一时期对外战略的核心。

二、土耳其与苏联关系的发展演变

土耳其共和国成立之后，它的对外政策就是凯末尔所说的"国内和平，世界和平"的原则，其追求的根本目标是本民族的独立和生存权利，主张世界各国在相互尊重主权的基础上建立友好关系。特别是在民族解放战争中，土耳其一方面与支持民族解放事业的苏俄结成友好关系，争取苏俄人民的道义和物资援助，安定其后方；另一方面又充分利用协约国内部的种种矛盾，离间和争取法、意等国，集中力量打击英国及其指使下的希腊侵略军，就是此原则的成功运用，也成为土耳其赢得民族解放战争最终胜利的重要因素。

土耳其共和国的第一个外交文件就是1920年4月26日致列宁的信件。凯末尔在信中建议土苏建立外交关系，并请求在土耳其反对帝国主义斗争中给予援助。苏俄外交人民委员契切林在6月3日的复函中，表明苏俄政府同意苏土之间立即建立外交领事关系，并强调说："苏维埃政府十分高兴地注视着土耳其人民为自己的独立和主权而进行的英勇斗争，在土耳其目前艰难的日子里，苏维埃政府为使土俄两国人民联系在一起的友谊奠定牢固的基础而感到荣幸。"不久，土苏两国互派了大使，并通过互派代表团进行了多次的磋商，于1921年3月16日在莫斯科签订了《苏土友好条约》。其重点是：1.双方承认东方各族人民享有自由、独立和选择政体的权利；2.废除沙俄帝国时期同土耳其签订的一切不平等条约和债务，苏俄放弃领事裁判权；3.双方不得承认一方因迫于暴力而接受的任何和约和有关土耳其的国际文件，特别是《色佛尔条约》，如未经土耳其大国民议会政府承认，苏俄政府将不予承认；4.把统划入苏俄的格鲁吉亚，而在1878年划归俄国的卡尔斯、阿尔达汗和阿尔特温划归土耳其；5.关于海峡的开放和通商问题，双方在坚持不损害土耳其主权和安全的条件下，同意由沿海各国代表举行特别会议，最后拟定黑海海峡的国际条例。

第六章 土耳其外交政策的历史演变

在协约国企图在政治上奴役、军事上征服、外交上孤立土耳其的时候，《俄土友好条约》的签订，对于巩固土耳其民族政权，具有特别重大的意义。它打破了帝国主义各国在外交上的孤立，在道义上支持了土耳其。对此，凯末尔在致列宁的亲笔信中写到："同俄国的友谊过去和现在一直是土耳其大国民议会政府奉行的政策基础。"苏联不仅在道义上援助了土耳其，而且在物质上也大量地援助了土耳其。1919年5月底6月初，苏俄布琼尼上校在萨姆松附近的哈夫扎同凯末尔的会谈中，明确表示："俄国将在武器军火方面给予援助。"从1920年起，土耳其国民政府就源源不断地从苏俄获得了各种军火和大量的财政援助。

土耳其共和国成立以后，继续坚持同苏联结盟的外交政策，努力发展在民族解放战争中双方结下的友好关系。1925年，土耳其同苏联签订了《土苏友好中立条约》，从此，土苏两国领导人之间，以及学者、作家、医生、演员、运动员之间的互相访问，颇为频繁。1932年，土耳其总理伊诺努访苏，参加了"五一"劳动节的庆祝大会。在土耳其客人访问期间，土苏双方就苏联给予土耳其贷款一事达成了原则协议。1933年，伏罗希洛夫率领苏联代表团访土，参加共和国10周年庆祝活动。1934年1月，土苏两国代表团在土耳其首都安卡拉正式签署贷款协定。据此，苏联给予土耳其提供了800万美元的无息贷款，土耳其在20年内用本国商品偿还，条件非常优惠。土耳其利用苏联提供的资金和技术，在开塞利和纳齐里兴建了两个现代化的大型纺织厂。土耳其还决定学习苏联计划经济的经验，聘请苏联专家帮助制定了第一个工业发展的五年计划。以奥尔夫为首的苏联专家组对此作出了巨大的贡献。1934年1月，土耳其曾向苏联表示愿意签订互助协定，以确保一旦第三方威胁海峡时两国间的合作。1935年11月，土苏两国政府在安卡拉签订了协议书，决定把1925年的《土苏友好中立条约》延长10年，从而使两国间的信任与合作达到了一个新的高度。

1936年4月11日，土耳其政府照会1923年洛桑和会的参加国，建议召开国际会议讨论修改海峡制度。苏联第一个同意了土耳其的建议，但恰恰就在蒙特勒海峡会议上，土苏两国间出现了严重的分歧，其主要的原因就是苏联对土耳其接近英、法的外交政策，特别是对土耳其在蒙特勒会议上的立场没有充分理解，作出了不适当的过激批评，而土耳其的民族利己主义立场又进一步加深了土苏两国间的不信任和猜忌。在蒙特

勒会议之前，土耳其政府派代表团访问了莫斯科、柏林、巴黎、伦敦等地，详细地了解各国政府对海峡问题的观点，在此基础上拟定了一个海峡制度草案，提交蒙特勒会议作为谈判的基础。出于对国家安全的考虑，土耳其提出的草案不仅限制了非黑海国家的军舰出入海峡，而且对于黑海国家包括苏联在内的军舰出入海峡也作出某些限制，如只能通过15000吨以下的军舰，而且要事前获得土耳其政府的许可。这些规定没有充分考虑黑海国家的特殊利益，距苏联关于黑海国家通过海峡不受任何限制的观点相差甚远，因而受到苏联代表团的批评。而土耳其代表团从民族利己主义的立场出发，一方面表示放弃自己的方案，另一方面却又支持更加漠视黑海国家利益的英国方案。土耳其代表团所持的这种立场更加深了苏联的疑虑和忿恨，因而受到苏联政府严厉的谴责。

另外，使土苏两国关系蒙上阴影的另一个重要因素，是与土耳其政府长期坚持反共的政策有关。凯末尔作为资产阶级的领导人，对土耳其共产党的活动一直视为洪水猛兽，采取了各种措施控制工人运动的发展，直到取缔共产党，迫使其转入地下。但凯末尔懂得苏联是当时国际上唯一支持民族解放运动的国家，是土耳其维护民族独立事业的国际力量，所以，他尽量不让国内的反共政策损害与苏联的国家关系。但是随着土耳其工人阶级的发展壮大，以及农民对社会不满的情绪不断加强，土耳其资产阶级对国内工农运动的发展越来越恐怖，镇压措施也越加严厉。对苏联的疑虑和不满也随之增加，1938年的海军事件和大逮捕就是一个突出的例子。土耳其资产阶级政府的反共立场，以及对苏联的疑虑和不信任，无疑起到了恶化与苏联关系的消极作用，终于导致第二次世界大战以后，两国关系陷入难以修补弥合的境地。

在第二次世界大战期间，土耳其不出一兵一卒，不费一枪一弹，得以跻身于战胜国的行列，使得苏联深感不快，大为恼火。苏联不仅强烈指责土耳其迟迟不参战的行为，而且也对美、英不强迫土耳其对德早日作战表示异议。据苏联军方估计，如果土耳其在1943年底就参战的话，那么就可以从苏德战场上吸引开15个德国师团，从而缓解德国人对苏联的军事压力，但如果拖到1944年才参战，到那时土耳其的参战将是多余的，因为苏德战场上的形势将会朝着有利于苏军方面的方向发展，而土耳其参战后只要花很少的代价便能够分享胜利的果实。因此，苏联对土耳其在对德作战的问题上，长期持一种暧昧的态度深感不满，苏联对土耳其不满的发泄很快便集中到了黑海海峡的管理问题上。

黑海海峡是苏联进入地中海的必由之路，是这个大陆国家走向海洋的一条生命线。从18世纪下半叶开始，俄罗斯便为争夺这个南方的出海口而大动干戈，连年征战不休。19世纪，俄罗斯曾经数度在海峡地区占有优势，一战期间，也曾得到过英、法等国的承诺，在战争结束后控制整个黑海海峡。十月革命后，苏联一度国力衰微，无法与西方大国相抗争，1939年签订的《蒙特勒公约》使它完全失去了对黑海海峡的控制。二战期间，斯大林外交政策的目标非常明确，即不仅要保持住苏联既有的领土和权益，而且还要利用一切可能去夺回俄国时代曾经有过的领土与权益。在斯大林的眼里，所有这一切都是天经地义，无可指责的。他的目光于是便很自然地落到了黑海海峡上。

1939年9月，土耳其外交部长萨拉若卢访问苏联时，苏联外交部长莫洛托夫便提出立即封闭黑海海峡的要求，但遭到土耳其的拒绝。1940年11月，莫洛托夫访德时曾表示愿意同土耳其达成某项协议，使任何一个国家都无法取道黑海海峡进攻苏联。不久，苏联又要求德国出面干预，促成土耳其同意，使苏联得以在黑海海峡地区设置军事基地。美、英与苏联结成同盟后，对后者的这一意图很快表示理解，英国在这方面表现得尤为突出。1943年初，美、英两国首脑在卡萨布兰卡会晤时，丘吉尔公开表示，如果土耳其拒不参战，那么在黑海海峡问题上英国就不会再支持土耳其，可见当时丘吉尔试图把黑海海峡问题作为强迫土耳其参战的一张王牌。

1944年秋，受到丘吉尔这一信息鼓舞的斯大林，对前来莫斯科谈判巴尔干问题的丘吉尔再次提及黑海海峡问题，丘吉尔对苏联希望修改《蒙特勒公约》的要求表示完全理解。在1945年2月召开的雅尔塔三大国首脑会议上，斯大林开始对黑海海峡问题紧追不舍，强调苏联无法再忍受土耳其扼制自己咽喉的局面，应该立即修订《蒙特勒公约》，要求成立一个组织专门来研究黑海海峡问题。当时因欧战尚未定局，美、英都需要苏联参加对日作战，因而便爽快地答应了苏联的这一要求。1945年春，希特勒德国覆灭在即，苏联国威与日俱增。苏联政府认为解决黑海海峡问题的时机已到，决定迫使土耳其让步，所以在3月19日致土耳其的照会中称：即将到期的土苏中立互不侵犯条约已不再适应新的形势，应作出重大的修订，土耳其随即表示同意。在同年6月举行的双边谈判中，

土耳其主动建议签订两国同盟条约，而苏联则乘机要求在黑海海峡建立军事基地，并索还1878年并入俄国、1921年又重新划归土耳其的卡尔斯和阿尔达汉两地区，苏联的这一要求震惊了土耳其整个朝野，土耳其政府断然加以拒绝，土苏两国的谈判遂陷入了僵局。

此时，欧战已经结束，美、英和苏联之间的关系开始出现裂痕，英国在黑海海峡问题上的立场有所改变。得到西方大国撑腰的土耳其在7月宣布，《蒙特勒公约》是一个多边公约，因而不能够仅由土耳其和苏联两国单方面来进行修改。在7月22日至24日举行的波茨坦会议上，斯大林和丘吉尔、杜鲁门连日紧张地讨论土耳其问题。丘吉尔虽然仍表示赞同修改《蒙特勒公约》，以保证苏联的船只能够自由进入黑海海峡，但却坚决反对苏联得以在黑海海峡地区设置军事基地，为此曾和斯大林进行激烈的辩论。而杜鲁门只是含糊地建议，美、英、苏等大国的船只可以在世界上各大海洋自由进出，以此回避苏联要求的实质。波茨坦会议的议定书最后称，三国政府认为："在蒙特勒签订的关于海峡的公约已不适合目前状况，应予以修改。此后应由三国政府各自与土耳其政府直接谈判。"因此可以说，黑海海峡问题在二战中并没有得到解决，它是二战留下的一个遗案，是导致土苏两国关系不断恶化的因素之一。

二战结束后，世界政治格局发生了根本性的变化，美、苏、英三大国之间的关系日趋紧张，美、英两国彻底改变了对黑海海峡问题的立场，都不主张立即修改《蒙特勒公约》，并在土苏两国激烈的争执中，公开站在土耳其一边，支持土耳其与苏联对抗。1946年3月和9月，为了对付苏联对土耳其所施加的强大政治和军事压力，美、英舰队曾经两度进入地中海和黑海海峡向苏联公开示威。特别是随着土苏两国之间紧张对峙的不断加剧，美国杜鲁门政府先后派遣著名的"密苏里"号战列舰和"富兰克林·罗斯福"航空母舰前往土耳其，最终导致了美国直接介入到了土耳其同苏联的对抗之中。也使得土耳其从此陷入到了东西方角逐的冷战漩涡之中。1951年秋，当以美国为首的西方国家同意接纳土耳其参加北大西洋公约组织后，土苏两国关系更加尖锐恶化。1951年底至1952年底苏联政府又根据土耳其要参加组织"地中海司令部"，将中近东各国吸收到北大西洋联盟来，并把这个地区变为以北大西洋联盟为首的各国武装力量的前进基地，向土耳其提出严厉的警告。在冷战时期，土耳其与苏联的各种关系完全处于一种停顿的状态。在1946~1950年间，双方的贸易往来实际上等于零，两国间在五年中的贸易总额还不到100万卢布，土耳其为偿还1934年的贷款向苏联提供的出口产品是微不足道的，苏联也根本没有向土耳其出口。二战中土苏两国的信任危机，在冷战时期发展得更为突出。

从20世纪60年代开始，土耳其与美国为首的西方国家之间那种亲密无间的联盟关系开始出现了紧张的迹象，从而使得苏联在与土耳其交往中变得温和了。苏联与土耳其关系新时期到来的象征，是1966年苏联总理柯西金访问土耳其。此后，苏联对于土耳其大规模的工业规划给予大量的经济援助，土耳其成为苏联对外援助的受益者之一，国内所需要的许多工业产品都是苏联进口的。土耳其国内每年7%的电力是由苏联盟友保加利亚供应，伊斯坦布尔所需要的天然气也是由苏联供应的，并且在1975年，苏联还帮助土耳其无偿在伊斯坦布尔修建了一个年产量140万吨的钢铁厂。尤其是1978年土耳其与苏联双方签署协定，规定任何一方都不得允许利用自己的领土从事侵略获颠覆另一方的活动。这一协定的字面解释，就是防止美国和北大西洋公约组织，利用土耳其本土联合监视苏联的航空飞行和监督苏联按照限制性战略武器条约所进行的导弹试验。

总之，苏联通过利用美国与土耳其关系的恶化，以缓和性外交，成功地使土耳其这个南部邻邦保持了新的中立。然而，进入20世纪80年代以后，由于苏联出兵占领阿富汗，以及对土耳其境内库尔德人的武装在道义和经济上的支持，都进一步促进了土耳其积极寻求与美国为首的西方国家全面恢复友好关系的要求，苏联再一次被视为扩张主义者，土耳其国内舆论普遍认为，苏联军事占领阿富汗，对中东国家的独立是一个严重的威胁，因而土耳其必须关心自己的安全。

冷战结束以来，随着苏联的解体与东欧剧变，以及全球化的不断深入发展，土耳其和俄罗斯的合作关系得到了进一步提升，特别是在一些重大国际与区域问题上，两国建立了相互交换意见和看法的交流机制，开始全面合作解决国际与地区的冲突问题。特别是双方政府为了有效解决两国政治与经济领域的重大问题，建立了两个相应的官方咨询机构，为贸易服务和金融资本在两国之间的自由流通，在法律层面上达成了许多一致性，使得双方构建的多方位合作外交关系，不但增加了两国在经济上的相互联系与频繁的往来，而且在军事和国防等领域也促进了两国

合作的进一步加强。例如，通过长时间的谈判，土耳其第一核能发电项目由俄罗斯公司进行承包；在修建输往欧洲的天然气管道问题上，两个国家达成了共识，协议规定拉布寇天然气工程项目需要铺设的管道主要在土耳其的领土上修建；另外，土耳其为俄罗斯经过土耳其而输往欧洲的天然气大开绿灯，在价格上、融资上，以及土地的使用上都给予了俄罗斯提供了很大的方便。特别是在俄罗斯的萨姆松—杰伊汉石油管道项目的修建上，两国不仅达成了口头协议，而且在投资政策上给予了俄罗斯极大的优惠，使得经由土耳其输往全世界的俄罗斯最大的萨姆松—杰伊汉石油管道项目完成非常顺利。

不仅如此，为了使得土耳其的天然气储备能够满足其国内生产与生活的基本需求，以极为低廉的优惠价格，俄罗斯相关的公司援助土耳其修建了两个巨大的天然气储备基地。并且为了促进土俄两国之间的贸易往来与发展，两国政府通过谈判达成了相关的意向，双方同意在两国的贸易过程中，将用俄国的卢布和土耳其的里拉来结算。2011年5月，俄罗斯总统梅德韦杰夫访问土耳其后，土俄两国签署了一个重要的双边协议，规定两国的公民无需签证便可以前往他国访问旅游。目前，俄罗斯已成为土耳其第58个出入境免签国。所有这些友好关系的建立与相互的合作往来，都是在近年来土俄两国彼此信任的基础上逐步实现的，因而现任俄罗斯总统普京在不同的外交场合多次强调说："土耳其是俄罗斯最为重要的外交伙伴。"

三、土耳其与美国的外交关系

战后亲美的对外政策

第二次世界大战以后,由于苏联向土耳其提出归还过去割让的领土和共管黑海海峡的要求,导致了土耳其与苏联关系的不断恶化。鉴于土耳其与苏联毗邻,在中东北部地区具有特殊战略地位,美国政府答应向土耳其提供经济、军事援助和安全保护,趁机拉拢土耳其,使土耳其完全投靠了美国,执行了一条彻头彻尾的亲美外交路线。中东地区的战略地位对争夺世界具有特殊的重要性,因而战后中东地区就一直成为美国与苏联争夺世界霸权的重要目标。美国政府历来十分重视中东北部、东地中海区域的战略地位。国外一位著名的军事专家曾经说过:"谁控制了直布罗陀海峡,谁就控制了地中海;谁控制了达达尼尔海峡,谁就控制了黑海。"所以,土耳其这个与苏联毗邻的中东北部国家,理所当然地被美国政府视作为遏制苏联军事力量南下的前哨。1947年3月12日,美国总统杜鲁门宣布大规模援助土耳其。1947年6月,一个由军事专家、经济专家、国务院官员和将军等40人组成的美国军事代表团去土耳其首都安卡拉,估价土耳其在美国全球战略中的作用,以及土耳其在军事上的需求。经过双方磋商,于同年7月12日,美国与土耳其政府正式签订了一项《关于援助土耳其的协定》的计划。该计划有以下两个目的:第一个目的是改组土耳其军队,增加土耳其军队的现代化和机械化的程度;第二个目的是改善土耳其的军事设施、交通运输和通讯设施,以增加土耳其军队的机动性。事实上,这一项关于增强土耳其防御能力的计划,是美国试图把土耳其变成为美国在海外最为重要的、规模最大的军事基地。根据美国援助土耳其协定的规定,美国将向土耳其提供军援1亿美元,以改善土耳其军队的装备及增加基础设施的费用。

1947年10月,美国政府向土耳其提供了7000万美元的军事援助,用于购买土耳其陆、海、空三军所急需的武器装备。美国除了源源不断

地向土耳其提供大规模的军事援助外，还一直试图把土耳其拉入欧洲集团，以增强欧洲南翼的防御力量。土耳其历届政府也希望加入欧洲集团，认为加入欧洲集团后，可以得到更多西方国家的军事与经济援助，更加有利于本国的经济发展和全面增强军事防御力量。1949年8月10日，土耳其加入欧洲议会，1950年8月1日，土耳其申请加入北大西洋公约组织，1952年2月，正式加入北大西洋公约组织。土耳其成为北大西洋公约组织的成员后，爱琴海和黑海海峡被完全纳入到了以美国为首的西方国家控制之下。美国和北大西洋公约组织在土耳其共修建了100多个大小机场，其中南部沿地中海的阿达纳空军基地的规模最大，拥有一条4270米的跑道，可供当时最大型的轰炸机起落。从土耳其机场起飞，不但使苏联的高加索地区在它的航程之内，而且使苏联的乌拉尔工业区也在其威胁之下。

根据"杜鲁门主义"，美国给予土耳其的援助，主要是军事性质的。1948年7月，土耳其与美国签订经济合作协定，即参与"马歇尔计划"。从1948年7月1日至1951年6月30日，马歇尔计划向土耳其提供的经济援助共计2.59亿美元。根据土耳其外交部发表的不完全统计数字，截至1952年上半年，土耳其从美国获得经济援助金额猛增加到5.43亿美元。在同时期美国对中东别的国家的经济援助名单中，土耳其名列第一。美国对土耳其的经济援助主要用于修建道路的设备、材料、车辆和燃料占31%，采矿业和建立电力站占22.7%，农业方面占到17%，加工制造业占5%。美国对土耳其的经济援助具有以下几个方面的特点：首先具有明显的军事性质，主要用于同军事有关的工程，占到全部经济援助的31%；其次为了掠夺土耳其的战略资源，表现为美国向土耳其提供的贷款，不能够用于去发展与美国商品有竞争能力的土耳其民族工业。

虽然美国对土耳其援助的目的，是从它的全球战略利益出发，在经济、军事方面具有不平等的一面，并给土耳其维护国家主权带来了一定的负效应，但也应该实事求是地承认，美国提供的大量军事与经济援助，客观上对战后土耳其经济的迅速恢复与发展，起到了积极的推动作用。根据欧洲经济公署1954年统计公报有关的资料数字，以1950年土耳其各生产部门的产值为100，到1953年的增长率，采矿业为145，食品工业为130，加工制造业为116，纺织业为114。土耳其为了回报美国对它提供的大量经济、军事援助，在政治上心甘情愿地为美国争夺世界霸权的战略目标服务，成为美国麾下最为卖力的一名马前卒。如1950年，土耳其在朝鲜半岛冲突中派出了几万人的军队赴朝鲜参战，直接与中朝两国人民对抗，是中东地区唯一参加美国在远东军事行动的国家。

后冷战时期土美关系的基本特征

在冷战时期，土耳其与美国在对抗苏联的共同目标下，保持了一种亲密的同盟关系，成为西方阵营中第一道包围苏联"新月"中的一环，在北约组织中发挥着重要的作用，是在中东事务中起着举足轻重的作用的一个国家。20世纪80年代末，伴随着东西方关系的缓和及冷战时代的结束，土耳其作为北约南翼的战略重要性有所下降，加之土耳其在塞浦路斯与库尔德等问题上的强硬立场，使美国对土耳其有所冷淡，逐渐对它失去了昔日的热情和重视，相互之间的矛盾增多。

自1984年以来，土耳其历届政府均对库尔德工人党采取了坚决镇压的方针。针对库尔德工人党的武装斗争，土耳其政府推行了类似越南战争的"战略村"的村落联防制。海湾战争后，土耳其政府军则进一步采取了所谓"无人区"的作战行动，使得4000多座库尔德人的村镇被炮火夷为了平地，数百万人无家可归，一度成为以美国为首的西方国家媒体关注的焦点。土耳其政府认为，镇压库尔德工人党武装纯系围剿分裂主义恐怖力量的内政问题，而美国则指责土耳其的人权有问题。在美国国务院和大赦国际组织每年发表的人权报告中，罗列了土耳其在过去一年中的种种"罪状"，土耳其往往与白人统治时的南非为伍。这给人们一种印象，土耳其的人权状况很差，距一个真正"民主西方国家"的标准尚远。土美彼此立场的不同，自然增加了相互的矛盾并导致了摩擦不断升级。此外，美国在冷战后进一步把对外援助政治化，加强了在援助中附加政治条件的倾向，美国的这种做法也一度波及土耳其。例如，1994年8月26日，美国总统克林顿签署了1995年度的美国援助法案，从给土耳其援助款的3.63亿美元中扣除了10%，并声称这10%的援助是否最终给予土耳其要视它的人权状况而定。此外，美国政府在1994年的一年中，曾经终止了四批运往土耳其的武器装备，其理由是土耳其的人权记录不

佳，土耳其则称之为"非正式武器禁运"。

尽管土耳其与美国有许多令人不愉快的争执，但土耳其也不可能完全偏离与美国结盟的外交大方向，因为在它的整体外交战略格局中，土美两国关系是它最为重要的一环，是完全符合它长远的国家利益的。实际上在后冷战时期，土耳其的领导阶层也逐渐认识到，它承受不了与美国关系的疏远所造成的损失，它不能离开与美国结盟的这条老路。特别是在国家的安全上，土耳其离不开美国的援助，因为它的95%的军援和85%的武器都来自美国。据相关的资料记载，在1985～1995年的十年期间，美国卖给了土耳其近百亿美元世界上最为先进的武器，并用赠款支付了其中大部分的贷款。尽管美国仍然在指责土耳其有人权问题，但美国国会并未阻挠向土耳其提供武器。相反，当土耳其于1992年对库尔德工人党的镇压升级后，美国还提高了它对土耳其的军事援助。

此外，为了向美国证实在东西方关系和解、冷战结束后土耳其对美国仍然具有重要的战略价值，海湾战争爆发后，土耳其立即加入了以美国为首的西方反对伊拉克的联盟。为配合美国对伊拉克的经济制裁，土耳其关闭了伊拉克经土耳其本土通向地中海的输油管道，忍受了20亿美元的巨大损失。为了有效配合美国军队对伊拉克实施的海空封锁，以及后期的"沙漠风暴"军事行动，土耳其向美国空军部队提供了位于阿达纳省境内的尹契尔利克空军基地。为了有效配合美国军队的地面进攻，土耳其在土伊边境还部署了18个主力师，将士人数多达13万，从而将伊拉克第五军团的10个师牢牢地牵制在了伊拉克的北部地区。特别是海湾战争结束后，土耳其在美国政府对伊拉克北部库尔德人实行的大规模人道主义"安抚行动"中，允许以美国军队为首的多国部队以土耳其作为基地去帮助库尔德人，同意在土耳其的东南部布署多国快速反应部队，以对付伊拉克军队对库尔德人安全区的袭击，从而为美国保护伊拉克北部库尔德人安全区的"安抚行动"作出了巨大的贡献。

为了感谢土耳其对美国的大力支持，美国政府增加了对土耳其的经济援助，扩大了同土耳其的贸易，把进口土耳其纺织品的限额增加了一倍。并且美国政府促使英国、沙特、科威特、埃及等国家帮助土耳其挽回在海湾战争中遭受到的巨大经济损失，促使埃及购买了土耳其生产的40架F-16战斗机，帮助土耳其获取了大量的外汇。在美国的主导下，海湾危机财政协调集团为土耳其提供了40亿美元的援助，海湾地区反对伊

第六章　土耳其外交政策的历史演变

拉克联盟为土耳其防务基金提供了25亿美元。特别是1991年7月下旬，美国总统布什访问了土耳其，布什发誓要以支持土耳其实现军事现代化作为对土耳其参加以美国为首的反伊联盟的报答，从而使得土美两国关系上升到了一个崭新的发展阶段。

20世纪末，美国朝野的许多要员们纷纷发表文章，认为需要与土耳其保持一种更为亲密的关系，在政治和经济上帮助土耳其，确保土耳其的对外政策不会转向，因为土耳其在冷战后并没有失去它的重要性，反而变得对美国更为重要了。国际上的许多智囊库外交政策分析专家认为，20世纪90年代末，美国全球战略的疆域已从南斯拉夫扩展到了阿拉伯海，土耳其将是支撑美国在穆斯林国家中的一个中流砥柱。如果土耳其在冷战时期扮演了北约警察角色的话，那么现在它表演的舞台在中东地区，它在那里有着不可替代的重要战略位置。在对付冷战后国际社会日益突出的民族冲突、恐怖主义、难民潮、伊斯兰极端主义和伊斯兰复兴运动、地区稳定等问题方面，土美两国需要更多的相互支持和紧密协作。1996年7月28日，美国国务院发言人公开表示，土耳其有充分的权利粉碎库尔德反叛分子的分离主义倾向，尊重土耳其的领土完整，不再指责土耳其政府践踏人权，从而保证土耳其对库尔德反叛分子采取镇压行动的合法性。在对待塞浦路斯问题上，对土耳其违反联合国决议，占领塞浦路斯北部达12年之久的行为，美国政府在同一年表示完全理解。美国政府的这一表态，极大地缓解了国际社会对土耳其的压力。此外，美国与土耳其联手争夺黑海两岸的石油管线，支持土耳其与以色列建立军事合作关系，支持土耳其圆欧盟的梦。总之，后冷战时期，美国根据其大中东战略自身利益的需要与考量，对土耳其的外交政策进行了重大调整，使得土美两国关系随之也进一步走出低谷，由冷变暖，两国的战略同盟合作关系日趋紧密而更加成熟。

近年来土美关系的发展变化

近年来，随着美国在伊拉克战争中陷入泥潭，迫使其态度有所转变，逐渐认识到了对伊拉克政策的失误，并相继出台一些新的政策，在此基础上对伊拉克政权进行全面重组。此时的美国完全认识到，要想搞好伊拉克的重建，以及顺利从伊拉克撤军，就必须发挥土耳其的关键性作用。这也就为土美两国寻找与增加共同利益打下了基础，为土美关系在新的时期实现全面合作铺平了道路。

与此同时，土耳其相信制定一个新的对美政策，选择亲美的外交战略，则完全可以消除伊拉克问题对土耳其产生的负面影响。特别是在2007年10月21日库尔德工人党对伊拉克边界土耳其军方驻点发动恐怖袭击之后，使得修复土美关系的进程加快了，从而为土耳其选择亲美的外交战略奠定了基础。为了采用军事手段严厉打击从伊拉克北部渗透进土耳其的库尔德工人党，土耳其与美国开展了新一轮的对话。2007年11月5日，土耳其总理埃尔多安率领一个庞大的政府代表团来到美国首都华盛顿，与布什总统举行了历史性会晤。在会晤以后，双方决定在共同打击库尔德工人党中互惠互助，这个决定实际上开创了土美新一轮的理解与合作，使得两国在伊拉克重建问题上达成了共识。

这次两国首脑的会晤，不仅对土美关系产生了有利推动，更是土耳其对整个中东，尤其是对伊拉克政策打开了新局面。此后新上任的美国总统奥巴马，在对土美关系的本质和地缘政治的理解上，完全不同于之前的布什，奥巴马多次强调土耳其在国际社会的重要性，希望在和平与对话的基础上，通过土耳其发展与伊斯兰世界和中东国家更加积极的外交关系。因此，奥巴马在竞选中强调"改变"的主题执政理念，以及想与伊斯兰世界翻开新的一页做法，都极大增强了土美全面修好与合作的决心，也成为土耳其选择亲美外交战略的强大动力。

此外，作为美国外交政策的重要补充，奥巴马在中东这个如此复杂多变的地区，急需寻找一位坚强而可靠的盟友。在对中东许多国家进行全面战略合作和建立相互依赖关系的选择中，美国认为最为合适的应该

第六章 土耳其外交政策的历史演变

是土耳其，因为其具有重要的战略地位，不仅是从里海到欧洲的重要能源通道，而且也是维系欧洲和北约的重要纽带，特别是其与广大伊斯兰世界有着天然的联系与影响。尤其是在这个世界上，很少有国家像土耳其一样拥有像希腊、保加利亚、格鲁吉亚、亚美尼亚、阿塞拜疆、伊拉克、伊朗和叙利亚这些众多邻国，其地理位置似乎延伸到了全球许多敏感而又重要地区。特别是埃尔多安政府的外交政策与奥巴马的外交政策有着许多不谋而合的地方，因而美国对土耳其在中东事务中所扮演的角色具有很大期待性，认为建立土美战略合作伙伴关系将会为中东安全与稳定做出重大贡献。

2009年4月5日至6日，奥巴马在百忙之中专访了土耳其，双方政府签署了一系列经济合作协议。特别是奥巴马在访问期间，不仅与土耳其总统、总理，以及反对党领导人在传统和常规领域展开广泛讨论，而且也与许多宗教与文化人士，以及学生团体见了面。在这些重要会面场合，奥巴马所奉行的公共外交政策，以及给土耳其宗教、文化、战略和政治层面所传递的信息，不仅增强了其社会对美国的了解与信心，而且也为土美建立一种新型战略合作伙伴关系奠定了基础。

实际上，奥巴马对于土耳其的访问活动，不仅极大改善与减少了土耳其社会对美的不满与反抗情绪，而且也得到了土耳其执政当局和广大民众的一致好评。特别是土耳其各大媒体在采访民众的时候，所得到的普遍结论是，奥巴马不同于之前的布什，两者执政理念与治国方略有着巨大差异性。特别是由于奥巴马的姓是源于伊斯兰语，所以许多民众认为奥巴马其实有着一颗偏向穆斯林的心。这一看法的重要性，在于激起了土耳其广大民众对奥巴马本人及其美国社会的好感。

奥巴马在其对外政策中一直认为，土耳其政府执政多年来的对外政策，基本是建立在努力维护与西方友好关系的立场上，因而无论是在讨论世界环境问题的哥本哈根会议上，还是在有效解决塞浦路斯问题时，以及在处理与希腊矛盾中，甚至在美国对伊朗所持的强硬态度上，都完全站在西方国家的立场上。土耳其的这种外交战略选择，得到了以美国为首的西方国家一致好评，因而在一片赞扬声中，土耳其终于在2008年10月17日第63届联合国大会第28次全会上，当选为联合国安理会非常任理事国。在土耳其国内，这不仅被看做是土美关系发展的一个重要里程碑，促进了土美关系的全面和解，而且也认为在联合国获得非常任理事

国的地位，赋予了推进土耳其社会改革与发展的非凡意义和重大国际责任。

为了与土耳其建立一种新型战略合作伙伴关系，奥巴马要求土耳其必须做到以下几点：首先，全面开放边境，以推动土美在安全和国际救济方面的合作，并表示支持土耳其与亚美尼亚实现关系正常化；其次，要求土耳其对巴勒斯坦伸以援手，帮助巴勒斯坦同以色列实现和平，要求土耳其在叙利亚和以色列的关系中进行积极斡旋；第三，美国认为伊朗的核武器问题，严重影响到了中东的安全与稳定，因而要求土耳其在解决伊朗核问题上必须做出最终选择，或是支持西方诉诸武力，或是继续维持现状；第四，作为回报，美国和北约不支持库尔德工人党，并把其视为国际恐怖组织。

实际上，奥巴马自上台执政以来，所制定的中东新战略主要具有以下五个特点：第一，努力扭转使在美国中东利益陷入不利境地的前总统布什的霸道制裁政策，取而代之的是建立一种多边、和平与对话的新型外交策略；第二，在制止伊朗核试验过程中，主要通过外交手段而不是诉诸武力胁迫；第三，美国从伊拉克撤军后，努力实现伊拉克的和平与重建；第四，为了解决巴以的矛盾与冲突，必须排除伊朗与叙利亚，以及一些中东极端组织，如哈马斯和黎巴嫩真主党的消极影响；第五，支持与鼓励巴基斯坦和阿富汗同国际恐怖组织做坚决斗争。奥巴马认为，要想最终实现美国的这一新战略，就必须要加强同土耳其的全面合作。

近年来，土耳其选择亲美的外交战略，实际上与土耳其广泛推行其外交部长达武特奥卢"与所有邻居无争端"的外交理念有关。这种较新的外交理念，使得其开始在中东成为积极、有效的外交行动者，这不仅促进了其与周边国家的关系，而且在中东产生了巨大的政治影响。土耳其外交战略的这种非凡转变，也为其国内政治稳定与经济快速发展奠定了牢固的社会基础。不过在这种新形势下，虽然土耳其希望在中东为自身的外交发展创造有利环境，从而积极发挥在中东的作用与影响，但是它也非常明白，要想实行多元化的外交战略，就需要与美国建立一种更加密切的战略合作伙伴关系，以便在国际社会获得美国的全面支持。为此，试图实行多维外交战略的土耳其，目前正在不断寻求各种外交机会，努力提升土美的战略合作伙伴关系，希望双方能够在互信的基础上构建一种全天候合作机制，从而为土耳其自身发展创造一种有利的国际

第六章 土耳其外交政策的历史演变

环境。

从土耳其方面来看，认为选择亲美的外交战略，同美国建立一种新型合作伙伴关系，主要具有这样几个方面的重要意义。第一，在美国的支持下，有利于土耳其打击库尔德工人党这一恐怖组织，从而促进国家安全，解决经济难题；第二，可为塞浦路斯和能源短缺问题，以及其他与土耳其国家利益相关的问题，寻找出一种持久的解决方法，最终为其早日加入欧盟创造条件；第三，可努力找到解决伊拉克、伊朗、阿富汗、亚美尼亚、阿塞拜疆，以及其他涉及到土耳其利益等顽固性难题的解决之道；第四，可以恢复与促进在中东、高加索、中亚、巴尔干，其中最为重要的当属巴勒斯坦的和平与稳定。因此，土耳其热烈欢迎奥巴马提出的建立新型战略合作伙伴关系的构想，而美国则需要土耳其在其从阿富汗和伊拉克撤军后，特别在处理阿拉伯世界同以色列和解的问题上发挥积极的作用。

2009年5月1日，土耳其外交部长达武特奥卢上任后不久，即在5月31日访问了美国，作为对奥巴马访问土耳其的一场重要回访。在美国国会发表重要演讲时，达武特奥卢明确表明了希望与美建立一种新型战略合作伙伴关系的意愿，并认为这一意愿与奥巴马的外交政策完全不谋而合。在达武特奥卢看来，选择亲美的外交战略，与美建立一种新型的合作伙伴关系，其重要性可体现在这样几个方面：第一，有利于建立一系列高水平的友好邦交关系，使得恢复双边友好邦交关系的巨大成果能够很好地为土美根本利益服务；第二，有利于土耳其全方位参与到全球组织的活动当中，从而提高其国际地位与影响；第三，在美国的全力支持下，有利于土耳其建立一种对外区域关系的新秩序。

实际上，考察与分析土美新型战略合作伙伴关系的建立，最为重要和最为基本的维度，就是要了解这两个国家外交关系发展的程度，因为土美关系的联系密度和发展水平，主要体现在双边密集互惠外交合约的签署上。2009年，土美双方领导人展开了全方位互访的重要外交活动。首先是美国国务卿希拉里和总统奥巴马分别于2009年3月和4月间访问了土耳其首都安卡拉和最大城市伊斯坦布尔。土耳其外长达武特奥卢则在2009年上任后不久先后访美国达3次之多，其总理埃尔多安在2009年也相继访问了美国两次。尽管其中一次主要是参加联合国大会，但两国官员在这种场合下也进行了多次双边对话。此外，在2009年，土美两国的参

谋总长、财政部长、税收部长、经济部长、国会议员，以及其他政要和公民社会组织之间，都进行过一系列互访，并开展了广泛的正式对话。

特别需要关注的是，在土美这种密集相互访问中，土耳其访美人员要比美国人员访问量大。究其原因，一部分是因为在与美国建立新型战略合作伙伴关系过程中，土耳其急需这种密集联系的双边关系，以便促进土美战略合作伙伴关系的早日建立；另外的原因，主要是由于联合国、北约、世界货币基金组织、世界银行与G20峰会在全球体系中的重要性，使得土耳其积极参与了总部坐落在美国的这些国际组织开展的各种全球性事务。就是因为土耳其对于这些国际组织举办的一系列活动都积极派员参加，使得土耳其与美国在这些组织中的合作水平不断得到提高，其联系密度得到增加，而且也极大促进了土耳其在这些组织中的地位得到显著提高。总之，土美这种新型战略合作伙伴关系的建立，不仅局限在双边的关系上，而且也涉及到区域和全球公共事务之中。因而从土美双边、地区和全球事宜的议程上看，两国关系密集联系的不断增加，既表明了密切程度，也是对于两国新型战略合作关系的全面落实。

另外，考虑到土美的外交合作不管怎样都会对联合国安理会有效解决国际冲突和敏感问题起到很大帮助，特别是在伊朗核试验和阿以问题中发挥的作用也被联合国安理会所看重，所以在2008年10月17日，土耳其在美国这个重要联合国常任理事国的大力支持下，以151票的高票率在联合国大会上成功当选为非常任理事国，任期从2009年1月1日至2010年12月。土耳其成功当选为联合国的非常任理事国，对于其贯彻执行既定的对外政策，以及在世界政坛上发挥积极的作用增加了有利因素，因而它成功当选为联合国非常任理事国的价值和意义可见一斑。

在2009年期间，土耳其共计参加了两次安理会召开的会议。第一次是3月21日由联合国在海牙召开的国际会议；第二次是5月11日，在纽约举行的讨论有关中东问题的国际会议，此次国际会议主要由土耳其外交部长达武特奥卢主持。在纽约会议上，土耳其和美国都建议在解决巴勒斯坦问题上应拿出两套方案，以及在巴勒斯坦多个群体中广泛展开对话。特别是从2009年开始，土耳其积极参与G20的活动，在4月和9月间的世界首脑峰会上，总理埃尔多安和奥巴马总统就双边和多边问题进行了广泛对话。在6月25日至27日在意大利召开的G8会议上，尽管其重点是讨论经济问题，但一些关于国际政治和安全问题也同样得到了重视。此次

G8会议期间,举行了一场名为"阿富汗及区域定位"的研讨会,主要研究解决阿富汗问题的办法。由于在解决阿富汗的问题上,土耳其作为北约领导下的维和部队成员国,为阿富汗的维和行动做出了重大的贡献,因而外交部长达武特奥卢也参加了会议。

长期以来,土耳其在北约中扮演着重要角色,这种角色对于美国外交政策的实施起着至关重要的作用,因而土耳其历来对北约非常重视。为此,2009年4月3日至4日,土耳其总统居尔出席了在布鲁塞尔召开的北约首脑会议,积极参与了阿富汗问题解决的广泛讨论。另外,2009年6月11日至12日在布鲁塞尔和10月22日至23日在斯洛伐克举行的国防部长理事会议上,土耳其也派政府要员参加了向阿富汗派遣维和部队的讨论。最终,在2009年11月3日至4日举行的布鲁塞尔北约外长会议上,土耳其外交部长代表土耳其出席了该会议,讨论了阿富汗的北约维和部队增员问题,以及北约在相关领域制定新策略的问题。在最终达成的阿富汗宣言中,虽然许多成员表示要对阿富汗增派作战部队,但土耳其婉拒了增加作战部队的要求,希望负责训练阿富汗士兵和警察,通过完善阿富汗的基础设施,为其重建做出贡献,以提高土耳其在国际社会的地位和影响力。

此外,土耳其也越来越多地积极参与到国际金融组织的各项活动中。2009年10月4日至8日在伊斯坦布尔举办的世界货币基金组织和世界银行的年会上,有超过1500名对全球经济最具影响力的世界各国经济部长、中央银行首脑与一些地方政府领导参加了会议。该会议结束后,发布了一系列关于重建货币基金组织和世界银行的伊斯坦布尔宣言。此举不仅强化了土耳其在国际经济组织中的作用,而且也提升了其在全球金融体系中的地位。在这个体系当中,土耳其一方面积极寻求解决由于全球化进程和时下国际金融危机所来的困扰,另一方面在国际组织制定相关政策方面起到巨大的影响作用。总之,由于土耳其积极参与国际组织的各项活动,使其在全球体系的重建过程中,开始拥有了广泛的话语权。

土耳其对美关系的战略选择,其主要特征就是土美都需要解决中东的安全问题。因为在中东,以地缘政治的眼光来看,土美都有一些具体的安全问题,具有着共同的国家利益,而这些具体的安全问题和共同的国家利益,直接影响到土美战略的发展。如伊拉克的重建问

题、土耳其与亚美尼亚的合作问题、伊朗的核武器问题、巴以和平进程问题。虽然这些问题都有其自身的特殊性和重要性，但都是中东和全球安全上的重要一环，完全符合土美在中东为了安全起见，共同建立新秩序的战略目标。

长期以来，中东接连不断的矛盾与冲突，以及广泛存在的不安全因素，给土美的国家安全与经济发展带来了极大的负面作用，影响着两国的战略利益。因此，有效解决中东的安全问题，不仅适用于全球大国的美国，同样也适用于区域性大国的土耳其。为此，土耳其改变了与伊拉克外交关系长期处于终止的状态，其中最为突出的就是在美国主导下与伊拉克全面恢复友好合作关系。自从2003年以美国为首的北约对伊拉克发动战争后，由于伊拉克总统的库尔德人身份，以及他对伊拉克北部库尔德工人党所持的立场，使得土耳其在对伊拉克的外交战略上左右摇摆，举棋不定。但在2009年，在美国的调停与斡旋下，土耳其果断改变了态度转向与伊拉克加强合作。2009年4月11日和7月28日，土耳其、美国和伊拉克三边举行了一个安全机制会议，并在伊拉克展开了抑制与打击恐怖组织活动的一系列工作。虽然土美伊三国的这些努力在2009年并没有取得较大的效果，但这为此后三国的全面合作开了一个好头，奠定了友好互利的基础。

另外，在土耳其对美关系的战略选择，以及建立土美新型合作伙伴关系过程中，最为重要的特征就是一方面阻止和控制伊朗核计划，另一方面保持与美国不同的立场。虽然，土耳其在原则上支持伊朗和平进行核研发，但严厉禁止伊朗研发核武器。因而在实现目标的过程中，不太同意美国采取高压手段，反对制裁甚至军事行动。认为军事高压政策不但起不到积极作用，甚至还会引发其他更为严重的安全问题发生。土耳其更倾向于用软实力，诸如外交对话和协调等柔性手段，以及国与国之间的公开与平等往来，以解决中东的核扩散和核武器问题。

此外，为了应对土美的分歧，土耳其在2009年做了很多外交工作，努力促使美国和伊朗间达成非正式调解，以阻止美对伊朗采取军事行动甚至更为严厉的制裁。调停的目的是希望将美国和伊朗拉上谈判桌，以防止彼此冲突不断升级。为此，土耳其在安卡拉和德黑兰之间展开一系列密集性外交活动。总理埃尔多安和外长达武特奥卢安在一些重要官员的陪同下，相继于2009年10月26日至28日和2009年11月20日访问了伊朗

首都德黑兰,双方强调要在经济、石油、商业和对抗恐怖等领域加强合作,这不仅改善了双边关系,而且同时也为伊朗与以美国为首的西方国家开展对话提供了契机。

土耳其作为北约重要成员国之一,最初是以北约国际维和部队的身份进入阿富汗的,并自始至终支持北约的战略。但通过多年与国际恐怖主义的对抗之后,土耳其逐渐认识到,国际社会的稳定不能单单依靠军事手段,而需要得到阿富汗的邻国,如巴基斯坦、伊朗和土耳其等国的全面合作。2009年4月1日,土耳其邀请阿富汗和巴基斯坦的领导人在首都安卡拉举行了峰会,以组建三边协作机制,希望以柔和的方式为阿富汗的和平与重建做出贡献。

在这次峰会上,各方领导人就打击恐怖主义和促进地区安全方面达成了合作,而这种合作完全符合以美国为首的北约战略利益。2009年5月31日,土耳其外长达武特奥卢在访问美国并会晤了国务卿希拉里之后,于2009年6月9日至13日对阿富汗进行了访问,并宣称其支持两国建立合作关系,以便共同打击恐怖主义。而总理埃尔多安率领众部长、幕僚、商人和媒体,在2009年10月25日至26日对巴基斯坦的访问,则是其在此背景下迈出的对美关系战略选择的重要一步。

总理埃尔多安对巴基斯坦的访问,促进两国成立了高端战略合作委员会,两国并就多项事务签署了一系列从经济到医疗,从打击恐怖主义到军事合作,从发展教育到文化合作等方面的协议,这些协议不仅改善了土耳其与巴基斯坦的关系,而且也消除了巴基斯坦境内的恐怖源头。

土耳其对美关系战略选择的主要特征,还表现为积极协调和解决与亚美尼亚的矛盾。长期以来,土耳其和亚美尼亚存在着诸多矛盾。这些矛盾也对高加索乃至全球政治都产生了消极影响。一般从地缘政治的角度来看,由于亚美尼亚的地理位置靠近俄罗斯,因而不可避免受到了俄罗斯极大的影响。2008年8月,俄罗斯侵占格鲁吉亚被分裂的省份南奥塞梯,既显示了俄罗斯对高加索扩张的野心,也表明高加索成为了全球政治的中心之一。特别是俄罗斯对格鲁吉亚发动的战争及其所产生的影响,不仅对区域国家敲响了警钟,同时也极大震惊了美国和其他西方国家。为此,美国通过把战舰开到黑海以显示对格鲁吉亚国家安全与主权支持的决心。在这件引发全球高度关注的事务上,土耳其作为高加索的重要友邻,不仅强烈表达了自己的态度和立场,而且及时提出建立"高

加索稳定和合作平台"的政治要求,从而引起了其他国家,尤其美国和俄罗斯的高度关注。因此,同亚美尼亚解决矛盾,缓和双边关系,既有利于加强土耳其的中东战略地位,又完全符合美国的国家利益。

正是由于以上诸多原因,使得土耳其对美关系的战略选择,要求其必须积极改善与亚美尼亚的关系。因此,在奥巴马对土耳其的访问过程中,要求其积极改善与亚美尼亚的关系被多次强调。在奥巴马访问土耳其后不久,土耳其就与亚美尼亚展开了一系列外交活动。首先是土耳其外长与亚美尼亚外长进行了互访,不久两国外长又在2009年4月16日在埃里温举行的黑海经济合作外长会议上再次见面,为积极改善两国关系做好了准备。最终在瑞士等国的积极斡旋下,两份被称为"外交的开端"、"外交关系改善"的议定书于2009年10月10日在苏黎世签订。仪式签订的当场,美国国务卿希拉里、俄罗斯外长与欧盟高级专员等人的出席,也说明了两国恢复友好邦交对区域和全球政治的重要性。

土耳其对美关系的战略选择,双方建立新型合作伙伴关系的另外一个重要特征,就是重启阿以和平进程,以寻找解决该问题的重要之道。值得注意的是,美国和土耳其在应对阿以冲突的问题上,有着两点共同的措施。第一,就是对"共存方式"的补充。首要的是结束以色列的占领,其次的是在两个巴勒斯坦敌对势力中进行调停;第二,是在阿以和平谈判中,努力排除叙利亚因素的干扰。叙利亚不仅在地域中占据重要地理位置,而且由于其与伊朗坚固的同盟关系,以及对黎巴嫩真主党和哈马斯等极端势力的支持,使其在解决阿以冲突中,具有很高的利用价值和重要性。因而与伊朗对叙利亚的争夺就显得非常重要。因此,以美国为首的西方国家,希望叙利亚与伊朗断绝联系而转向以美国为首的西方国家,更希望土耳其在这一战略进程中发挥积极作用。

土美两国在双边和多边关系上的共同目标,就是战胜国际金融危机,加强在能源领域的全面合作。近年来,在这些方面有了较大发展。首先要强调的是,美国在国际货币基金组织中对土耳其一如既往的支持。特别是在美国强大的资本支持下,土耳其的股票市场和经济领域内的外资不仅没有流出反而流入更多;其次,土耳其的区域重要性不仅影响着它的经济和政治地位,也使其拥有着众多的能源资源。从地缘经济的角度来看,土耳其作为世界石油和天然气从邻国运往西方国家的重要中转站,使其在近年金融危机中发挥着稳定能源的巨大优势。2009年7月

13日，关于在黑海与高加索建立天然气管道项目的重要协议，就是在土耳其首都安卡拉签署的。美国作为通过土耳其境内，来自中亚、中东、黑海和高加索天然气的受益者，也参加了签字仪式，并从中获得巨大的经济利益和商业好处。

土耳其对美关系的战略选择，以及建立新型合作伙伴关系中的重要特征之一，就是美国对土耳其在民主政治、社会开放和人道主义方面所做的努力给予了充分肯定。从历史的角度来看，美在对土耳其民主政治的发展与转变过程中，扮演着重要角色，起到了积极推进的作用。特别是近年来，在美国的人权报告中，高度关注土耳其逮捕持不同政见者，以及侵犯人权的事件，使得土耳其政府受到了很大的政治压力。为了与美国建立新型战略合作伙伴关系，土耳其在美的巨大政治压力下，不得不加快民主政治的发展进程。

2009年8月5日，由土耳其民主社会党主席在国会中提出的"土耳其民主开放"议程，得到了以美国为首的西方国家高度评价。这个议程的精髓，就在要积极推进土耳其的政治民主化进程，努力解决一些复杂的社会问题，诸如库尔德人的问题，以及侵犯人权的问题等。对于土耳其来说，以民主的方式解决库尔德问题，不仅可全面推动土耳其的政治民主化进程，而且还直接影响到美国在打击库尔德工人党恐怖分子方面的态度，以及关于土耳其撤军谈判机制的有效形成。所以"土耳其民主开放"议程不仅涉及政治民主化的问题，而且也包含了土美关系的问题，因而土耳其与美国都将"土耳其民主开放"议程看做是土美建立新型战略合作伙伴关系中的重要一部分。

总之，土耳其对美关系的战略选择，就是希望建立的土美新型合作伙伴关系，是以伊斯兰教、民主与自由，以及一些其他西方价值观为基础，因而这一战略的选择，为土美关系、全球事务，以及区域性合作注入了活力，为进一步解决全球问题形成了有效的协调机制。这种机制可以改进区域和全球关系和秩序，解决区域和全球的冲突与危机，不断提高区域和全球的稳定性和安全性。特别是在这种协调机制下，土耳其和美国形成了一种相互支持、相互依赖的新型战略合作伙伴关系，对推动土美两国安全领域和国内稳定起到了积极的作用。

四、土耳其与欧盟关系的现状与未来

横跨欧亚两大洲的土耳其，虽然仅有3.1%的领土位于欧洲，96.9%的领土都在亚洲，在地理上可以说是一个亚洲国家，但自近代以来，土耳其一直推行"西方化"的方针，始终把靠拢和融入欧洲当作一项重大的基本国策。土耳其人坚信，欧洲与亚洲的分界不在一条山脉、一条河流或一片海洋，而在于国家的政治与经济体制，在于社会的伦理道德，在于人们心目中的价值观念，因此，在当今国际社会中，土耳其一直把自己视为是一个欧洲国家，具有很深的欧洲情结。目前，土耳其是欧洲安全组织、欧洲委员会、欧洲议会和北约组织的正式成员国，也是欧洲联盟的联系成员国。1987年，土耳其正式申请加入欧洲联盟。早日加入欧盟，实现与欧洲一体化，正式成为欧洲大家庭中的一员，是其基本国策，也是其外交政策的支柱和重点，这关系到21世纪土耳其的发展前途和国际地位。

具有很深欧洲情结的土耳其，早在18世纪末19世纪初奥斯曼帝国在社会改革时期，就开始了接近西方社会的历史进程。共和国成立初期，土耳其在向外派驻的26个外交机构中，就有19个在欧洲国家，可见它对欧洲的重视。早在1963年，土耳其就与当时只有6个成员国的欧洲经济共同体（欧盟的前身）签署了联系国协定，该协定不仅允许土耳其公民从1986年开始可以在欧共体内自由迁徙，而且还答应它加入欧共体。1973年土耳其又与欧共体签订了至1995年逐步取消关税的附加议定书。1987年土耳其觉得时机成熟了，正式提出成为欧共体正式成员的要求，欧洲委员会也认为它基本符合条件。

目前，土耳其50%以的外贸是同欧盟进行的，有60%以上的外资是由欧盟国家提供的，每年在欧盟打工的数百万土耳其人寄回国内的外汇就达数十亿美元。因此，加入欧盟对于土耳其来说是极其重要的，如果没有欧盟直接和间接的帮助，土耳其极其严重的通货膨胀和失业问题就会进一步加剧，而加入欧盟是其迅速脱贫致富的有效途径，关系到它的社会稳定和经济发展，所以，早日加入欧盟是土耳其的基本国策和历届政府所追求的政治目标。土耳其前总理埃杰维特就称，加入欧盟是土耳其"与生俱来的权利"，表达了土耳其强烈入盟的愿望。2000年7月，土耳其官方组织的民意调查显示，74.5%的民众同意土耳其早日加入欧盟。对于大多数土耳其民众来说，欧盟是他们心仪已久的殿堂，他们渴望加入欧盟，希望能从欧盟这个富人俱乐部里获得更多的资金、技术，从而推动本国民族工业的发展。他们更希望通过自己的努力，能为欧洲的发展和安全尽一份义务，最终将自己融入欧洲。

1995年，土耳其同欧盟签订了加入欧盟关税同盟国的协议，将关税标准调至与欧盟相同的水平，让欧盟国家占尽了经济便利。2001年初，当得悉欧盟拟建立快速反应部队时，土耳其真诚地表示愿意提供一支配备军舰和飞机的6000人部队，参加欧盟的共同防御，并愿意开放自己的军事设施和基地供欧盟部队使用。此外，为了与欧盟的市场接轨，近年来土耳其的各项经济政策法规、产品规格及安全检查标准均逐渐欧盟化，甚至就连某些政治制度都在效仿欧洲的"民主"模式，唯恐欧盟这个"婆婆"多有挑剔。

尽管土耳其历届政府打定主意，一心一意地想加入欧盟，早日融入"欧洲大家庭"，但欧洲人怎么看土耳其人都不像欧洲人，欧盟认为土耳其离加入欧盟的先决条件还差得很远。1989年12月，欧盟决定无限期地推迟考虑土耳其要求成为欧盟正式成员的申请。最使土耳其感到忿忿不平的是，许多在它后面提出申请的国家，如瑞典、芬兰和奥地利等国，却先于它成为欧盟正式成员国。不仅如此，为了配合北约东扩的战略，2002年10月举行的欧盟哥本哈根首脑会议决定明确地把土耳其排除在外。2003年12月9日，欧盟先吸收20世纪80年代末期政治和经济体制开始转轨的捷克、爱沙尼亚、匈牙利、拉脱维亚、立陶宛、波兰、斯洛伐克、斯洛文尼亚等中东欧国家以及地中海上的岛国塞浦路斯和马耳他入盟。在2003年4月的欧盟雅典首脑会议上，欧盟与上述10国签署了入盟协议，10国将于2004年5月1日成为欧盟正式成员，而欧盟轮值主席国意大利外长弗拉蒂尼在欧盟外长会后举行的新闻发布会上宣布，经出席欧盟外长会议的各成员国外长一致同意，将于2007年1月吸收罗马尼亚和保加利亚入盟。

至此，在申请加入欧盟的13个候选国中，只有土耳其的入盟日期尚未确定，使其遭受了提出入盟申请以来的巨大挫折。消息传来，土耳其举国上下群情激愤，认为这是对土耳其莫大的讽刺和侮辱。土耳其国内的一些报刊形象地评论道，欧盟和土耳其的关系如同一对早就订了婚，但却迟迟结不了婚的恋人。

土耳其从1952年2月加入北约组织之后，在政治上、军事上一直同西方国家站在一起，所以，多年来欧盟对土耳其迫切要求加入欧盟的呼声，也非充耳不闻，只是迫于一些难以逾越的障碍，把土耳其入盟的问题挂了起来。早在1993年的欧盟哥本哈根首脑会议上，欧盟国家为加入欧盟制订了三个先决条件：第一，建立稳定的、制度化的国家机器，保障民主、法制，保护人权，切实尊重少数民族的权利；第二，建立行之有效的市场经济制度，能顶得住欧盟内部竞争的压力；第三，承担成员国义务，把政治、经济货币联盟作为自己的目标。欧盟认为这三项条件土耳其都还相差甚远。首先，在经济发展水平上，土耳其与欧洲的差距还很大。据有关资料统计，在欧盟的15个国家中，人均GDP最低的葡萄牙为6500美元左右，而土耳其仅为3200美元左右，不及葡萄牙的一半，大约相当于英、法等国的1/8，远远低于整个欧盟国家。特别是从2000年以来，土耳其的通货膨胀率居高不下，一直徘徊于30%～40%，而内外债务总额2002年则攀升至1960亿美元，公共债务与国内生产总值的比率也由2000年的58%上升至2002年的79%，这一比例远远超过欧盟《马斯特里赫条约》所规定的60%的最高限额标准。显然，土耳其表现不佳的经济状况不能不使欧盟成员国在接纳土耳其入盟的问题上顾虑重重，生怕入盟后的土耳其成为欧洲社会经济发展的一个沉重包袱，况且土耳其在短时间内也根本没有能力控制通货膨胀率，减少财政赤字和公共债务。其次，欧盟认为土耳其的人权问题不少，指责其政府刑讯、监禁持不同政见的知识分子，把少数民族库尔德人单纯当成"恐怖主义分子"横加镇压，人权记录太差，在国家政治生活中存在许多不符合西方民主理念的东西。

另外，塞浦路斯问题长期得不到解决，特别是土耳其与其历史上的宿敌希腊至今关系不和睦，两国在领土、民族等问题上争端不断，欧盟多次调解而无结果，所以，塞浦路斯问题和土耳其与希腊的纠纷也成为欧盟成员国不愿接纳土耳其的一个重要原因。最后，还有一个人们不愿

意触及但又心照不宣的敏感话题,那就是土耳其的伊斯兰文化背景。欧盟成员国的主流文化是基督教文化,而土耳其99%的公民都信奉伊斯兰教。这种文化间的巨大差异,以及历史上与现实中西方社会与穆斯林社会长期冲突而形成的观念上的敌对,也是欧盟国家迟迟不愿接纳土耳其的深层次原因。曾经担任欧盟轮值主席国主席的荷兰前副首相兼外交大臣范莱尔格在欧洲会议上的一次讲话中,就曾经直言不讳地说道:"土耳其是一个穆斯林大国,我们欧盟能接纳它吗?"因为在欧盟国家看来,如果6600多万穆斯林人口在欧盟内"自由流动",那么发生流血的"文明冲突"是极有可能的。近年来,欧盟国家的许多政治家纷纷在报刊上撰文,主张欧盟不必遮遮掩掩,应该拿出勇气来对土耳其说,你不属于欧洲文化圈,欧洲就是不要你。

多年来,尽管土耳其在加入欧盟的问题上屡遭挫折,难度较大,但是欧盟在总的原则上又为什么要紧紧地拉住土耳其呢?其主要原因就是土耳其突入西亚、中亚,辐射整个亚洲腹地,从全球战略上来说,确实是欧盟向亚洲伸出的一座天然桥梁。特别是欧盟21世纪的战略新蓝图是面向全球制订的,所以扩大其在亚洲的影响力,保持与亚洲的紧密接触,使欧盟在国际事务中发挥自身的作用,占据更有利的政治经济位置,都完全离不开土耳其发挥"建设性的作用",土耳其那横跨欧亚大陆得天独厚的地缘政治优势,令欧盟国家垂涎。

虽然欧盟国家多次婉言拒绝了土耳其加入欧盟的申请,并毫不掩饰不愿意接纳土耳其的真实理由,但土耳其对加入欧盟的初衷不变,认为它手里握有两张王牌,一张是它的北约成员国身份,另一张是美国对它的支持。美国认为,土耳其扼守中东、巴尔干和盛产石油的黑海盆地,战略地位十分重要。而这些地区一直都存在着因种族问题、民族问题和宗教问题所引发的各种冲突和动乱,使人们预感前景难测。因此,要把土耳其稳在西方的阵营内,使土耳其在对付冷战后日益突出的种族冲突、民族矛盾、恐怖主义、难民潮、伊斯兰极端主义和伊斯兰复兴运动、地区稳定等问题方面,成为支撑西方社会在穆斯林世界中的一个中流砥柱。面对土耳其不可替代的重要战略位置,美国前国务卿奥尔布莱特就曾经多次表示,完全支持土耳其加入欧盟。对欧盟国家指责土耳其人权记录不良,美国认为人权不应该成为土耳其加入欧盟的唯一标准。此外,土耳其也仰仗北约成员国的身份,多次要挟说,如果欧盟不接纳它，它就否决北约东扩。为此，欧盟也不能不考虑土耳其这两张王牌的份量。

近年来，在不断努力而又不断碰壁中，土耳其人逐渐明白了过来，欧盟这个富人俱乐部，既不愿意让土耳其进来，也不想让土耳其离开。他们想用加入欧盟作诱饵，将土耳其拴在自己的"牵牛绳"上，为其所用。因此，在对土耳其最终能否加入欧盟的问题上，多年来土耳其国内一直存在着两种截然不同的观点。一种认为因经济、政治、文化、宗教等社会问题，土耳其永远都不可能正式加入欧盟。其理由是，在加入欧盟的问题上，欧盟国家所设置的人权问题（核心是废除死刑，给广大民众更多的言论自由）、库尔德问题（给库尔德人高度的自治权力）、塞浦路斯问题（主要是土耳其从塞浦路斯撤军，承认塞浦路斯的主权）三大政治障碍，涉及到土耳其的国家体制和领土完整等重大安全问题，土耳其不可能轻易做出妥协和让步。所以，认为欧盟的一些承诺不过是些诱饵，欧盟国家的骨子里并不喜欢和接纳土耳其入盟。一些持此观点的政治家和民众纷纷在报刊上发表言论，希望土耳其政府早日放弃加入欧盟那种不切实际的幻想，回到现实中来，转而同俄罗斯、伊朗等国家组成新的区域经济联盟，从而促进土耳其的社会发展和经济繁荣，与欧盟在经济上相抗衡。

另一种观点认为，只要土耳其坚持不懈地发展经济，推动社会进步，早日达到加入欧盟的标准，一定会在不远的将来，正式加入欧盟。理由是，在全球战略上，欧盟国家离不开土耳其，如果放弃土耳其，那么欧洲将不是一个完整的欧洲。而土耳其要想取得更大的社会发展，早日摆脱经济困境，也离不开欧洲国家的帮助和支持。土耳其政府持后一种观点。因此，尽管在加入欧盟的问题上，土耳其许多民众怨声载道，提出尖锐的批评和指责，有时政府的首脑和高级官员也在一些公开场合表示不满，但土耳其历届政府的领导人都知道，土耳其不可能真正离欧盟而去，而同俄罗斯和伊朗等国家结成经济联盟。其一是俄罗斯和伊朗的经济实力与欧盟相差甚远。其二是土耳其与俄罗斯、伊朗在历史上一直有隔阂，彼此互不信任。其三是彼此的经济结构和体制非常相似，所以在经济上互补性空间较小，而竞争的势头却很强。因此，土耳其历届政府都不断地重申，"从土耳其的政治、经济和安全角度说，土耳其是欧洲不可分割的一部分，发展同欧盟的关系是土耳其的深切愿望，加入

第六章 土耳其外交政策的历史演变

欧盟是土耳其的主要目标和最终的必然归宿"。

1999年12月，欧盟15国首脑在芬兰首都赫尔辛基聚会，批准了土耳其加入欧盟的候选资格，使得土耳其成为第一个申请加入欧盟的伊斯兰国家。2000年初，欧盟将土耳其定为欧盟准会员国，并承诺在不久的将来，讨论其入盟资格问题。虽然从1987年正式提出入盟申请起至今，10多年已过去了，黑发人熬成了白发人，土耳其才蒙恩获得了一个排在许多国家之后的候选资格，但对于土耳其来说，是其进一步靠拢欧盟，实现早日加入欧盟新战略的重大胜利，因为这关系到21世纪土耳其的发展前途和国际地位。当然，欧盟也要求土耳其在政治、经济、社会等领域内全面实行改革，力争早日达到入盟标准。2002年8月1日，土耳其大国民议会以绝对多数投票通过了一系列法案，统称为14点改革。其中主要内容是在和平的状态下废除死刑，并允许库尔德人讲自己的语言，建立自己的学校，其目的都是为了使国内的政治体制完全符合欧盟国家所要求的各种条件，为早日加入欧盟创造一个良好的社会环境。

2002年11月3日，土耳其全国举行大选，18个政党竞争大国民议会中的550个席位，4000多万的选民投了票，最终新成立的正义与发展党以34.26%的得票率夺魁，赢得了550个大国民议会席位中的363席，一下跃居成为土耳其的第一大政党。这不仅震动了土耳其政坛，在中东地区产生了巨大的影响，而且也引起了整个欧洲舆论的普遍关注。在正义与发展党宣布的该党六项治国纲领中，明确表示新的一届土耳其政府要继续推进加入欧盟的历史进程。2003年4月16日，当时的土耳其副总理兼外交部长居尔在将赴希腊首都雅典参加捷克、波兰等10个欧洲国家加入欧盟的谈判途中，向记者发表了重要谈话，表示不管遇到什么样的阻力，都不会动摇土耳其加入欧盟的决心。

2003年10月，欧盟对入盟候选成员国进行了评估，特别是对土耳其进行了重点评估。评估的结论是，欧盟认为土耳其的社会发展取得了很大的进步，更加接近了加入欧盟的各项标准。但是欧盟同时也指出，土耳其在人权领域，特别是在塞浦路斯问题上，还离欧盟的要求相差甚远。针对欧盟的指责，土耳其政府一方面提出塞浦路斯问题不应该成为其加入欧盟的政治标准，并对于欧盟在候选成员国中制定双重标准表示不满；另一方面外交部长居尔代表土耳其政府表示，要及早和平解决塞浦路斯问题，并且敦促塞浦路斯希族与土族双方要拿出诚意，为早日解

决塞浦路斯问题创造条件。对于土耳其政府的态度，土耳其国内的政治分析人士认为，土耳其政府之所以持一种积极申请要求早日加入欧盟态度，也是于目前在土耳其国内执政的、但又具有伊斯兰宗教色彩的正义与发展党的政治需求有着极大的联系。目前在土耳其国内执政的正义与发展党希望通过加入欧盟后，他们就完全可以理直气壮地打着人权与自由的政治旗号，反对多年来一直忠于土耳其国父凯末尔主义的军队干涉国家的社会政治生活，特别是反对土耳其军队维护凯末尔世俗化的建国原则、积极打击土耳其伊斯兰宗教社会保守势力的做法，从而彻底取消土耳其国内禁止妇女在学校、政府机关以及一些公共场合带头巾的世俗法律，为土耳其最终成为一个政教合一的伊斯兰国家创造政治条件。

2004年12月17日，欧盟轮值主席国荷兰首相巴尔克嫩德宣布，经过欧盟与土耳其的努力，双方终于达成一项最终的磋商结果，即土耳其承诺在2005年启动入盟谈判之前签署《安卡拉协定》，从而使得土耳其和原欧盟15国签署的海关合作协议也适合于2004年5月欧盟扩大后的所有25个成员国，其中包括土耳其一直拒绝承认的塞浦路斯。尽管土耳其总理埃尔多安否认土耳其签署了上述的协定就意味着土耳其正式或非正式地承认了塞浦路斯，但大多数国际政治分析人士都还是一致认为，该协定的签署意味着土耳其事实上承认了塞浦路斯，是土耳其为启动入盟谈判所作出的重大妥协，从而为2005年10月正式启动欧盟与土耳其的入盟谈判清除了主要障碍，这标志着欧盟与土耳其双方关系进入到了一个新的历史发展阶段。然而，尽管欧盟与土耳其就启动土入盟谈判达成了协议，但对于土耳其来说，这只是其入盟艰辛历程的又一个新起点。首先，土耳其所面临的一大难题是如何说服法国、奥地利、丹麦等欧盟国家对土耳其入盟持怀疑态度的民众。此外，欧盟与土耳其双方的谈判虽然在2005年启动，但谈判的时间至少要持续十年以上。特别是欧盟在同意启动入盟谈判的同时一直在强调，启动谈判并不能够保证土耳其最终加入欧盟，谈判是一个随时可以中止的过程。欧盟目前所持的这种政治态度，也就给土耳其的入盟前景增加了太多的不确定性。

纵观21世纪，土耳其与欧盟未来关系的发展，将在很大程度上取决于以下三个方面：第一，取决于双方经贸关系的长足发展及其相互依赖性；第二，取决于双方在政治领域内的充分信任，特别是取决于欧盟是否具有接纳像土耳其这样一个完全具有伊斯兰文化背景国家的宽容能力

与魄力,也就是在两者之间是否能够真正建立起一个相互尊重、相互理解的价值平台;第三,取决于土耳其社会发展与进步的程度。在这些层面上,虽然土耳其与欧盟互有需要,彼此双方完全具有合作的基础,但也存在着大量影响两者关系健康发展的消极因素。因此,笔者认为,虽然欧盟倾向于接受美国对土耳其战略地位的分析,表示欧盟的大门对土耳其是敞开的,土耳其最终也可能会被欧盟所接纳,欧盟国家也会在政治与经济上给予土耳其适当的照顾,但在短时间内土耳其不会成为欧盟正式成员国。这里面即存在着复杂的政治原因,又存在着现实的经济因素,更存在着迥然不同的文化与宗教的巨大差异性。如此看来,土耳其与欧盟之间那种具有亲密的盟友关系,但又不会很快成为其正式成员国的特殊状态,将会长期维持下去。

五、土耳其与中国关系的历史演变

中土早期的关系

丝绸之路是历史上最早的中西国际交通线,中土两国位于东西两端,在漫长的历史岁月里,沟通东西方的丝绸之路,把中土两国紧紧相连,不仅沟通了中国人民与土耳其人民之间的经贸往来,而且还促进了中土两国之间的文化交流,加深了相互的友谊。1923年10月29日,土耳其共和国宣告成立以后,坚持了一条谋求和平的外交路线,广泛与世界各国建立友好关系,其中也包括积极主动地谋求与中国建立友好关系。

历史上,中土两国人民之间虽然有着源远流长的历史交往和深厚的传统友谊,但以前从没有签订过正式的通商条约,也没建立过任何直接的外交接触。于是在1925年10月17日,凯末尔领导下的土耳其共和国,主动谋求同中国建立外交关系,让当时土耳其驻比利时代办谒见中国驻比利时公使王景岐,表示土耳其政府有意与中国发展友好关系,签订通商条约。并表示为了慎重起见,可否在相互平等的原则下先在比利时的首都正式交换订约意见。中国北洋政府接到土耳其政府谋求与中国建立外交关系的信息后,外交部立即电令中国驻比利时公使王景岐,让其与土耳其代办进行联系,以磋商签订有关通商条约。但由于土耳其代办宣称在签订的通商条约中应采取用一般的最惠国条款,遭到中国北洋政府的坚决反对,使得中土两国签订通商条约的谈判不得不搁浅。

1928年9月,旅居土耳其的华侨代表王曾善、马宏道、赵洪壁等人又联名呈中国南京政府,恳请与土耳其签订友好通商条约,以利侨民。此时,国民党驻土耳其支部也呈国民党中央党部,希望中国政府能够迅速与土耳其签订友好通商条约,以加强两国关系。为了能够与土耳其早日建立正常邦交关系,南京国民政府作了相应的妥协,授权中国驻美国大使伍朝枢与土耳其驻美国大使墨泰培商议签订友好通商条约,并于1929年2月向伍大使颁发了与土耳其驻美国大使商议签订友好通商条约的委任状,以及代理的全权证书。但土耳其驻美国大使称他只有全权签订两国友好条约的权力,而没有签订两国通商条约的权力。南京政府立即电复伍大使,认为应以友好条约和通商条约同时签订为原则,所以让伍大使告诉土耳其大使,转请土耳其政府给予他同时签订友好条约和通商条约的权力。然而对此要求土耳其政府表示不同意,希望与中国先签订友好条约,再继续商议通商条约。为了能够与土耳其早日建立正常邦交关系,南京政府作出了相应的妥协,授权伍大使与土耳其驻美大使先协商签订友好条约。

在双方正式商议后不久,土耳其政府突然派代表到中国南京,求见外交部长,声称为了加快商议的速度和提高效率,希望能够在南京同时商议签订友好条约。于是中土两国磋商签订条约的地点,遂由华盛顿移至南京,中方改派外交部长李锦仑全权负责与土耳其代表商议签订友好通商条约。虽然中土双方的磋商困难重重,一波三折,经历了许多曲折和反复,但双方都能够以中土两国友谊的大局为重,持之以恒、不断磋商,最终在大家共同的努力下,相互妥协达成了协议,并于1934年4月4日下午5时,在土耳其首都安卡拉签订了友好条约。该条约原文为法文,其译文于6月9日由南京国民政府正式发表全文。1934年5月26日,南京国民政府立法院对中土新条约审查通过。5月30日,南京国民政府批准。土耳其政府也于6月4日批准中土新条约。8月17日,土耳其驻瑞士代办与中国驻荷兰公使在日内瓦相互交换了被本国政府批准的文件,并规定自9月1日发生法律效力。

第六章　土耳其外交政策的历史演变

新中国时期的土中关系

从1949年10月1日中华人民共和国成立到1971年中土两国建交前，由于受冷战这个国际大背景的影响，在漫长的22年中，中土关系经历曲折，陷入了冷战的深渊，成为美、苏战略棋盘上反复争夺的牺牲品。

在新中国宣告成立之初，当时土耳其国内的许多报刊纷纷发表社论和消息予以祝贺，土耳其政府也准备立即同台湾当局断交，宣布承认中华人民共和国政府。时任土耳其共和国总统的杰拉尔·拜亚尔在一次内阁会议上就指出："中国是一个潜在大国，应该和它发展关系。"他同时指派土耳其驻苏联的外交官广泛同中国驻苏联外交人员接触，商谈双方建立外交关系的问题。但由于当时的中美关系非常紧张，土耳其又是美国重要的盟国，以及土耳其因与邻国苏联在领土上的历史纠葛，使得它对社会主义阵营疑虑重重，而中国又是苏联忠实的盟友。因此，土耳其为了不得罪美国，又时刻警惕苏联，所以在发展中土两国关系的实质性谈判中小心谨慎，不敢走得太快，故错过了两国友好建交的最佳时机。

1950年10月，朝鲜战争爆发。1951年初美国操纵联合国通过了一个决议，谴责中国是"侵略者"，土耳其公开站在美国一边投了赞成票，其理由是"不对抗联合国多数国家的意愿"。此后，中土双方停止了一切外交接触。在朝鲜战争期间，土耳其加入了由美国操纵的所谓"联合国军"，前后共派出25000人的军队跟随美国赴朝参战，与中国军队直接对抗。在朝鲜战场上，土耳其军队作战勇猛，因而被美国政府授予卓越功勋奖。土耳其之所以积极响应美国的战略目标，十分卖力地赴朝参战，直接与中国人民为敌，是有特定原因的。早在1950年5月，为了对抗以苏联为首的社会主义阵营，土耳其就申请要求加入北约，并视加入北约为其发展与西方国家紧密关系的基础，但被拒绝。土耳其希望通过派军队赴朝参战，向西方国家证明它的战略价值，以获取西方国家大量的援助，并促使北约接纳它为正式成员国。美国和西方其他北约国家的确因土耳其积极派军队赴朝参战而改变了态度，正式考虑接纳土耳其参加

北约。1952年土耳其正式加入北约,这标志着土耳其执行了一条彻头彻尾的亲西方的外交路线。此后,中土两国关系不断恶化,双方关系长期冻结,互不往来,处于一种敌对的状态。

朝鲜战争结束以后,中国的国际地位大大提高,一些西方国家陆续开始同中国改善和发展关系。在这种国际大背景下,土耳其社会各阶层人士对土耳其领导人追随西方、反对中国的外交政策表示不满,到了20世纪60年代这种不满更加强烈。此时,土耳其的工商界人士、广大的知识分子、在校的大学生、工会组织,以及媒体都在猛烈地抨击美国政府孤立中国、反对中国的外交政策,要求土耳其政府重新审查本国对外政策的基础,要求政府实际地考虑土耳其的民族利益和国际舞台上所发生的变化,不要追随美国政府敌对中国人民的外交政策。所有这些,都明显地影响了土耳其政府的对华政策。土耳其政府又再次通过各种渠道,主动地谋求与中国建立外交关系。

从1965年至1971年间,中土两国记者及贸易代表团进行了多次的互访。特别是1966年7月,土耳其国内著名的《和平报》记者苏克鲁·艾斯梅尔曾来华访问,受到了中国政府总理周恩来的热情接见。归国后,此人撰写了许多篇客观、详细介绍中国社会发展变化的文章,对土耳其社会各阶层民众全面公正地了解中国社会起到了很好的作用。同年土耳其发生大地震,中国红十字会代表中国政府和人民捐款捐物支援土耳其的灾区人民。不久,中国国际贸易促进会代表团访问了土耳其,双方签订了贸易协定和经济技术合作协定,进一步促进了两国间的友好往来。1971年,中国政府总理周恩来两次接见土耳其友好人士和经贸代表团,双方加快了相互接触和改善关系的步伐。1971年,土耳其共和人民党新领导人埃杰维特在告广大选民书中说道:"要发展同所有国家,特别是同邻近的和接壤国家的友好关系。并且在世界局势缓和下来的条件下,土耳其不仅打算同苏联,而且也打算同其他社会主义国家加强事务关系。"总之,随着国际形势的变化,以及中土双方大量民间经济、文化的友好往来,促进了两国人民之间的了解和信任,为以后两国建立外交关系,实现邦交正常化打下了良好的基础。从此,土耳其政府加快了与中国接触和改善关系的步伐,而中国政府也开始全面调整对土政策,放宽了两国间的一切民间交往。

第六章　土耳其外交政策的历史演变

　　1971年8月4日，中土两国共同发表了关于建立大使级外交关系的联合公报，声明两国政府同意在和平共处五项原则的基础上发展两国和两国人民之间的友好合作关系，并于1972年4月互设大使馆，与此同时，土耳其政府断绝了同台湾当局的一切官方往来，使得土耳其成为中东地区最早承认中华人民共和国为中国唯一合法代表的国家之一，经历了风风雨雨的中土关系从此揭开了新的篇章。中土建交，是两国关系的一个历史性事件，也是中国在中东地区采取的一个重大外交步骤和对外关系中所取得的一个重要外交成果，有利于中国在中东地区和中东问题上发挥应有的作用，有利于促进中东地区的社会稳定和经济发展。特别是中土建交为两国和两国人民开辟了广阔的合作前景，双方可以通过取长补短，优势互补，加强在政治、经济、文化、科技、贸易等方面的交流与合作，从而不断加深两国政府和人民之间的相互了解和传统的友谊。

　　但是在20世纪70年代至80年代世界冷战背景的影响下，中土两国的关系一直比较微妙，完全处于一种跌宕起伏、时紧时缓的发展状态，使得在外交领域中低水平的政治、经济与文化接触成为两国相互交往的主要特征。然而，冷战结束以后，中亚地缘政治格局的根本性变化，又为中土双边关系的发展提供了新契机。不过随着苏联解体所导致的一些新的操突厥语系国家的诞生，使得土耳其又开始重新审视中亚在其国家利益与外交中的特殊地位。特别是土耳其的一些民众出于突厥情结，不仅对新诞生的那些操突厥语系的中亚共和国给予了非常多的政治关注，而且还把这些政治关注给予了生活在中国新疆地区操突厥语系的穆斯林居民。

　　从20世纪90年代中期起，土耳其试图用一种更加谨慎、灵活的中亚外交政策，来取代以往的那种独断专行、感情用事的外交政策，不断努力改善同中国的外交关系。基于这种外交新思维和政策的变化，土耳其给予了中国政府在新疆问题上的原则立场以及政治态度更多的谅解。土耳其这种新的区域外交政策的巨大变化，得到中国的热烈欢迎，并且对于土耳其这种务实的转变给予了积极的响应。1997年2月16日，中国驻土耳其大使吴克明先生在土耳其媒体上发表演说，强调中土关系是非常友好的政治关系，并且希望中土两国对各自的领土完整保持一种相互尊敬的立场。

1997年，土耳其出于某些政治、经济以及国家安全方面的担心，逐步改变了其对华的外交政策。在那一时期，土耳其国内正经历着剧烈的政局动荡，而这一动荡被认为与国际孤立主义思潮联系在一起。在这种情况下，土耳其与其一些西方传统盟友的关系开始产生巨大裂痕，尤其是来自欧盟和美国对土耳其日益严厉的政治指责不断加剧。例如，尽管在土耳其国内库尔德工人党是一个分离主义恐怖组织，不仅袭击军队的士兵，而且还伤害平民，但是欧盟和美国公开批评土耳其政府残酷镇压库尔德工人党，强烈谴责土耳其政府在与库尔德工人党斗争的过程中任意践踏人权等。此时，作为冷战时期西方政治集团重要盟友的土耳其，有了一种在世界范围内孤立无援的凄凉感觉，从而开始通过转变传统的外交政策来寻求新的政治支持者与战略合作伙伴。

此时，中国作为一个正在崛起的世界经济巨人和联合国安理会的常任理事国，以及一直坚持的和平外交理念，被土耳其政府视为一个潜在的战略合作伙伴和有力的政治支持者，衷心地希望中国可以在国际关系中对土耳其的外交政策扮演一个平衡者的重要角色。尤其是在经济方面，土耳其政府将中国作为一个非常重要的贸易合作伙伴，并且试图通过调整一系列的相关外交政策来不断增进同中国的经济贸易关系。

另外，从20世纪90年代以后，中国政府在对美、日、欧盟和东南亚市场眷顾的同时，也开始重视对中东市场的大力开发，相继制订了一系列侧重于中东市场的经贸政策，这些政策也极大地促进了中土两国的经贸往来。特别是由于中国政府积极为土耳其提供了一系列灵活多便的经济选择权，也使得土耳其国防工业的发展有了更多选择的战略余地，将中国视为推动土耳其国防科学技术不断进步的潜在动力源。而作为中国来说，在为土耳其提供了一系列灵活多便的经济选择权时，也希望从土耳其日新月异发展的国防市场中得到一部分份额。中土双方在这些方面的积极合作因素，不仅推动了土耳其不断改善对华关系的政治愿望，同时也使得中国有了更多理由去推行一个更加积极的对土政策。因为在中国政府眼中，土耳其一直被视为其向中东、高加索地区以及巴尔干半岛诸国扩大其经济影响的潜在门户，因而建立一种持久的中土战略合作关系，可以为中国在中东、高加索地区以及巴尔干半岛扮演重要的政治与经济角色提供更多的影响力。

后冷战时期的中土战略合作伙伴关系的构建

纵观冷战结束以来中土双边关系的发展轨迹，可以清晰地看出，由于中国正确处理好了中土两国的关系，使得中国在这种双边关系中获得了较大的国家利益，具有了更多的优势性，这种利益与优势主要体现在中土两国之间广泛的经济领域。当然，土耳其历届政府也一直希望同中国加深彼此间的认识和了解，并在一些重要国际问题上主动同中国达成了共识。土耳其这种亲善中国的主要动机之一，就是希望能够效保障土耳其在中国的某些经济利益，因为历届土耳其政府认识到，全面发展中土关系有利于促进土耳其经济的发展，完全符合土耳其的国家根本利益。

不过，中土关系的不断发展，并不完全代表中土政治与经贸关系就一帆风顺，根本不存在问题了。实际上，随着中土两国贸易数量逐年不断增加，也导致了土方出现了严重的贸易失衡。根据2008年土耳其官方公布的一些统计数字来看，中国对土耳其贸易的大量盈余总价值为155亿美元，而2008年中国在土耳其的投资仅停留在6000万美元。

2009年6月，土耳其总统阿卜杜拉·居尔访问中国，代表土耳其政府对中国提出了一些具体而明确的要求。在经济方面，土耳其政府希望中国政府增加在土耳其的投资，不断扩大中国公民到土耳其入境旅游的人数。认为只有增加中国在土耳其合资企业的数量，以及中国市场全面向土耳其的商品开放，土耳其才可以从中土双边不平衡的经贸关系中得到有效补偿。在这次访问中，阿卜杜拉·居尔总统也代表土耳其政府再次重申，要坚持"一个中国"的外交政策，并反复强调新疆是中国不可分割的一部分。2009年6月28日阿卜杜拉·居尔总统在新疆大学的演说中，反复提到新疆是构成中土两国密切联系的最重要纽带之一，并且认为新疆的维吾尔族人民会为中土两国构架起一座友谊的桥梁。应该说，阿卜杜拉·居尔总统的访华，是中土两国外交关系中的一次成功突破，为中土两国在21世纪构建一个崭新的战略合作伙伴关系奠定了牢固的政治基础，使得中土两国关系完全进入了一个快车道的重要历史发展时期。

为了不断巩固与发展中土双边关系，早日构建一种全天候的战略合作机制，2010年国庆节期间，中国国务院总理温家宝率领政府代表团，不辞劳苦访问了土耳其，希望加强中土两国在双边、区域和全球范围内的全面合作，实现携手共赢的大好局面。因此，在温家宝总理访问土耳其的期间，中土双方的国家领导人，不仅对一系列国际社会的重大问题进行了多次友好磋商，而且中国政府代表团还积极主动地与土耳其政府签订了多种经济合作项目，给土耳其政府送了一个丰厚的大礼包。此举极大地赢得了土耳其朝野上下广泛的信任与好评，全面推动了构建中土两国战略合作伙伴关系的深入发展。

实际上，中土两国的关系是国际社会当中最为重要的双边关系之一，强化中土两国的关系，对双方都非常有益。中土两国从建交以来，双边关系一直比较微妙：在很多领域既有冲突，也有合作；既有共识，也有分歧。因此，中土双方如何从动辄就陷入麻烦的双边关系中，发展成为一种全天候的战略合作伙伴关系，实现携手共赢、合作收益，就成为中土两国政治家们长期以来一直思考的重大政治问题。因此，加强中土双边关系，构建一种持久互动的战略合作机制，应该是中土双方重要的一种战略选择。因为此举对于中土两国来说，都应该是从中获利的最大受益者，因为这种战略合作机制有利于促进中土双方的沟通与交流，有利于维护中土两国的根本利益，极大地丰富了中土两国相互交往与合作的内涵。特别是从某种意义上讲，中土两国构建的这种具有全天候特征的战略合作伙伴关系，使得土耳其从中获得的国家利益应该最多。例如，从地缘政治来讲，土耳其在东亚地区的政治影响势力非常薄弱，而加强与中国的战略合作，可以使得土耳其在东亚地区获得巨大的战略利益，成为在这一地区有影响的国家之一。

尽管土耳其在东亚地区与中国、日本以及韩国具有相对较大的贸易量，但长期以来，由于土耳其对这些国家缺乏一种政治影响力，以及战略协调关系，使得土耳其在东亚地区长期处于一种次要的政治战略地位。如果土耳其政府想从这方面进行国家战略利益考量的话，那么他们就应该认为中国是土耳其能在东亚获得最大支持并高姿态存在的一个潜在战略合作者。2009年6月，土耳其总统阿卜杜拉·居尔在他的正式访问期间，就将中国描述为一个"独特的世界"，而非仅仅是一个一般性的东亚国家，并且特别提到发展中的中土关系，认为中国政府不仅可以为

第六章　土耳其外交政策的历史演变

土耳其提供一个通往中国国内巨大市场的有效通道，而且中国还可以作为一个土耳其进入整体东亚的战略经济入口，特别是认为中国完全具备了向土耳其进行直接投资的巨大经济潜力，并提出了中土公司可以通过相互合作的方式在其他国家建立合资企业的建议，希望在中土两国关系的发展中，用对话来解决双方的矛盾与问题，而不是用对抗与冲突。

中土两国实现全面的务实合作，积极促进战略合作伙伴关系的蓬勃发展，对于土耳其来说，其经济意义应该更大于政治意义。近年来，中土两国在经济领域的合作非常充分，2009年9月底在中国上海成立的中土联合经济委员会就是中土双边战略与经济合作的一个经典范例。特别是中国现已成为世界第二大经济共同体，从而完全具备了向土耳其进行直接投资的一种巨大潜力，并且中国凭借这种巨大的经济潜力，通过多种合作方式，与土耳其相继在其他国家投资组建了一些合资企业。据土耳其国内的重大媒体《民族报》报道，一家中土合资公司将正式在白俄罗斯建设一个以煤为燃料的发电厂，价值10.4亿美元，总发电能力为6.6亿瓦。土耳其也对中国总价值为21000亿美元的外汇储备有所求，因为土耳其政府允许中国将在土耳其境内开设银行就是一个最好的佐证。

当然，不断加强中土两国的双边关系，通过构建一个持久的战略合作机制，中国也将从中获得更多的国家利益。这种国家利益主要体现为：首先，中国虽然现已成长为世界经济的生产基地，并拥有巨大的市场发展空间，但是中国在国际运输当中面临着许多潜在的危险性。因为中国快速增长的经济严重依赖于中东地区的能源资源，并且目前也只能够通过印度洋至中国南海这一条航线来进口中东地区的石油和天然气；其次，中国大量的商品也只有通过同样的运输航线发往非洲、西亚乃至欧洲市场，即中国南海—马六甲海峡—印度洋航道。而中国商品仅对一条通向西面国际运输路线的严重依赖性造成了国际贸易的安全性非常脆弱。实际上，开通始于中国、终于土耳其、经过中亚和高加索等地区的当代丝绸之路，可以为中国提供一个通往中国南部海岸线的北方陆上运输大通道的重要选择。而土耳其则同西亚、非洲和欧洲具有着广泛的密切联系，是唯一可以为中国商品开通"当代丝绸之路"的重要潜在合作者。欧亚大陆的连接如果能够成为现实的话，那么中土两国构建的紧密互动、全面合作的战略伙伴关系，将在不远的未来呈现出更具有战略上的重要意义。

面对中国的和平崛起，近年美国调整了外交战略，其中之一就是利用它的软实力重返亚洲，试图在亚太地区建立一个以美国为首的遏制中国崛起的战略包围圈。面对这一外交困境，中国政府同土耳其构建一种持久的战略合作伙伴机制，就是对于美国企图遏制中国战略的最好反击，其国际战略意义显得尤为重要。因此，创造中土两国关系更加美好的未来，对于中国的外交战略而言，其政治意义应更大于经济意义。目前，为了实现这一重要的国际战略意图，中土两国政府都在努力地发展相互间的政治与经济关系，特别是中土两国政府均在各自的领域内为对方提供了良好的战略发展机遇。但是，为了使中土双方在国际关系中更具有竞争的优势，有必要加强这种关系，并将它努力转化成一种战略合作伙伴的长效机制。当然，实现这种前景不仅需要中土两国政府更加努力，做好各自的外交工作，而且还需要中土两国政府对其国家利益与战略思维有意做出一些适当性调整，努力化解阻碍中土两国构建战略合作伙伴关系中的矛盾与问题。

长期以来，土耳其国内的媒体一直认为，在中土两国之间构建全天候的战略合作伙伴关系，关键的牌主要掌握在中国手中。认为中国可以要求土耳其认真遵守并履行其"一个中国"外交政策，并且还可以要求土耳其毫不犹豫地把新疆作为中国不可分割的重要部分，并指出这是构建中土持久战略合作伙伴关系的重要政治基础。因此，为了寻求构建持久的中土两国战略合作伙伴关系，土耳其政府除了认真践行"一个中国"的外交政策之外，最近还正在经历着一个外交政策在范围、层面与内容方面的非凡转变。这种外交政策在范围、层面与内容方面的非凡转变，主要体现在土耳其政府想使传统的外交政策，转变成为一个非常有力的、全面的外交政策，这种外交政策不仅覆盖美国和欧盟，也涉及俄罗斯、伊斯兰世界、非洲和包括中国的东亚地区。

目前，土耳其政府认真遵守并履行其"一个中国"的外交政策，并且毫不犹豫地认为新疆是中国不可分割的一部分的政治承诺，就是转变传统的外交政策，希望与中国构建一种战略合作伙伴关系的最好表现。

近年来，土耳其政府广泛推行其外交部长达武特奥卢先生的"与所有邻居无争端"的外交理念，这种较新的外交理念，使得土耳其政府开始在中东地区成为积极、有效的外交行动者，这不仅促进了土耳其与周边国家的外交关系，而且还在中东地区产生了巨大的政治影响。土耳其

第六章　土耳其外交政策的历史演变

政府外交政策的这种非凡转变，也为其国内政治的稳定与经济的快速发展奠定了牢固的社会基础。不过在这种新形势下，虽然土耳其政府希望在中东地区为自身的外交发展创造有利环境，从而积极有效地发挥在中东地区的作用与影响，但是土耳其政府也非常明白，要想实行多元化的外交政策，就需要与中国政府建立一种更加密切的战略合作伙伴关系，以便在国际社会获得中国政府的全面支持。为此，试图实行多维外交政策的土耳其政府，目前正在不断寻求各种外交机会，努力提升中土两国的伙伴关系，希望中土双方能够在互信的基础上构建一种全天候的战略合作机制，从而为土耳其的自身发展创造一种有利的国际环境。

面对土耳其政府近年来外交政策的巨大变化，中国政府在维护国家统一、反对民族分裂的原则下，通过有意调整自己的战略思维与国家利益，在坚持和平外交理念的基础上，通过借助自己拥有的经济手段和其他一些政治因素，不断努力寻求与土耳其政府构建一种持久的战略合作伙伴关系。中国政府这样做，不仅可以在新的国际形势下满足中国多边外交的需要，而且还可以为中国新疆地区的跨越式发展提供一个安全、稳定的社会政治环境。当然，中国政府在与土耳其构建一种持久战略合作伙伴关系的过程中，也需要足够的智慧与极大的耐心，应该充分认识到这一过程可能需要较长的时间。

位于亚洲大陆东西两端的中国与土耳其，在历史上曾经共享过一段长达数世纪的文明，并且有着相互同情、相互支持和相互影响的历史，因此，发展双边友好的战略合作伙伴关系应该具有着坚实牢固的基础。不过人们也应该清楚地认识到，目前中土两国间的经济关系虽然有了一些长足的发展，但仍然滞后于两国间政治关系的发展。造成这一状况的原因是多方面的：一是双方都是发展中国家，彼此的经济结构和体制非常相似，所以在经济上互补性空间较小，而竞争的势头却很强；二是发展模式不同，双方市场开放的程度尚存在差距，再加上法律体系的不完善，使得双方的公司和商品进入对方市场时必将受到很多阻碍和限制。实际上，能否在中土两国的关系中构建一种崭新的战略合作伙伴关系，在很大程度上完全取决于如下三个方面的因素，即：双方经贸关系的长足发展、政治领域内的充分信任，以及对双方共同安全利益的真诚维护。应该说，在这些层面上，中土两国完全有着全面合作的牢固基础。

第七章 传统文化与民族特征

长期以来，土耳其一直是一个充满了对立与否定的矛盾统一体，是一个多样性与统一性相结合的世俗化国家，经过上千年的积累与沉淀，具有了与众不同的传统文化与民族特征。在土耳其的人文社会生活中，虽然开始形成了特有的私生活领域的行为规范及其交往准则，以不同程度的个性化行为抗衡着传统价值的评价，特别是在社会消费及其生活方式上，讲究独特的品位，唯西方社会的文化格调马首是瞻，张扬着不同的个性，但是怎样处理宗教与世俗、传统与现代的相互关系，却一直是件非常棘手的事情。因为在土耳其，虽然其社会经历了许多的陵谷变迁，世道人心也发生了许多的变化，但是传统的伊斯兰宗教观念与文化，仍然在一些民众内心根深蒂固，使得土耳其逐渐形成了一种东西合璧的文化，奇特的风土人情、宗教的世俗化演变以及独特的民族性，使得土耳其宗教世俗化的改革道路漫长而艰辛。

本章旨在从历史文化、政治经济、地理位置、社会生活、宗教信仰、风俗习惯等不同的社会层面，展现了土耳其的价值观念、思维方式、伦理道德、行为禁忌、性格特征和民族个性，让更多的人们全面了解土耳其民族心理形成的文化背景与历史发展过程，从其兴衰荣辱史中获得许多有益的东西。

第七章　传统文化与民族特征

一、东西合璧的文化

文化往往是人们观察世界的一种有色眼镜。传统文化是每个民族赖以生存和发展的根基与依托，是沟通过去、现代和未来人类行为与思维模式的习惯性存在。传

镶嵌在土耳其著名的索菲亚博物馆墙上的壁画

统文化一旦形成，就具有高度的稳定性、延续性，以及群体认同感。但传统文化又并非是一成不变的，它是鲜活的精神之流，它在人与自然相互作用的多样性和日益广泛的文化交流中，不断形成，也不断被超越。正如黑格尔所说："传统文化并不是一尊不变的石像，而是生命洋溢的，有如一道洪流，离开它的源头越远，它就膨胀得越大。"因此，任何一个民族的文化都不会孤悬于世界文化总体之外，它总是要不断摄取并消化周边各族文化，并将自己的影响也施加于彼方。

地缘和环境是一个地区内人群的生活方式、文化传统、群体性格、体质形态等种族或民族异质性指数的根源。所以，不同文明民族的差异，同各自地缘和环境有着极为密切的关系。土耳其在地理上的特殊性，使它成为了东西合璧、南北荟萃之地。在那里，从种族到语言和文化、从服饰到饮食和建筑、从生活习惯到思维观念和宗教信仰，无不体现出融合与多元的文化特征。

· 271 ·

土耳其的文化起源于游牧经济世界与农业经济世界的交往、碰撞和融合，具有极强的掠夺性和扩张性。8世纪至11世纪初，土耳其人的祖先突厥人开始大规模西迁，经翻山越岭、风餐露宿之艰辛，不远万里来到如今土耳其共和国所在的小亚细亚半岛，所到之处不断与当地人杂居通婚。13世纪，蒙古人的入侵又给土耳其人增添了新的血液。14世纪以后，土耳其人进入奥斯曼帝国这一鼎盛时期。奥斯曼帝国地跨欧、亚、非三大洲，前后持续了五百年，进一步促进了各民族文化的融合。这种大融合造就了土耳其人的文化兼容并蓄、博采众长的特点。

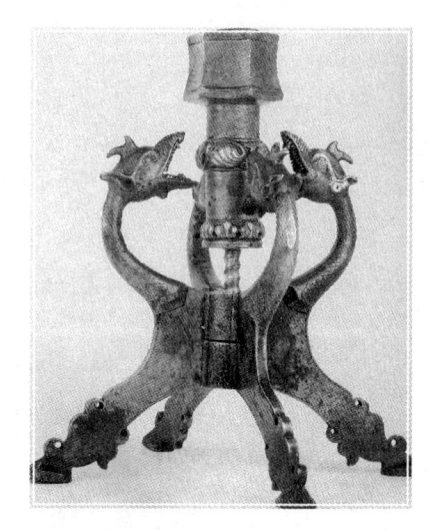

珍藏在土耳其国家博物馆内的精美文物

当初，土耳其人自身的文化底子很薄，在不断对外扩张的过程中，他们建立的幅员辽阔的帝国，把众多的民族都纳入到了他们的统治之下。这众多的民族不仅在血缘上发生了相互融合，而且在风俗习惯、语言文化等方面也发生了相互融合。因此，土耳其人在陆续接触并吸收了阿拉伯人、波斯人特别是拜占庭帝国文化的基础之上，也像其他民族一样，随着政治上的稳定，社会经济的迅速发展，以及多民族、多文化的碰撞与交流，创造出了自己丰富多彩的独特新文化，对世界文明的发展做出了巨大的贡献，特别是在语言文字的改革上表现得尤为突出。

翻开土耳其人语言的"家谱"，人们可以看到，它是乌拉尔—阿尔泰语系阿尔泰语族中的一员，与芬兰—匈牙利语系也有着密切的联系。古代的土耳其语，即奥斯曼语在字形和发音上不仅类似于阿拉伯语，而且有许多词汇都来源于阿拉伯语和波斯语。1932年，土耳其人大胆改革了自己传统的文字，实行了西方的拉丁化，成为了拉丁字母体系中的一员，并通过大量借用英语、法语、德语等外来词汇，使之进一步丰富。今天的土耳其语在字形和书写上与西方语言无甚区别，目前在全世界共有1.5亿人使用这一语言。

另外，土耳其人具有一种强烈的"欧洲情结"，这也是他们文化中的一个很重要的特征。横跨欧、亚两大洲的土耳其，虽然仅有3.1%的领土位于欧洲，96.9%的领土都在亚洲，但它始终坚持自己是一个欧洲国家，一直把靠拢和融入欧洲当作基本的国策。因为土耳其人清醒地认识到，能不能够最终加入欧洲联盟，融入到欧洲大家庭当中，关系到土耳其在21世纪的整个社会发展和民族进步。

土耳其人很懂得欣赏不同文化的差异和光彩。他们认为，西方文化能够发展到今日，并非完全是霸权的结果，西方文化中积极合理的成分，对于今日西方社会的繁荣无疑贡献良多。因此，早在18世纪末19世纪初，奥斯曼帝国的社会改革时期，土耳其人就开始了接近西方社会、吸收西方文明的历史进程。这种同西方文明的接触，无论从年代上，还是从亲密程度上，都是任何地方甚至包括北非在内的其他伊斯兰国家所不及的。

正在表演的土耳其模特

土耳其人拥有"欧洲情结"并非没有道理。从文化渊源上讲，土耳其人长期居住的小亚细亚的文明是古希腊、古罗马文明不可分割的重要组成部分，继承了这些文明在艺术、建筑、哲学、医学和自然科学等领域的许多伟大的成就。在土耳其地中海沿岸，人们发现了许多古代露天剧场、斗兽场和城市遗迹。历史上著名的特洛伊战争曾在这里爆发，至今特洛伊木马的复制模型仍然矗立在土耳其境内西部的恰纳克卡累城。罗马教皇保罗二世曾经拜谒过坐落于土耳其西南部著名的埃菲斯古城遗址中的圣母玛利亚故居。埃菲斯古城在古罗马时期，是仅次于罗马的第二大城市。此外，考古学家还在土耳其东部的阿勒山的山顶上发现了圣经中传说的诺亚方舟遗址。尤其是让人们最难以想象的是，土耳其竟然是基督教、伊斯兰教、犹太教乃至更多不同宗教和文明的交集之地，这也许是因为土耳其特殊的地理位置和舒适的气候环境，让许多宗教在这里得以发扬并传播，成为宗教圣地的历史源头。

近代以来，土耳其人进行了一系列以西方化为重要内容的社会改革，坚持了一种世俗化的治国方略，在一定程度上反映了土耳其人对富强和繁荣、文明和进步的渴望追求。在这方面，足球便是一个典型的例子。在国际足球比赛中，土耳其一直参加欧洲的赛事，最好的成绩也只是在欧洲联盟杯赛中取得了第四名的成绩。足球行家认为，土耳其人的足球水平在亚洲绝对鹤立鸡群，属于冠军级别，但它宁肯在欧洲足球赛事中为"牛尾"，而不愿意在亚洲做"鸡头"。此事折射出土耳其人崇尚西方文明的一种独特心理反应。因为在土耳其人看来，欧洲与亚洲的分界不在一条山脉、一条河流或一片海洋，而在于国家的政治体制与经济形态，在于社会的伦理道德，更在于人们心中的价值观念。

土耳其国家交响乐团正在演奏西方交响乐曲

在土耳其社会文化的历史发展过程中，尽管近代以来土耳其人深受西方文化的影响，坚持了一种接受西方社会文明的治国方略，但因为其

第七章　传统文化与民族特征

独特的地缘和悠久的历史等因素的影响，在土耳其人传统的文化中具有很深的东方文化的烙印，除了深受阿拉伯文化、波斯文化与拜占庭文化的影响之外，还深受中国这个东方泱泱文明古国的影响。据史料记载，早在中国的汉代，土耳其人的祖先突厥人与中原王朝就有友好往来，在突厥政权的强盛时期，与中原王朝的交往更加密切，这种交往既有战又有和，特别是在和平年代两者之间的交往更为甚密，有过通婚、公主互嫁王室等举措。此外，历史上还有不少的突厥人到中国诸多王朝去做官，并建立过丰功伟绩。联姻和做官说明了土耳其人的祖先突厥人与中原王朝的交往频繁而广泛。

收藏在土耳其著名博物馆托普卡帕皇宫的中国明朝洪武年间的瓷器

在中国历史上，宋代称土耳其人所建立的王朝为"芦眉国"，明朝称"鲁迷国"，清朝正式采用土耳其这一名称。特别是一条沟通东西方文明交往的丝绸之路，把中土两国紧紧相连，不仅沟通了中国人民与土耳其人民之间的文化交流，而且还促进了中土两国之间的经贸往来。丝绸和瓷器是最早的国际贸易商品，而中国则是蚕桑丝绸的发源地，也是瓷器的故乡。正是通过丝绸之路这座沟通东西方文明的黄金桥梁，使得这些丝绸、瓷器等商品运销到了土耳其等地。由于中国的丝绸与瓷器精致典雅，再加上路途遥远，险阻重重，所以成功运抵的丝绸与瓷器自然身价不菲，珍同拱璧。

珍藏在土耳其国家博物馆内的中国古代精美瓷器

在历史上，除了奥斯曼王室与显宦富贵之家广泛地使用丝绸与瓷器之外，每位土耳其人也都以饮中国茶为时尚，都以使用中国瓷器和丝绸织品作为其身份与财富的象征。在土耳其，每逢素丹

登基、百姓寿辰与大婚及其他重要的庆典中，中国的丝绸与瓷器都是必见的贺礼。同样，不少的土耳其商人则带着当地的特产，通过古老的丝绸之路，源源不断地来到东方文明昌盛的中原王朝进行贸易，像玻璃、玛瑙、珊瑚、硼砂、香料、麝香、丁香、石榴、鸵鸟、斑马、胡羊、狮子、犀牛等珍贵物品，都从土耳其运到了中原，有的作为礼品献给了中原王朝的皇帝，有的作为贸易之物在市场上出售，其中不少的珍贵物品都来自欧洲和非洲。

此外，土耳其人为促进东西方文明交往而做出巨大贡献的另外一个佐证，就是郁金香的西传。在欧洲历史上曾经出现过的疯狂"郁金香时代"，就是由奥斯曼帝国运往维也纳第一朵郁金香开始的。据有关史料记载，郁金香最早盛产于中国，后传入伊朗种植。16世纪奥斯曼帝国强盛时期，郁金香的球茎被移植于帝国首都伊斯坦布尔。在土耳其的历史上，17世纪盛产郁金花并以此花为象征着优美欢乐的时代，被称之为"郁金香时代"。此后，郁金香又被荷兰人从伊斯坦布尔发现而带回荷兰种植。由于荷兰气候湿润，而且拥有当时世界上最大的金融市场，所以郁金香

珍藏在土耳其国家博物馆内的精美文物

在荷兰大受欢迎，许多人为了种植郁金香而不惜耗费巨资，一度在荷兰的历史上形成郁金香种植热潮，其结果便是荷兰今日培植郁金香的技术完善而发达，因而不但使郁金香以后成为了荷兰的国花，而且还出现了历史上著名的"郁金香经济"，今天的荷兰郁金香已经誉满全球，而且颇获经济效益，但是人们谁又会想到郁金香竟是由土耳其西传至荷兰的"中国花"。

另外，根据著名的鄂文浑碑文的记载，在土耳其人早期的文字中，就存在着许多汉字母。由于土耳其人同中原诸多王朝存在着长期甚为密切的交往，所以土耳其语也就自然而然地受到了汉语的重大影响。例如汉语里的一些单词"茶叶"、"瓷器"、"水"、"衣服"等都被土耳其语所采用，特别是发音与汉语极为相近。此外，早期土耳其人所采用

的十二生肖，就是最典型的中原文化，也是两国文化广泛交流、互相影响的最好例证。

另外，12世纪的时候，中国的皮影戏传播到了土耳其，而且流传至今。土耳其人一般把皮影戏称之为黑眼睛剧场，剧中多是反映土耳其人家庭生活趣味的内容，主体多是些劝善惩恶的说教，故事剧情的矛盾解决，也都是落到了伊斯兰教经典规范的准则上，使人们在皮影戏这个小巧玲珑的舞台方寸之间，领略到了无穷无尽的乐趣。在现代电影没有出现之前，皮影戏是土耳其人最为喜爱的娱乐活动形式之一。

总之，土耳其灿烂的社会文化，是在继承了东西方各民族文化遗产的基础上不断发展起来的，所以，具有突出的多民族、多来源的特征。由于它遵循了敞开大门与世界沟通的开放精神，因此更显得开阔、明亮、一片生机。在东西方的文化沟通上，在人类社会的文明交往过程中，土耳其文化占有举足轻重的地位，具有着特殊的不可替代的桥梁作用，对世界历史文化发展的路径取向，有着不可估量的巨大影响力，为东西方文化的贯通与融合，提供了一个良好的互动大舞台。

二、奇特的风土人情

土耳其灿烂的文化和悠久的历史，特别是与东西方悠久的血缘关系，不仅使土耳其成为一个让人产生思古之情的国家，而且也使得土耳其人有了一种错综复杂而多样性的奇特风土人情。土耳其的人文风光与其历史和文化是不可分割的，充满了人情味，孕育着崭新的含义。因此，尽管当今的土耳其处处显示出其积极向往西方文明的印迹，但它仍然不失为一个具有浓厚东方传统特征的国家，特别是在它的社会生活中，至今仍然保留着许多具有东方传统烙印的风土人情。

土耳其人起源于游牧大草原，他们不但个个慓悍骁勇，而且能歌善舞，舞蹈形态优美，举世闻名。土耳其人的舞蹈，是在其早年的游牧民族舞蹈艺术的基础之上，吸收了东西方的舞蹈艺术特点以后而逐渐

形成的。例如《匙子舞》、《黑海男子舞》等，乍看起来似乎很像罗马尼亚、南斯拉夫，以及英国、法国的绅士舞蹈。其舞步优雅端庄，上身笔挺，阔步昂首，目不斜视。但经过仔细观察研究之后，便可以很快地发现其中包蕴着细腻委婉、柔媚和谐的东方舞蹈特色。

土耳其人在舞蹈中也处处体现了一种尚武的精神。例如，土耳其人的许多舞蹈中，即使内容题材与战争无关，舞者也总是要身披甲胄，足蹬马靴，甚至肩上还要斜披子弹带，以显示其英武盖世的精神面貌。如在著名的《黑海男子舞》中，演员身穿马甲窄腿裤，足蹬高统皮靴，头缠巾帕，腰束皮带，身上佩带短剑、弯刀、护身符等物件，服装墨黑，这显然是土耳其人夜战时的戎装打扮，也是土耳其人在长期的战争中逐步形成的民族风情。土耳其人舞蹈的另外一个特色，是服装异常华丽。在历史上，土耳其人的舞蹈从民间转入宫廷之后，歌舞者的服饰堪与君王嫔妃们华丽的服装相媲美。

能歌善舞的土耳其人

闻名世界的土耳其民间舞蹈——托体僧舞

土耳其人遵循的交友之道，是热情友好，真诚相待，因而待客非常慷慨大方，即使是最为贫寒的农民，也会尽其所有善待来客，所以一般外国游客到了土耳其往往会觉得盛情难却。在土耳其人家中做客，主人会一直劝食劝饮，客人又不好拒绝，唯恐不吃反惹主人不悦。土耳其人会想尽办法和客人聊天，即使是存在一些语言上的障碍，也会

第七章　传统文化与民族特征

大大方方地以自己的方式和客人交流。在土耳其，绝大多中产阶级的城里人都会说至少一种欧洲语言，社交仿佛是土耳其人的天生本领。

在土耳其的小城镇里，淳朴的人们至今仍然保持着传统的习俗来庆祝重大的节日。镇里上了年纪的长者用传统标准的迎宾礼节来欢迎宾客，所有的表演，包括涂油的摔跤比赛，魔术师的幻术与小手鼓乐器都伴随着音乐而搭配演出。演出的内容通常以歌曲或舞蹈点缀，或两者同时演出。从这些惟妙惟肖的演出中，可以发现土耳其人天生富有表演天分。

喜欢传统角力游戏的土耳其人

在土耳其，宗教节庆日与国家法定假日时所举办的各类演出，一般在大的广场上举行。而一些具有表演内容的婚礼仪式，或其他节庆活动，例如男童的割礼等，则都伴随着民族乐器的演奏和翩翩起舞的传统民间舞蹈，在小酒馆、咖啡店或私人寓所中举行。

土耳其人还酷爱各种体育项目。土耳其人在举重、摔跤、骑马、足球等体育项目比赛中一直名列前茅，特别是足球，土耳其人表现出的钟爱如痴如醉。在土耳其的大街小巷，到处都可以看到为追逐足球而四处奔跑的儿童、少年与青年的身影。2002年7月，在世界杯的足球比赛中，土耳其国家足球队一路闯关拼搏，取得了第三名的优异成绩。

土耳其传统的手工艺者

土耳其人的手工艺品在世界上也同样享有盛誉。在许多领域中，土耳其人颇有一种可以引为骄傲自豪的成就感，例如织锦、木刻、石刻、羊皮制品、饰有几何图案或花卉蔬菜图案的彩色瓷砖等都久负盛名，誉满世界。此外，土耳其人尤其擅长编织，如土耳其地毯以其构思新颖、工艺精细、图案匀称、富贵华丽而著称于世，被欧洲

许多国家的名人显贵们使用和珍藏。

土耳其人注重着装，追逐时尚潮流。在西方化与世俗化的理念指导下，土耳其人在时装设计上不断吸取法国人和意大利人的精华，非常时尚的服装早已进入城乡普通人的日常生活，所以在大街小巷中驻足欣赏过往行人的服饰真算得上是一种人生享受。特别是在一些社交应酬场合，女士小姐们的各式服装更是让人眼花缭乱，似乎是在进行一场品味和财富的竞争。

土耳其人对传统服饰也始终不肯割舍，特别是那种具有东方游牧民族传统特色的宽裆收脚灯笼裤，在广大的乡村依然有人穿着。所以，在土耳其的大街小巷中经常可以看到这样一道风景线，那就是在奔驰、宝马、雷诺等世界名车川流不息时，身着传统土耳其服饰的乡下人昂首骑驴漫步其间。

土耳其的建筑也体现出东西方文明融合的特点。其建筑外观追求修饰，穹顶线条流畅，窗上镶嵌各色玻璃，墙壁粘贴图案瓷砖，带有明显的伊斯兰风格。特别是那些遍布于全国各地的清真寺建筑艺术，不仅规模宏伟壮观，雕刻装饰绚丽多彩，而且造型独具一格，令人赏心悦目。

现代土耳其建筑主要吸收了西方建筑的精华。例如，在土耳其的第一大城市伊斯坦布尔有新老两个王宫，新王宫完全仿照法国的凡尔赛宫建造，所以在许多部位上，可以看到意大利文艺复兴时期建筑的影响。而老王宫则建有世界闻名的土耳其浴等设施，但却又未建有供王室成员使用的卫生间。当问及导游小姐王室成员如何方便时，答曰：在院内角落刨土坑儿方便后掩埋！当然，在土耳其人的现代住宅里，卫生间是必不可少的。

珍藏在土耳其国家博物馆内罗马时期的精美文物

土耳其人的家庭以夫妻关系为核心，子女成家后，就要另立门户，但幼子要留在父母身边，负责养老送终，并有独子不分家的习俗。土耳其人的祖俗以40天为产褥期，以摇床为主要的育儿工具。新生儿都要行命名礼，男孩子还要行割礼，一般在5岁或7岁，须在春、秋两季的单月

第七章 传统文化与民族特征

进行。此外，按照土耳其传统的有关规定，在财产继承权上，子、女、妻都有继承权，但女儿只能得到儿子份额的一半。不过，这些习俗随着男女社会地位平等在法律中的确立，在今天已经有了很大的变化。土耳其人非常重视亲属关系，分为直系亲属、近亲、远亲三种。非直系亲属一般也以父、母、兄、姊、弟、妹相称，亲属之间相互扶助。土耳其人特别敬老重礼，所以路见长者，多避席让路，见面时多以右手抚胸为礼。总之，土耳其人是一个非常重情义、重传统、重家族的民族，虽然这种传统文化不断遭受到西方文化的侵蚀和冲击，但作为在典型传统文化影响下成长起来的土耳其青少年，对本民族的传统文化还是充满了无限热爱。

奥斯曼帝国时期的民间艺人

现代土耳其人在日常社会中虽然以公元纪年，但是作为具有伊斯兰文化背景的民族，他们的重要节庆日仍然采用伊斯兰历来推算，主要以古尔邦节为大年，以肉孜节为小年，并自觉遵守穆斯林每年都要封斋一个月的规定。封斋期间要求人们只准在日出前和日落后进食。封斋结束那天为肉孜节，又名"开斋节"，人们可以尽情地享受美食佳肴。肉孜节后

淳朴的土耳其乡村老人

正在演出的土耳其街头艺人们

的第70天，为古尔邦节，又作"献牲节"。在土耳其过古尔邦节，节日的气氛非常浓郁，家家宰羊欢庆，户户贺喜拜年。此外，土耳其人在传统上每年阴历的1月22日（公历的2月18日），即春分时节前后，还要过努吾若孜节，即立春节。这个节日不是伊斯兰教传统所规定的节日，据说此节日是土耳其人的东方祖先深受中国文化影响的结果，因而目前在土耳其过这个节日的人数已经不太多了，其传统习俗仅保留在一些乡村。

　　土耳其人的厨艺高超，土耳其菜是土耳其人的另一骄傲。土耳其菜最大的特点是，无论是在烹制肉、鸡、鱼还是做面食、甜点或水果时，都要讲究形式的千变万化，如一道茄子菜就有40多种烹饪方法。凡是去过土耳其的游人无不对正宗的土耳其美食交口称赞。

　　土耳其菜的做法，一般以烤、炸、煎、煮为主，烹饪的基础是面食，但以肉食见长。土耳其人善于享用美食，在餐饮方面绝不凑合将就。土耳其人的菜肴以保留自然为原则，既不像西餐，过分追求营养和热量，又不像中餐那样讲究色香味俱全，它集中两大菜系的优点于一身，既实惠又美味，自成一派，与法国菜和中国菜并称世界三大美食，难怪被人们称之为"舌尖上舞动的曼舞"。据历史文献考证，法国寿司和意大利面食均来源于土耳其。

　　在奥斯曼帝国时期，由于土耳其文化与阿拉伯文化交融了近600年，所以也深受阿拉伯人的烹饪影响。在土耳其的饭店、餐

土耳其传统的美味佳肴

馆就餐时，人们主要使用刀叉，但在某些家庭中，仍然保持着传统的风俗，用餐时全家围圈而坐，用掰开的面包夹菜吃，这与阿拉伯人用大饼捏菜的习惯没有两样。

在土耳其，餐馆在人们的生活中扮演着十分重要的角色，讲究的餐馆一定要建在自然风景区或倚山傍水的地方。因为，在土耳其人看来，吃饭不仅仅是为了果腹，同时还要饱览美丽的风光。他们边食用着各式冷盘，边谈论着开心的话题，时而还吟诗咏句尽情地享受着大自然的奇妙风光。有些专家认为，欧洲人修建露天餐馆和咖啡馆就是深受土耳其人的影响。

世界闻名的土耳其街头快餐

土耳其人的咖啡也闻名于世，其咖啡文化始于奥斯曼帝国的辉煌时期。据有关历史资料记载，16世纪的时候，有一次奥斯曼帝国的军队在从维也纳仓惶撤退的过程中，不慎将装有咖啡的袋子遗落在了维也纳，咖啡便从此通过维也纳流行于整个欧洲。今日的土耳其，在满是树荫的广场当中，人们悠闲地坐在咖啡屋里品尝着浓浓香香的咖啡，与亲朋好友玩着西洋象棋或者讨论着国家时事，成为人们日常生活中的一道风景线。

更能够反映出土耳其人奇特的风土人情的是土耳其人的婚俗。土耳其人在婚姻以及贞操观上，从一而终的传统观念很强，因而妇女的贞操很受重视。如果小伙子和情人一旦发生了婚前性关系，那是

传统的土耳其咖啡

· 283 ·

一件非常危险也是极为可耻的事情，会招致被姑娘的父亲、兄弟杀死的危险，因为土耳其人崇尚血亲复仇，这种民族特性同他们起源于大草原上的游牧部落有着很大的关系。

在历史上，土耳其一直是一个穆斯林国家，按照伊斯兰教的有关规定，每位成年男子可娶妻妾四人，所以他们可以到教长那里同四位女人登记结婚。但自1923年土耳其共和国成立以后，在凯末尔倡导的世俗化社会改革中，政府以瑞士民法为蓝本颁布实施了新的土耳其民法，取代了传统的伊斯兰教教法，禁止一夫多妻，实行一夫一妻制，废除了所有一切妨碍妇女自由和尊严的古老禁例。

尽情享受美味佳肴的土耳其人

土耳其人的新民法典规定，结婚仪式要在市政府、公民登记局或专门的结婚厅举行。在婚礼仪式上，要宣读有关法律条文，签发结婚证书，举办小规模的婚宴。但在广大的乡村中，已经习惯了传统宗教婚礼的一些土耳其人，对这种正式的非宗教结婚仪式并不感兴趣，他们要求在教长的主持下举行传统的穆斯林婚礼。土耳其政府为了推进世俗化的社会改革，采取了一系列的有效措施，坚决不承认穆斯林传统婚礼的合法性，通过这种穆斯林传统仪式结婚后所生的孩子，在法律地位上只能是不合法的，因此，他们所具有的各种权利，国家和社会也都不给予保护。

在土耳其，虽然自由恋爱已成为男女青年人相互交往的主要形式，但在一些乡村仍然认为男方如果不送彩礼，就意味着是有意贬低女方的身价。所以，一些家境贫寒的男子，经常因为拿不起高额的结婚聘金，不得不到心上人的家去当"入赘女婿"，在未来的岳父家中先服劳役，时间一般为2～3年。当劳役期满后，方可同心上人结婚。如今的土耳其人已经形成了习惯，常用"像入赘女婿一样"这句话，来形容人们在日常生活中不顺心。按照土耳其人的传统旧习俗，妻丧夫，其夫之兄弟不能续娶其嫂，寡妇可以回娘家或改嫁。但夫丧妻，可以续娶其妻的姊妹。

土耳其人对于离婚和再婚的态度总的来说比较宽容，如离婚时夫妻一律平分财产。但旧习俗中又特别规定妻子无权首先提出离婚，不过这种男女不平等的状况，随着经济的发展，社会的进步，目前已经有了很大的改变。总之，在土耳其人的婚姻中，可以说是新与旧形成鲜明的对比，既存在着两家互相交换新娘的换亲婚俗，以及丈夫可以娶其妻的姊妹为妻的内嫁婚俗，也存在着文明的现代婚俗，如旅行结婚、到国外去度蜜月等。

土耳其人一般在订婚后不久便举行婚礼，而城市青年在举行婚礼时新郎身穿黑色服装，新娘则身着白色婚纱，而迎接新娘的车队被彩带、鲜花和气球装点得非常漂亮。在婚礼仪式上，新郎与新娘还要相互交换结婚戒指，作为永久性的纪念物。

土耳其农村的婚礼同城市的婚礼差别较大，更具有土耳其人的传统性。在农村，结婚的前一天新娘要洗新娘澡，旨在荡涤身上的污垢，迎接新的生活。这天新娘和她的母亲邀请女友、女眷们一起来到澡堂，新娘由亲人领着走进澡堂，裸露着全身一边绕堂转一周，一边行亲吻长辈手掌的礼。而婆婆作为必被邀请者，在一旁向新娘头上撒钱和吉祥物，那些被邀请来的女友们则载歌载舞。此外，在洗澡仪式的前一天，新郎要给新娘送去衣服、肥皂和香料等。新娘在洗澡仪式完毕后，所有的脚趾一律染成红褐色，右脚由婆婆来染，左脚则由新娘自己染。

在土耳其，一些地方举行的结婚仪式相当安静而文雅，既没有抢亲的传统，也没有闹婚的疯狂习俗。在这种文雅安静的婚礼上，新郎和新娘不接吻，也没有要求他们接吻的呼声。婚礼上，宾客们先为新郎和新娘祝酒，然后再举行一个

在街道两边享受美食的土耳其人

简单的舞会。舞会上，只有新郎或者新郎的近亲才有权利同新娘一块跳舞，其他人是决不允许的，整个婚礼活动显得既文明又庄重。

喜庆的婚礼一般要延续好几天。第一天的婚礼是在新郎家庆贺，这天新郎家彩旗飘展，锣鼓喧天，随着教长在新郎家的吟唱，结婚仪式便拉开了序幕。新郎家要设宴款待所有来宾，全村人也都要来表示庆贺。第二天的结婚仪式在新娘家举行，新娘家也要设宴招待四方宾客。而此时新郎家的宴席已经散了，新郎的父母和宾客们则要到新娘家去准备实行抢亲。当新郎家的抢亲歌队、仪仗队来到新娘家时，这里的家宴还在进行着，清一色的女宾客们正在欢庆婚礼。新娘的亲人在新郎家的迎亲大队到来时，一般都要伪装成不愿意把自己的姑娘嫁出去的举动，于是双方开始进行争抢，新娘则趁机溜走，躲到村里其他人家。

当新娘被发现抢走后，新娘家的女宾客们要四处去寻找新娘，找到后再把她带回家中躲藏起来。当抢亲游戏完结之后，新娘要头蒙一块红纱，跪在一张大红地毯上，由伴娘中人品最受称道的已婚妇女，为其揭开头纱，并用红柳叶为她染红手指，同时口诵古老的"红柳夜"传说，因而这一天的日子又被土耳其人称作为"红柳日"。随后，新娘挥手告别双亲，骑着白马或者骆驼同抢亲的队伍一起回到新郎家中。

婚礼的第三天凌晨时刻，新郎与新娘要带上贵重的礼品，一块儿到主婚人家中去致谢。然后，婆婆把新娘带到一个房间中休息，天黑后新娘的父亲把新娘从主婚人家中领回到新郎家，教长则在门槛前向新郎不住地表示祝福。新郎打碎了一个杯子之后，走进门来，表示新的生活开始了。当客人们酒足饭饱散去后，教长便把新娘的手放到新郎的手中，让他们双双返回家中。此时，长达三天的婚礼最终宣告结束。

与以上在婚礼中假装抢亲相比，目前在土耳其比较偏僻的乡村仍然还有一些名

尽情享受美食的土耳其人

第七章 传统文化与民族特征

副其实的抢亲者，这主要是由于在日常的生活中还存在买卖婚姻造成的。在土耳其乡村，那些长相好、品行好的姑娘们，一般聘金都很高。许多男青年，尤其是那些家境比较贫寒的男青年们，在很长的时期内无论如何也积攒不到一笔价值一辆小汽车的聘金来。

严格遵守伊斯兰教信仰的土耳其民众

然而，由于土耳其人的贞操观极强，所以生活中有许多男青年都冒着生命危险去抢亲，目的是把生米做成熟饭。抢亲的男青年一般是在朋友们的帮助下，把自己的心上人抢走，然后躲进深山老林或者城镇郊区。姑娘被抢后，她的亲属们并不甘心，常常救抢追赶，因为对于姑娘的父亲来说，这是一种嘲弄，同时他也许会因此而失去高额聘金。所以，被抢姑娘的父亲往往都要去当地法院投诉，并扬言要杀死抢亲者和自己的女儿。法院对此类案件的判决，一般主要是根据被抢姑娘的态度而定，如果抢亲事先未得到姑娘的默许，抢亲的男青年一般都将会被判处10年徒刑。实际上，大多数被抢的姑娘们都采取了一种默许的态度，因为被抢亲后的姑娘常被人们看做是不再纯洁的女人，要想再嫁人将是一件十分困难的事情。

在土耳其旅游的外国人

在土耳其，抢亲者一旦被法院判处无罪之后，法院则会让姑娘和小伙子马上去政府的民政部门办理正式结

· 287 ·

婚的登记手续。而满腹怨言的姑娘家双亲也会在长者们的不断调停下，无奈地接受男青年数量很少的聘金之后，不得不表示同意男女青年结婚。但是，男青年与岳父岳母大人之间的最终和解，却往往是要等到姑娘生下儿女之后。

历史上，土耳其人是一个骁勇善战、崇尚武功的民族，青年人把上战场为国捐躯视为一种神圣的伟大职责，这种英勇尚武的民族传统习俗一直流传至今。土耳其共和国实行的是义务兵役制，每位年轻人都把替国家服兵役看做是一种崇高的社会荣誉。所以，土耳其形成了一种浓郁的社会风气，即一人参军，全家光荣，民众拥戴。因此，当接到入伍通知书后，参军的青年人往往欢聚一堂，而亲朋好友们则宰羊置酒，开怀痛饮，经常通宵达旦。此时，即将入伍的那位青年人要挨家挨户地去与乡邻话别，虽然离别只有短短的18个月（土耳其服兵役的时间为一年半），但大家都显得情切意真。而此时的乡里乡亲们，也会把许多赏钱和赠物亲自送给参军者，以表敬意。此时，参军男青年的心上人更是情意绵绵，把自己的思念和祝福全部都绣到一个手帕上，并托家人转送给自己的情郎留作纪念，而参军男青年则将其视为最珍贵的礼物保存起来。除此之外，教长作为赐福求安的使者，在送行时也要为参军者祈祷，祝福他一路顺利平安。当参军者行完吻手礼，并拥抱完亲朋好友之后，预示着新的征程即将来临。此时，欢送的人群开始不断地往参军者身上

世界闻名的土耳其浴

泼下一桶桶水以示吉祥,在到处洋溢着欢乐的气氛中,参军者踏上了从军的征程。与参军者送别时,亲人们一般都不会哭泣,因为哭泣被土耳其人视为是一种不吉利的象征。

土耳其人的葬礼,一般也都按照伊斯兰教的教规举行土葬。人死后面向西方停放,停留不能超过三天。首先要请伊斯兰教教长主持净身祈祷仪式,并诵吟古兰经,然后由教长将面纱盖

在城市街道上奔跑的马车

在死者的脸上,祈祷默哀片刻之后,亲属把死者殓放入棺木。搬运灵柩之前,在清真寺里还要举行最后的施舍,而后赴墓地。墓穴一般为长方形,穴壁开洞,死者面西入洞。埋葬死者时女人们要唱挽歌,而教长诵经完毕后立即挖土封穴。死者埋葬封穴后,要按照习俗在土上面掘出许多沟,并把准备好的开水灌下去,以便更好地保护墓地,祝愿死者能够有一个安宁的栖身之地。

到了土耳其旅游,不体验一下独特的土耳其浴就像空手而归的一样。土耳其浴最早源自古希腊,此后是从古罗马浴室发展演变而来的,最终形成了一种土耳其文化的精华,凝聚和包含了土耳其民族的传统与文化。传统的土耳其浴由温水、蒸汽、按摩和冲洗等好几个步骤,一次正宗的土耳其浴是土耳其之行的首选。所以在土耳其旅游,如果人们享受一下世界闻名的土耳其浴,是一件非常有趣而惬意的事情。在土耳其浴室,提供专业按摩与搓背服务的人员,男的称为泰拉克,女的称为那提尔。当你洗完土耳其浴之后离开的时候,你一定会自言自语地说:"我这一辈子从来都没有像现在这样干净。"

在土耳其,人们既非常热爱生活,又非常会享受生活,除了大街小巷到处都是世界闻名的土耳其浴这个例子之外,土耳其人还沿着景色秀丽的黑海、爱琴海与地中海海岸线,修建了许许多多观光设施和居住区式的别墅,租给那些国内外的游客度假使用。现代化的游艇星罗棋布地停泊在港口,搭乘许可航行的双桅帆船与电动游艇长途旅行,是一项不

错的选择。在旅游旺季的时候，沿海地区村庄、乡镇小规模的饭店以及民宅等都可以用来接待国内外游客的吃住。

总之，丰富的自然与人文景观使得土耳其成为了世界旅游圣地。土耳其每年光接待来自世界各地的游客就达1000万人次，游客数量居世界第19位，每年旅游的净收入超过了100多亿美元。

三、宗教的世俗化

伊斯兰教是人类历史上的重大社会文化现象之一。经过一千多年的发展，遂由阿拉伯民族的宗教，逐渐发展成为地跨亚、非、欧三大洲的世界性宗教，成为被传入地区和民族的一种共同宗教信仰、文化体系以及生活方式。历史上，伊斯兰教一直是土耳其人的国教，土耳其一直是一个政教合一的宗教神权国家，全国大约有98%的人信仰伊斯兰教，伊斯兰教一直束缚着人们的思想观念和行为方式。土耳其人是在8~10世纪以后，经过多年的教化和影响而皈依了伊斯兰教，现在已有一千多年的伊斯兰教文化传统，因此，伊斯兰教作为土耳其人传统文化中最核心的成分，不可能不影响到土耳其人的价值观念、思维方式，以及社会生活与政治制度的全部结构。可以毫不夸张地说，

土耳其博斯普鲁斯海峡边的清真寺

第七章 传统文化与民族特征

凡在土耳其历史发生的重大事件，无不显示出了伊斯兰教的积极控驭与渗透。

历史上，土耳其人如此地把自己与伊斯兰教完全等同起来的做法，使他们对伊斯兰教表现出无限的忠诚，视传播和维护伊斯兰教为其神圣的使命，以致于使得土耳其民族这一概念，因受伊斯兰教的长期影响而根本就无法显露出来。

但从1923年10月29日土耳其共和国成了以后，在国父凯末尔的民族、民主、世俗化思想的倡导下，土耳其人崇尚西方文明，走出了历史的歧途徘徊，逐渐地融入到了世界主流文明之中，实现了其历史宏愿，那就是采取了西方文明的政治制度，实行了宗教与国家政治分离的世俗化制度，既宣布土耳其是一个非宗教的现代国家，但同时又保留了土耳其的文化传统，允许伊斯兰教在私人生活领域中发挥其固有的文明作用，从而彻底摆脱了宗教神权对土耳其社会的束缚。这一方面表明在土耳其共和国的每位公民都享有宗教信仰的自由，反对宗教干涉人们的世俗生活和国家政治事务，最终顺利地完成了艰巨的制度性社会转变；另一方面也表明土耳其人将与历史上的大宗教主义时代彻底告别，开始进入了一个崭新的政治现代化的社会发展时期，以便使伊斯兰教有一个现代化、民族化和世俗化的形式，绝不让伊斯兰教的僧侣们参与现代民族国家的政治生活。

在伊斯兰国家的历史上，政治与宗教往往是合为一体的，政治为强烈的宗教精神所支持。因而伊斯兰教作为一种历史积淀的特殊文化现象，它包括信仰体系、社会意识、道德规范、价值观念、民风民俗、语言文字、科学技术成就等极其广泛的内容。伊斯兰教作为一种宗教、一种生活方式和文化形态，在土耳其人中间经过一千年左右时间的传播和发展，逐渐地形成了具有土耳其特色的伊斯兰教传统，而这种传统又具有很浓厚的保守主义色彩。因此，具有土耳其特色的伊斯兰教传统，与土耳其的现代性之间造成了很深的矛盾，所以要进行现代化，促进土耳其共和国的全面发展，就必须开展全面性的世俗化社会改革。

土耳其人现代化的发展，以不可阻挡之势，使其伊斯兰宗教面临着巨大的挑战。而伊斯兰宗教所面临的这种巨大挑战是多方面的，主要表现为，土耳其人对社会的现代性所采取的态度是，全盘接受现代性因素

中的世俗化价值观，抛弃传统的宗教生活，并在传统主义与现代性之间进行调适，使其宗教信仰与世俗生活方式作出一些适应时代的变化，用世俗主义的尺度与理念来匡定土耳其社会与国家，而把宗教仅仅理解为"私人的事情"。土耳其宗教世俗化的促发力，主要是来自其社会生活中不断增长的现代性特征。例如，生活模式的变化，经济地位的上升，宗教多元化的发展，以及自由民主的社会氛围等。而社会生活中不断增长的现代性特征，贬低了伊斯兰宗教的权威性，弘扬了世俗性，宗教虔敬的降低是一种越来越普遍的社会现象，也是以世俗化为主要特征的土耳其现代社会发展的必然产物。因为，土耳其宗教世俗化的发展，不只是文化自身的价值取向，而与政治、经济的发展，以及人文社会环境的变化都是密不可分的。

长期以来，在土耳其的人文社会生活中，怎样处理宗教与世俗，传统与现代的关系，一直是件非常棘手的事情。因为在土耳其，虽然其社会经历了许多的陵谷变迁，世道人心也发生了许多的变化，但是传统的伊斯兰宗教观念仍然在一些民众内心中根深蒂固，从而使得土耳其宗教世俗化的改革道路漫长又艰辛。1928年6月，土耳其大国民议会对宪法进行了修改，修改后的宪法删除了"伊斯兰教为国教"和"教法规则由大国民议会贯彻实施"的内容，认为像其他的社会制度一样，宗教经贸往来必须迎合社会生活变化的需要，必须跟上历史发展的时代步伐，使精神生活同物质生活一样，完全按照科学的路线进行改革，使其同别的各项社会制度保持一种高度的和谐，使伊斯兰教在土耳其的社会发展中，显示出它所具有的那种活力和进步性。据此，土耳其共和国在法律上已经完全成为了一个地地道道的世俗化国家。

在土耳其世俗化的社会改革中，土耳其政府除了在修改后的宪法中删除了"伊斯兰教为国教"的主要内容外，1931年4月，国父凯末尔还提出了六项被称为有根本意义的原则。1937年8月，由凯末尔领导的土耳其共和人民党的代表大会上，一致通过了这六项原则，并且把它写入到了新修改的宪法总则的第二条中。这六项原则即共和主义、民族主义、人民主义、国家主义、世俗主义和改革主义。共和主义、民族主义和世俗主义的含义，在凯末尔的革命生涯和他的一系列讲演中已经很清楚了。可称为革命的改革主义也同样非常清楚，那就是迅速、持续而非暴力的社会变革；人民主义则以人民主权以及不分阶级只有一个人民这样的概念而著称。新增加的一项原则为国家主义，意指土耳其政府积极指导和参与社会经济生活。被写进新宪法中的六项原则，成为土耳其共和国国家政治制度的思想基础和行为准则，特别是世俗主义成为其社会发展的一个重要原则和指路明灯，为土耳其社会的不断进步提供了改革的哲学思想和具体政策。

1934年12月5日，根据土耳其共和国社会世俗化生活发展的需要，大国民议会对宪法又进行了修改，给了土耳其妇女更多参政议政的权利。在传统上，按照伊斯兰教的规定，妇女不能像男性一样具有平等的参与政治生活的权利。所以土耳其旧的宪法规定，年满18岁的男子有选举权，年满30岁的男子有被选举权，而妇女什么权利都没有。修改后的新宪法规定，年满22岁的男女均有选举权，年满30岁的女子有被选举权。宪法的这一修改，表明了土耳其共和国妇女的政治地位已经发生了根本性的变化，为妇女的彻底解放奠定了法律基础。1934年12月30日，土耳其举行了第一次由妇女直接参加的大国民议会的选举，新一届大国民议会共拥有18名女议员，占该届议员总数的4.5%，这在土耳其和伊斯兰国家历史上是空前的壮举，甚至走在了某些西方国家的前面。

土耳其宪法的修改不仅保障了妇女们可以获得更多参政议政的政治权利，还扩大了妇女们的就业领域，使妇女们取得了在国家政府机关任职的权利，于是土耳其出现了许多女医生、女法官、女律师、女教师、女飞行员等。这种法律制度世俗性的变革，对于其社会发展所具有的重要意义是难以形容的。在凯末尔一系列世俗化改革的推动下，一切妨碍土耳其妇女自由与尊严的古老禁例都一律被废除了，建立起了妇女在家庭、社会和经济生活中同男子一律平等的法律制度。从此，男女平等，妇女参政议政在法律上已经是完全可能的了。

此外，在新的法律制度中，同世俗原则关系最为密切的一条规定，所有土耳其男子也都取得了自由改变他们宗教信仰的合法权利，这在传统的伊斯兰教教法中是严格禁止的。土耳其社会的这种急剧性变化，主要表现为强调尊重个人隐私，抛弃了传统的宗教精神，树立起了土耳其世俗化的民族精神，彻底摆脱宗教对社会发展的束缚，在社会生活中形成了一套私生活领域的行为规范及交往准则，使长期被压抑的精神生活获得了彻底的解放,从而推动了土耳其社会政治与经济的迅速发展。因此,宗教的世俗化就是土耳其社会允许伊斯兰教作为一种宗教而存在,但不能影响人们的生活方式,因为宗教毕竟有着维护社会公正和整合社会伦理的功能。所以,土耳其宗教的世俗化,对于进一步实行彻底的政教分离,扩大和保障公民的民主权利,确保世俗共和国政治制度的巩固,都具有重要的现实意义。

总之,土耳其是一个充满了对立与否定的矛盾统一体,是一个多样性与统一性相结合的世俗化国家,这个世俗化的国家需要不断地协调平衡多样性的文化因素,从而使现代性的思想,取代传统性的伊斯兰宗教思想,成为土耳其主要的民族认同标志和有利于加快现代化进程的力量。同时,也要使伊斯兰教的一些观念,如认为所有信徒都是同一民族和共同体的成员,以及涵盖了所有信徒从生到死的生活所有方面的伊斯兰文明,在社会整合与社会凝聚力方面发挥巨大的作用。所以,土耳其人的宗教是一种在世俗制度下发挥社会功能的宗教,它与伊斯兰原教旨主义者所追求的神权政治有着本质上的不同,具有民族主义、世俗主义和传统主义的色彩,是把伊斯兰教看作为伊斯兰文化与传统的一部分,使其宗教完全走上了一条世俗化与现代化的发展道路,完成了人类还俗、社会祛魅的历史进程。因此,可以概括性地讲,土耳其是一个世俗化的国家,信教的民族。

四、独特的民族性

民族是历史上形成的共同语言、共同地域、共同经济生活以及表现为共同文化、共同心理素质的稳定共同体,是国家存在和发展的基本要素。但是,不同的地理环境、不同的历史文化背景、不同的社会文明程度,使不同的民族有其各自的特色,这种巨大的差异性就是民族特征。土耳其人独特的民族特征主要来自于悠久的历史传统,奇特的自然环境和复杂的社会结构。

一个人所说的语言,所居住的地区,以及他自称是某某后裔的那个种族,只是具有个人的、情感上的和社会的意义,而与政治、经济、文化、民族无关。就现代意义而言的土耳其民族这一概念,首先出现于19世纪中叶,是许许多多主客因素促成了这一概念的形成和发展。例如,流亡于土耳其的欧洲人,同流亡到欧洲的土耳其人,他们在现代土耳其民族这一概念形成和发展的过程中,起到了主要的影响和推动作用。

19世纪的时候,欧洲方面关于土耳其学的研究成果,被流亡于土耳其的欧洲人和流亡到欧洲去的土耳其人传输回到了土耳其,使土耳其人在反抗西方列强的斗争中获得了巨大的教益,促使其现代民族意识日益增长。最初,土耳其民族这一概念仅限于被少数知识界人士所接受,后来随着土耳其共性感情的不断滋长,民族概念逐渐发展成为大规模的有意识的社会行为,从而奠定了土耳其民族解放运动的基础。所以,当1923年第一次采用土耳其和土耳其人作为土耳其共和国及其人民的正式称号时,就标志着土耳其民族这一概念的最后形成。

在历史上,一度骄横一世、令世界战栗,使欧洲人望风而逃的土耳其人,主要是由三股主流形成,即地方性源流、土耳其源流和伊斯兰源流。早期的土耳其人作为游牧部落民族,大约在6~7世纪开始向西南移动进入中亚,11世纪初通过大规模的迁徙到达小亚细亚半岛。但是,当地原有的居民并没有因此而被入侵者消灭掉,或者被通通驱逐到其他地方去,而是受到同化并相互融合。此时,来自于古老东方的土耳其人,完全继承了小亚细亚半岛的文化遗产。另外,在历史上,土耳其人一直都没有流露出过种族自大感,他们也不排外,更不坚持他们的后代必须都是"纯"土耳其种。这种开明的观念与行为,同早期哈里发国家的阿拉伯征服者,对于被改信了伊斯兰教的非阿拉伯人视为低人一等的种族歧视行为,与实行一种极为残忍的种族隔离政策相比,土耳其人与阿拉伯人实在不可同日而语。

在奥斯曼帝国的强盛时期,土耳其语在奥斯曼帝国以及世界上的许多地方,扮演着英语在我们当今世界所具有的角色,是贸易和外交界以及稍后思想界的一种国际通用语言。此外,土耳其语也是在当时的社会人们获得政治权力和提高社会地位的必要条件,这种必要条件无论是对库尔德人和阿拉伯人也好，还是对阿尔巴尼亚人、希腊人和斯拉夫人也好，都一律如此。土耳其语作为土耳其人的一种传统象征，成了一种丰富而含义细微的表达方式，成为每一位社会成员飞黄腾达应该具备的必要条件，成为创造土耳其人文明的有价值的工具。

在历史上，曾经有过相当长的一段时期，土耳其人完全不具备民族意识，在此问题上他们远不如阿拉伯人或波斯人的民族意识那么强烈。15世纪以后，随着土耳其人对外征服的不断成功，大量的土耳其人迁徙到了被征服的小亚细亚地区定居了下来，此后逐渐地蜕变成

在街头叫卖土耳其茶的小贩

为每日劳做的农业耕作者。然而，这一切不但维护和增强了奥斯曼帝国社会中土耳其人所固有的传统，而且也使整个小亚细亚地区顺利地完成了土耳其化的发展演变过程。

形成土耳其人的第三股主流是伊斯兰源流。土耳其人最初是在边疆地带通过商贸活动，逐渐接触到了伊斯兰教，从那时起直到现在，他们的信仰和传统始终保持着伊斯兰教的特点。虽然随着现代社会的不断发展，土耳其人的宗教已经逐渐世俗化了，但是伊斯兰教的传统与信仰依旧是他们民族意识中的主要因素。因为土耳其人建立的奥斯曼帝国由奠定直到灭亡，始终是一个致力于促进或保卫伊斯兰教权力、传统与信仰的国家。

特别是在六百多年来的历史发展过程中，信仰伊斯兰教的土耳其人同信仰基督教的西方社会几乎连年都进行着战争。最初的战争，是土耳其人企图把伊斯兰教的政治统治强加于大部分的欧洲地区，在这一点上他们的所作所为基本上是成功的。此后，土耳其人又在长期拖延不决的保卫伊斯兰文明的斗争中，千方百计地设法阻止或延缓了西方社会毫不留情的反攻。因此，土耳其人同伊斯兰教之间的那种等同关系，不可能不影响到土耳其人的社会与制度的全部结构，不可能不影响到土耳其人

的价值观念与社会方式。

土耳其人在东方文明与西方文明巧妙融合的历史发展进程，造就了其独特的重情意、重家族、重传统的多元化民族特性，使土耳其人生性开朗豪爽，同时也保留着一份真诚和谦恭，让你从他们身上很容易就能感受到东方人特有的热情好客，所以与他们交朋友是一件比较容易的事情。在土耳其，当大家彼此熟悉了以后，他们会主动邀请你去家中作客，哪怕是再短时间的访问，主人也会拿出红茶、咖啡、蛋糕、点心、水果等来招待客人，但决不轻易请你吃饭，原因很简单，彼此还没有成为世交。然而当你迷途问路时，土耳其人又会非常耐心地告诉你如何走，甚至是不厌其烦地亲自陪同你一道去寻找你要去的地方。土耳其人这种热情好客与真诚善待他人的民族特性举世闻名。

土耳其人讲话交流时，特别喜爱打手势，这种手势有力、简洁，充满了土耳其人特有的含蓄和自信。总的来说，土耳其人是善于交往、热情豪爽的。然而，在社会交往方面，如果土耳其人与其他任何欧洲人相比，那么就又显得被动得多，因为他们通常会请求对方先发表意见，然后才会针对对方的发言与态度去斟酌自己的立场，从而做出最终的答复。土耳其人的这种交往方式，完全可以归为善于倾听他人意见的民族，属于一种反应型文化。

土耳其人生性又很精明，在涉及经济利益的事情上特别斤斤计较。比如，几个朋友一起外出，分账开销天经地义，就连一起拍照也要各付各的钱。他们的信条是，朋友是朋友，生意是生意。土耳其是世界旅游圣地之一，如果你住宾馆、就餐和乘坐出租汽车时，听到人家跟你说"Bakschisch"（土耳其语），意思就是让你付小费。在土耳其，大多数的游客根本就不知道各种小费的标准，这是因为小费本身就是一个灵活的东西。实际上，土耳其人的各种小费有一些不成文的规矩。在餐馆饭店里，小费通常是饭费的10%，小费应该放在桌子上，然后走人，如果饭后一点小费都不给，客人会被视为不懂礼貌。在宾馆里，给提箱子的侍从的小费是每件行李要给1美元。而给打扫房间清洁女工的小费，是每天3美元，这些钱是要在你离开宾馆时直接塞给他们。当给理发师和出租汽车司机小费时，客人应该凑成整数付给，但最多不要超过支付费用的10%。

在生意圈里，土耳其人头脑反应灵活，适应力极强，主要采用一种研讨式的交流方法，因为他们喜欢为取得成功而采取较为灵活的策略。一般来说，当土耳其人被他人拒绝的时候，虽然他们也会自然地流露出一种愤怒，但是在大多数情况下，他们总是表现出极大的耐心，除非他们意识到自己已经完全受到了他人的愚弄，土耳其人一般很少失去理智。他们认为，保留那些能够接受来自不同方面信息的沟通渠道，是一种睿智和充满自信心的表现。此外，虽然土耳其人总的来说比较老实憨厚，为人殷勤好客，给人一种朴实无华的感觉，但他们一般都非常希望自己能够在别人面前更显得摩登和西化，这也是土耳其人民族性的一个很重要的特点。因为在土耳其人看来，西方文明是衡量一个国家和社会发达程度的唯一标准。了解了土耳其人的这些特点之后，也就不难理解土耳其人为什么长期以来一直具有一种"欧洲情结"，为什么要执著地加入欧洲联盟，为什么希望早日融入欧洲大家庭。

由于土耳其是一个人口分布稀疏而又幅员辽阔的国家，所以当两人说话时，通常保持一米多的距离以示尊重。但是，在人口稠密的地中海沿岸地区，土耳其人对朋友又喜欢贴近说话，当然这通常只限于在同性之间。在土耳其的许多城镇和乡村，男子与男子共舞是司空见惯的事情。所以，当你被热情好客的土耳其人邀请加入共舞时，你可千万别不好意思。此外，土耳其人另外的一个民族性特点是，开会时的气氛通常是半正式和友好的，主持会议的人表现得非常有礼貌和热情，所以开会时的会场一般都比较活泼轻松，与会者们都能够无拘无束、够畅所欲言地发表自己独特的见解。

在漫长的奥斯曼帝国时期，土耳其人地处东西方交通枢纽的独特地理位置，对外贸易非常发达，所以土耳其人在商贸中的谈判经验相当丰

土耳其城市街道上的小摊贩

富，谈判时经常讨价还价，如果没有了讨价还价，倒反而会令他们非常失望。在土耳其进行商贸谈判时，最初的报价往往与商品本身的价值没有什么关连性，所以商贸谈判时，当价格被人压低或干脆被人拒绝的时候，土耳其商人往往会表现得泰然自若，丝毫不会恼火。他们这样做，都主要是为今后双方之间进一步的经贸合作和买卖交易留下一条后路。在投资新的大宗生意项目时，虽然土耳其人有着与生俱来的谨慎，但总的来说，他们还是非常乐意冒生意场上的风险。

人们如何在相互交往中，去与土耳其人很好地相处呢？在人际关系上，土耳其人的基本原则是平等参与，无论你是主人还是客人。这一原则决定了即便是不同的生活方式、不同观点的人们也要相互尊重，共同承担责任。所以，要想与土耳其人很好地相处，最好的办法就是完全按照他们的本来面目，而非某些误导性材料所描述的那样来对待他们。因为土耳其人在交友时，特别希望能够得到尊重和认同，希望在以诚相待、相互理解的基础上接触往来，希望建立一种彼此之间相互信任的全面合作。因此，如果你不去刻意地抨击土耳其社会现有的弊病，完全相信对方已经尽了最大的努力进行了合作，并且极力夸奖他聪明能干，他把屋子收拾得是那么干净整洁，等等，那么，你马上就会获得对方的好感和尊重。如果你能够处处表现出一种极大的信任、保持一种极大的耐心，那么，相信你最终一定会交到一些极为可靠的土耳其朋友，而且这些朋友们总有一天都将会派上用场的。

土耳其人是一个非常注重行为规范的民族。当两人见面的时候，土耳其人的问候方法是先说"欢迎光临"，同时握手拥抱，在相互贴颊吻之后，再问候诸如"身体好吗？""孩子们好吗？""工作顺利吗？"等。特别是在朋友之间聚会的场合，土耳其人说话之前，要首先向坐在对面的人问好。在宗教节日的时候，这样的寒暄问候更加显得重要。当年轻人拜会长者时，要吻长者的手背。

在这里值得强调的是，土耳其人节日的庆祝活动，是传统宗教节日的一部分，所以不宜喧闹过度。在节日期间的社交中，如果大家聚集在一间屋子里，那么刚开始的时候仅限于女性与女性之间、男性与男性之间相互交谈，等谈到兴头时，便不再有男女之别，大家一起共同享受这愉快的时光。此外，土耳其人特别乐于赠送小孩零花钱，对

于生活贫困的人们更是愿意解囊相助，这样的情景在土耳其随处可见，这种行为可能与伊斯兰教让人积德行善的传统教义有关。

在日常的生活当中，土耳其人非常重视亲朋之间的相互拜会走访，藉以加深友情关系。这种相互拜会走访非常花费时间，所以人们最好能够在入座之前决定自己的行动。当你被邀请去土耳其人家里接受招待用餐时，如果随意拒绝的话，那是一种极不礼貌的伤害对方的行为。在进餐中，主人可能会一而再，再而三地、甚至会让人感觉到有些过度地劝客人进餐，这是土耳其一种传统的招待方法。因为土耳其人相信，经过多次的劝导，客人总是会接受的。当然，在用餐结束以后，在主人邀请客人到客厅去喝红茶、咖啡之前，随意离开餐桌的做法是一种失礼的行为。在送别会上，寒暄致辞占有极为重要的地位。

随着土耳其现代化都市公寓式生活的不断发展，新建的现代化公寓正在逐渐取代传统上过去那种可以远眺鹅卵石街道与有着凉爽中庭的传统三层楼结构的老房子，使得众多的家庭共同居住、生活在同一栋建筑物内，因此，土耳其人还特别重视与邻居、周围的人们和睦相处，自觉遵守互助互利的传统价值观念，渴望广泛结交朋友，从而获得一种温暖的人际关系。在土耳其，有一条叫做"购房置地，挑好邻居"的古训，反映在同一公寓里的邻居之间人际关系的电视喜剧层出不穷，让人们从中体验深奥无比的东方道德文化精髓。

在土耳其的家庭当中，父母的权力是至高无上的，所以对于孩子们来说，在家里与父母就家规等进行讨价还价，以及与长者进行争吵等，都是被大家所鄙视的一种行为。另一方面，父母也尽量会让孩子们去做自己想做的事情，满足他们的一些合理要求。在土耳其人之间，哪怕是年龄相差无几，年长的人也是希望受到晚辈的尊敬，同时也期待着对于他本人、他的家庭成员、房屋和孩子们的赞美之词。

总之，土耳其人是一个非常重情义、重传统、重家族的民族，虽然这种传统文化不断遭受到西方文化的侵蚀和商品经济的冲击，但作为在典型传统文化影响下成长起来的土耳其青少年，对本民族的传统文化还是充满了无限的热爱。

第八章 传奇的三朝世界古都——伊斯坦布尔

伊斯坦布尔是土耳其第一大城市和伊斯坦布尔省的首府，也是整个中东地区最大、最繁荣、最美丽的城市。它位于土耳其的最西端，横跨欧亚两大洲，古往今来是世界上唯一一座使欧亚两块大陆紧密连接起来的城市，也是古代著名丝绸之路的终点。在土耳其的政治、经济、历史与文化中，占据着极其重要的位置，是世界上最为引人入胜、充满魅力、令人神往的现代化国际大都市之一。

伊斯坦布尔在历史上作为帝国王朝的首都达1600多年之久，最早由罗马帝国著名皇帝君士坦丁修建此城作为罗马帝国的新都城，后成为对世界历史发展具有重大影响力的拜占庭帝国首都。1453年5月29日，伊斯坦布尔这座在当时被西方世界视为防守最为坚固的城市，被奥斯曼帝国年轻素丹穆罕默德二世统率的大军攻陷占领，名称从君士坦丁堡改为伊斯坦布尔，成为奥斯曼帝国历史上最为理想的建都之地。

伊斯坦布尔作为一个世界性的现代化国际大都市，从古希腊、古罗马多神崇拜时期的演变，以至到今日的整个社会发展，它一直都是地中海地区的政治、经济与文化重镇，具有独特的神韵和风貌。历史上，伊斯坦布尔作为三朝世界古都曾经辉煌一时，产生过重要的影响，有着深厚的文化积淀，保留着辉煌的历史与文化遗产。

第八章 传奇的三朝世界古都——伊斯坦布尔

一、古老厚重的文化之都

1453年5月29日,奥斯曼军队在素丹穆罕默德二世的统帅下攻陷了拜占庭帝国首都君士坦丁堡,并将其变为奥斯曼帝国首都,改名伊斯坦布尔,伊斯坦布尔在突厥语中是伊斯兰城市的意思。此后,直到20世纪20年代初,土耳其首都定在了安卡拉之后,才彻底剥夺了千年来伊斯坦布尔作为国家政治中心的崇高位置,使它逐渐演变成为了世界上一座纯粹的经济、文化的国际大都市。

尽管作为征服者的穆罕默德二世在位30年中,几乎一直忙于对外的征服战争,但精力充沛的他仍然能够抽出大量时间关注对君士坦丁堡的恢复与改造,并将其逐渐改造成为了一座与伊斯兰特色相称的帝国都市。在这一繁忙而艰巨的过程中,穆罕默德二世做的第一件事情,就是千方百计地增加城市人口,为这座饱经战乱的城市输入新的生命,这些对于该城的重建工作极其有益。当1453年君士坦丁堡陷落的时候,城里的居民人口已经从大约30多万下降到了8万左右,一直处

位于土耳其第一大城市伊斯坦布尔的奥斯曼帝国时期的著名古堡

于萧条和衰亡的状态。许多建筑物因年久失修而长期无人居住。穆罕默德二世除了鼓励原来的居民不要迁出，继续定居在那里之外，还从全国各地抽调了大批的手艺人、商人和农民。投入大量的人力、物力和财力，努力去改善城市环境，不断修复市政设施的基础上，鼓励和强制外来人口迁入新都定居。

为了不断增加帝国新都城的人口，穆罕默德二世还采取了拉拢和安抚非穆斯林宗教上层人士的政策，积极鼓励其他民族的基督教徒们也在帝国新都城居住下来，并允许他们遵照自己的习惯方式和法律来生活。要求他们只要不去触犯奥斯曼帝国的法令，并完全服从政府的行政管理，不去与穆斯林臣民的宗教信仰和生活方式发生冲突，他们就是奥斯曼帝国的好臣民。

应该说，穆罕默德二世使帝国新都不断恢复和人口增加的政策是非常成功的。据史料记载，在1478年的奥斯曼帝国官方统计的资料中表明，此时帝国新都伊斯坦布尔的人口已上升到了大约20多万；到16世纪末期，该城的人口达到了80万左右，从而使得奥斯曼帝国首都伊斯坦布尔的人口，远远超过同时期欧洲人口最多的城市。

穆罕默德二世不仅只是一位好战的赳赳武夫，而且还具有极高的文化修养，因而非常注重帝国新都的内涵建设。他除了下令在伊斯坦布尔修建一座以自己的名字命名的大清真寺外，还下令在伊斯坦布尔修筑道路、市场、旅店、医院、救济院、澡堂，以及一所漂亮的讲授伊斯兰教科学、法律和医学的大学，并不断把巴尔干半岛、黑海沿岸以及爱琴海诸岛一些新征服地区有学识的学者们，网罗到奥斯曼帝国的宫廷里来，其中他最为宠爱的是一位希腊哲学家。总之，穆罕默德二世对帝国新都伊斯坦布尔的重建，不仅光着眼于社会经济的发展，还有加强帝国政权建设方面的考虑。因此，在他的统治下，将伊斯坦布尔逐渐改造成为了奥斯曼帝国的政治、经济与文化中心。特别是对于奥斯曼人来说，象征着他们已顺利完成了由边远草原的游牧民族到世界帝国的这一历史变迁过程。

另外，积极鼓励与开展对外贸易，也是帝国恢复伊斯坦布尔经济措施中的一项重要政策。当穆罕默德二世攻占了拜占庭帝国首都君士坦丁堡之后，马上就恢复了过去君士坦丁堡时期给予西欧商人提供贸易优惠的做法，同时也积极鼓励西欧每个城市同奥斯曼帝国新都伊斯坦布尔开

第八章 传奇的三朝世界古都——伊斯坦布尔

展各种双边贸易。允许他们可以在伊斯坦布尔的港口自由地进行贸易，并受本国法律和领事的保护，而不是受帝国行政官员和伊斯兰法官的管辖，享有充分的宗教信仰自由，并免于向奥斯曼帝国政府纳税。作为奥斯曼帝国社会的一部分，那些主要居住在伊斯坦布尔的西欧商人都有自己的团体，他们按照帝国政府与西欧国家签订的一系列正式条约的规定生活。这些条约总的精神是，承认西欧各国商人在奥斯曼帝国可以享有某些权利和义务，允许他们按照自己的法律生活。这些条约彷佛是奥斯曼帝国恩赐给西欧各国商人的，而不是经过双方平等协商制订出来的，因而表现出当时帝国政府所持的一种对欧洲国家轻慢鄙视的态度。

历史上，奥斯曼人在文化上的突出成果，就是遍布于伊斯坦布尔的清真寺建筑艺术。目前，仍然保存完好的清真寺大约还有450座左右，除少数的清真寺是拜占庭帝国被征服后，由东正教的教堂改为清真寺外，如著名的圣·索非亚大教堂等，绝大部分的清真寺都是由奥斯曼人自己修建的。

除清真寺外，最能够代表伊斯坦布尔城市中杰出建筑艺术的经典之作，是奥斯曼帝国的王宫陵墓。那些星罗棋布在伊斯坦布尔的王宫陵墓，也形成了奥斯曼人独特的建筑艺术风格。这些王宫陵墓建筑艺术，至今不管人们是从伊斯坦布尔的哪个部位或角度来观察，都可以看到其辉映在天际的轮廓，从而使得伊斯坦布尔成为那一历史时期世界上唯

位于伊斯坦布尔的素丹艾哈迈德清真寺

——一座令绘画者和建筑师们激动无比和欢欣鼓舞的城市，因为其建筑气势完全可同欧洲文艺复兴时期任何建筑物相媲美。

在伊斯坦布尔所有的陵墓中，比较著名的首推素丹塞利姆一世陵墓。素丹塞利姆一世于1512年废除了其父巴耶济德二世，继承了奥斯曼帝国的王位。虽然他仅执政了短短的八年时间，但在其短暂的素丹生涯中，他总是骑在马背上，从一个战场奔赴另外一个战场。他曾经自豪地说道："谁能用金钱填满我们的国库，谁就配把他的大印盖在国库的大门上。否则，我的大印总在门上。"冷酷的素丹塞利姆一世下令在可以俯瞰黄金角港湾的一座山上，修建了以自己名字命名的建筑群。他的儿子苏莱曼大帝下令，于1512年由帝国建筑大师阿斯米阿利，以苏莱曼大帝父亲的名字在此修建一个宏伟壮观的陵墓。并在陵墓入口处的一块磁砖上写道，该陵墓由素丹苏莱曼大帝于1512年下令修建。

穿过素丹塞利姆一世的陵墓就是皇太子的八边形陵墓。陵墓内用16世纪伊兹内克磁砖雕刻装饰。素丹塞利姆一世的5个女儿们，以及他的儿子素丹苏莱曼大帝儿子们的灵柩，都躺在陵墓周边的其他地方。当然，素丹塞利姆一世妻子哈夫萨皇后的陵墓，也在此地，不过因管理不善，现在已经成了遗迹。此外，在塞利姆一世的陵墓建筑群内，还有素丹阿布米西德的陵墓，他在世的时候，修建了著名的道马哈斯宫殿。顺着陵墓的这条路再向下走一点，就是塞利姆一世的女儿沙哈公主的陵墓，她是首相路特飞帕夏的妻子。伟大的苏莱曼大帝则埋在位于其清真寺壁龛前的陵墓中，也在塞利姆一世这座陵墓建筑群内。

帝国首都伊斯坦布尔还修建了一个庞大的城市供水建筑系统，在这个系统中最具有代表性的是引水渠道。从建筑艺术的角度来看，引水渠道这种建筑设计，不仅满足了整个伊斯坦布尔用水的需求，而且也为这个城市的整体建筑布局创造了一些独特之处。

长久以来，伊斯坦布尔整个城市的供水系统一直到1926年，都是由一个叫作"水之旅"的组织机构进行管理指挥。后来，由伊斯坦布尔市政府接手管理并革新。为了节约用水，市政府关闭了一些城市供水系统，结果，城市中的绝大部分喷泉就不再喷水了，它们只能作为过去的历史纪念物而存在，并供人们参观访问。其中的绝大部分，是苏莱曼大帝统治时期的遗留物，它们的结构具有良好的平衡性和协调性，反映了奥斯曼帝国建筑艺术的风格特征。

第八章 传奇的三朝世界古都——伊斯坦布尔

在伊斯坦布尔还有一些十分有趣的建筑艺术，那就是遍布整个城市角落的喷泉。这些喷泉是一种建于法国菲利普时代的巴洛克式建筑。在奥斯曼帝国的强盛时期，为了体现帝国的繁荣昌盛，给予了城市中喷泉极其重要的地位，所以在18～19世纪，帝国在伊斯坦布尔的大街小巷修建了许多休闲观赏喷泉和具有宗教性质的慈善喷泉，这些喷泉基本上是以其功能和位置而命名的。例如，在帝国军队行军途中停留休息的地方修建的喷泉，称之为分离或者祈祷；那些为帝国素丹的侍卫们中途停留的地方所修建的喷泉，叫作恩赐。此外，还有许多喷泉是以其所建的位置而命名的。例如，分布在伊斯坦布尔城市中央或城边的喷泉，有的叫做"墙"。一般叫做墙的喷泉，大部分是修建在建筑物的外表面上。当然有的喷泉根据它所处的位置叫做"角落"，有的叫做"广场"。因在伊斯坦布尔城市中具有太多的喷泉，所以在这儿不可能讲述所有的喷泉，而主要简单介绍几种具有代表性的华丽开放式喷泉的情况。

在这里首先介绍的是广场喷泉，这类喷泉被认为是在丰富多彩的伊斯坦布尔城市喷泉形态中最好的建筑艺术范例。在托普卡帕宫殿帝国大门前的喷泉，是在1728年由素丹阿哈米德三世下令让帝国著名的建筑大师艾米阿格修建的，它是纪念性广场喷泉中的最佳代表作品，也是法国巴洛克建筑艺术风格的代表性作品之一，广场的每一边都有一个穹隆式喷泉，每一个角上都有个慈善喷泉，它的每一个表面上都用磁砖和雕刻装饰，其顶部有一行行出自于当时帝国著名的诗人塞伊德凡宾的诗句。

另外一个著名的托普安那喷泉，位于西哈阿帕夏清真寺旁边，这个喷泉也是一个被装扮得非常美丽的广场喷泉，是由素丹马哈姆德一世命令帝国著名的建筑大师米哈米德阿格于1732年修建的。这个广场喷泉的顶部，覆盖着一个单圆顶，顶端还有伸出来的宽屋檐，上面有用大理石装饰的鲜花、柏树和水果图案。

1732年，由帝国首相格鲁阿利帕夏下令修建的，位于卡巴塔斯广场的喷泉，是法国巴洛克建筑艺术风格的绝佳代表，这个反映巴洛克建筑艺术风格的喷泉叫"玻瑞特赞德"，意思是码头。在这儿，人们在广场的中间，能够见到一对不断溢水的慈善喷泉，在其两侧还有两个小喷泉，这些小喷泉的上面没有任何装饰物。土耳其共和国时期，这个喷泉被移到了它位于卡拉塔高塔旁边的新址，遮檐下面泉水涌动，让来到此处的人们润喉解渴。该泉水亭的精心装饰充分体现了帝国后期的建筑风

格，不愧为其优秀代表作品。

在帝国首都伊斯坦布尔著名的乌斯库达广场喷泉的上面，覆盖有四个角的圆顶，上面还有精雕细刻的伸出式屋檐。虽然其建筑与素丹哈米特下令修建的那个广场喷泉极为相似，但却没有任何慈善喷泉作为陪衬物，但是整个广场喷泉的修建还是非常完美的，喷泉修建在一个与众不同的大广场上，特别是在它的大理石表面上，雕刻着出自当时帝国许多十分受欢迎的著名诗人的诗句，还可以看到经验主义风格的建筑浮雕，上面覆盖着一个像塔尖一样的圆锥形岩石屋顶，其墙面没有任何装饰。

1795年，由帝国素丹米哈瑞萨哈下令在伊斯坦布尔艾尤普广场修建的喷泉，是一般喷泉和慈善喷泉相结合的建筑设计产物，其表面是以当时最普通的方法来装修的。而位于伊斯坦布尔的贝科兹广场喷泉，则以其与众不同的建筑设计特别引人注目。这个喷泉是由帝国建筑大师贝哈布如兹修建的，此人原是伟大的素丹苏莱曼大帝密室的守卫者，后自学成才成为一位著名的建筑大师。这座广场喷泉此后于1746年，又由伊斯坦布尔的海关总监伊斯哈科重新修建。因此，它也可以叫伊斯哈科喷泉。伊斯哈科喷泉的水主要是从拱形和圆顶形的10个龙头中流出。该喷泉是以19世纪早期出现的前古典建筑艺术风格修建的。

位于素丹阿哈米特广场的喷泉，虽不是伊斯坦布尔城市中的重要纪念物，但它却是一个最具吸引力的广场喷泉之一。这个喷泉是由德国皇帝威廉姆二世以奥斯曼素丹阿布杜尔·哈米德二世的名义，由德国建筑师斯皮塔于1899年修建的。修建这个广场喷泉的主要目的，是为了庆祝他登基25年。它于1901年在原址上又重新修整安装了一次，使它更加美丽壮观。喷泉铜板制的圆顶是由绿色斑岩的柱子支撑的，这些柱子还有一个八边形的大理石基座，其内部用镶金工艺以及德国威廉姆二世和素丹阿布杜尔·哈米德二世的名字字母组合雕刻来装饰的。

历史上，在伊斯坦布尔城中还有许多著名的浴池，但如今，人们再也无法看到罗马帝国时期和拜占庭帝国时期的浴池了。据有关历史资料的记载，罗马帝国时期，君士坦丁堡修建了许多非常华丽的浴池。例如，拜占庭帝国许多著名的史学家提到的阿卡流斯和塞尤西普斯浴池。据说这些浴池是427年由拜占庭帝国凡利斯皇帝的女儿完成修建的，所以浴池多位于大的官邸附近。此外，人们还可以从建于拜占庭帝国时期和奥斯曼帝国时期的浴池上，看到罗马帝国时期的建筑艺术遗风。奥斯曼

第八章 传奇的三朝世界古都——伊斯坦布尔

人征服君士坦丁堡之后，主要以罗马帝国的传统形式，在他们的新都伊斯坦布尔修建了大量浴池。特别是在宏大的建筑物中修建浴室楼时，就有了独立经营的浴池，甚至连喷泉的附属建筑旁也建了浴池，修建者从这些浴池中获取了新的经济收入来源。

遗憾的是，如今在伊斯坦布尔全城仅有大约150个浴池还在经营。例如，1466年由帝国首相马哈姆德帕夏修建的斯夫特浴池如今只有男部在使用。1558年，哈瑞姆素丹命令帝国著名的建筑大师西纳在哈吉亚索夫亚南边修建的浴池，当时有男女两部。如今，经过整修重建后，这里现在是由土耳其文化部经营的一个地毯商店。位于伊斯坦布尔塞姆玻利塔斯的纽巴纽浴池，是1580年由穆拉德二世的母亲、帝国皇后纽巴纽修建的。起初这个浴池共有男女两部，如今仅有男部开放营业，而女部早已经改建成为了一个商店。1741年，素丹马哈姆德二世下命修建的卡哥勒哥鲁浴池，主要作为帝国王室的一项重要经济收入来源。如今，它仍然发挥着这个经济功能，成为伊斯坦布尔城市财政的主要来源。

伊斯坦布尔的手工艺品，在世界上也同样享有盛誉，在许多领域中使得伊斯坦布尔居民颇有一种可以引为骄傲自豪的成就感。例如制图学、书法、织锦、木刻、石刻、皮羊制品、饰有几何图案或花卉蔬菜图案的彩色瓷砖等，在那一历史时期，都久负盛名，誉满世界。特别是在帝国素丹苏来曼大帝统治时期，仅伊斯坦布尔砖瓦厂生产的彩砖饰瓦，光单带郁金香图案的就有将近300多个不同的品种。甚至被正统伊斯兰教视为近乎亵渎神灵的雕虫小技的表现艺术，也在伊斯坦布尔民间范围内蓬勃兴起，出现了许多令人赏心悦目的袖珍画。其中有几幅描绘苏来曼大帝当年率军远征波斯时，路经的边区一带城镇风貌的彩色袖珍画，不失为表现艺术中的世界珍品。

作为帝国首都，伊斯坦布尔的社会文化，之所以绚丽多彩，硕果累累，一方面是与其国力强盛，经济繁荣，社会稳定的历史背景有关，另一方面也是与历代统治者对发展社会文化的重视和奖励密不可分的。当奥斯曼帝国迅速崛起以后，特别是随着对拜占庭帝国首都君士坦丁堡征服顺利完成后，帝国政府为了巩固政权，满足社会生活的需要，十分重视首都伊斯坦布尔社会文化的发展。尤其是在苏来曼大帝统治时期，帝国政府礼贤下士，搜罗人才，不分种族和宗教信仰，对广大知识分子量才录用，使他们每个人都能够充分发挥自己的才能，自由地在学术领域

里进行探讨研究，并且享受丰厚的俸禄，过着一种安逸的生活。正是由于帝国政府礼贤下士，开宗明义的政策，使它很快就把世界各类人才都吸引到了伊斯坦布尔，使得那里云集各方专家学者，其万般风华，令人叹为观止，从而使得奥斯曼帝国社会文化的发展和繁荣达到了极盛。

二、独具特色的城市改革

在历史上的近代，伊斯坦布尔作为帝国首都和政治中心，伴随着帝国急剧的社会变化，进入到了一个动荡不定的复杂时期，先后经历了早期社会改革和晚期社会改革。在帝国早期社会改革中，作为伊斯坦布尔成为了解和学习西方，推动帝国社会改革的政治中心。在当时的帝国社会改革内容中，除了军队近代化之外，其中很重要的一项非军事性重大改革成果，就是学习西方的印刷术。例如，帝国政府在首都伊斯坦布尔创办了使用突厥文的印刷所，大量出版突厥文的各种书籍，在政治思潮方面，极大地推动了帝国社会的全面变革。人所共知，早在8世纪中叶，穆斯林就将中国的造纸术欣然接受，并通过丝绸之路将其传入西方，促进了伊斯兰文化和西方基督教文化的发展，但对于同人类文明进步紧密相关的印刷术却嗤之以鼻，一直拒之门外。他们认为印刷伊斯兰教书籍有损于其神圣性。因而长期以来，尽管没有任何可信的宗教铭文作为依据，但禁止印刷术的使用仍然成为了穆斯林国家的一个传统。

18世纪初，西方国家的印刷业已经相当发达，而奥斯曼帝国的一切文件和书籍还要全靠人工来抄写，其速度之慢，效率之低，是显而易见的，这与时代发展与社会变革的要求极不相衬。为了改变这一落后状况，帝国中央政府决定采用广泛流行于西方的印刷术。1727年7月，素丹下令在帝国首都伊斯坦布尔创办了第一家使用突厥文的印刷所，出版突厥文的各种书籍。虽然此时印刷术的采用在帝国是有条件的，但它标志着帝国通过改革在社会文明方面取得了巨大的进步。尤其是印刷术在帝国首都伊斯坦布尔一经采用，对促进帝国的社会改革显示出了极大的

优越性和顽强的生命力，对促进帝国传统价值观念的转变产生了巨大的影响。例如，居住在首都伊斯坦布尔，这一时期帝国最重要的社会改革家、思想启蒙家之一米特费里卡经伊斯兰教教长的裁决，获准出版非宗教性质的书籍。他一生共出版了317部图书，主要是研究科学和军事方面的有关著作。在他的著作中，他特别强调帝国必须要全面了解西方，学习西方，从而获取更为有效的军事技术。在许多文章中，他还特别详细地介绍了俄罗斯彼得大帝如何在西方专家们的帮助下，建立起俄国强大的近代化海军的事例。

总之，这一时期，在向西方学习与交流的社会改革过程中，西方对于帝国首都伊斯坦布尔的文化和社会生活有着一些潜移默化的影响。例如，生活在帝国首都伊斯坦布尔的上流社会人士，非常热衷于种植荷兰的郁金香，热衷于请西方一些享有盛名的画家们替他们画肖像，尤其对法国生活方式和风格的表层事物十分感兴趣。帝国的那些达官贵人们到处修建法国风格的公园，家家使用法国样式的家具，模仿法国的室内装饰等，一时成为帝国首都伊斯坦布尔的一种时尚。连素丹本人也在他的宫廷门外盖了一座一望就可知是法国卢浮宫式的喷水池。

为了了解西方和学习西方，这一时期帝国首都的许多重要官员被作为使臣派往巴黎，受命对法国的技术进行考察，看看有什么宝贵的东西可供奥斯曼人借鉴之用。他们回国后，都用近乎赞许好奇而惊讶的口吻，汇报了法国的科学研究、工业生产，甚至歌剧院里的情况。

1720年，一位皈依了伊斯兰教之后改名为哲切克的法国人，在帝国大维齐易卜拉欣的支持下，在帝国首都伊斯坦布尔组建了一个消防队。这是此后19世纪和20世纪帝国首都伊斯坦布尔，进行的一系列城市服务公共设施改革中的先例。尤其是这一时期，在社会改革的推动下，帝国首都伊斯坦布尔还相继建立起了许多新的军事学校。这些军事学校拥有的教学设备和使用的教材都来自欧洲，明亮整洁的图书馆内部收藏有欧洲书籍，其中有些书籍是突厥文译本。这些军事学校共有400余名学生，他们大部分都是帝国军队和社会上层人物的子弟。在以后的年代里，这些军事学校都得到了扩充和发展，它给在帝国晚期社会改革中、由素丹塞利姆三世及继承人所开办的其他各类学校树立了光辉榜样。

在帝国晚期的社会改革中，伊斯坦布尔作为帝国社会改革的政治中心，先后经历了年轻有为的素丹塞利姆三世所倡导的社会改革；经历了

· 311 ·

帝国改革家素丹马赫默德二世所亲自领导的社会改革；经历了帝国历史上著名的坦齐马特时代；经历了奥斯曼青年党人的革命时期，特别是经历了青年土耳其党人与帝国宪政时期，使得伊斯坦布尔逐渐完成了城市现代化的发展过程。首先，伊斯坦布尔的高等教育有了极大的发展，无论是高等学院或是高等学院的学生，在数量上都有了很大的增加。例如，在1857年成立作为帝国文官训练中心的米尔基耶学院，在1877年经过改组和扩充，特别是在经过修改的课程中增加了现代的科目。此外该学院毕业的人数，也由1861年第一届的33人，增加到了1885年的395人。这座在伊斯坦布尔作为帝国新成立的现代高等教育单位中的第一所纯文科学校，甚至在素丹阿布杜尔·哈米德统治后期的高压专制下，也始终保持着作为知识界一个重要学术活动中心的地位，同时也是培养帝国新政治思潮的一座温床。在这所学校的教师中，有像后来成为青年土耳其党人主要领导人之一的穆拉德，有著名的诗人兼文艺评论家埃克雷姆，有帝国伟大的历史学家谢雷夫等人。所有这些人，都才华卓越，并对当时帝国社会的发展具有十分重大的影响。像米尔基耶学院一样，伊斯坦布尔的哈尔比耶陆军大学也到了扩充。另外，在伊斯坦布尔的帝国军医学院和普通医学院，以及少数其他学校此时也得到了很大的发展。除此之外，在素丹阿布杜尔·哈米德统治时期，伊斯坦布尔还另外新建立了不下18所高等及专科学校。在建立学校方面，素丹阿布杜尔·哈米德雄心最大的，就是在伊斯坦布尔创办了奥斯曼帝国大学。这项计划实际上早在1845年就有人提出，但由于经费短缺以及筹办人员工作不认真，以致计划半途而废。最后在素丹阿布杜尔·哈米德的大力支持下，经过长期的筹备，于1900年8月正式成立，后被称之为伊斯坦布尔大学。在伊斯坦布尔所进行的这一系列教育改革的根本意义，在于它慢慢地和好不容易地造就出了一大批有文化、有理想和雄心勃勃的新型知识分子，他们具有更加清晰的新现实感和历史责任感，成为奥斯曼帝国未来社会的改造与发展的强大动力。

除了发展高等教育外，这一时期帝国政府在伊斯坦布尔修建了四通发达的电报网和邮政局，使得人们之间的相互联系和交往更加容易，极大的方便了城市居民的生活，促进了伊斯坦布尔社会经济的发展。特别在青年土耳其党人领导的社会改革中，为了改变伊斯坦布尔这座古老的都城，使它成为一座现代化的大都市，青年土耳其党人在伊斯坦布尔做

出了一系列重要而长远性的变革。青年土耳其党人通过在帝国京城建立一个更加有效的新市政组织，选出城市议员，委派城市市长，从而不余遗力地推行了多项公用事业计划。例如，大规模修建城市道路、广场和街心花园；修建无轨电车，解决城市公共交通问题；修建自来水公司和地下排污管道，使得伊斯坦布尔的城市环境到了极大的改善，逐步使帝国首都伊斯坦布尔这个古老的城市演变成为了一个现代意义上的商业大都市。

青年土耳其党人所领导的社会改革，虽然没有能够给奥斯曼帝国带来一个民主的立宪政府，但是他们却使帝国京城伊斯坦布尔有了现代的自来水和下水道，有了宽阔整洁的马路街道，有了现代化的交通工具，有了美丽的广场和花园，有了维护城市治安的现代警察和消防队，从而使得伊斯坦布尔这座古老城市的交通和公用事业的面貌焕然一新。尤其是几个世纪以来，一直在帝国京城街头游荡的有名的伊斯坦布尔狗群，经市政会议决定，予以一网打尽，运往一个无水的孤岛，令其自生自灭。从此在帝国京城伊斯坦布尔的街头，便换成了一班接一班的垃圾工人和清道夫。

1918年初，随着第一次世界大战的即将结束，奥斯曼帝国这个摇摇欲坠的多民族、多语言、多宗教的庞大帝国，因军事失利、经济崩溃和政治腐败无能，看来终于变得奄奄一息了。

此后，由土耳其共和国之父凯末尔，领导一场在奥斯曼帝国历史上波澜壮阔的民族解放运动，把奥斯曼帝国从西方列强瓜分的命运中拯救了出来，并且通过在奥斯曼帝国境内实行一系列以政教分离为宗旨的世俗化社会改革，不但把一个多民族军事联合体的帝国，演变成为了一个民族性的现代国家，把一个具有伊斯兰性质的君主神权国家，演变成为了一个立宪民主共和国，把一种官僚封建主义，演变成为了一种现代资本主义，而且还把新成立的土耳其共和国首都定在安卡拉，彻底剥夺了千年来伊斯坦布尔作为国家政治中心的位置，从此以后，使它逐渐演变成为了世界上一座纯粹的经济、文化的商业国际大都市。

三、难以忘怀的人文魅力

作为三朝古都的伊斯坦布尔，不仅是一个让人产生思古之情的城市，更是一座充满魅力的国际性旅游大都市。它那一流的气候环境，独特罕见的自然美景，风格奇异的名胜古迹，如同土耳其美丽的地毯一样让人赏心悦目，使得世界各地的游客纷至沓来，无不为其美不胜收的自然景观惊叹不已、流连忘返，更会为其灿烂的文化和悠久的历史而感慨万分。特别是其不断完善的宾馆饭店与旅游基础设施，以及热情好客的优良传统与竞争力强的商业价格，使得伊斯坦布尔成为世界上最受欢迎的旅游圣地之一。

1999年，伊斯坦布尔和纽约、巴黎、伦敦、罗马等城市被美国《国家地理》杂志评为世界十大历史文化名城，认为伊斯坦布尔这座最瑰丽的城市是"人们一生中必须要去看一次的地方"，是世界有名的旅游购物"天堂"。可以这样说，遍布于伊斯坦布尔大街小巷的每一座宫殿，每一个清真寺，每一尊雕像，每一组壁画，每一件器物，都潜藏着一段坎坷而神秘的历史，展现出古代人们的生产状况和生活习俗，不仅使到此参观旅游的人们可以获得丰富的人文知识和无穷的趣味，而且许多东西能教人禅悟，启人理性，发人深思，使得每一个游客获益匪浅，流连忘返。因

在海边休闲的土耳其人

第八章 传奇的三朝世界古都——伊斯坦布尔

此,来自于世界各地的游客们到伊斯坦布尔观光旅游,了解伊斯坦布尔的历史、文化和艺术,已经成为土耳其整个旅游事业一个极为重要的组成部分,日益受到

在街头休闲购物的土耳其人

游客和旅游管理部门的高度重视。2002年6月中土两国政府正式签订双边协议,宣布两国完全开放旅游市场,互为旅游目的地,为到两国参观旅游的双方公民提供签证方便,从而为未来中土两个国家旅游事业的迅速发展创造了有利条件。

目前,伊斯坦布尔的旅馆饭店已达400多家,共有房间2万多个,其中1万个左右的房间属于星级豪华宾馆,具有较高的管理水平。因为伊斯坦布尔的旅游费用在欧洲与中东地区相对较低,所以每年到伊斯坦布尔旅游的人员已经超过了200多万。特别是每年的夏季,伊斯坦布尔各大旅馆饭店的出租率都高达90%以上,整个城市往往有人满为患的现象。每年到伊斯坦布尔旅游的人员中,以美国人、德国人、意大利人、法国人、英国人、西班牙人和希腊人居多,除此之外,就是大批来自于中东地区穆斯林国家的游客。近年来随着伊斯坦布尔旅游事业的兴旺发达,旅游收入呈番倍的增长,1990年为20亿美元,1996年为40亿美元,2003年为50亿美元,2013年突破200亿美元大关。

对于来自世界各地的游客来说,造访伊斯坦布尔,如果不来一次传统而难忘的博斯普鲁斯海峡短途航行,便不能算做了一次完整的伊斯坦布尔之旅。博斯普鲁斯海峡是一个将亚洲与欧洲分割的弯曲海峡,有着融合了传统与现代的迷人海岸,既华美又简约。现代的酒店与海岸边的传统小木屋相邻,华丽的宫殿与古朴的石头城堡毗邻,优雅的大建筑群与小渔村相互映衬,给人一种如同进入了仙境的感觉。参观游览博斯普鲁斯海峡最传统的方式,就是搭乘那些沿着海岸线有规律地绕来绕去、招揽乘客的载人小游船。

在游艇上尽情享受美景的游人

对于游客来说，往返参观游览博斯普鲁斯海峡是一件非常惬意的事情，不仅可以欣赏到海峡两岸的自然美景，而且还可以跳入到没有受到过污染的碧蓝海水里畅游。如果游客们愿意在船上过夜，还可以体验在甲板上睡上一觉、凝望满天星月的独特感觉。游览的船上通常都配有能够烹饪土耳其菜的厨师，因此，游客们可以品尝到现捕现做的美味鲜鱼。在伊斯坦布尔参观游览博斯普鲁斯海峡，如果游客希望做一次私人的单独航行，那么可以联系当地专业提供乘坐豪华游轮进行观光的代理商，他们可以提供白天或夜间的航行，服务比较热情周到。但是如果乘坐豪华游轮，那么价格就比较昂贵，每人需要花费200美金，时间大约是12个小时。如果是乘坐小游船做一次短途航行，那么价格就比较便宜合理，每人需要花费50美金，时间大约是6个小时左右。沿途可以观赏到宏伟的朵马巴赫斯宫以及绿色盎然的国家公园和富丽堂皇的耶尔德兹宫。

海岸的尽头，是著名的彻尔干宫，该宫殿伫立在美丽的国家森林公园中。这个宫殿是奥斯曼帝国素丹阿布杜拉于1874年重新修建，如今又被改建为一家豪华大气的五星级酒店。它那华美的大理石正面楼群，沿着博斯普鲁斯海峡的海滩，绵延大约300米，映照着起伏不停的波涛，分外迷人妖娆。游客一般是在伊旻奴奴码头上船，当参观游览博斯普鲁斯海峡完毕之后，可以选择在博斯普鲁斯海峡的亚洲一边或者欧洲的一边停下上岸。

游客参观游览完博斯普鲁斯海峡后，

在街头叫卖的土耳其小吃

第八章　传奇的三朝世界古都——伊斯坦布尔

下一站参观游览的地方是沃塔克古老的街区，每周日伊斯坦布尔的艺术家们都会汇集在那儿的一个街边画廊，展示他们的作品。除了极具有收藏价值的艺术品外，穿着具有不同色彩服饰的人群，也构成了一幅生动的都市生活画面。当游人感觉到饿了的时候，他们可以在街头小贩那里品尝到当地的各种风味小吃。参观游览伊斯坦布尔著名的沃塔克街区的时候，人们发现那里的基督教教堂、伊斯兰清真寺和犹太教教堂已经共同存在了数百年，这便是对伊斯坦布尔这座具有广博深厚的文化容纳力的最佳赞颂。

在伊斯坦布尔亚洲部分的海岸，是一个古老安祥的小渔村。如今这里是伊斯坦布尔富人们最钟情的居住地。居住在那里的人们，经常汇集在海岸边的餐馆和咖啡馆里，为的是品尝有名的酸乳酪，喝着香味扑鼻的浓浓咖啡，享受着人世间的快乐。紧邻堪里卡和可布可奴是北可兹可如苏丛林，那里也是一个流行时尚的休闲去处。每到周末，人们便驱车前往，绿地草丛边，尽是烧烤野炊的人群，而到了晚上，餐馆、酒吧、咖啡馆则座无虚席，游客们能尽情地享到美食、美景和清新的空气，真所谓夜深人不静，极尽享受之能事。当游客们回到伊斯坦布尔欧洲部分的塔拉布亚海湾之后，各种各样的小游船在停泊处随着大海的波涛上下起伏，仿佛在翩翩起舞，使人遐想联翩。

伊斯坦布尔不仅是一个商业城市，而且还是一个国际文化艺术中心。每年的六七月份，伊斯坦布尔都会举办具有世界影响力的国际文化艺术节，届时来自世界各地的著名艺术家们都会前来参加表演。艺术家们的表演，大多都集中在伊斯坦布尔著名的阿塔图克艺术文化中心进行，这是一座以土耳其共和国之父凯末尔的姓命名的艺术文化中心，在伊斯坦布尔的民众中享有盛名。

伊斯坦布尔的科学中心，是一座摩天大楼，由伊斯坦布尔科学中心基金会建立，坐落在伊斯坦布技术大学的校园内。科学中心每天举行学术

伊斯坦布尔的古建筑物

讲座，开办各种培训，为各种不同教育水平的成年人和未成年人提供理论学习和实践操作的机会。在伊斯坦布尔，每年的三四月份，游客们还可以来这里参加国际电影节，可以观赏到来自世界各国的参赛电影。此外，喜爱古典音乐的游客们，可以前往伊斯坦布尔的色牟热思雷音乐厅欣赏到不同历史时期的古典音乐，使自己的情操得到升华。总之，伊斯坦布尔形形色色的歌剧、滑稽戏、芭蕾、电影、音乐会、展览和会议，都为城市的文化调色版增添了丰富的亮色，成为了伊斯坦布尔这座现代大都市的旅游品牌，吸引了无数游客，使他们折服于灿烂的文化和悠久的历史。

作为一座享誉全球的现代大都市，伊斯坦布尔也具有极其丰富的夜生活娱乐项目。夜总会不仅提供丰盛的娱乐大餐，还有优美的土耳其经典歌曲和奔放的肚皮舞，特别是各种现代的迪斯科舞厅、各种助兴演出的餐馆和爵士乐俱乐部也遍布于伊斯坦布尔的大街小巷，为游客们提供了丰富的精神大餐。在伊斯坦布尔的大街小巷，还有许多设在重新装修过的拜占庭帝国和奥斯曼帝国建筑物中的各式餐馆，为来自世界各地的游客们提供独特的夜间用餐服务。在伊斯坦布尔著名的昆卡皮商业区，还有许多客栈、酒吧和海鲜餐馆，那里也是一个对第一次到伊斯坦布尔来旅游的人们极具吸引力的街区。多年以来，许多游客就一直相约在此聚会，为的就是品尝其独特的小吃和海鲜。此外，对于游客们来说，附近还有一条狭窄的街道，那里是到伊斯坦布尔品尝其独特的小吃和喝葡萄酒的最好地方。在博斯普鲁斯海峡附近的偶塔克伊街区，对游客来说，是最好的夜生活去处。那儿除了具有许多夜总会、爵士乐俱乐部、赌场与妓院之外，还有供游客们休息用餐的

世界闻名的伊斯坦布尔大剧院

第八章　传奇的三朝世界古都——伊斯坦布尔

酒吧和海鲜餐馆，被人们称之为伊斯坦布尔的红灯区。

在伊斯坦布尔的伊敏奴奴码头，游客们一定不要错过机会，去观赏身着传统奥斯曼帝国时期服装的渔民，还有他们所使用的奥斯曼帝国式的小游船。来自于世界各地的游客们，可以乘坐这些独特样式的小游船，去品尝渔民们亲手烹制的美味煎鱼。当游客们参观浏览完之后，在乘车离开伊

伊斯坦布尔美丽的夜景

斯坦布尔的时候，必须经过哈拉米德大道前往阿塔图克国际机场，在阿塔图克国际机场附近的北里克度兹街区，有一个规模非常宏大的森林公园，叫塔梯亚日也特，那里的自然风光和人文景观也很值得游客们利用登机前的休闲时光前去参观浏览。

在伊斯坦布尔这座古老的都城里，还有许多纪念碑值得人们游览，因为它们太具有历史价值了。拜占庭帝国时期的战车竞技广场，现在被称之为素丹阿哈迈德广场的中央，耸立着三个非常著名的纪念碑，它们是奥拜里斯克方尖碑、青铜制的蛇柱和君士坦丁方尖碑。

伊斯坦布尔的周围还有许多自然人文景观，避暑胜地值得到此一游，其中最负盛名的就是王子岛，它位于伊斯坦布尔南面不远处马尔马拉海的水面上，由大小不一的九座小岛组成。历史上，这些小岛是拜占庭帝国与奥斯曼帝国王子们的放逐地，因此人们把它们称之为王子岛。王子岛人烟稀少，环境幽雅，气候宜人，适合避暑消夏，交通也很方便，从欧洲大陆或者亚洲大陆的海滩乘水翼船不到半小时即可到达，乘轮船前往也只需要一小时左右。每当夏令时节，这里是人们避暑的胜地。

早在公元6世纪时，拜占庭帝国的皇帝查士丁二世就曾经在岛上建造了一座夏宫，但1000多年来，这里一直是一片禁区。王子岛作为人们喜爱的避暑胜地，是在19世纪人们陆续在岛上建起了一座座独具匠心的奥斯曼式消夏凉亭以后的事情。在此以前，由于岛上建有许多寺院和修

伊斯坦布尔城内的拜占庭帝国时期的建筑物

道院，因而王子岛长期以来被称作僧侣岛。但是这些寺院和修道院却被历代的统治者用来作为流放和囚禁那些被废黜的王公贵族和制造麻烦的教士的政治牢笼。土耳其一位著名的历史学家曾经写道："没有任何地方曾经目击过这么多王子和公主被烧红的铁棒烫得双目失明，曾经目击过这么多的帝国权贵被放逐到该地，并死于这些寺庙里狭小的黑暗牢狱之中。"的确，在历史上曾经有过许多这样的往事。

往事之一，发生于公元797年。当时，在拜占庭帝国首都君士坦丁堡的皇宫里，狠毒的艾琳皇后废黜了自己的亲生儿子自立为女皇。她惨无人道地将其截了肢。备受摧残的儿子死去后，她又把自己的孙女九夫拉希妮公主流放到王子岛上一座新建的修道院里，即著名的艾琳修道院。虽然艾琳女皇本人不久后也被废黜和流放，后来死于希腊的莱斯沃斯岛，但是可怜的九夫拉希妮公主却在这座修道院里度过了30多年的漫长岁月。然而，美貌的公主却风韵犹存。有一天，执政的迈克尔大帝突然决定废黜和放逐自己的妻子，要娶九夫拉希妮公主为妻。这个异想天开的想法虽然达到了目的，但婚后仅几个月，他却溘然与世长辞。他的儿子继位后，很快就恢复了被他父亲放逐的母后的地位，而九夫拉希妮公主却被重新放逐到王子岛，并老死在那座修道院里。现在，这座修道院已经不复存在，散落在岛上的一些石块，则是人们依稀可以寻到的一些遗迹。

往事之二，发生于1929年。当时苏联的国家领导人托洛斯基被放逐到土耳其之后，曾经住在王子岛上一所阴暗的房子里。托洛斯基在这里度过了将近五年的时光，写完了他的著作《俄国革命史》一书。他还曾经一度离开过这里，前往伊斯坦布尔观看过美国著名电影明星卓别林主

演的《都市名流》影片。现在，这所房子仍然存在，但院子里却修建了一些新的度假小屋，而托洛斯基曾经住过的那所房子，也被改装成了公寓。

如今，每到夏日，伊斯坦布尔的富人们和游客就来到王子岛上，居住在那些建造于19世纪的别墅中，躲避酷暑，享受清凉的海风。在王子岛的九个岛屿当中，最大的岛屿是布吕克岛，该岛是人们去王子岛避暑的主要去处。一登上该岛，人们就会深深感到已置身于典型的奥斯曼式的避暑胜地之中。这里有人向你兜售一种特有的大骰子。吉卜赛人一面拨弄手中的琴弦，一面在周围的人群中挨个传递吉卜赛人的宽边帽子。一群群商贩拿着土耳其挂毯和颜悦色地向人们兜售，他们一面点燃从挂毯上扯下的缕缕丝绒，证明挂毯是纯羊毛制品，一面向人们解释挂毯上五颜六色的含义。他们说，挂毯上红色意味着富有，绿色表示天空，蓝色象征高贵，棕色寓意友情，黄色表示已把魔鬼拒之门外，把那些害人精统统留在岛外的海湾里，等等。在滨海区，一排排海鲜餐馆林立。一个个售卖土耳其风味的"烤巴巴"（一种烤肉饼）摊档围绕在钟楼周围。

据岛上一位80多岁的老人讲，岛上中心的广场过去是一片坟地，他还记得，背负羊皮水袋的卖水人，曾经在附近地区挨家挨户地卖水，乞丐们则在那里挨家挨户地求乞，冬天有许多运煤船来到这里。30多年前，这里有许多希腊居民，还有一座由希腊人经营的赌场。现在这些都已经成了过眼烟云，留下的只是一大群马车夫套好他们的马车，聚集在广场上兜揽生意。这里平时很少有游客光顾，上百匹马聚集在一起，在烈日下虽然散发出刺鼻的马粪臭味，但对于许多游人来说，却能够感受到一种田园风味。岛上交通的高峰期是周末和人们从伊斯坦布尔归来的时候。这时，岛上的交通顿时繁忙了起来，清脆的马蹄声与悦耳的铃铛声响个不停。在阴凉的十字路口，人们还可以看到一些马车并排而停，悠闲的乘客在愉快地谈天说地。在岛上游人们可以乘坐华丽的马车，穿行在松林之间，也可以在环岛的无数山洞里，随意歇息休闲，此情此景真是充满了诗情画意。

此外，爱爬山的游人在这里还可以享受到另外一种乐趣。岛上有一条10英里左右的盘山道，只有南面的山道较陡。人们离开市区边沿的街道步入一条通向岛上林木地区的渣土小路后，在几个小时内就可以徒

步环游全岛。林地中生长最多的是松树和矮小的地中海橡树,在这些树下,则是岩玫瑰、爱神木和桧树等矮树丛。此外,还有松脂树及其同科的乳香树。这些林木散发的馨香沁人心脾,很容易使人联想起法国科西嘉岛上春天里的那种诱人的芳香环境。特别是当独自一人在此漫步的时候,你可以尽情地呼吸芳香的新鲜空气,还可以随心所欲地用口哨吹一曲不太高明的曲调而不必怕人笑话。该岛的中央是海拔600多英尺高的约斯特皮峰,它是整个王子岛的最高处。峰顶上坐落着一座叫作圣乔治贝尔斯的希腊神庙。

美味的土耳其烤鱼

除了风光如画的王子岛之外,在伊斯坦布尔的周围还有许多可供人们参观浏览的旅游胜地。例如,波克尼咨克伊海滩就是一处世界各地游客都愿来此一游的地方。波克尼咨克伊海滩距伊斯坦布尔25公里,位于伊斯坦布尔欧洲部分的黑海海岸地方,此海滩又长又辽阔,特别是它那银白色的沙子与碧蓝色的海水,以及完善的航海运动设备,每年夏天都会吸引无数伊斯坦布尔的居民到此避暑游玩。

与波克尼咨克伊海滩相邻的格拉德森林,位于伊斯坦布尔欧洲部分的黑海内陆,是环绕伊斯坦布尔的最大自然森林公园,那里环境优美,芳草如茵,青翠玉滴,气候温和,加上周围有7个年代久远的水库和许多山泉,使得空气分外清新。因此,每逢周末,人们都会驱车合家出游,在格拉德自然森林公园茂盛的树阴下举行家庭野餐或烧烤,领略大自然的美景。

此地除了可以品尝到各种物美价廉的海鲜之外,那种在当地非常流行、被称作塞里贝兹的凉爽棉制服饰也很受游客们的欢迎,此物虽然是用面制品制做而成的,但因为它可以抵御高温,所以穿起来非常凉爽,游客们必然要购买此物或送亲朋好友或留自己穿用。

博坦尼克国家公园对于游客们来说,也是一个非常独特的旅游休闲胜地,距伊斯坦布尔仅38公里。博坦尼克国家公园面积有60多万平方米,依丘陵地势修建在茂密丛林中的建筑物,布局错落有致,别有情

趣，山泉水渠环绕其中，形成一个个澄碧的水池。喷泉射出十几米高的水柱，晶莹的水珠与灯光交相辉映，增添了园内活泼欢乐的气氛。博坦尼克国家公园主要分为娱乐和商业两大区，娱乐区有容纳8000人的露天俱乐部，是全国最热闹的地方之一，分为几个大的游艺场，设立了几十个游乐点，其中有大型电动飞船、转椅和电动汽车，被各种颜色的灯光装饰着，伴随着土耳其民间音乐载着人们飞舞。

美味的土耳其烤肉

位于伊斯坦布尔东南面的伊斯克希沙，是一个迷人的渔民小镇，那里有一个很出名的游艇码头，游艇的主人们白天将船驶向马里马拉海，归航之后便将船停泊于此地。在小镇子中央，有19世纪奥斯曼帝国最杰出的画家海姆德居住过的房屋，如今已经成为博物馆。附近的景点还包括位于伊斯克希沙和格贝兹之间著名的汉尼博陵墓和一座拜占庭帝国时期的古堡。距离伊斯坦布尔65公里的一处名为希里费弗斯的地方，也很受人们的欢迎。那是一个大型度假区域，除了有各式各样的运动健身设施，包括克拉希斯乡村高尔夫俱乐部，还有很棒的潜水设施之外，最为出名的就是此地的温泉。由于土壤特殊的地质和形态特征，伊斯坦布尔附近的地区具有丰富的矿泉水源。因泉水中含有硫、碘、铁、镁等矿物质，所以能够治疗皮肤病、风湿病等病症。因此，这里吸引着大批成功的商业人士，他们既可以抛开城市里快节奏的生活来此度假，又可以同过这里的商务中心与外界保持工作联系。近年来，许多伊斯坦布尔富有的居民，都到该度假区域里购买自己的度夏别墅。从伊斯坦布尔至希里弗斯有定期的海上巴士。

由于伊斯坦布尔三面环海，所以游艇非常流行，因为这里是世界上唯一的一个可以既浏览大陆，又可以观赏海洋的地方。乘坐豪华游艇环绕伊斯坦布尔，人们一方面可以欣赏到奇妙的自然风光，一方面可以观赏到神奇的城堡、宫殿、清真寺，徜徉在罗马帝国、拜占庭帝国和奥斯曼帝国时代悠远的历史之中。从欧洲内部的北海出发，游艇可以一路驶向欧洲运河系统和海尼、旦奴博河而直达黑海港，然后抵达伊斯坦布尔的博斯普鲁海峡，这是一条安全的海上航行捷径。当你航行在伊斯坦布

尔的博斯普鲁斯海峡，穿行在一座座横跨两大洲的雄伟大桥下，或当你航行在王子群岛美丽的海湾里的时候，你都可停泊下来，欣赏这片安宁的土地。欣赏完所有的美景之后，便可以选择返回伊斯坦布尔两大码头中的任何一个。其中一个飘动着蓝色旗帜的是欧洲部分的阿塔卡伊码头，另一个是亚洲部分的卡拉米斯码头，两个码头都提供24小时的服务。每到夏季，伊斯坦布尔都举办国际近海快艇比赛。从伊斯坦布尔出发，驶过马尔马拉海，就来到卡拉卡斯市著名的大德勒斯。这里是第一次世界大战的历史景点，正是在这里，决定了奥斯曼帝国的命运。继续前行至土耳其美丽的爱琴海，最后到达土耳其地中海的金色沙滩，人们就顺利完成了一次很棒的海上航行。

伊斯坦布尔不仅是人们旅游的胜地，更是购物者的天堂。位于伊斯坦布尔老城的卡帕勒恰耳思街区，有一个颇负盛名的顶棚市场，那是游人们购物的最好地方。在其迷宫似的街巷里，有超过4000多家出售各式各样商品的店铺。历史上，伊斯坦布尔的各行各业都有自己的行业区域，如今在伊斯坦布尔的许多地方还保留着金匠街、帽子街、地毯街等行业区域，依然是伊斯坦布尔老城的商业中心。这里丰富的商品，让人目不暇接。游客们在这里可以购买到各式各样的旅游纪念品或稀有礼物，如土耳其手工船、闻名于世的土耳其地毯、手工绘制的陶器、青铜制工艺品、黄铜制工艺品、海炮石烟斗等。特别是那些工艺精细，价格不菲的黄金珠宝，在首饰盒中闪烁着迷人的光芒，令路人目眩。而那些麂皮和其他皮革制成的手工艺品，质量上乘，价格相对便宜。

在市场中心，是古老的博得斯坦街道，那儿主要出售花样繁多的各种精致古董，很值得喜爱收藏的游客们在这些堆放着的有年头的货物里搜寻一番，说不定就能发现出什么稀世珍宝。在一个香火旺盛的大清真寺旁边，紧邻着伊斯坦布尔最著名的调味品市场，市场中的柜台里摆放着肉桂、薄荷、百里香、藏红花、葛缕子等香料和调味料。人们来到这里，仿佛置身于一个神秘的东方世界，因为这里的空气中弥漫着一种汇集了数百种香料的神奇香味。位于伊斯坦布尔老城的苏坦那哈墨特街区，也是一处游客们购物的好地方。那里分布着许多建于16世纪和18世纪的艺术品市场，这些市场都是由奥斯曼帝国时期著名的建筑大师西楠设计建造的。人们可以在此现场观看手工艺人们工作的场景，并马上可以购买他们现制作出来的手工艺品。因此，这个艺术品市场，是一个兴

第八章　传奇的三朝世界古都——伊斯坦布尔

隆的购物街，使得游客们观光购物两相宜。

在伊斯坦布尔古老喧扰纷忙的街道中，还有各种各样的跳蚤市场，其中也还有许多令人称奇的商品，给游客们提供了一次淘金的商业机会，从而可以使他们购买到一些比较好的、具有使用价值和收藏价值的东西。

在伊斯坦布尔社会文化的历史发展过程中，尽管近代以来伊斯坦布尔这个千年古都深受西方文化的影响，坚持了一种接受西方社会文明的发展方略，但因为其独特的地缘和悠久的历史等因素的影响，在伊斯坦布尔传统的社会文化中具有很深的东方文化的烙印，特别是伊斯坦布尔在历史上除了深受罗马帝国文化、拜占庭帝国文化、阿拉伯文化与波斯文化的影响之外，还深受中国这个东方泱泱文明古国的影响，成为世界文明交往的典型事例。举世闻名的丝绸之路是沟通东西方历史和文化交往的大动脉，而中国的古城西安与土耳其著名的城市伊斯坦布尔正位于这条大动脉的东西两端，丝绸之路这条金光闪闪的交通大道把世界上两大民族紧密地连结了起来，使中土两国人民的友好往来历史悠久、源远流长。目前，在伊斯坦布尔的每个博物馆中所收藏的中国宝藏，是中土两国人民交往与友谊渊源流长的最好见证。特别是托普卡帕皇宫博物馆目前收藏有一万多件中国青瓷、青花瓷、彩瓷和镶宝石瓷器，年代涵盖了元（1279～1368年）、明（1368～1644年）、清（1644～1911年）三朝。这批中国瓷器藏品，几乎全是来自中国南方以出产外销瓷器闻名的窑场。这类产品不仅数量多，造型和纹饰之丰富也令人叹为观止，堪称举世无双。

珍藏在土耳其国家博物馆内的精美文物

六百多年来，中国外销亚洲与欧洲的各类瓷器，差不多都可在这些藏品中找到代表作。特别是这些藏品大都不是经由直接采购或者外交馈赠进入皇宫的，而是循间接的途径，从奥斯曼帝国官员的私人藏品当中徵取的。历史上，奥斯曼帝国实行"木哈勒法"制度，规定政府官员去世后其财产必须收归国库，皇宫中瓷器种类因而极广。因此，伊斯坦布

尔托普卡帕皇宫的瓷器藏品不像其他宫殿藏品之受个人喜好或者地域来源所限制，而是包罗了奥斯曼帝国辽阔疆域内各式各样的中国瓷器，全面显示出外销中东地区的中国瓷器种类。

然而，对于具有伊斯兰文化背景的伊斯坦布尔大多数居民来说，器物的大小比釉色更重要。因为伊斯坦布

珍藏在土耳其国家博物馆内的精美文物

尔居民的饮食与习惯跟中国不同，中国人的餐桌上往往摆放许多小杯、碗和盘子；而在伊斯坦布尔，因为是多人共进一道菜，所以必须要用大碗、大盘盛装食物上来，并依瓷器大小用当地打造的金属盖子盖着。除了大碗大盘的中国青瓷产品非常受伊斯坦布尔居民的喜欢外，中国其他独特造型的容器并不太受伊斯坦布尔居民的青睐，不过那些容器仍然被他们当作别的用途使用。例如，中国人盛酒用的把壶，成为伊斯坦布尔居民进餐时盛洗手水的容器。

总之，文化巨大的差异性，使得中国人的大酒罐、寺庙的供瓶以及庭园中的圆形坐墩等，在伊斯坦布尔居民的日常生活中都普遍当是另类用途。据历史资料记载，在帝国公主们的嫁妆中，除了大量的金银财宝之外，还有许多贵重的青瓷器和其他瓷器，其中大部分镶有红、绿宝石、珊瑚和金银饰件，用来放在餐桌上盛羊肉、面点、牛奶甜粥和其他甜食。

中国瓷器在伊斯坦布尔普遍被使用的主要原因，除了它

珍藏在土耳其国家博物馆内的古代精美瓷器

第八章 传奇的三朝世界古都——伊斯坦布尔

美观实用具有艺术收藏价值以外，人们还认为此物具有防毒功能。帝国素丹之所以特意选用中国瓷器作为食具，是因为这些瓷器比其他瓷器更能够防毒，所以帝国统治者们为了防范那些想篡权夺位的兄弟们下毒，极为珍惜那种一接触毒物便会破裂的中国瓷碗，只肯用它们进食，并愿意付重金购入。即使后来帝国的皇宫备有大量的金银器，素丹们进食时仍然首选中国瓷器。此外，据有关的史料记载，每逢帝国素丹登基、

珍藏在土耳其国家博物馆内的古代精美瓷器

寿辰、大婚、接见外国使节及举行其他重要庆典时，中国瓷器也是常见的贺礼和皇帝赏赐的礼物，藉此展示奥斯曼帝国的显赫与富强，突显奥斯曼帝国的宏大气派。甚至当帝国素丹生病的时候，帝国首相及伊斯兰教教长亦会献上中国瓷器，祝素丹早日康复。据历史资料记载，穆罕默德四世抱恙时，教长曾献上中国黄釉瓷瓶一对，瓶内盛有祝祷过的玫瑰水。

总之，伊斯坦布尔作为三朝世界古都，作为一个世界性的现代化国际大都市，不仅辉煌一时，而且一直都是地中海地区的政治、经济与文化重镇。从古希腊、古罗马多神崇拜时期的演变，以至到今日的整个社会发展，有着深厚的文化积淀，保留着辉煌的历史文化遗产，具有独特的神韵和风貌，产生过重要的影响。

主要参考书目

一、外文书目

[1] Amikam Nachmani. Israel, *Turkey and Greece, Uneasy Relations in the Eastern Mediterranean,* New York, 1997.

[2] Ataman Aksoy. *The Political Economy of income Distribution in Turkey,* New York, 1992.

[3] Bela Balassa. *Adjustment Policies in Developing Countries:A Reassessment,* New York, 1984.

[4] Charles A.Frazee. *Catholics and Sultans,* New York, 1983.

[5] Daivd Barchard.*Turkey and the West*, London, 1985.

[6] Dankwart A.Rustow. *America's Forgotten Ally,* New York, 1987.

[7] Erik. *The Union Factor: The Role of the Committee of Union and Progress in the Turkish National Movement, 1905～1926,* London, 1984.

[8] Ferenca Valic. *Bridge Across the Bosperus, the Foreign Policy of Turkey,* London, 1971.

[9] Frederick. *The Turkish Political Elite,* Cambridge, 1965.

[10] Feroz Ahmad. *The Turkish Experiment in Democracy 1950～1975,* London, 1977.

[11] Feroz Ahmad. *The Young Turks: The Committee of Union and Progress in Turkish Polities:1908～1914, Oxford,* 1969.

[12] George MeGhee. *The US Turkish-Nato Middle East Connection,* London, 1990.

[13] George Harris. *The Origins of Communism in Turkey, Stanford,* 1967.

[14] Geoge. *Turkish American Problems in Historical Perspctive 1950～1971,* Washington, 1972.

[15] Jacob. *Radical Politics in Modern Turkey,* London, 1974.

[16] John F. Kolars. *Four Studies on the Economic development of Turkey,* London, 1967.

[17] Kemal H. Karpat Leiden. *Turkey's Foreign Policy in Transition 1950~1974,* London, 1975.

[18] Merik Celasun. *Debt Adjustment and Growth:Turkey,* Chicago, 1989.

[19] Mehmet. *Political Parties in Turkey,* New York, 1984.

[20] Kemal. *Turkey's Politics: The Transition to a Multi-Party system,* Princeton,1959.

[21] Metin. *Political Parties and Democracy in Turkey,* London, 1991.

[22] Patrick. J. Conway. *Economic Shocks and Structural Adjustments Turkey After 1973,* New York, 1987.

[23] Roderic Parvidson. *Reform in the Ottoman Empire* 1856~1876, Cambridge University Press, 1979.

[24] Robert Cossaboom and Gary Leiser. *Adana Station, 1943~1945:Prelude to the Post War American Presence in Turkey,* London, 1998.

[25] Stanford Shaw. *History of the Ottoman Empire and Modern Turkey,* Cambridge University Press, 1976.

[26] Tosun Aricanlt and Pani Rodrik. *The political Economy of Turkey,* New York, 1990.

[27] Tevfik F. Nas and Mehment Odekon. *Liberalization and the Turkish Economy,* New York, 1988.

[28] Turkey. *OECD Economic Surveys,* France, 1978.

[29] Vojtech Mastny and R.Craig Nation. *Turkey between East and West: New Challenges for a Rising Power,* New York, 1996.

[30] Walter. F. Weiker. *The Modermization of Turkey,* New York, 1981.

[31] Wlliam. *The Political and Economic development of Modern Turkey,* London, 1981.

[32] Z. R. Hershlag. *The Contemporary Turkish Economy,* London, 1988.

二、中文书目

[1] 马大正，冯锡时主编：《中亚五国史纲》，新疆人民出版社，2000年版。

[2] 理查德·D. 刘易斯著，关世杰译：《文化的冲突与共融》，新华出版社，2000年版。

[3] 左文华，肖宪：《当代中东国际关系》，世界知识出版社，1999年版。

[4] 刘明编著：《奥斯曼帝国》，商务印书馆，1990年版。

[5] 刘竞主编：《中东手册》，宁夏人民出版社，1989年版。

[6] 李树藩，王德林主编：《最新各国概况》，长春出版社，2000年版。

[7] 李援朝：《中东问题研究》，黑龙江教育出版社，1996年版。

[8] 安·菲·末列尔著，集体译：《土耳其现代简明史》，三联书店，1973年版。

[9] 伊兹科维兹著，韦德培译：《帝国的剖析：奥斯曼制度与精神》，学林出版社，1996年版。

[10] 伯纳德·刘易斯著，范中廉译：《现代土耳其的兴起》，商务印书馆，1982年版。

[11] 张士智，赵慧杰：《美国中东关系史》，中国社会科学出版社，1993年版。

[12] 董友忱主编：《万国博览》（亚洲卷），新华出版社，1998年版。

[13] 杨兆钧：《土耳其现代史》，云南大学出版社，1990年版。

[14] 杨灏成，朱克柔：《民族冲突和宗教争端：当代中东热点问题的历史探索》，人民出版社，1996年版。

[15] 肖宪著：《沉疴猛药——土耳其的凯末尔改革》，南京大学出版社，2001年版。

[16] 陈德成：《土耳其在政教分离和民主法制的轨道上艰难行进》，社会科学文献出版社，1998年版。

[17] 陈德成主编：《中东政治现代化》，社会科学文献出版社，2000年版。

[18] 凯马尔，陈和丰等译：《当代中东的政治和社会思想》，中国

社会科学出版社,1992年版。

[19]费希尔著:《中东史》集体译,商务印书馆,1979年版。

[20]威廉·巴托尔德著,罗致平译:《中亚突厥史十二讲》,中国社会科学出版社,1984年版。

[21]黄维民:《奥斯曼帝国》,三秦出版社,2000年版。

[22]黄维民:《中东国家通史:土耳其卷》,商务印书馆,2002年版。

[23]彭树智:《现代民族主义运动史》,西北大学出版社,1987年版。

[24]彭树智:《伊斯兰教与中东现代化进程》,西北大学出版社,1997年版。

[25]彭树智:《东方民族主义思潮》,西北大学出版社,1992年版。

[26]韩梅青编著:《对土耳其出口指南》,中国经济出版社,1994年版。

[27]薛宗正:《突厥史》,中国社会科学出版社,1992年版。

[28]戴维森著,张增健,刘同舜译:《从瓦解到新生:土耳其的现代化历程》,学林出版社,1996年版。

[29]黄维民:《土耳其人》,三秦出版社,2004年版。

[30]黄维民:《伊斯坦布尔》,三秦出版社,2006年版。

[31]田曾佩主编:《改革开放以来的中国外交》,世界知识出版社,1998年版。

图书在版编目（CIP）数据

土耳其史话 / 黄维民, 慕怀琴著. -- 北京：中国书籍出版社, 2014.3
ISBN 978-7-5068-3893-1

Ⅰ.①土… Ⅱ.①黄…②慕… Ⅲ.①土耳其—历史 Ⅳ.①K374

中国版本图书馆CIP数据核字(2013)第292728号

土耳其史话

黄维民　慕怀琴　著

策划编辑	安玉霞
责任编辑	安玉霞
责任印制	孙马飞　张智勇
版式设计	添翼图文
出版发行	中国书籍出版社
地　　址	北京市丰台区三路居路97号（邮编：100073）
电　　话	（010）52257143（总编室）（010）52257153（发行部）
电子邮箱	chinabp@vip.sina.com
经　　销	全国新华书店
印　　刷	三河市顺兴印务有限公司
开　　本	710毫米×1000毫米　1/16
字　　数	380千字
印　　张	21.75
版　　次	2014年7月第1版 2014年7月第1次印刷
书　　号	ISBN 978-7-5068-3893-1
定　　价	56.00元

版权所有　翻印必究